FICÇÕES TRIBUTÁRIAS
IDENTIFICAÇÃO E CONTROLE

Angela Maria da Motta Pacheco

FICÇÕES TRIBUTÁRIAS
IDENTIFICAÇÃO E CONTROLE

2008

Copyright © 2008 By Editora Noeses
Produção editorial: Denise Dearo
Capa: Ney Faustini

CIP - BRASIL. CATALOGAÇÃO-NA-FONTE
SINDICATO NACIONAL DOS EDITORES DE LIVROS, RJ.

Pacheco, Angela Maria da Motta
   Ficções tributárias: identificação e controle / Angela Maria da Motta Pacheco.
São Paulo : Noeses, 2008.
ISBN 978-85-99349-13-7

1. Ficção Jurídica. 2. Direito Tributário. I. Título.

CDU 336.2

Todos os direitos reservados

Editora Noeses Ltda.
Tel/fax: 55 11 3666 6055
www.editoranoeses.com.br

Às minhas netas queridas, Marina, Luiza, Beatriz, Maria Clara, Isadora e Maria Carolina que iluminam com suas fantasias e alegria de viver a minha maturidade, desejando que trilhem a sua vida com dignidade e determinação, procurando sempre o melhor, com muito amor.

ÍNDICE

PREFÁCIO XVII

Capítulo I
Do direito como reflexo da vida e da natureza do homem 1

Capítulo II
Da liberdade como suposto de todo ordenamento 11
2. Do Conceito de Liberdade e a História 11
   2.1. Da Liberdade na Filosofia 17
      2.1.1. Aristóteles e a Ética a Nicômacos 17
      2.1.2. Plotino e o Tratado sobre a liberdade e a vontade do UNO 25
      2.1.3. Santo Agostinho e O livre-arbítrio 28
      2.1.4. Abelardo e a Liberdade de Consciência 34
      2.1.5. São Thomás de Aquino e os Sete Pecados Capitais 38
         2.1.5.1. Vaidade 40
         2.1.5.2. Avareza 40
         2.1.5.3. Inveja 41
         2.1.5.4. Ira 42

    2.1.5.5. Luxúria 42

    2.1.5.6. Gula 42

    2.1.5.7. Acídia 43

 2.2. Da Liberdade e do Direito 44

  2.2.1. John Stuart Mill e o que denominou de ensaio "Sobre a Liberdade" 44

    2.2.1.1. A liberdade de pensamento e de discussão   47

    2.2.1.2. A individualidade como um dos elementos do bem estar 50

    2.2.1.3. Os limites da autoridade da sociedade sobre o indivíduo 51

  2.2.2. Kant e o imperativo categórico 53

    2.2.2.1. Como é possível conhecer 53

    2.2.2.2. Dimensões práticas da razão: a liberdade como postulado necessário da vida moral   57

    2.2.2.3. Transição do conhecimento moral da razão vulgar para o conhecimento filosófico   58

    2.2.2.4. Transição da filosofia moral popular para a metafísica dos costumes. 60

    2.2.2.5. Transição da metafísica dos costumes para a crítica da razão prática pura. 66

 2.3. Da Liberdade e do Direito Tributário 68

  2.3.1. Da liberdade repartida na construção do Estado de Direito Brasileiro e do Direito Tributário 70

 2.4. Conclusão 73

Capítulo III

Da verdade e seus significados 77

 3.1. Verdade exterior e interior: Sócrates 77

 3.2. O mundo do "faz de conta das crianças": realidade e fantasia 78

3.3. A ficção na literatura: imaginação da mente na criação da história e dos personagens, mas refletindo a condição humana e a realidade do mundo 80

3.4. A verdade revelada 82

3.5. A procura da verdade 84

3.6. A verdade nas ciências 87

3.7. Conceitos fundamentais da verdade 93

    3.7.1. Verdade como correspondência 93

    3.7.2. Verdade como revelação 95

    3.7.3. Verdade como coerência 95

    3.7.4. Verdade como consenso 96

    3.7.5. Verdade como utilidade – Pragmatismo 97

    3.7.6. Adoção do Conceito de Verdade como Correspondência 97

3.8. Conclusão sobre a Verdade 99

3.9. A verdade do Direito 100

    3.9.1. A verdade da norma jurídica 102

    3.9.2. A verdade do fato juridicizado 107

    3.9.3. A verdade no Direito Tributário 109

    3.9.4. Conclusão 110

Capítulo IV

Da construção do Direito: o mundo como inspirador do Direito e como receptáculo da sua aplicação. O ir e vir do mundo do "ser" ao "dever ser" e, do "dever ser" ao "ser" 111

4.1. Da Construção do Próprio Direito 111

    4.1.1. Considerações Preliminares 111

    4.1.2. Do Direito e seu objeto: ordenar 113

4.1.3. Da Forma de Construção do Direito 119
4.1.4. Valor e Princípio 123
4.1.5. Do Conceito 127
4.1.6. Do Conceito de Direito 130
    4.1.6.1. Conceito e Ciência 130
    4.1.6.2. Conceito Fundamental 132
    4.1.6.3. Conceito Lógico Jurídico e Jurídico Positivo 137
    4.1.6.4. Conceito das Categorias Jurídicas 139
        4.1.6.4.1. Pessoa 139
            4.1.6.4.1.1. Pessoa Física 142
            4.1.6.4.1.2. Pessoa Jurídica 143
            4.1.6.4.1.3. Fato Jurídico 149
            4.1.6.4.1.4. Relação Jurídica ... 151
4.1.7. Dos Conceitos Jurídicos Indeterminados ao Conceito de Tipo 152
4.1.8. Do Direito Tributário e de Tipicidade 156

Capítulo V
Do Estado Constitucional de Direito 167

5.1. Do Estado de Direito 167
  5.1.1. O Estado hoje e o mundo globalizado 167
  5.1.2. O conceito de Estado e seu papel na história ... 171
  5.1.3. Conceito Jurídico de Estado, segundo Kelsen ... 174
  5.1.4. Elementos do Estado 176
    5.1.4.1. Território 176
    5.1.4.2. Povo como a totalidade de homens sob o mesmo poder estatal 177
    5.1.4.3. Soberania 178

5.1.5. Formas de Estado: Monocracia, Aristocracia e Democracia 180

5.1.6. Tipos de Estado: Estado Totalitário e Estado Liberal 182

    5.1.6.1. Estado Totalitário 182

    5.1.6.2. Estado Liberal 183

5.1.7. O Estado Constitucional de Direito 184

    5.1.7.1. Estado Constitucional da Separação de Poderes 191

    5.1.7.2. O Estado Constitucional dos Direitos Fundamentais 191

    5.1.7.3. O Estado Constitucional da Democracia Participativa 192

5.2. Da Constituição 193

    5.2.1. Conceito de Constituição 194

    5.2.2. A Constituição Escrita: Material e Formal 195

    5.2.3. Estrutura Constitucional de acordo com o Modelo do Estado que adota: Liberal, Social ou Socialista 198

    5.2.4. A Constituição Brasileira promulgada em 05.10.1988 202

        5.2.4.1. República e Federação 203

        5.2.4.2. Direitos fundamentais do homem 207

        5.2.4.3. Formação do Estado 208

        5.2.4.4. Conclusão 209

5.3. Do Sistema Constitucional Tributário 210

Capítulo VI

Da construção do Subdomínio do Direito Tributário 215

6.1. Dos Princípios Constitucionais Informadores desse Subdomínio 215

6.1.1. Princípio da Livre Iniciativa 217
6.1.2. Princípio Republicano 217
6.1.3. Princípio Federativo 218
6.1.4. Princípio da Igualdade e da Capacidade Contributiva 219
6.1.5. Princípio da legalidade (geral) e da estrita legalidade (tributária) 221
6.1.6. Princípio da propriedade (geral) e da proibição de tributo com efeito de confisco (tributário) ... 222
6.1.7. Princípio da irretroatividade das leis 223
6.1.8. Princípio da anterioridade da lei tributária 224
6.1.9. Sobreprincípios 225
    6.1.9.1. Sobreprincípio da certeza do Direito.... 225
    6.1.9.2. Sobreprincípio da segurança jurídica .. 225
    6.1.9.3. Sobreprincípio da justiça 226
6.1.10. Princípio implícito da rigidez constitucional .. 230
6.1.11. Princípio da universalidade da jurisdição e "due process of law" 231
6.2. Princípio da Tipicidade 232
6.3. Do Sistema Federativo e da Distribuição de Competências 234
6.4. Da Norma Matriz de Incidência Tributária 237
6.4.1. Estrutura da Norma Matriz de Incidência Tributária 238
6.4.2. Conclusão 245

Capítulo VII

Da ficção jurídica tributária 251

7.1. Considerações Preliminares 251

7.2. Indícios e presunções – Universo das provas 259

    7.2.1. Indícios 259

    7.2.2. Presunções 260

        7.2.2.1. Presunções *"Hominis"* (simples) 262

        7.2.2.2. Presunções legais 262

            7.2.2.2.1. Presunções *"juris tantum"* 262

            7.2.2.2.2. Presunçoes *"juris et de jure"* .. 265

            7.2.2.2.3. Presunções *"juris et de jure"* e as ficções 267

7.3. Ficção Jurídica 269

    7.3.1. Conceito e Exemplos 273

    7.3.2. A ficção jurídica como oposição entre a realidade jurídica e a realidade do mundo. Doutrina de José Luiz Pérez de Ayala 276

    7.3.3. A ficção jurídica como remissão legal: doutrina de Karl Larenz e Franz Bernhöft 281

    7.3.4. A doutrina brasileira 284

        7.3.4.1. As III Jornadas Luso Hispano-Americanas de Estudos Tributários 284

        7.3.4.2. 9º Simpósio Nacional de Direito Tributário "Presunções no Direito Tributário" – 1984 289

            7.3.4.2.1. Gilberto de Ulhôa Canto 290

            7.3.4.2.2. Ives Gandra da Silva Martins . 291

            7.3.4.2.3. Aires Fernandino Barreto e Cleber Giardino 291

            7.3.4.2.4. Ricardo Mariz de Oliveira 292

            7.3.4.2.5. José Eduardo Soares de Melo . 293

            7.3.4.2.6. Yonne Dolácio de Oliveira 294

            7.3.4.2.7. Conclusão 295

7.3.4.3. Doutrinadores brasileiros 295

    7.3.4.3.1. Pontes de Miranda 295

    7.3.4.3.2. Geraldo Ataliba 297

    7.3.4.3.3. José Arthur Lima Gonçalves .. 298

7.3.5. Nosso entendimento: Ficções jurídicas autônomas em contraposição às normas jurídicas existentes no ordenamento 298

7.3.6. Analogia entre o fenômeno da isenção e da ficção   301

7.3.7. A prova e a ficção jurídica tributária 306

    7.3.7.1. Prova do fato 306

    7.3.7.2. A prova da invalidez da norma jurídica, especificamente da norma de ficção 309

7.4. Conclusão 310

Capítulo VIII

Das ficções criadas na legislação ordinária do sistema tributário brasileiros 313

8. Considerações preliminares 313

8.1. Ficções Referidas ao Imposto Sobre a Renda 323

    8.1.1. Desenho Constitucional do Imposto Sobre a Renda 323

        8.1.1.1. Critério Material 324

            8.1.1.1a. Conceito Constitucional de Renda 324

            8.1.1.1b. Conceito de Renda no Código Tributário Nacional 332

        8.1.1.2. Critério Temporal 335

        8.1.1.3. Critério Espacial 335

        8.1.1.4. Critério Pessoal 336

8.1.1.5. Critério quantitativo: base de cálculo e alíquota 336

8.1.1.6. Norma Matriz de Incidência Tributária do Imposto de Renda 340

8.1.2. Ficção quanto ao Critério Material da Hipótese, na tributação de lucros auferidos por controladas ou coligadas no exterior - Lei 9.532 de 10.12.1997 e Medida Provisória 2.158-34 de 27.07.2001 341

8.1.3. Ficção quanto ao Critério Material da Hipótese, na tributação do Lucro Líquido – Lei 7713 de 22.12.1988 – Art. 35 346

8.1.4. Ficção quanto ao critério pessoal, sujeito passivo, contribuinte Decreto-lei nº 1381/74 350

8.2. Ficções referidas ao Imposto sobre Operações de Crédito, Câmbio e Seguro, ou relativas a Títulos ou Valores Mobiliários 351

8.2.1. Desenho Constitucional do Imposto sobre Operações de Crédito, Câmbio e Seguro, ou relativas a títulos ou valores Mobiliários – Constituição Federal, artigo 153, V 351

8.2.2. Ficção quanto ao Critério Material da Hipótese – Lei nº 8033 de 12 de abril de 1990 358

8.3. Ficções referidas ao Imposto sobre operações relativas à Circulação de Mercadorias e sobre Serviços de transporte interestadual e intermunicipal e de comunicação ainda que as operações e prestações se iniciem no exterior – ICMS 361

8.3.1. Desenho Constitucional do Imposto sobre operações relativas à Circulação de Mercadorias – ICMS — Constituição Federal, Art. 155; II 361

8.3.1.1. Critério Material 363

8.3.1.2. Critério Temporal 363

8.3.1.3. Critério Espacial 363

8.3.1.4. Critério Pessoal 364

8.3.1.5. Critério Quantitativo 364

8.3.2. Ficção quanto ao Critério Material do ICMS – Lei nº 6374 de 1º de março de 1989 do Estado de São Paulo "amparada" pelo Convênio nº 66 de 16 de dezembro de 1988, na função de substituir a Lei Complementar prevista para regular o ICMS no Brasil, que não foi expedida a tempo .. 365

8.4. Ficções referidas ao Imposto sobre Serviços de qualquer natureza 373

8.4.1. Desenho constitucional do Imposto sobre Serviços de qualquer natureza – ISS – Constituição Federal, Art. 156 373

8.4.1.1. O Critério Material 375

8.4.1.2. O Critério Temporal 378

8.4.1.3. O Critério Espacial 378

8.4.1.4. O Critério Pessoal 378

8.4.1.5. O Critério Quantitativo 379

8.4.1.6. Norma Matriz de Incidência Tributária do ISS 379

8.4.2. Ficção quanto ao Critério Material do ISS – "Locação de Bens Móveis" Colocado na Lista de Serviços Anexa ao Decreto Lei 406, hoje Lei Complementar 116/2003 380

8.4.3. Ficção Quanto aos Critérios Material, Espacial e Pessoal 388

8.4.4. Conclusão 395

Capítulo IX

Conclusão 397

BIBLIOGRAFIA 411

PREFÁCIO

Confesso que apresentar é sempre difícil, principalmente quando se trata de pessoa próxima, que acompanho e admiro. Inserir no início de uma obra de doutrina palavras introdutórias que falem de seu conteúdo, antecipando-o, não é tarefa confortável em matérias que pedem espírito de síntese para que as proposições não se percam como frases dispersas, como enunciados vazios.

Angela Pacheco é a autora deste livro sobre ficções jurídico-tributárias. Creio que nenhum tema poderia ser tão específico, tão fortemente ligado à manifestação deôntica própria do direito, a ponto de dizer-se até, numa daquelas afirmações contundentes, porém redutoras, que o direito mesmo, em sua entidade constitutiva, é uma ficção, tornando-se, portanto, tautológica tal forma de exprimir-se. Deixemos, contudo, de lado, por um instante, essas manobras do pensamento que nos conduzem a reflexões profundas, mas pouco oportunas na apreciação valorativa deste trabalho que, antes de tudo, é criterioso e feito com entusiasmo por alguém dedicada à atividade profissional no exercício efetivo de excelente advocacia. Aliás, para reconhecer nos escritos de Angela uma pensadora não é preciso muito esforço. Basta acompanhar a trajetória de seu raciocínio, o rumo de seus argumentos, a progressão compassada de suas idéias. Ao compor as frases, busca a precisão dos conceitos e, para tanto, seleciona e organiza os vocábulos de que se utiliza, prática que denuncia, desde logo, a seriedade de seus propósitos e o ânimo de produzir um objeto discursivo de elevada qualidade intelectual.

Quero voltar, todavia, à consideração inicial, expressando-me de outra maneira. Parece-me inadequado mencionar o direito como algo que se inscreva no quadro geral do "bom senso". Não. Prefiro tomar o direito como "senso jurídico" e, muitas vezes, aquilo que separa esses dois "sensos" é, justamente, a presença das ficções. Onde houver direito haverá, certamente, esse tipo de linguagem que, longe de destoar da realidade social em que vivemos, discrepa, isto sim, das demais construções do jurídico-positivo, como bem salienta a autora. O produto legislado passa a ser, não apenas uma construção racional do legislador (tomado, aqui, em sentido amplo), mas algo que surpreende essa própria racionalidade. Trata-se de subdomínio que não se submete à força inexorável da prova, instrumental poderoso que acompanha o fenômeno jurídico em quase toda sua extensão. Para quem observa o direito em face do objeto de outras ciências, há a inevitável surpresa das ficções. Não se confunda, porém, ficção com os axiomas. A ficção não é apenas ponto de partida: é, ela mesma, regulação de conduta, seja diretamente, ao modalizar com termos deônticos comportamentos em dissonância com preceitos de idêntico teor prescritivo, quer ao qualificar pessoas, situações e coisas, o que também implica disciplina, mas indireta, de condutas inter-humanas. Lembremo-nos de que a norma só adquire seu sentido pleno, quando se refira à ação entre sujeitos.

Angela Pacheco não só ingressa de forma decidida no assunto, como transporta suas conclusões, habilmente, do plano da Filosofia, deslocando-se ao longo do eixo da Teoria Geral do Direito, para chegar ao delicado estrato dos tributos. Desse modo, sai definindo, dividindo, classificando, operações lógicas que são com destreza elogiável. Emprega, com efeitos elucidativos, a teoria da regra-matriz de incidência, procurando atingir aquele setor de intersecção entre a ciência e a experiência que Pontes de Miranda e Lourival Vilanova tanto recomendaram. E faz disso um repositório fecundo de informações de que o jurista prático pode servir-se, a qualquer momento, na construção empírica do direito.

De fato, o território da chamada "percussão fiscal" não há de ficar exposto aos devaneios do político que legisla, manejando esse instrumento imprescindível, por um lado, mas perigoso e ameaçador, por outro. Os direitos e garantias individuais não se compadecem com o uso indiscriminado da categoria de que tratamos. E tais limites são objeto da atenção da autora, que procura encontrar as fronteiras dentro das quais as ficções podem ser utilizadas, sem os detrimentos do abuso e dos excessos de criatividade.

Angela cita a doutrina especializada naquilo que vê de bom, de proveitoso para perseguir seus objetivos. Os argumentos de autoridade, decididamente, não a seduzem. Sabe que as diferenças dogmáticas existem e se manifestam sempre em nome da verdade. Mas sabe também que a pragmática da comunicação jurídica teima em colocar as coisas nos respectivos lugares, premiando o trabalho e exigindo perseverança. Prefere, por isso, a construção do raciocínio, mas não se perde em luxos de pormenor, muito menos navega por navegar no altiplano das reflexões. Seu texto marcha das premissas à conclusão, iterativamente. Tal circunstância imprime rendimento favorável à sua mensagem, produzindo resultados positivos que aparecem na forma de conclusões.

Reafirmo minha admiração por Angela e pela obra que oferece agora à edição. Nutro a certeza de que o leitor saberá aproveitar as lições que este volume contém, podendo aplicá-las de imediato para enriquecer seus conhecimentos sobre as ficções no direito tributário.

Meus cumprimentos à Pontifícia Universidade Católica de São Paulo que a credenciou como doutora e à Editora Noeses que acolheu os originais do trabalho e soube perceber seu inegável valor intrínseco.

São Paulo, 14 de fevereiro de 2008

Paulo de Barros Carvalho
Titular de Direito Tributário da PUC/SP e da USP

Capítulo I

DO DIREITO COMO REFLEXO DA VIDA E DA NATUREZA DO HOMEM

> "Nenhum homem é uma ilha, completa em si mesma; todo homem é um pedaço do continente, uma parte da terra firme. Se um torrão de terra for levado pelo mar, a Europa fica menor, como se tivesse perdido um promontório, ou perdido o solar de um teu amigo, ou o teu próprio. A morte de qualquer homem diminui a mim, porque na humanidade me encontro envolvido; por isso, nunca mandes indagar por quem os sinos dobram; eles dobram por ti."[1]
>
> JOHN DONNE

O Direito é Universal. Existe como expressão da condição humana, do comportamento e da sociabilidade que resultam da convivência necessária que faz do homem o ser político.

Se a universalidade do gênio jurídico humano é incontestável, é também incontestável a forma diversificada da criação do Direito e da natureza dos valores e princípios que a fundamentam. Mas há um cerne, um núcleo que se encontra em

---

1. DONNE, JOHN, 1572-1631, "O poeta do amor e da morte", Antologia Bilíngue, Paulo Vizioli, J.C. Ismael Editor, São Paulo, 1985, p. 61.

todos os sistemas e este é a identificação e preservação dos valores que elevam o ser humano e preservam a humanidade. É o caminhar para o Bem.

Com efeito, formou-se no Ocidente um fio condutor estruturante do direito dos povos e nações com o reconhecimento dos direitos fundamentais do homem à vida, à integridade física, à liberdade, à propriedade, à representatividade, à legalidade e ao devido processo legal.

Esta realidade atual é o resultado da história do ser que recebeu a centelha divina e passou a desvendar o mundo exterior e a si próprio, num longo, mas iluminado caminhar.

No início dos tempos desconhecia-se a realidade e a causalidade dos fenômenos naturais. O sol, a lua, as chuvas, eram considerados deuses que regiam aquele pequeno mundo conhecido do homem primitivo.

O homem das cavernas e das florestas vivia neste pequeno universo que o circundava. Pensava este microcosmo e nele se integrava como parte da natureza.

O homem contemporâneo despregou-se da lei da gravidade e deu asas ao conhecimento partindo para o macrocosmos e realizando os sonhos que pareciam, até então, impossíveis.

Tema inicial e recorrente do presente trabalho é a liberdade. Como foi concebida através da História, no tempo e no espaço considerando-a ora ligada à religião, ora à política, ora ao Direito.

O reconhecimento de que o homem é livre para escolher, escolha pela qual é responsável, é conquista da patrística, especialmente da luminosidade de Santo Agostinho.

Muitos consideraram o homem escravo de seu destino, de seu determinismo, incapaz de uma escolha lúcida, consciente, nascida de seu discernimento e de poder agir de acordo com sua vontade. Mas esta capacidade de ponderar existe e, no contexto social, já transformada em conotação ética de fazer o que é melhor, no domínio da ação.

A verdade é que para o Direito – o ordenamento jurídico posto no território da Nação – a liberdade do homem é suposta como um axioma.

"O Direito não é um dado, mas uma construção cultural específica".[2]

Só pode existir como construção do homem e para o homem. Isto supõe a liberdade para criá-lo como também a liberdade para acatá-lo ou desobedecê-lo e, neste caso, sujeitar-se às sanções. O binômio – liberdade/responsabilidade – é o sustentáculo do ordenamento jurídico.

Aqui não mais interessam as teorias sobre a incapacidade de o homem agir por si mesmo.

O Direito afasta qualquer hipótese neste sentido, pois, para ele, a liberdade tem de existir sob pena de inexistência de si próprio.

É imprescindível acompanhar o desenvolvimento do pensamento e mesmo o desenvolvimento dos conceitos de alguns filósofos para que possamos assimilar a importância fundamental que exerce a vontade nas relações jurídicas, nos atos civis e, sobretudo, na construção do próprio Direito.

A vontade dos Constituintes é a vontade da Nação construindo o Estado do Direito e reconhecendo os direitos fundamentais do homem para os cidadãos.

Por sua vez a vontade do legislador na feitura das leis deve ser exercida nos limites da competência que lhe é outorgada pela Constituição.

O administrador ao criar o ato administrativo deve agir em conformidade com a lei. Seu ato é vinculado. O juiz ao dar a sentença deve fazê-lo aplicando a lei ao caso "sub judice".

Há uma corrente de vontades limitadas em sentido horizontal, de coordenação e, em sentido vertical, hierárquico. A

---

2. ASSIER-ANDRIEU, LOUIS, *in* "O direito nas sociedades humanas" tradução de Maria Ermantina Galvão, Martins Fontes, São Paulo, 2000, p. 59.

vontade expressa por aqueles que se encontram na base da hierarquia já nasce restrita por inúmeras normas do sistema.

Isto tudo é de suma relevância para o tema objeto deste estudo: **as ficções jurídicas tributárias**, normas gerais e abstratas que pretendem alargar o campo de tributação mas são vedadas pelo ordenamento jurídico brasileiro que adotou o princípio da estrita legalidade para os tributos.

Não se deve temer o fato de que os valores não podem ser apreendidos matematicamente pelo intelecto. A sua natureza repele números, próprios à categoria **quantidade**, mas trata de ponderação, de peso, de proporção, de qualidade.

Sabemos que eles existem e mais, têm sido reconhecidos expressamente pelo Direito Positivo dos povos. E não poderia ser de outra forma na medida em que o Direito pretende possibilitar a coexistência pacífica dos homens para que possam produzir e suprir as suas necessidades de nutrição, de produção, culturais e artísticas.

A justiça é valor. Não há um critério objetivo para aferi-la. Todos sabem, no entanto, o que é a justiça. Sabe-se que é o antônimo do arbítrio e que evita a força física. E, o ordenamento jurídico total é o esforço hercúleo da expressão dos critérios para que a justiça se realize.

A liberdade para todos é o limite dos atos de arbítrio dos poderosos. É o antídoto do despotismo.

Há fatos históricos da luta do homem pela liberdade, contra a irracionalidade e injustiça dos atos dos poderosos, contra os julgamentos pré-concebidos e pré-decididos que se realizaram como pura ficção, contra as penas cruéis utilizadas para infundir mais o pavor do que a justiça.

Assim foi o caso de Tiradentes, morto e esquartejado em Minas Gerais, por lutar contra os tributos escravizadores, impostos pela Coroa Portuguesa no Brasil Colônia.

Assim foi o caso de cientistas, pensadores e artistas que se rebelaram contra o pensamento formal da Igreja e do

Papado, nos séculos XV a XVII e foram queimados vivos, em público, sumariamente condenados pela inquisição.

A história, diz STUART MILL, está repleta da derrota da verdade pela perseguição daqueles que a apontavam. A Reforma apareceu inúmeras vezes antes de LUTERO e todos os seus líderes foram abatidos. É ingenuidade e sentimentalismo achar que possa prevalecer contra o cárcere ou contra a pena de morte.

É justamente um Estado de Direito, justo, coerente e firme, no sentido de aplicar as sanções àqueles que descumprem as normas, que realiza a função do Direito. Caso contrário perderá a autoridade e apontará para o caos.

A função da dogmática, diz NIKLAS LUHMANN, tanto a teológica quanto a jurídica mostra que "não reside no agrilhoar do espírito, mas precisamente no inverso, no acrescer das liberdades no tratamento de experiências e textos."[3]

E isto porque direito é decisão e não existe decisão sem interpretação dos fatos e dos textos das leis, sem discernimento e exercício da vontade que resulta em ato jurídico. Interpretar é construir, trazendo todos os fios condutores que formam o ordenamento jurídico, como os valores e não o frio texto da lei.

Os não juristas tendem a aplicar o sentido estrito da letra da lei o que não acontece com o jurista de formação dogmática.

É verdade que esta, como sistema fechado, aspira à segurança com a simples subsunção lógica, eliminando dúvidas possíveis. Acontece, porém, o contrário e isto foi ponderado por LUHMANN.[4]

Com efeito, não sopesar valores na hora de interpretar e aplicar o direito é negar à norma o fundamental: a carga

---

[3]. *apud* KARL LARENZ, in "Metodologia da Ciência do Direito", Fundação Calouste Gulbenkian. Lisboa, 1983, 5ª edição, p. 273.
[4]. *apud* KARL LARENZ, op. cit., p. 274.

axiológica de que está impregnada, com a adoção dos princípios, valores-vetores de todo o ordenamento.

Gerhart Husserl nega a tese fundamental do positivismo: a da discricionariedade absoluta do conteúdo da norma.

"É preciso estabelecer uma distinção rigorosa entre a validade lógica das "proposições apriorísticas sobre conexões de essência" e a validade normativa das proposições jurídicas." A norma jurídica **"não vale como proposição do conhecimento, mas como proposição de vontade"**... Fica assim esclarecido que a análise fenomenológica não pode conduzir à descoberta de normas de "Direito Natural" – leva-nos – isso sim – a desvendar no Direito positivo um núcleo de sentido "supra-positivo".[5]

Isto porque se analisarmos corretamente as ordens jurídicas positivas poderemos encontrar núcleos de sentido idêntico, como o de propriedade, embora sujeito à variações. São formas "significantes" dotadas de um específico sentido jurídico.

"Daí resulta que a relação deste "núcleo de sentido" com as formas significantes do Direito Positivo em que se "concretiza" não pode ser a que existe entre o geral de gênero e as suas diversas espécies e subespécies..."[6]. Há que salientar, finalmente, que enquanto estes "núcleos de sentido" definem um campo de objetos "ideais", às normas do Direito positivo deve reconhecer-se, segundo Husserl, inteira realidade, um específico modo de ser, que é o do Direito vigente.

O modo de ser do Direito Tributário é a tipologia e esta tem de revelar um signo de riqueza.

A definição legal dos tipos pode ser feita por **conceitos ou tipos**. Quando há descrição formam-se os tipos. Neste caso o

---

5. KARL LARENZ in Metodologia da Ciência do Direito, Fundação Calouste Gulbenkian, Lisboa, 2ª edição (revista como 5ª em 1983). Tradução de José Lamego, p. 133.
6. Ibidem, p. 133.

legislador seleciona propriedades de fatos sociais. O modelo pode ser também conceitual por definição e fixação das características necessárias e suficientes para sua qualificação jurídica.[7]

Será necessário incursionar pelo caminho da definição, do próprio, do gênero e do acidente para melhor compreensão da criação dos conceitos e dos tipos como forma de juridicização do real, dos fatos sociais, de propriedades e qualidades do homem, suas atividades e seus fins.

Sem dúvida, como já dito, o Direito trará para o seu Universo aspectos do real, com o intento de reger a conduta do homem na manutenção, criação e extinção de seus bens, condutas ligadas a fatos significativos de riqueza, se falamos das relações jurídicas tributárias entre cidadão/contribuinte/sujeito passivo e Estado/Fisco/sujeito ativo. Exemplificativamente: conduta: adquirir (fato): renda (signo de riqueza); conduta: realizar (fato): operação de circulação de mercadorias (sinal de riqueza como conseqüência de negócio jurídico, por exemplo, de compra e venda).

Na escolha do fato presuntivo de riqueza repousa o princípio da capacidade contributiva. Esta é a causa da escolha do fato. São fatos diferentes mas que apresentam aqui a mesma propriedade, aquela propriedade que faz com que todos sejam próprios para ensejar a cobrança de tributos: a revelação de uma possível ou provável capacidade de contribuir para os cofres do Estado.

O legislador ao criar as leis tem que ter em mira o valor da capacidade contributiva e agir nos estreitos limites demarcados pela Constituição.

A atuação do legislador terá em conta a forma prescrita para a criação do direito tributário com a finalidade de realizar a justiça e a segurança jurídica. O ordenamento jurídico

---

7. TÔRRES, HELENO TAVEIRA, Direito Tributário e Direito Privado, Editora Revista dos Tribunais, São Paulo, 2000, pág. 61.

inteiro é criado para realizar a justiça dando o devido peso às inúmeras e incontáveis relações jurídicas que se estabelecem entre os cidadãos.

Com certeza, todo cuidado será pouco, para a criação de normas jurídicas tributárias que darão nascimento às relações jurídicas, desde que se realize no mundo a conduta e o fato tipificado, tais como prescritos no critério material da hipótese normativa e confirmado pela base de cálculo.

Na hipótese da Norma Matriz de Incidência Tributária encontram-se os critérios material, temporal, espacial: elementos, propriedades e qualidades que permitem a identificação do fato quando ocorre no mundo. Este fato juridiciza-se e produz os seus efeitos que, na dinâmica do fato tributário desencadeia a relação jurídica tributária (no conseqüente da norma). Fundamental que se examine conjuntamente com o critério material, a base de cálculo (elemento do conseqüente da norma matriz) a fim de se poder identificar a natureza do tributo: se imposto, taxa ou contribuição.

Isto porque inúmeros tributos recebem denominações que escondem sua verdadeira natureza, justamente para burlar a rígida discriminação das competências impositivas[8]. O fenômeno das ficções jurídicas tributárias tem o mesmo propósito: incluir no ordenamento tributos sem autorização constitucional.

Retenha-se: não basta que o processo de positivação do direito obedeça à legalidade formal, realizada mediante ação do órgão competente e em obediência ao procedimento legislativo determinado na Constituição. **A legalidade material é imprescindível ao cumprimento dos princípios e das normas constitucionais**, pois, é a materialidade, conteúdo, essência normativa que limita o poder, proporcionando o equilíbrio das relações entre Estado e contribuinte.

---

8. CARVALHO, PAULO DE BARROS – Curso de Direito Tributário. 14ª Edição, Saraiva, São Paulo, 2002, pág. 28.

FICÇÕES TRIBUTÁRIAS: IDENTIFICAÇÃO E CONTROLE

Neste passo faz-se imprescindível conhecer o sistema tributário, tal como inserido na Constituição Brasileira que adotou o regime federativo, a livre iniciativa e livre concorrência e prevê: os princípios informadores do direito tributário; normas de competência dirigidas aos entes tributantes relativas à criação dos impostos (tal como a discriminação de rendas e a sua distribuição pelos entes tributantes); a existência de norma complementar de natureza nacional para definição dos tributos e suas espécies, inclusive para evitar conflitos de competência, em virtude da vedação de invasão de competências. Normas de incompetência: imunidades, limitações constitucionais ao poder de tributar.

A necessidade é tanto maior quando se se conscientiza de que, dos fatos e condutas previstos nas normas da legislação ordinária, nascerão as obrigações tributárias. Isto significa que os tipos, criados e compreendidos nas normas ordinárias, devem estar conforme aqueles previstos nas normas constitucionais a fim de guardarem congruência com o ordenamento jurídico. A coerência lhes garante validade e pertinência.

Nota-se que a vontade do legislador, criador do tributo, legitima-se pelo princípio da representatividade. Neste átimo apaga-se a vontade do cidadão e ganha vida a vontade do legislador, seu representante. Paralisa-se a liberdade do cidadão.

Após a lei criada, porém, apaga-se também a vontade do legislador e, o seu produto – a lei – segue solitária e soberana o seu destino.

O legislador terá criado uma lei que interferirá na esfera do contribuinte atingindo dois valores básicos: liberdade e propriedade.

Há aí um deslocamento (ou apagamento) da vontade direta do cidadão. Conseqüentemente brota a responsabilidade do legislador no cumprimento da lei maior e no cumprimento da Lei Complementar – Código Tributário Nacional – e outras referidas particularmente aos impostos e que virão à luz posteriormente.

Será neste contexto que se desenvolverá este trabalho que tem por objeto as ficções jurídicas tributárias.

Capítulo II

DA LIBERDADE COMO SUPOSTO DE TODO ORDENAMENTO

2. Do Conceito de Liberdade e a História

O conhecimento do conceito de liberdade através do tempo é imprescindível para a compreensão das estruturas dos atuais Estados Constitucionais de Direito e para o reconhecimento das liberdades individuais e das esferas de competência que presidem a construção do Estado.

Não há direito onde não houver responsabilidade. Esta, como verso de uma medalha chamada liberdade. O Estado prevê a sanção justa à infração cometida e aquela será eficaz pela certeza da resposta, pela proporcionalidade e pela imparcialidade desde que considere o homem um ser livre e responsável.

Em suas reflexões sobre o Poder, a Liberdade, a Justiça e o Direito, TÉRCIO SAMPAIO FERRAZ JÚNIOR, apresenta a história da noção de liberdade na filosofia ocidental[9].

Ver-se-á que esta noção esteve ligada à política, à religião, ao Direito. Os conceitos foram muitas vezes refutados,

---

9. FERRAZ JÚNIOR, TÉRCIO SAMPAIO, *in* "Estudos de Filosofia do Direito", Reflexões sobre o Poder, a Liberdade, a Justiça e o Direito, São Paulo, Editora Atlas S/A, 2002, p. 75 e seg.

muitas vezes iluminados e acrescidos de outras visões, procurando acompanhar no tempo e no espaço o desenvolvimento do ser humano e sua adaptabilidade na medida do conhecimento íntimo de sua natureza fruto da observação e da razão.

Uma coisa é fora de dúvida: a ação visa a um fim. O ser humano é um ser que age; para agir precisa discernir, sopesar e escolher a forma com que vai agir.

Este preâmbulo da ação: o discernimento, a escolha referem-se à liberdade. É o exercício da vontade, independente do ato que se seguirá. A vontade é o querer. A ação é o resultado da liberdade e da vontade. O resultado da ação é uma alteração no mundo exterior.

Na Grécia era possível ao homem enfrentar o próprio destino, aquilo que inexoravelmente acontece, aquilo que não se consegue evitar.

Os deuses não podiam lutar contra o seu destino – **MOIRAS**. Com seu poder de previsão, tudo sabiam mas nada conseguiam evitar.

Já os heróis gregos tentavam escapar do curso determinado. E, os homens empreendiam a desesperada tentativa de rompê-lo.

As Moiras eram as fiandeiras que teciam o destino de cada um. Nem mesmo os deuses conseguiam transgredir a sua lei. São elas que impedem um deus de prestar socorro a um herói, num campo de batalha, desde que sua hora de morrer tenha chegado. São três as Moiras: Atropos, Cloto e Láquesis que regulam a duração da vida de cada um, por meio de um fio, que uma fia, outra enrola e a última corta. As três fiandeiras do destino são filhas de Zeus e de Thêmis e irmãs das Horas. Também se diz que são filhas da Noite como as Queres, pertencendo, portanto, à primeira geração divina, e às forças elementares do mundo[10].

---

10. GUIMARÃES, RUTH Dicionário da Mitologia Grega, Cultrix, São Paulo, 1982, p. 225. As parcas ou Queres personificavam o destino individual do

FICÇÕES TRIBUTÁRIAS: IDENTIFICAÇÃO E CONTROLE

Aos poucos percebe-se a função do acaso, da sorte, da fortuna, que ameniza o sentido da inexorabilidade. Um fato fortuito vem romper com o determinismo.

Neste ponto, Aristóteles distinguiu o homem de outros seres. "Estes estão submetidos à necessidade mas não o homem, cujo agir está no terreno da **tyché** (acaso). A ação humana depende da escolha deliberada que manifesta uma forma de acaso peculiar ao ser humano. Aristóteles distingue, deste modo, entre o acaso como espontaneidade (acidente) próprio da noção de *involuntário* e a preferência deliberada, em que a vontade está dirigida a um fim intuído como um bem. Ora, a preferência deliberada é também uma forma de acaso (fortuna, sorte)..." [11].

O fundamento da escolha, em Aristóteles, repousa no próprio saber, tido como virtude mais alta. O sábio é o mais livre dos homens. A felicidade pode ser encontrada em si mesmo.

A conotação ética da liberdade[12] é fortalecida no pensamento de Sócrates. "A concepção socrática de liberdade seguirá esta vertente: faça o que é melhor (normativo), o que supõe o conhecimento do **melhor** no sentido de uma preferência *(proaireisthai)* utilizada pela primeira vez como decisão ou antes como **deliberação ética**. Isso pressupõe ademais uma faculdade da alma, uma espécie da **arte de mensurar**, um conhecimento ou saber avaliativo e ponderador *(phronesis ou prudentia)*. Aqui, talvez, já se identifique uma primeira raiz da liberdade subjetiva ... A concepção socrática de uma liberdade

---

ser humano. Iam tecendo as suas vidas. Conta-se que Aquiles deveria escolher entre dois destinos traçados por duas parcas, uma que lhe dava vida longa e feliz, mas obscura, na pátria e outra que lhe oferecia a glória imperecível, ao preço de morte breve, diante dos muros de Tróia. (Eram também as deusas imprevisíveis, carrascos enviados pelas Moiras, às cenas de violência das batalhas. Quando o infeliz mortal leva um golpe decisivo, elas os arrastam para as moradas sombrias).
11. FERRAZ JÚNIOR, TÉRCIO SAMPAIO, op. cit. p. 81.
12. FERRAZ JÚNIOR, TÉRCIO SAMPAIO, op. cit. p. 79.

com conotação ética não se identifica, porém, com a mera liberdade interna, mas esclarece como o ético converge para o *eléuteros*, no sentido de uma praxis completa que informa uma virtude política, pressupondo uma ocupação com a polis: **a liberdade ainda é comunitária** (grifos nossos)[13].

O sentido político de liberdade torna-se dominante com Platão. O homem livre é o que se dirige ao BEM. A alma é livre mas esta liberdade não significa livre escolha mas o permanecer junto com o que é melhor[14]. A escolha funda-se na lei da Polis.

Na verdade, embora exista um conceito de liberdade entre os Gregos, este se confunde com o de ser cidadão (eléuteros). O homem, sua família e escravos estão sujeitos ao determinismo, necessidade de sobrevivência. Será na *Polis* que o grego, como cidadão considerar-se-á livre entre seus pares.

Na esfera privada, predominava a necessidade. A atividade humana atende, então, as condições do homem como animal, a de alimento, sono, procriação. Esta atividade é o labor, a luta pela subsistência que exigia a produção ininterrupta de bens de consumo para o corpo. Hanna Arendt observa que os instrumentos e utensílios utilizados eram como o prolongamento do corpo humano: braços e mãos, faca, arado. "O lugar do labor era a casa (***domus, oikia***)". Era a vida privada e tinha o sentido de preservação do corpo e da natureza[15].

Os cidadãos (cives) que se libertavam dessa condição do "domus" iam realizar as suas atividades na **polis**. Ali se reuniam os homens livres. A vida política era a esfera pública. A liberdade era um ***status*** – ***status libertatis*** versus ***status servitutis***.

O labor distinguia-se do trabalho. Este, ao invés daquele, era realizador de produtos, que permaneciam no mundo. O

---

13. FERRAZ JÚNIOR, TÉRCIO SAMPAIO, op. cit. p. 79.
14. FERRAZ JÚNIOR, TÉRCIO SAMPAIO, op. cit. p. 81.
15. FERRAZ JÚNIOR, TÉRCIO SAMPAIO, *in* "Introdução à Ciência do Direito", Editora Atlas, São Paulo, 1990, p. 128.

"*homo faber*" cria um mundo novo e fabrica objetos distintos da natureza. Passa a ocupar nas cidades uma posição intermediária entre o "*homo labor*" e o "*homo civis*". Surgem os mercados onde o homem trabalhador perdia a sua solidão e entrava em contacto com os demais. Neste caso não mais exerciam atividades só para a família mas para a comunidade.[16]

O estoicismo desenha os primórdios do que iria se chamar a liberdade interna. É a luta da natureza da alma contra as paixões. É a existência de uma força interior que faz com que o homem aja. Neste caso este age conforme a sua natureza, fazendo com que prevaleça a sua unidade com o mundo. As paixões são destrutivas e devem ser evitadas. Temos que cumprir o que nos diz respeito e não absorver e seguir o que não nos é próprio.

Em Roma não há ainda um conceito genérico de liberdade. As prerrogativas são estamentais[17], dependentes da posição do sujeito na estrutura da *polis*. O empréstimo de coisas fungíveis, por exemplo, só se realizava entre pessoas do mesmo estamento (ou entre irmãos). Neste caso, o inadimplemento gerava culpa mas não era sancionado pelo Estado. Em outra situação o devedor inadimplente poderia ser escravizado pelo credor, passando para o *status servitutis*. A liberdade, em Roma, era um *status*.

As relações entre o Direito e a Liberdade permaneciam externas, dependentes de uma organização e não de uma imanência essencial[18].

O homem social da Idade Média (tradução que Santo Tomás faz de **politikon zoon** – animal político na expressão aristotélica) dificulta a distinção entre o privado e o público até que surge o Estado da Era Moderna, o ente artificial, o

---

16. Ibidem, p. 129.
17. FERRAZ JÚNIOR, TÉRCIO SAMPAIO, *in* "Estudos de Filosofia do Direito", p. 85.
18. FERRAZ JÚNIOR, TÉRCIO SAMPAIO, op. cit. p. 84.

organismo que cumpre as funções burocráticas em face do indivíduo, guardando uma relação de comando. É o Leviatã de Hobbes, o Estado Poder, o Estado Soberania, o único que permitirá a convivência entre os homens.[19]

O cristianismo desenvolve a noção de liberdade interna, do livre arbítrio (Santo Agostinho), a liberdade do íntimo de cada um e que se expressa na vontade, no querer – **velle** – e no não querer – **nolle**, em relação ao poder – **posse**. Pode-se querer e não poder, como pode-se poder e não querer. E pode-se agir de acordo com este querer: liberdade de exercício. A noção de liberdade de exercício é um conceito chave da filosofia medieval[20].

A liberdade surge como ausência de necessidade e a liberdade de exercício, como ausência de coação.

Constata-se que, independentemente do status, o livre arbítrio é aspecto de todos os seres humanos. "É o homem como pessoa ou como ser livre"[21]. "A liberdade é opção e nisto está a base da responsabilidade ética"[22]. Admite-se que o homem tenha querer embora não tenha poder.

A liberdade passa a ser considerada em relação ao mundo circundante, em relações recíprocas dos homens. Neste caso, um encontra o limite de sua liberdade na liberdade do outro. É o conceito de liberdade como não impedimento.

O desenvolvimento do conceito de liberdade termina no **conceito positivo** de liberdade. Este constitui-se na faculdade de se criar as próprias normas, no auto governo.

Os dois conceitos, conclui Tércio Sampaio, confluem para um novo conceito: "a liberdade no sentido moderno, intimista e,

---

19. FERRAZ JÚNIOR, TÉRCIO SAMPAIO, *in* "Introdução à Ciência do Direito", p. 130.

20. FERRAZ JÚNIOR, TÉRCIO SAMPAIO, in "Estudos de Filosofia do Direito", p. 87.

21. FERRAZ JÚNIOR, TÉRCIO SAMPAIO, *in* "Introdução à Ciência do Direito" p. 140.

22. FERRAZ JÚNIOR, TÉRCIO SAMPAIO, in "Estudos de Filosofia do Direito", p. 89.

ao mesmo tempo, pública. Ela servirá à defesa da economia de mercado livre e à concepção do Estado como guardião (ameaçador) das liberdades fundamentais, garantidas por um documento: a Constituição. É com base nesta liberdade, que funciona como limite à atividade legiferante do Estado, que irá configurar-se a noção de direito subjetivo em oposição ao direito objetivo."[23]

2.1. Da Liberdade na Filosofia

HANNAH ARENDT diz ter sido a liberdade a última das grandes questões metafísicas tradicionais – tais como o ser, o nada, a alma, a natureza, o tempo, a eternidade posta como tema de investigação filosófica.[24]

A capacidade de ação do ser humano é inconcebível sem a existência da liberdade. A liberdade, no campo da política é um problema central, para não dizer um axioma, a partir do qual agimos.

A consciência da ausência ou presença da liberdade ocorre na interação com os outros e não no diálogo consigo mesmo. A vida pública exige ação[25].

2.1.1. Aristóteles e a Ética a Nicômacos[26]

> Se há, então, para as ações que praticamos, alguma finalidade que desejamos, por si mesma, ... evidentemente tal finalidade deve ser o bem e o melhor dos bens. Não terá então

---

23. FERRAZ JÚNIOR, TÉRCIO SAMPAIO, in "Introdução à Ciência do Direito", p. 141.
24. ARENDT, HANNAH, in "Entre o passado e o futuro", Editora Perspectiva, 5ª edição, 2002.
25. ARENDT, HANNAH, in "Entre o passado e o futuro", Editora Perspectiva, 5ª edição, 2002. LAFER, CELSO, in Prefácio sobre Hannah Arendt, págs. 21 e 22.
26. ARISTÓTELES: Ética a Nicômanos, Editora UnB, Brasília, 2001, 4ª edição. Tradução do grego, introdução e notas de Mário da Gama Kury.

uma grande influência sobre a vida, o conhecimento deste bem? Não deveremos, como arqueiros que visam a um alvo, ter maiores probabilidades de atingir assim o que nos é mais conveniente?[27]

Aristóteles

As obras do mestre, dedicadas à Ética, são obras para uso interno de sua escola, por isso compreendida entre as esotéricas. Têm características de Notas de aulas para uso de estudantes: Ética a Nicômacos, seu filho, e Ética a Êndemos, amigo de seu filho.

Aristóteles[28] diz ser a procura do bem, o objeto da ciência política, a mais imperativa e predominante. A sua finalidade é o bem do próprio homem. Mas neste caso interessa a finalidade da cidade. "É mais nobilitante e mais divino atingi-la para uma nação ou para a cidade".

Em seguida Aristóteles fala da "precisão" e desta em relação aos assuntos. Notamos que este é um ponto fulcral para onde deve convergir a nossa reflexão.

Não se pode exigir precisão onde não pode havê-la, assim como não se podem aceitar raciocínios prováveis na matemática: "os homens instruídos se caracterizam por buscar a precisão em cada classe de coisas somente até onde a natureza do assunto permite, da mesma forma que é insensato aceitar

---

27. Ibidem, Livro I, p. 17.
28. Aristóteles nasceu em Stágiros, em território Macedônio, no ano de 384 a.c. e morreu em Ebéia, em 332. Teria vivido em Peles, sede da corte dos reis Macedônios, sendo seu pai Nicomacos, médico e amigo do rei. Ingressou na escola de Platão em Atenas aos 18 anos, em 366, lá ficando até a morte do mesmo em 348. A convite do rei Felipe da Macedônia voltou a Pele onde foi professor de seu filho, Alexandre, o Grande. Ao voltar à Grécia em 335, fundou em Atenas, a sua escola, formou excelente biblioteca e colecionou mapas. Organizou pesquisas em grande escala tendo levantado as Constituições das grandes cidades-estados helênicas (158). A escola dedicou-se às pesquisas botânicas e pesquisas musicais.

raciocínios apenas prováveis de um matemático e exigir de um orador demonstrações rigorosas[29]".

Indaga Aristóteles o que seria a felicidade e se o homem teria uma função própria. Exclui para tanto as funções vitais: nutrição e crescimento, concentrando sua atenção e afirmando que a função própria do homem é um certo modo de vida, e este é constituído de uma atividade ou de **ações da alma que pressupõem o uso da razão**. "O bem para o homem vem a ser o exercício ativo das faculdades da alma de conformidade com a excelência... Mas devemos acrescentar que tal exercício ativo deve estender-se por toda a vida, pois uma andorinha não faz verão (nem o faz um dia quente); da mesma forma um dia só, ou um curto lapso de tempo, não faz um homem bem-aventurado e feliz."[30]

A felicidade é uma atividade, uma forma de viver bem e conduzir-se bem. "A vida de atividade conforme à excelência é agradável em si, **pois o prazer é uma disposição da alma** e o agradável para cada pessoa é aquilo que ela ama. Sendo assim as ações conforme a excelência devem ser necessariamente agradáveis. Mas elas são igualmente boas e belas"[31].

"Nenhuma das funções do homem é dotada de tanta permanência quanto as atividades conforme à excelência; estas parecem mais duradouras que nosso conhecimento das ciências[32]".

Para Aristóteles a excelência humana é a da alma. A alma é constituída de uma parte irracional, vegetativa, a parte relativa à nutrição e crescimento e outra dotada de razão. No primeiro caso os homens são iguais desde o nascimento até a

---

29. ARISTÓTELES, op. cit. p. 18.
30. ARISTÓTELES, op. cit. p. 24 e 25.
31. ARISTÓTELES, op. cit. p. 26.
32. ARISTÓTELES, op. cit., Livro II, p. 29.

morte. E, durante o sono, em face da inatividade não há coisa boas e más. A faculdade nutritiva não faz parte da excelência[33].

As excelências são de duas espécies: intelectuais (inteligência, sabedoria, discernimento) que devem o seu desenvolvimento à instrução e, morais (liberdade e moderação) que são produto do hábito.

Excelência moral e hábito[34]

Para Aristóteles a excelência moral, como a proficiência nas artes, é adquirida pelo hábito, repetição dos atos. Não se constituem pela natureza. Os produtos da arte têm seus méritos por si mesmos. Quanto à moral, certos requisitos devem ser preenchidos, o que não acontece com as artes. **O homem deve agir conscientemente, em segundo, deliberadamente, e terceiro, com disposição moral firme e imutável. A excelência moral é disposição de alma**, não é emoção, nem faculdade. O meio termo, eqüidistância entre dois pontos, é difícil de atingir. É descoberto pela percepção e não pela razão.

Tudo está ligado à ação.

Conforme Aristóteles aprendemos fazendo: o construtor construindo, o citarista tocando cítara. Assim tornamo-nos justos praticando atos justos, corajosos, agindo corajosamente. É importante que os hábitos se formem desde a infância. Esta questão pode ser decisiva. As crianças devem ser ensinadas desde cedo a gostar e desgostar de coisas certas. Esta é a verdadeira educação. Temos de agir conforme a reta razão.

Da mesma forma os legisladores formam os cidadãos, habituando-os a fazerem o bem. Neste sentido uma Constituição poderá ser considerada boa ou má. É importante destacar que, como a medicina e a navegação, o agir nada tem de fixo. As pessoas devem aferir o que é adequado ao fato e à ocasião.

---

33. ARISTÓTELES, op. cit. p. 32.
34. ARISTÓTELES, op. cit. p. 35.

O assunto é de natureza imprecisa.

A excelência moral pode ser destruída pela deficiência ou pelo excesso tal como acontece com a saúde. Os exercícios excessivos ou deficientes destroem o vigor bem como a bebida e os alimentos destroem a saúde. O uso adequado de ambos a conserva e alimenta[35].

O homem se torna justo na medida em que pratica atos justos.

As manifestações da alma são de três espécies: emoções, faculdades e disposições. As emoções são os desejos: cólera, medo, inveja, ódio, saudade, ciúme, alegria, em geral os sentimento acompanhados de prazer ou sofrimento; faculdades são as inclinações; disposições: os estados da alma em virtude dos quais estamos bem ou mal em face das emoções.

Somos movidos pelas emoções, mas o mesmo não pode ser dito da excelência moral. A excelência moral não é emoção, não é faculdade mas sim disposição.

Há emoções e ações em que a maldade não está no excesso ou na falta. Está implícita. São por exemplo: despeito, impudência, inveja e, nas ações: adultério, roubo, assassinato.

As definições referentes à conduta são mais verdadeiras quando particulares. Em relação ao medo: o meio termo é coragem. Os extremos: falta, equivale à covardia; excesso, à temeridade; em relação ao dinheiro: o meio termo é liberalidade; falta, equivale à avareza; excesso, à prodigalidade; em relação à honra: o meio termo é a magnanimidade, o excesso é a pretensão e a falta, a pusilânimidade[36].

Dar ou gastar dinheiro é fácil. O difícil é dar à pessoa certa, até o ponto certo, no momento certo, pelo motivo certo. Portanto agir bem é raro e louvável[37].

---

35. ARISTÓTELES, op. cit., p. 37.
36. ARISTÓTELES, op. cit. p. 43.
37. ARISTÓTELES, op. cit. p. 46.

A excelência moral é um meio termo entre duas formas de deficiência moral, uma pressupondo excesso e outra, a falta. É a eqüidistância entre dois pontos extremos.

Ações voluntárias e responsabilidade[38]

O Livro III ensina que se devem distinguir as ações voluntárias das involuntárias. Só podem ser louvadas e censuradas as voluntárias. A ação deve ser praticada mediante escolha e esta é resultado do conhecimento, ciência do objeto e deliberação prévia.

Disto provem a responsabilidade tanto pelas boas como más ações.

Devem-se distinguir os atos maus, mas que foram realizados por medo de mal maior, em virtude de submissão ao poder de alguém. São os atos forçados, provindos do exterior, como o de um homem que realiza um ato ignóbil a mando de um tirano, para salvar seus filhos e pais que este mantém como reféns.

Não se pode dizer que esses atos sejam voluntários como os que têm origem no próprio agente e provêm de uma escolha.

A escolha se relaciona com os meios e não com os fins (como a aspiração, por exemplo, que se relaciona mais com os fins). É precedida de deliberação. Aspiramos a ser saudáveis (fim) mas escolhemos a forma (meios) que nos tornarão saudáveis.

Deliberação só pode existir quanto às coisas que estão ao nosso alcance. Não podemos deliberar sobre os fenômenos da natureza: sobre o universo, o movimento dos astros, chuva, secas, enchentes, e nem mesmo sobre assuntos humanos que não nos dizem respeito. Ou seja: não há deliberação quanto ao necessário e determinado. A deliberação só existe no mundo do possível. Este possível é o que pode ser alcançado com nossos próprios esforços[39].

---

38. ARISTÓTELES, op. cit., Livro III, p. 50.
39. ARISTÓTELES, op. cit. p. 54 e 55.

As formas de excelência moral são meios e são disposições. Estão ao nosso alcance e são voluntárias. Atuam de acordo com as injunções da reta razão[40]. **A origem da ação está no próprio homem.**

São formas de excelência moral: a coragem, a moderação, a liberalidade.

Justiça e injustiça[41]

Quais as ações a que se relacionam? Em que termos o ato justo é o meio termo?

A justiça é a disposição da alma, graças à qual as pessoas se dispõem a fazer o que é justo.

Muitas vezes se reconhece uma disposição de alma graças a outra contrária[42]. A justiça é freqüentemente considerada a mais elevada forma de excelência moral. É a prática efetiva da excelência moral perfeita e as pessoas que a praticam bem podem praticá-la não só em relação a si mesmas como também em relação ao próximo[43].

Na verdade a justiça é chamada o bem dos outros, por relacionar-se com o próximo[44].

O justo é o que é conforme à lei e correto, e o injusto é o ilegal e iníquo. As pessoas que infringem a lei são injustas e as cumpridoras da lei parecem justas. Isto porque as leis são gerais e visam o interesse de todos.

Há mais de uma justiça, a geral e a especial; necessário é, pois, descobrir os atributos da justiça em sentido estrito[45]. Há duas

---

40. ARISTÓTELES, op. cit. p. 59.
41. ARISTÓTELES, op. cit., Livro V, p. 91 e seg.
42. ARISTÓTELES, op. cit. p. 93.
43. ARISTÓTELES, op. cit. p. 93.
44. ARISTÓTELES, op. cit. p. 93.
45. ARISTÓTELES, op. cit. p. 94.

palavras significando injustiça: ilegal e iníquo. Tudo que é iníquo é ilegal mas não o contrário. Desta forma ilegal é compreensivo de iníquo. Assim iníquo é parte da injustiça que é o todo.

Justiça distributiva – Proporcionalidade geométrica

Em sentido estrito a justiça se configura na distribuição de funções elevadas do governo ou de dinheiro, ou outras coisas que devem ser divididas entre os cidadãos, conforme a Constituição de suas cidades. Há ainda outra espécie: a função corretiva nas relações entre as pessoas.

Há um meio termo entre as duas iniquidades: homem injusto, ato injusto. Este meio termo é o igual (entre o mais e o menos).

Se o iníquo é desigual, o justo só pode ser o igual. Se o igual é o meio termo, o justo será o meio termo. O justo pressupõe quatro elementos: duas pessoas e duas coisas. A distribuição será feita de acordo com o mérito de cada uma[46].

O justo é então uma das espécies do gênero **"proporcional"**. A proporcionalidade não é propriedade apenas dos números mas da quantidade em geral.

Princípio da justiça distributiva: conjunção do primeiro termo de uma proporção para o terceiro e do segundo para o quarto. (Ex.: A está para B, assim como B está para C ou A → B ∴ B → C (B foi considerado duas vezes, portanto podemos reescrever de outra maneira. Alternando-se teremos: A → C ∴ B → D). O princípio da justiça distributiva é a conjugação do primeiro termo de uma proporção com o terceiro, e do segundo com o quarto e o justo é o meio termo entre 2 extremos desproporcionais, já que o proporcional é um meio termo, e o justo é o proporcional.

Justiça corretiva: igualdade: proporção aritmética[47]

É a que se realiza nas relações privadas. O que as informa é a igualdade. A lei trata as partes como iguais. Se uma

---

46. ARISTÓTELES, op. cit. p. 96.
47. ARISTÓTELES, op. cit., p. 97.

pessoa lesou outra, o juiz tem de restabelecer a igualdade. Houve "ganho" de um lado e "perda" de outro. Daí provém a palavra *dikaion* (= justo).

Conclusão

A Ética a Nicômacos é um tratado do conhecimento do Homem como ser que age. A ação ocorre no mundo e tem origem na liberdade. Esta, por sua vez, tem origem no discernimento da Reta Razão e na vontade íntima de cada um.

A emoção existe e surge incontrolável. A disposição é a forma de tratar a emoção. Esta é guiada pela razão. A razão harmoniza a emoção (não a controla).

Na relação com o outro há de haver um equilíbrio. A Justiça é o Bem dos Outros. Injusto, se aplica tanto ao que infringe a lei como às pessoas ambiciosas que quebram a igualdade porque querem mais do que aquilo a que têm direito. O injusto é o ilegal e iníquo.

Nesse sentido, a avareza é o pior dos vícios pois, justamente, quebra a igualdade. O avaro tudo quer e tudo guarda para si, impedindo que outro tenha acesso ao bem que só ele mantém.

A excelência moral, liberdade e moderação são produtos do hábito. Daí a força do processo educativo.

A deliberação só existe no mundo do possível. Não há deliberação quanto ao necessário e determinado. Só as ações voluntárias podem ser louvadas ou censuradas.

2.1.2. Plotino[48] e o Tratado sobre a liberdade e a vontade do UNO

A dinâmica da liberdade, fenômeno interior a cada um

Plotino trata da vontade e liberdade divinas como força, diferentemente da teologia cristã que dá um conceito de vontade integrada na doutrina da Trindade.

---

48. PLOTINO, nasceu em Licópolis, no Egito, em 204. Foi discípulo de Antonio Secas e Mestre de Porfírio. Acompanhou o imperador romano em expedição à Pérsia, regressou a Alexandria e aos 40 anos estabeleceu-se em Roma.

A doutrina de Plotino concebe o ser divino ou Primeiro Princípio por um predicado de vontade ou de liberdade.[49]

Antes de Plotino a história do conceito da vontade de Deus dirigia-se ao exterior com a criação do ser e a regulação do curso das coisas.

A proposição da vontade divina como vontade de si própria aparece como proposição original de Plotino. Para ele Deus não é a Divina Providência, o deus criador voltado para o exterior.

É interessante que Plotino inicia a **Ennéade VI**, com uma pergunta sobre "as coisas que dependem de nós" propondo assim, examinar primeiro, a questão da liberdade humana e de ver em seguida como este exame poderá refletir na pessoa dos deuses e do Uno.

> 1. ...
> "Mas, no momento, nós devemos pôr de lado estas questões e primeiramente indagar à nossa própria pessoa, a nós, pois é normal nos questionarmos, se existe alguma coisa que dependa de nós. Em primeiro lugar, é necessário compreender o que significa a expressão "alguma coisa depende de nós". Dito de outra forma, que noção está ligada a esta expressão? De outra sorte, saber-se-á se é conveniente de a transferir à pessoa dos deuses e ainda mais à pessoa de Deus, ou se ao contrário é necessário evitar esta transferência.
> ...
> Que levamos então ao espírito quando nós falamos de **"isto que depende de nós"** e porque pomos a nós esta questão? De minha parte, penso que a presa tem destinos hostis, fica contida assim como aos impulsos violentos de paixão que invadem a alma, nós acabamos por acreditar que todos estes movimentos nos dominam, somos-lhes submissos como escravos, transportados para onde eles nos levam e nós

---

Legou-nos 6 livros, "As Eneades". É considerado o fundador do neoplatonismo.

49. PLOTINO – *Traité sur la liberté et la volonté de l´Un*, Ennéade VI, 8 (39) Introduction, texte grec, traduction et commentaire par Georges Leroux, Paris, Librairie Philosophique J. Vrin, 1990, p. 31 e seg..

acabamos por nos indagar se nós somos ainda alguma coisa e se alguma coisa depende de nós. De tal sorte que o que dependeria de nós seria o que nós cumpriríamos sem sermos escravos da fortuna, das necessidades e das paixões violentas e bem mais porque o havemos querido, nada se opondo à nossa vontade. Se este é o caso, então a noção do que depende de nós se identificaria ao que é submisso à vontade e que se produz ou não segundo este princípio, na medida onde nós o havíamos querido.
...

2. Mas é necessário ainda propor a questão seguinte: aquilo que se refere a nós como dependente de nós, ao que é necessário atribuir? Dir-se-á que é a inclinação natural ou alguma tendência, como por exemplo o que é cometido ou omitido sob o domínio da cólera, do desejo ou duma reflexão sobre o que nos é útil ligado a uma tendência. Mas no caso da cólera ou do desejo, nós devemos concordar que há tal coisa, que esta livre disposição deles mesmos entre as crianças, as feras, os loucos, os alienados e ainda entre aqueles que estão sob o efeito de drogas ou de imagens invasoras as quais eles não dominam.
...

3. ...

Nós temos, em resumo, que remeter a autodeterminação à vontade e depois esta à razão, precisando que se trata da razão reta, e talvez seja preciso acrescentar a esta razão reta o conhecimento. ...[50]".

As perguntas práticas de Plotino, à semelhança dos diálogos de Platão, no caso, "diálogos" de nós para conosco, obriga-nos a perceber o que vai acontecendo no íntimo: o fato, objeto da questão e da decisão que deve ocorrer, os sentimentos do nosso íntimo, que podem estar envolvidos com sentimento de ira, ciúme, paixões violentas que desestabilizam a alma, impedem o discernimento e maculam a ação deste decorrente, que virá perturbada. Mas mostra, por outro lado que podemos dominar as paixões e agir sem destrutividade para o bem.

---

50. PLOTINO, op. cit., p. 133, 135 e 137.

PLOTINO mostra que a dinâmica da liberdade se passa no interior de cada um. Se não for seguida de uma ação, o mundo exterior dela não terá conhecimento.

Nas palavras de GEORGES LEROUX.

Ele dirige a si a questão a mais radical da metafísica, a existência e a natureza da liberdade divina. Não é a questão central do pensamento cristão: a que fala da liberdade de criar ou de produzir o ser, mas a da liberdade, para o Uno, de se produzir a si mesmo, do lado de toda ontologia. É então a originalidade do Primeiro que é argumentada, contra uma posição adversa, difícil de se identificar, sustentando o caráter acidental do Uno. Crucial na visão dos fundamentos do neoplatonismo, esta questão conduziu Plotino a predicar do Uno, a vontade e a liberdade, que ele transpôs da ética a uma metafísica afirmativa. Com isto ele completa a herança da metafísica platônica do Bem.

> **Conclusão**
>
> PLOTINO, tratou, na Eneade VI, 8, da natureza divina. O centro de seu pensamento é a liberdade e a vontade. Antes, porém, de entrar na natureza divina, trata da vontade na natureza humana, mostrando que a dinâmica da vontade se passa no íntimo da alma, antes de transformar-se em ação.
>
> Interessante é notar que demonstra de início, da mesma forma pensada por Aristóteles, que a autodeterminação só pode ocorrer naquilo que depende de nós, no mundo do possível.

2.1.3. Santo Agostinho[51] e O livre-arbítrio[52]

> "Agostinho: Tens consciência de possuir boa vontade?

---

51. SANTO AGOSTINHO nasceu em Tagaste, no norte da África, em 359, na atual Algéria, ao tempo em que era colônia do Império Romano, mas já

> Evódio: O que vem a ser boa vontade?
>
> Agostinho: É a vontade pela qual desejamos viver com retidão e honestidade, para atingirmos o cume da sabedoria."
>
> SANTO AGOSTINHO

"O Livre Arbítrio" é o resultado da reflexão e diálogos de AGOSTINHO com seu amigo EVÓDIO. Trata do problema da liberdade humana e da origem do mal, do ponto de vista moral. SANTO AGOSTINHO buscava incessantemente a verdade, jamais tendo aceitado que o mal pudesse provir de Deus.

Durante um tempo, em sua tenra juventude, adotara a teoria do maniqueísmo que passou a refutar arduamente.

Os maniqueus acreditavam que havia duas divindades a ordenar o Universo: a do Bem e a do Mal. Conseqüência: o homem teria duas almas: a do Bem e a do Mal. Assim sendo, uma vez que o mal faz parte da sua natureza, o homem não é responsável pelo mal que pratica. Foi o que fez Santo Agostinho, mais tarde, refletir sobre o livre arbítrio da vontade valorizando o papel da liberdade e responsabilidade humanas.

A descoberta de PLATÃO e dos neoplatônicos deu nova luz ao seu pensamento.

SANTO AGOSTINHO recebeu o batismo das mãos do bispo de Milão, SANTO AMBRÓSIO, em 387. Tinha então 28 anos. Deveria em seguida retornar à cidade onde nascera, Tagaste, no norte da África, onde pretendia levar uma vida monástica, quando foi surpreendido com a morte de sua mãe, após breve enfermidade. Resolve ficar por um tempo em Roma e neste curto espaço, começa a escrever, já impregnado do cristianismo, sobre a verdade, ordem natural do universo, a alma humana, o bem e o livre arbítrio, preocupado como estava em

---

ameaçada pelas invasões bárbaras. Teve a educação de um jovem romano culto, dedicando-se à retórica que passou a ensinar, inclusive, em Roma e Milão.
52. SANTO AGOSTINHO, Bispo de Hipona: "O livre arbítrio", Editora Paulus, São Paulo, 1995 (Patrística).

combater o maniqueísmo. Inicia, também, o "Livre Arbítrio", obra marcante que só vai terminar anos depois, em 395 em Hipona.

Santo Agostinho combateu inúmeras seitas e pensamentos que atacavam o cristianismo, inclusive o paganismo, pois, embora Roma houvesse adotado a fé cristã, na realidade não estava cristianizada. Para isso trabalhou arduamente e escreveu sem parar deixando profunda obra que foi, através dos séculos, sendo retomada e interpretada.

Foi em Plotino que Agostinho encontrou a essência de Deus como bom e poderoso. Entretanto, não aceitou a sua resposta quanto à origem do mal moral: a matéria.

Deus é o criador de todas as coisas. O pecado não pode provir dele. A liberdade humana é um bem e a fonte do mal moral está no abuso da liberdade. Toda ação tem um autor e toda má ação será punida. Ora, elas não poderiam ser punidas com justiça, se não tivessem sido praticadas de modo voluntário.

A vontade livre faz parte da ordem universal. Mesmo fraca e pecadora, Deus deve ser louvado, por ter criado o homem livre.

Mas onde há resposta para a existência do mal? É ainda em Plotino que se encontra a resposta: o mal não é um ser, mas a privação do ser.

Santo Agostinho aprofunda a questão da existência do mal tratando-o do ponto de vista: a) metafísico – ontológico, b) moral e c) físico.

> a) Não existe mal no Kosmos mas apenas graus inferiores de seres, seres finitos. São momentos articulados do **grande** conjunto harmônico.
>
> b) o pecado é o mal moral que depende de uma má vontade. É o mau uso da liberdade que escolhe bens inferiores em vez de bens superiores.

c) o mal físico: doença, sofrimento e morte é a conseqüência do pecado original, ou seja, do mal moral[53].

É interessante que na conclusão do diálogo, Santo Agostinho tenta separar o que é o procedimento mal, por ser mal simplesmente, daquele que a lei diz que tem que ser evitado, como o adultério.

Ao que responde Evódio: o adultério não é um mal por ser proibido por lei, mas é proibido pela lei, por ser um mal.

Em seguida Agostinho lembra que, apesar de este fato ser em verdade confiado à fé, quer provar que é um mal pela razão.

O homem é superior aos animais pela razão. Assim não se deixa dominar por eles a não ser pela força de alguns. "É evidente que quanto à força e outras habilidades corporais o homem é facilmente ultrapassado por certo número de animais. Mas qual é, pois, o princípio que constitui a excelência do homem, de modo que animal algum consiga exercer sobre ele a sua força, ao passo que o homem exerce seu poder sobre muitos deles? Não será aquilo que se costuma denominar razão ou inteligência?"[54]

A busca dos prazeres do corpo e a fuga dos dissabores constituem atividades da vida animal.

Assim, "As inclinações do ser humano, ao se revoltarem contra a razão nos tornam infortunados..."[55]

Por conseguinte, só quando a razão domina a todos os movimentos da alma, o homem deve se dizer perfeitamente ordenado. Porque não se pode falar de ordem justa, simplesmente de ordem, onde as coisas melhores estão subordinadas às menos boas.

---

53. SANTO AGOSTINHO, op. cit. introdução, p. 16.
54. SANTO AGOSTINHO, op. cit., p. 44.
55. SANTO AGOSTINHO, op. cit., p. 47.

"Então quando a razão, a mente ou o espírito governa os movimentos irracionais da alma, é que está a dominar, na verdade, no homem, aquilo que precisamente deve dominar, em virtude daquela lei que reconhecemos como sendo a lei eterna".[56]

Chega-se assim ao conceito de boa-vontade pela qual se deseja viver com retidão e honestidade para que seja atingido o cume da sabedoria.

A propósito da lei temporal, Agostinho constata que o seu poder em aplicar castigos, se limita a interditar e privar desses mesmos bens ou, de uma parte deles, a quem é punido. O freio é o temor da punição, equivalente à perda dos bens.[57]

AGOSTINHO questiona também o que é individual e o que é comum a todos. Embora todos sejam dotados de visão e tenham sentidos da mesma natureza cada um terá a sua maneira de ver e observar. O que um não vê, o outro vê. E, mesmo que ambos vejam o mesmo objeto, um pode percebê-lo diferentemente do outro.

Quanto ao sentido interior ocorre o mesmo, pois cada um percebe as sensações conforme as sentem. Quanto à razão, o mesmo.

AGOSTINHO separa, nos cinco sentidos, os objetos que são comuns a todos e que não se alteram pelos sentidos do homem e, aqueles que, quando usufruídos por ele, transformam-se em substância corporal.

Assim a luz, o som ou os corpos tocados. Continuam os mesmos. Mas o ar inspirado e o alimento ingerido, uma vez absorvidos, não podem ser devolvidos para a mesma serventia.

A luz, o som e os objetos ficam estranhos à natureza dos próprios sentidos.

---

56. SANTO AGOSTINHO, op. cit., p. 47.
57. SANTO AGOSTINHO, op. cit. pp. 94 a 99.

Dessa forma, entende-se que é coisa própria e de ordem privada, o que pertence a cada um em particular e, coisa comum e de ordem pública, o que, sem nenhuma alteração nem mudança, é percebida por todos.

A conclusão a que chegam AGOSTINHO e EVÓDIO é a de que, a vontade livre deve ser contada entre os bens recebidos de Deus, ainda que o homem possa usar mal a liberdade[58]. Sem ela ninguém pode viver com retidão.

A razão reta reina nas virtudes cardeais: prudência, força, temperança e justiça. Sem elas nenhuma virtude pode existir[59].

Conclusão

"O livre arbítrio" procura demonstrar que a liberdade interior do homem existe e que cabe a ele, a escolha do caminho ou da virtude: da prudência, da força, da temperança e da justiça, ou o do mal.

Esta premissa é indeclinável para que o homem seja responsabilizado por suas ações: boas ou más. Quanto às boas, ser premiado, quanto às más, ser punido. O prêmio é uma vida feliz, a pena é a culpa, o desassossego, a separação dos entes próximos.

A maldade não pode pertencer a Deus; nesse caso quando ocorre em virtude de uma ação humana, esta só pode ser conseqüência do mau uso da liberdade, dádiva divina e sempre boa, pois provém do Bem Supremo.

Todo o pensamento e ensinamento de Santo Agostinho têm uma única origem: Deus, extremamente bom.

Antes de Santo Agostinho, Paulo, na Epístola aos Romanos fez a distinção entre *velle* (querer) e *posse* (poder). Vontade seria "poder escolher". Independe do ato voluntário, ou seja, do exercício do querer[60]. A vontade como opção é livre. O conceito chave da filosofia medieval é a noção da liberdade de exercício.

---

58. SANTO AGOSTINHO, op. cit., pp. 134, 135.
59. SANTO AGOSTINHO, op. cit., p. 138.
60. FERRAZ JÚNIOR, TÉRCIO SAMPAIO, "Estudos de Filosofia do Direito", Atlas, 2ª Edição, São Paulo, 2003, p. 87.

Não se pode assim obrigar ninguém a querer. Pode-se obrigá-lo a fazer ou omitir algo[61]. O livre arbítrio ou a vontade livre torna-se o cerne da responsabilidade[62].

O livre arbítrio, diz Tércio Sampaio Ferraz Júnior, prepara um conceito importante: a liberdade, como ausência da necessidade e a liberdade de exercício, como ausência de coação.

O pensamento iluminado de Santo Agostinho reconhece, na natureza humana, a existência da razão e da liberdade.

2.1.4. Abelardo e a Liberdade de Consciência

> "O homem tem a capacidade de conhecer. E, tem também, a "capacidade humana" para saber que conhece e para saber o que sabe que conhece. A consciência é um conhecimento (das coisas e de si) e um conhecimento desse conhecimento (reflexão)".[63]
>
> MARILENA CHAUÍ

O ser humano tem consciência de que é um indivíduo, separado dos demais, com características próprias, pessoais, com a sua história particular, definido por um cerne estrutural, imutável que o torna único entre os demais, mas sujeito às suas circunstâncias espaciais e temporais que também ajudaram a moldá-lo.

Está livre para escolher e agirá de acordo com a moral e a ética tendo um fim, que é o bem, devendo respeitar o direito dos outros. Esta é a consciência moral.

Há ainda a consciência política, de cidadão. Neste aspecto o homem se vê relacionado aos demais, na interação da vida

---

61. Ibidem , p. 89.
62. Ibidem , p. 89.
63. CHAUÍ, MARILENA, *in* "Convite à Filosofia", Editora Ática, 12ª Edição, 2002, São Paulo, p. 117.

social e cultural, direitos e deveres reconhecidos ao cidadão integrante do Estado de Direito.

A consciência ativa e reflexiva é justamente "aquela que reconhece a diferença entre o interior e o exterior, entre si e os outros, entre si e as coisas. Esse grau de consciência é o que permite a existência da consciência em suas quatro modalidades, isto é, **eu, pessoa, cidadão** e **sujeito**."[64]

A consciência é definida pela fenomenologia como **consciência intencional** ou **intencionalidade**, isto é, como "**consciência de**". Assim "perceber" tem a ver com perceber algo.

A percepção não é uma sensação apenas em nosso corpo, mas uma apreensão de um sistema organizado com um sentido: o objeto percebido; não é um ajuntamento de sensações originárias do contato com o objeto, um repertório, mas um repertório com sentido, um repertório estruturado como sistema. ABBAGNANO expressa "consciência", abstraído o significado comum que o homem tem de seu estado, percepções, idéias, sentimentos:

> "O significado que o termo tem na filosofia moderna e contemporânea, embora pressuponha genericamente essa acepção comum, é muito mais complexo: é o de uma relação da alma consigo mesma, de uma relação intrínseca ao homem, "interior" ou "espiritual", pela qual ele pode **conhecer-se** de modo imediato e privilegiado e por isso **julgar-se** de forma segura e infalível. Cristianismo e Neoplatonismo elaboraram **pari passu** a noção da relação puramente privada do homem consigo mesmo, isto é, de uma relação na qual o homem se desliga das coisas e dos outros e "volta-se para si mesmo..."[65]

Foi PLOTINO quem elaborou a noção da consciência de forma a distingui-la como uma certa qualidade dos conteúdos

---

64. Ibidem, p. 119.
65. "Consciência"..., ABBAGNANO, NICOLA, Dicionário de Filosofia, Editora Mestre Jou, São Paulo, 1982, p. 171.

psíquicos e o "retorno a si mesmo" ou o "retorno à interioridade" ou a "reflexão sobre si mesmo".

A atitude de auto-reflexão na filosofia cristã é a de todo e qualquer homem. Santo Agostinho disse: "Não saias de ti, e torna a ti mesmo, no interior do homem habita a verdade e se encontrará mutável a tua natureza, transcende também a ti mesmo."

Na antiguidade não existiu uma filosofia da consciência. Platão ao tratar de solidão já percebera que o homem não era um, mas sim dois em um, de onde se origina o dualismo entre corpo e alma. A luta que havia era entre razão e paixão. A vontade era marcada pelo desejo que levava à paixão. E, a moral platônica, tinha por propósito, o domínio da paixão pela razão[66].

Foi realmente o pensamento medieval que objetivou a consciência como centro ético: *contra conscientiam agere* e *consciencia errônea*.

Surge a figura de ABELARDO que afirma a importância da vinculação do agir ao que determina o próprio sujeito. "Pecar é agir contra a consciência e não contra os ditames da ordem objetiva. Era o caminho para a filosofia da consciência, enquanto **consciência ética**"[67]. (GEWISSEN, na filosofia alemã).

A 2ª expressão: *consciência errônea* é a linha tomista: objetivação da consciência como vinculação à vontade divina. Era a consciência como ciência de si próprio.[68] (*BEWUSSTSEIN*)

Esta autonomia da consciência em oposição à heteronomia eclesiástica será adotada pela Reforma.

A sociedade privilegia o indivíduo e desaparece a noção comunitária. Isto desemboca na sua auto-desagregação. Urge que algo externo apareça para compensar esta complexidade. É quando surge o Estado burocrático[69].

---

66. TÉRCIO... Estudos... p. 95.
67. Ibidem, p. 95.
68. Ibidem, p. 96.
69. Ibidem, p. 97.

Ao observar o fenômeno, LUHMANN chama-lo-á de dupla separação: "o subjetivismo da vontade se separa e se contrapõe ao objetivismo da razão e da ciência: é a separação entre consciência ética e verdade." Por outro lado, restringindo-se as normas religiosas à consciência de cada um, separam-se a consciência moral e o direito[70].

Prevalecendo as decisões da consciência livre sobre as normas heterônomas, propicia-se o caos social o que será chamado por MAX SCHELER de anarquia cívica.

LOCKE e ROSSEAU dão início ao sentido moderno da liberdade. Para ambos: a liberdade é condição natural do ser humano. O homem nasce livre mas no estado de natureza a liberdade torna-se ameaçada. O contrato social (em ambos) garante a liberdade para a sociedade natural (LOCKE) e garante a liberdade para o indivíduo que passa a viver em sociedade politicamente organizada (ROUSSEAU)[71].

Nasce assim a liberdade civil.

A liberdade entende-se agora como liberdade legal. Diz MONTESQUIEU: "A liberdade só pode consistir em poder fazer aquilo que se deve querer", ou ainda, "a liberdade é o direito de fazer tudo aquilo que as leis permitem..."[72]

Conclusão

A consciência interior acaba por cindir a noção de comunidade. Privilegia-se o interior de cada indivíduo em detrimento da lei objetiva: seja da Igreja, seja do Estado. A conseqüência é a desagregação e o aparecimento do Estado Burocrático como efeito compensatório. Desenvolve-se daí o conceito de liberdade que termina por ser uma liberdade legal: só é possível fazer o que a lei permite que se faça.

---

70. Ibidem, p. 97.
71. Ibidem, p. 99.
72. Ibidem, p. 100.

2.1.5. São Thomás de Aquino[73] e os Sete Pecados Capitais[74]

São Thomas de Aquino cristianizou o pensamento de Aristóteles. Para o mestre grego, há distinção entre essência (que responde à pergunta: o que é um ser?) e existência (esse ser existe?). A definição de essência não implica jamais a existência do definido. A distinção é puramente lógica e conceitual. Já Thomás de Aquino interpreta a distinção como ontológica, real. As criaturas não existem por si mesmas. Daí introduz a idéia de criação.

Só em Deus há identidade entre essência e existência. "Eu sou o que sou".

Os homens são criaturas. Todo aquele que é nascido de Deus não peca porque a semente de Deus permanece nele (graça). Mas, se houver o rompimento da graça, um pecado pode levar a outro pecado, semelhante ou complementar. Neste último caso, por exemplo, quando a avareza leva à fraude.

Gregório afirma que os vícios capitais são como capitães e os vícios que deles provêem são como os exércitos.

O vício é uma desordem do desejo natural.

O desejo de conhecer é natural do homem e tender ao conhecimento de acordo com a razão reta é virtuoso e louvável. Ultrapassá-la é o pecado da *curiositas*, ficar aquém é o pecado da negligência.

---

73. Thomás nasceu em 1224, no Castelo de Aquino, em Roccasecca (reino de Nápoles). No mesmo século foram fundadas as ordens mendicantes de São Francisco de Assis e São Domingos. Alberto Magno, grande pensador dominicano foi mestre de Thomás. Seu pai e seu irmão pertenciam à aristocracia da corte de Frederico II que fundou a Universidade de Nápoles para competir com a de Bolonha. Thomás estuda Artes Liberais na Universidade de Nápoles e toma contacto com a Filosofia de Aristóteles que estava sendo redescoberta no Ocidente. Conhece então a Ordem Dominicana integrando-se a ela. Após, faz seus estudos na prestigiada Universidade de Paris.

74. AQUINO, THOMÁS DE, *in* "Sobre o Ensino (De Magistro): Os Sete Pecados Capitais", tradução e estudos introdutórios de Luiz Jean Lauand, Martins Fontes, São Paulo, 2001.

O homem deseja a excelência, a perfeição no bem desejado. É a virtude da magnanimidade. A deficiência em face desta regra é o vício da pusilanimidade; o excesso é o vício da soberba. Agostinho afirma que a soberba é um distorcido desejo de grandeza. Como a medida não é a mesma para todos, o que não é soberba para uns, poderá sê-lo para outros.

A caridade, que é o amor de Deus, comanda todas as virtudes. Por projeção de seu domínio é chamada mãe de todas as outras.

Teoria dos vícios

A teoria dos vícios surge da observação profunda da alma humana. Iniciada por João Cassiano e o Papa Gregório Magno, atingiu a máxima profundidade com Thomás de Aquino.

O mal da alma consiste em estar à margem da razão. O pecado é um ato desordenado.

Vício capital é o vício máximo tal como é qualificado, originado do latim, de *caput, caputis*, que quer dizer cabeça, líder e de onde derivam os substantivos capital, capítulo, cabeça, cabeceira.

São Thomás volta-se para a experiência, para a antropologia. O mal expressa-se na realidade corrente. Para conhece-lo, é necessário observar os modos em que ele ocorre.

Na sua enumeração, os vícios são sete: vaidade, avareza, inveja, ira, luxúria, gula e acídia. A Igreja substituiu a vaidade por soberba; a acídia também foi substituída por preguiça. Thomás preferiu deixar a soberba de lado por ser a raiz dos pecados, considerando-a um pecado supracapital, a mãe de todos os vícios. É o pior dos vícios porque distorce a busca do bem, recusando a Deus.

A experiência milenar com os homens possibilitou a lista taxativa dos pecados capitais.

Interferem na conduta e condicionam para agir mal. Configuram autêntica restrição à liberdade. Desses 7 vícios decorrem inúmeros outros.

A "curiositas" é o desejo de ver, distorcendo o sentido da visão. É a concupiscência dos olhos, a vontade de se abandonar ao mundo e que, segundo Thomás é a dissipação do espírito – *evagatio mentis*.

2.1.5.1. Vaidade

A vaidade diz respeito à glória que pressupõe um certo esplendor. O fim próprio da vaidade é a manifestação da própria excelência que pode se dar de forma direta ou indireta. Acarreta uma desordem na vontade que é precisamente o pecado. São filhas da vaidade: desobediência, jactância, hipocrisia, contenda, pertinácia, discórdia e presunção de novidades[75].

A vaidade e a virtude da magnanimidade

Repugna à grandeza de alma do magnânimo apreciar as coisas medíocres a ponto de gloriar-se delas.

O magnânimo se preocupa mais com a verdade do que com as opiniões. Este não se preocupa com as honras e louvores.

2.1.5.2. Avareza

A avareza é a desordenada ambição de dinheiro (*avidus aeris*, ávido de cobre). Por extensão, a avareza é tomada como desordenada cobiça de quaisquer bens. Há pois uma avareza "geral" pela qual se deseja mais do que se necessita e uma avareza "específica", ligada ao dinheiro[76].

As virtudes que se opõem à avareza são a justiça, o meio de igualar, de tal modo que cada um tenha o que lhe é devido

---

75. AQUINO, THOMÁS DE, *in* "Os Sete Pecados Capitais", Martins Fontes, São Paulo, 2001, p. 82 a 86.
76. AQUINO, THOMÁS DE, *in* "Os Sete Pecados Capitais", Martins Fontes, São Paulo, 2001, p. 100.

e, a generosidade (*liberalitas*) a liberdade de gastar o dinheiro, sem tristeza, onde seja necessário[77]. Aquele que retém bens, pela avareza, está impedindo que outros os tenham.

2.1.5.3. Inveja

A vida da alma é a virtude da caridade (o amor) que nos une a Deus. "Quem não ama permanece na morte"; ora, a morte é a privação da vida[78].

Matar um homem é afrontar a caridade. Amamos o próximo e desejamos que tenha a vida e outros bens. O homicídio é pecado mortal por seu gênero.

As filhas da inveja são: murmuração, detração, ódio, exultação pela adversidade, aflição pela prosperidade.

A vontade é movida a agir pelo bem e também movida pelo prazer.

Se alguém quer um bem, persegue-o. Se alguém quer evitar um mal, foge dele. O prazer é a fruição de um bem e a tristeza é parte do mal que oprime o ânimo.

Se a inveja é uma tristeza pela glória do outro e se o invejoso tenta ir contra a ordem moral para atingir o glorioso, a inveja é um vício capital.

Tenta-se impedir a glória alheia e isto se faz diminuindo o bem do outro ou falando mal dele, disfarçadamente (murmuração) ou abertamente (detração). Este é o princípio.

O termo final pode desembocar no ódio à pessoa invejada, desejando-lhe mal e pode também resultar em sua alegria, quando consegue diminuir o bem do outro. É a exultação pela adversidade do outro ou a aflição pela sua prosperidade.

---

77. Ibidem, p. 101.
78. Ibidem, p. 89 e segs.

2.1.5.4. Ira

Irar-se é a expressão mais clara da energia humana. Superar contrariedade na conquista de uma tarefa difícil, eis o recurso humano para esta finalidade. Para Tomás, existe valor positivo da ira enquanto impulso vital[79]. "Essa força, irar-se, é a expressão mais clara da energia da natureza humana". A remoção de obstáculos nos caminhos da vida e de meios de defesa são muitas vezes impulsionados pela ira.

Mas a ira, do ponto de vista do pecado, tem o sentido negativo de desordem que obstrui a mente e impede a claridade que propicia a solução de conflitos.

2.1.5.5. Luxúria[80]

A matéria da luxúria são os prazeres sexuais. O ato sexual pode ser isento de pecado. A razão mostra que todo ato se dirija para um fim saudável. Se estes são utilizados para o bem, de forma verdadeira, como no caso, para conservação da espécie humana, não há nenhum mal no seu uso. Segundo Santo Agostinho "o que é o alimento para a vida do homem é o ato sexual para a vida do gênero". Somente o que se realizar à margem da ordem da razão será vicioso. O prazer sexual, finalidade da luxúria é o mais intenso dos prazeres corporais e pode, conseqüentemente, ocasionar a cegueira da mente, a irreflexão e o apego ao mundo.

2.1.5.6. Gula[81]

A coisa mais difícil de ordenar são os prazeres naturais. É o caso do comer e do beber. Ninguém pode viver sem se alimentar e beber. Daí que a gula seria o excesso daquilo que é necessário para manter a vida. Transpor o limite do necessário,

---

79. Ibidem, p. 95 e segs.
80. Ibidem, p. 106.
81. Ibidem, p. 103.

para o excesso, é quase imperceptível. Santo Agostinho detecta como gula, não o próprio ato de comer, mas a paixão que diz respeito aos prazeres do comer e do beber.

O excesso de alimentos obstrui a razão. Assim o embotamento da inteligência é considerado filho da gula.

2.1.5.7. Acídia[82]

A acídia é uma tristeza do coração. O homem não se julga capaz de realizar aquilo para o que Deus o criou. Repudia o seu verdadeiro ser.

É o tédio ou tristeza em relação aos bens do espírito. "Para a sua alma, todo alimento é repugnante" (Agostinho a propósito do Salmo 104.18).

Manifesta-se na dissipação do espírito que se expressa na tagarelice, na inconstância de decisão e na volubilidade de caráter. É a insatisfação de *curiositas*.

Filhas da acídia são: desespero, pusilanimidade, torpor, rancor, malícia, divagação da mente.

Os homens fazem muitas coisas para evitar a tristeza. E aqueles que não conseguem a alegria do espírito, procuram a alegria do corpo.

Pode significar que o homem perdeu a capacidade de habitar em si próprio. Fuga de si, queimado pelo desespero. Só a serenidade permite a plenitude da existência.

> **Conclusão**
> São Thomas observa e repensa a experiência do homem através dos séculos e detecta os vícios, como fenômenos que afetam a percepção e a ação humana. Estes restringem a autêntica liberdade e condicionam o homem para agir mal.
> Os vícios traduzem-se no comportamental. A inveja, o ciúme podem induzir ao crime, até de morte.

---

82. Ibidem, p. 92.

O Direito deve preocupar-se constantemente com a avareza, aquele sentimento de ter, de acumular para si mesmo. Necessariamente a concretização de seus efeitos impede que o outro tenha ou tira daquele que tem. Este fato afronta o princípio da igualdade e da justiça dificultando até que se realize a justiça comutativa e distributiva. O Direito, na sua experiência milenar, deve criar critérios objetivos e positivá-los para que impeçam ou corrijam a avareza, sob pena de, permitindo a desigualdade e a injustiça, levantar a revolta e a destruição da ordem.

2.2. Da Liberdade e do Direito

"... a única finalidade justificativa da interferência dos homens, individual e coletivamente, na liberdade de ação de outrem, é a autoproteção".

JOHN STUART MILL

2.2.1. John Stuart Mill e o que denominou de ensaio "Sobre a Liberdade"[83]

O livro de STUART MILL é um clássico, justifica CELSO LAFER, por altamente representativo e esclarecedor da doutrina liberal do Séc. XIX, tendo dado uma contribuição a uma sempre difícil teoria modelar da liberdade, que merece ser permanentemente ouvida e meditada.

Com razão, destaca-se no trato do objeto, como ele mesmo determinou, a liberdade civil ou social: a natureza e limites do poder que a sociedade legitimamente exerce sobre o indivíduo – a sensibilidade e racionalidade do humanista, profundo estudioso, desde tenra idade, das esferas do conhecimento desenvolvidas pelo homem.

---

83. MILL, JOHN STUART, "Sobre a liberdade" (1859), Editora Vozes, Petrópolis, 1991 – Tradução e Prefácio de Alberto da Rocha Barros e Apresentação de

Sabe-se que o liberalismo tem muitos padrinhos distinguindo-se os pontos de vista por que abordado, pelos franceses e ingleses. Enquanto aqueles apoiaram-se em mudanças sociais e históricas (Montesquieu, Benjamim Constant, Tocqueville) os ingleses trataram-no com fundamento numa teoria do conhecimento de cunho empírico (Locke, Hume, Adam Smith, Stuart Mill)[84].

Para Stuart Mill a única justificativa para que um homem ou homens, coletivamente, interfiram na liberdade de outrem é a **autoproteção**[85].

A luta entre a liberdade e Autoridade remonta à antiguidade. Liberdade significava a proteção contra a tirania dos governantes políticos. Os governantes, em geral, afora as cidades gregas, eram uma única pessoa, ou uma tribo ou uma casta. Sua autoridade provinha de herança ou da conquista pela guerra. Jamais era exercida de acordo com a vontade dos governados. O poder era encarado como necessário.

Pouco a pouco, conseguiu-se o reconhecimento de liberdades ou direitos políticos e posteriormente o estabelecimento de fins constitucionais.

Mais tarde ainda, pareceu ao povo que os governantes com interesses contrários aos seus, não mais eram necessários. Ou melhor, seriam substituíveis por mandatários que iriam agir no interesse dos representados. Haveria assim uma continuidade entre o desejo do povo, representado, e a ação de governar dos seus representantes. O povo governaria. "A nação não

---

Celso Lafer, 2ª edição. Nascido em Londres em 20.05.1806, foi considerado o maior pensador filosófico do século. Recebeu desde os três anos, quando aprendeu o grego, regime de intensíssimo trabalho, imposto por seu pai que o educou. Aos 8 anos já lera os clássicos gregos em sua língua: Esopo, Xenofonte, Heródoto, outros, além dos diálogos de Platão. Os estudos sempre foram seguidos por debates. Assim Stuart Mill foi preparado para não aceitar uma opinião por autoridade.

84. LAFER, CELSO em sua apresentação.
85. JOHN STUART MILL, op. cit., p. 45.

carecia de se proteger contra a própria vontade. Fossem os governantes efetivamente responsáveis perante ela, prontamente removíveis por ela, e a nação poderia aceder em confiar-lhes um poder de que ela própria ditaria o uso a ser feito."[86]

Com efeito, o homem tem de fazer uso da própria razão. Para isto é preciso deixar de ser súdito e tornar-se cidadão. A liberdade de pensamento e expressão, na dimensão moderna, tem o mesmo sentido da liberdade grega, a do grego cidadão que expunha publicamente as suas idéias.

Recente era a substituição da monarquia pela democracia (Revolução Francesa e Americana). Entretanto, bem observou Stuart Mill que a diluição do poder, nem por isto poderia deixar de ter o seu lado tirânico.

O "Self Government" e o poder do povo sobre si próprio não revelava a verdadeira realidade. Uma parte do povo pode querer oprimir a outra parte. Stuart Mill preocupa-se sobremaneira com a tirania do maior número, sobretudo se é exercida pelos atos das autoridades públicas.

A verdade é que a maioria ainda considera o governo como representante de um interesse oposto ao público. Não sente o poder governamental como o seu próprio poder. E, com certeza, se a lei quiser controlar os indivíduos naquilo que não estão acostumados, provavelmente estes se mobilizarão contra ela.

A independência do indivíduo é, de direito, absoluta sobre si mesmo, sobre o próprio corpo é o próprio espírito. Daí o objeto deste Ensaio "orientar de forma absoluta as intervenções da sociedade no individual, um princípio muito simples, quer para o caso do uso da força física sob a forma de penalidades legais, quer para o da coerção moral da opinião pública. **"Consiste este princípio em que a única finalidade justificativa de interferência dos homens, individual e coletivamente,**

---

86. JOHN STUART MILL, op. cit., p. 46 e 47.

na liberdade de ação de outrem, é a autoproteção. O único propósito com o qual se legitima o exercício do poder sobre algum membro de alguma sociedade civilizada contra a sua vontade, é impedir o dano a outrem."[87]

Stuart Mill renuncia à idéia de direito abstrato, independente da utilidade. Esta é a última instância em todas as questões éticas, a utilidade no sentido mais largo: interesses permanentes do homem como ser progressivo[88]. "O dano causado por um indivíduo a outro, por ação ou omissão, deve ser reparado."

Há, porém, uma esfera adequada da liberdade humana onde a sociedade tem interesse indireto: a) a liberdade de consciência que compreende a liberdade de pensar e de sentir, liberdade absoluta de opinião e de sentimento sobre qualquer assunto; b) liberdade de gostos e ocupações dispondo de um plano de vida e c) liberdade de associação para propósitos comuns[89].

Se estas liberdades não forem respeitadas, sociedade que se diz livre, qualquer que seja a sua forma de governo, livre não será.

Já nesta época começava a aparecer a tendência de estender os poderes sociais sobre os indivíduos.

2.2.1.1. A liberdade de pensamento e de discussão[90]

A expressão de uma opinião deve ser respeitada sob pena de se roubar o gênero humano. Nunca se pode estar seguro de que a opinião que se pretenda sufocar seja falsa e ainda que sim, o simples fato de sufocá-la já é um mal. "Impor silêncio a uma discussão é arrogar-se a infalibilidade"[91].

---

87. MILL, JOHN STUART, op. cit., p. 53.
88. MILL, JOHN STUART, op. cit. p. 56.
89. MILL, JOHN STUART, op. cit. p. 56.
90. MILL, JOHN STUART, op. cit., p. 59.
91. MILL, JOHN STUART, op. cit., p. 61.

"O discernimento é dado aos homens para que o usem!". Agimos de acordo com nossas convicções: é o único meio correto de agir. Não é porque a guerra não deva ocorrer que devemos tolerar qualquer afronta. Não é porque houve tributação injusta que o Estado irá deixar de tributar. Situações diversas exigem respostas e soluções diversas. "Não existe certeza absoluta, mas existe segurança suficiente para os propósitos da vida humana"[92].

É conservando o espírito aberto às opiniões, à troca de idéias, que se chega à sabedoria. Todas as opiniões devem ser ouvidas. Este é o único método de se aproximar do conhecimento completo do assunto. Somente assim o espírito humano como ser intelectual e moral pode reconhecer seus erros e corrigi-los.

Stuart Mill clama pela discussão e traz exemplos históricos em que homens da mais alta sabedoria e ética foram condenados como ímpios, blasfemadores e corruptos.

Foi o caso de Sócrates, considerado pelos homens sábios de sua época o mais sábio e o mais justo, condenado como ímpio por não reconhecer os deuses adotados pelo Estado e por corruptor da juventude por seus ensinamentos. Este homem foi a fonte sublime de Platão e por conseqüência de Aristóteles, as duas nascentes da ética e da filosofia que influenciaram o pensamento através dos séculos até nossos dias[93].

Foi o caso de Jesus Cristo, nascente do Cristianismo, a religião dominante no Ocidente, pela grandeza de seu espírito e moral que foi condenado por Roma, por blasfêmia.

E, Marco Aurélio, grande pela sua sabedoria, justiça, piedade, imperador absoluto de todo o mundo civilizado de então – o Império Romano – perseguiu o Cristianismo. Seus atos como governante e seus escritos, são ímpares e nada diferem

---

92. MILL, JOHN STUART, op. cit. p. 62
93. Ibidem, p. 67.

dos ensinamentos do Cristianismo. Mas fê-lo, por entender que a nova religião desfaria a sociedade romana aos pedaços. Pareceu-lhe melhor abatê-la do que adotá-la[94].

Os princípios devem ser objetos de discussão. Não discuti-los é propiciar a estagnação pois o debate é fundamental para o desenvolvimento da humanidade.

Sócrates, sabiamente, por meio da Dialética, magnificamente exemplificada nos Diálogos Platônicos, fazia com que o discípulo, tendo aceitado lugares comuns da opinião corrente e não tendo posto neles a atenção devida, tomasse ciência de que ignorava o assunto e caminhasse junto com ele no conhecimento da verdade. O discípulo tinha que conhecer a sua opinião e também a oposta[95].

O mesmo acontecia com as disputas nas Universidades, na Idade Média. É o que se aprende in "De Magistro" – Sobre o Ensino, de Thomás de Aquino. O sistema adotado consta de: a) uma questão. Ex.: art. 1º Se o homem – ou somente Deus – pode ensinar e ser chamado mestre; b) objeções: o homem não pode ensinar (discorum); c) em contrário: é o que diz São Paulo, d) solução.

Veja-se que a moralidade cristã, por exemplo, que está no Novo Testamento, não exclui aquela do Velho Testamento pois o Novo sempre se refere a uma moralidade preexistente, em muitos pontos, bárbara pois dirigida a um povo bárbaro. Paulo, não aceitando o modo judaico de interpretação, também aceita a moralidade dos gregos e romanos como preexistente. Na verdade grande parte do que hoje consideramos a Moral Cristã foi posteriormente construída pela Igreja. A moralidade cristã tem ideal mais negativo que positivo. Abstinência do mal antes que Procura Enérgica do Bem. É essencialmente uma doutrina de obediência passiva.

---

94. Ibidem, p. 69
95. Ibidem, p. 86.

Conclusão: é necessário para o bem estar humano a liberdade de opinião e a liberdade de exprimi-la.

1) uma opinião compelida ao silêncio pode ser verdadeira;

2) mesmo que seja um erro, pode conter uma parte de verdade;

3) ainda que a opinião aceita seja uma verdade completa deve ser vigorosamente contestada para que não seja assimilada como preconceito[96].

As opiniões contrárias têm de ser colocadas de forma moderada, serena e cautelosa evitando ofensas desnecessárias.

2.2.1.2. A individualidade como um dos elementos do bem estar

As ações não podem ser tão livres como as opiniões.

Atos que causem dano a outrem podem ser refreados pela sociedade.

Há, pois, necessidade de que a liberdade seja limitada. Entende-se aqui a liberdade para agir.

GUILHERME DE HUMBOLDT, citado por MILL, disse ser "o fim do homem, ou o que lhe é prescrito pelos eternos e imutáveis ditames da razão, e não sugerido por desejos vagos e passageiros, é o mais elevado e harmonioso desenvolvimento de seus poderes visando constituir um todo acabado e consistente. "Deve para isto dar atenção à "individualidade de poder e desenvolvimento".[97]

O desejado é respeitar o passado e suas aquisições quanto ao pensamento e comportamento, podendo aurir o conhecimento e experiência que mostra ser um modo de conduta preferível a outras acrescido do próprio discernimento e caráter

---

96. Ibidem, p. 94.
97. MILL, JOHN STUART, op. cit. p. 99.

individual. "Os poderes mentais e morais como os musculares, só se aperfeiçoam pelo uso".[98]

"Aquele que deixa o mundo, ou a parte do mundo a que pertence, escolher o seu plano de vida em seu lugar não necessita de nenhuma faculdade a mais da imitação siamesa. Aquele que escolhe por si o próprio plano, emprega todas as suas faculdades. Deve usar a observação para ver, o raciocínio e o juízo para prever, a atividade para colher materiais de decisão, a discriminação para decidir e, quanto há decidido, a firmeza e o auto controle para se conservar fiel à decisão deliberada.[99]"

O individualismo teve o seu lugar na História (Antigüidade e Idade Média). Hoje os indivíduos estão perdidos na multidão. A opinião pública domina. Mas de quem é a chamada "opinião pública"? Responde Stuart Mill: na América: a população branca; na Inglaterra: a classe média (Séc. XIX). São, porém, sempre a massa. É a tirania da opinião[100].

A verdade é que as pessoas que se destacam e têm uma liberdade de espírito e de ação diversa das demais não são aceitas ou bem vindas. Há um padrão desejável: nada desejar fortemente. Um caráter inexpressivo. Se diverso terá de ser constrito para que não apareça com um traço que o distinga dos demais.

É o espírito de liberdade que dá força ao avanço da humanidade. A única fonte infalível de aperfeiçoamento é a liberdade.[101] E são justamente as diferenças entre as pessoas que promovem o desenvolvimento humano.

2.2.1.3. Os limites da autoridade da sociedade sobre o indivíduo

Chega-se, assim, a um ponto crucial. O ser humano tem direito ao desenvolvimento individual, conforme a sua personalidade específica. A educação tem aí, um papel relevante.

---

98. MILL, JOHN STUART, op. cit. p. 100.
99. Ibidem, p. 100.
100. MILL, JOHN STUART, op. cit. p. 107.
101. MILL, JOHN STUART, op. cit. p. 112

Cabe à individualidade aquilo que é pessoal e no qual o próprio indivíduo está interessado. Cabe à sociedade dirigir e reprimir as ações que se realizadas causariam, da ação de um, o dano de outrem. De qualquer forma pode-se separar as ações dos indivíduos: aquelas que só prejudicam a ele mesmo; aquelas que prejudicam os outros.

Muitas vezes alguém toma atitude que nos desagrada, atitudes inclusive ofensivas. Neste passo podemos dele nos afastar. E assim esta pessoa passará a suportar os efeitos da sua imprudência, injustiça ou beligerância. São as sanções sociais.

Muitas vezes, porém, a atitude ultrapassa os limites de mera conduta e tem efeitos no mundo, prejudicando terceiros. Neste caso deverá o autor esperar a sanção pela falta cometida por infração da norma que visa a proteção da pessoa.

Muitas vezes, ainda, o mal, feito por uma pessoa, mesmo que não cause concretamente um prejuízo a outrem ou à sociedade, pode, sim, refletir um outro tipo de dano: um mal exemplo, como o vício da droga.

Se uma pessoa é viciada em bebidas ou drogas, em jogo, não é o caso de o Estado protegê-la, assim como protege as crianças e menores, por falta de discernimento?

São coisas que o indivíduo pratica contra si próprio, prática que interfere na preservação da individualidade. Neste caso o sujeito se predispõe à escravidão do vício escolhido.

Quando isto acontece sai-se do campo da liberdade e entra-se no território da LEI.

Conclusão

STUART MILL discorre com profundidade, exemplificando e pontuando suas observações com fatos e personagens históricos, chegando à conclusão que a liberdade é inerente ao ser humano e este só atinge o desenvolvimento individual pleno através dela.

Liberdade significa liberdade de pensamento, de discussão necessária ao desenvolvimento da individualidade em sua completude.

FICÇÕES TRIBUTÁRIAS: IDENTIFICAÇÃO E CONTROLE

Quanto à liberdade de ação poderá esta ser restringida pela sociedade e pela lei, prevalecendo a autoridade da sociedade sobre o indivíduo, sempre e quando o ato individual fere outrem causando-lhe um dano.

2.2.2. Kant e o imperativo categórico

"A ética, como doutrina do homem, torna-se o centro da filosofia".

HERMAN COHEN[102]

2.2.2.1. Como é possível conhecer

Para KANT há duas formas de conhecimento: o empírico ou a *posteriori* e o puro ou *a priori*. O primeiro depende da experiência. Se dizemos que "a luz está acesa" é porque estamos vendo que ela está acesa; dependemos pois do sentido de visão que permite este tipo de constatação. "Expressa-se um conhecimento que não pode ser desvinculado de um impressão dos sentidos".[103]

Já o conhecimento puro ou *a priori* provem da universalidade e da necessidade. Quando se diz que "a linha reta é a distância mais curta entre dois pontos" a afirmação é válida para qualquer linha reta (universalidade) e sob quaisquer circunstâncias (necessidade).

É ainda necessário distinguir o juízo analítico do juízo sintético. "Em todos os juízos em que for pensada a relação de um sujeito com o predicado... esta relação é possível de dois modos. Ou o predicado B pertence ao sujeito A como algo contido (ocultamente) neste conceito A, ou B jaz completamente

---

102. COHEN, HERMAN, "Die Ethik", 1907:1. Apud Viriato Soromenho – Marques na introdução à "Fundamentação da Metafísica dos Costumes", de KANT.
103. MARILENA DE SOUZA CHAUÍ no prefácio do livro de Immanuel Kant: "Crítica à Razão Pura", tradução de Valério Rohden e Udo B. Moosburger; Editora Nova Cultural, São Paulo, SP, 1999, p. 7.

fora do conceito A, embora esteja em conexão com o mesmo. No primeiro caso denomino o juízo **analítico**, no outro **sintético**[104]".

No analítico, pois, o predicado está contido no sujeito. "Para KANT, o juízo 'os corpos são extensos' é desse tipo pois o predicado, 'extensos' está contido implicitamente no sujeito 'corpos'[105]. São juízos tautológicos e que nada acrescentam ao conhecimento. Os juízos sintéticos, ao contrário, enriquecem-no. Nestes o predicado acrescenta algo ao sujeito como no juízo 'todos os corpos se movimentam'. Este – o movimento – é uma qualidade que não está implícita no conceito 'corpos'".

Os juízos sintéticos podem ser ainda **a posteriori** e **a priori**. Dentre os dois, pois os primeiros são também contingentes e particulares, sobressaem os **sintéticos a priori**, universais e necessários para onde converge o interesse por serem o foco do progresso do conhecimento.

"As proposições matemáticas em sentido próprio são sempre juízos **a priori** e não empíricos porque trazem consigo necessidade, que não pode ser tirada da experiência".

A razão é a faculdade que fornece os princípios do conhecimento *a priori*. "Por isso a razão pura é aquela que contém os princípios para conhecer algo absolutamente *a priori*[106]."

O Espaço, intuição *a priori*

Nossa mente tem uma propriedade – o sentido externo – mediante o qual representa objetos, juntos no espaço e fora de nós. Esta representação de espaço é pré e subjaz a certas sensações fora de mim e num lugar no espaço diverso do meu lugar. Assim o espaço é uma representação *a priori* necessária que subjaz a todas as intuições externas[107].

---

104. KANT, IMMANUEL "Crítica à Razão Pura", Nova Cultural, 1999; Introdução: IV. Da distinção entre conhecimento puro e empírico, p. 58.
105. Ibidem, Prefácio, p. 7.
106. Ibidem, Introdução, p. 65.
107. Ibidem, p. 74.

Considera-se o espaço a condição de possibilidade dos fenômenos. É uma intuição pura.

O Tempo, intuição *a priori*

Igualmente o tempo não é conceito empírico inferido da experiência. A representação do tempo existe *a priori*. Somente tendo-o como pano de fundo podemos falar da simultaneidade ou sucessividade dos fenômenos. É pois representação necessária subjacente às intuições e condição universal de possibilidade daqueles fenômenos.

"Se posso dizer *a priori*: todos os fenômenos externos são determinados *a priori* no espaço e segundo as relações do espaço, a partir do princípio do sentido interno posso então dizer universalmente: todos os fenômenos em geral, isto é, todos os objetos do sentido, são no tempo e estão necessariamente em relações de tempo[108]."

O conhecimento: suas fontes

O conhecimento surge de duas fontes da mente: a) da receptividade das impressões, representações, e b) da faculdade de conhecer um objeto por estas representações, espontaneidade dos conceitos. O objeto ou é dado (a) ou é pensado (b).

Assim, as intuições e conceitos constituem os elementos do nosso conhecimento.

A intuição só pode ser sensível. A faculdade de pensar o objeto da intuição sensível é o entendimento.

"Nenhuma dessas propriedades deve ser preferida à outra. Sem sensibilidade nenhum objeto nos seria dado, e sem entendimento nenhum seria pensado. Pensamentos sem conteúdo são vazios, intuições sem conceitos são cegas. Portanto, tanto é necessário tornar os conceitos sensíveis (isto é,

---

108. Ibidem, Introdução, p. 79

acrescentar-lhes o objeto na intuição) quanto tornar as suas intuições compreensíveis (isto é, pô-las sob conceitos). Estas duas faculdades ou capacidades também não podem trocar as suas funções. O entendimento nada pode intuir e os sentidos nada pensar."

A ciência das regras do entendimento em geral é a lógica.

A lógica geral contém as regras necessárias do pensamento, abstraídos os objetos. Como lógica pura, lida somente com princípios *a priori*. A Lógica Particular determina as regras para pensar uma espécie de objetos. É chamada também organum de alguma ciência.

Kant apontou a necessidade de focar o sujeito do conhecimento mais do que o objeto: "Em vez de admitir que a faculdade de conhecer se regula pelo objeto, mostrar que o objeto se regula pela faculdade de conhecer[109]."

Para explicitar sua teoria, o filósofo parte dos 12 tipos de juízos, classificados pela lógica tradicional. Estes dividem-se em 4 grupos de 3: quantidade (universais, particulares e singulares); qualidade (afirmativos, negativos e indefinidos); relação (categóricos, hipotéticos e disjuntivos) e modalidades (problemáticos, assertórios e apodíticos). As categorias correspondentes seriam respectivamente: unidade, pluralidade, totalidade, realidade, negação, limitação, substância, causa, comunidade (ou ação recíproca) possibilidade, existência e necessidade[110].

"O primeiro argumento de Kant em favor da legitimidade das categorias é o de que as diversas representações formadoras do conhecimento necessitam ser sintetizadas, pois de outra forma não se poderia falar de propriamente conhecimento."

As funções do conhecimento têm como fundamento a sensibilidade espaço–temporal.

---

109. Ibidem, p. 8.
110. Ibidem, p. 9 e 10.

2.2.2.2. Dimensões práticas da razão: a liberdade como postulado necessário da vida moral

Outra preocupação de KANT é a dimensão prática da razão. "A razão não é constituída apenas por uma dimensão teórica mas também por uma dimensão prática, que determina seu objeto mediante a ação. Nesse sentido, a razão cria o mundo moral e é nesse domínio que podem ser encontrados os fundamentos da metafísica[111]".

As obras mais importantes de KANT quanto à questão da ação são: Fundamentação da Metafísica dos Costumes e a Crítica da Razão Prática.

"A ação moralmente boa seria a que obedecesse unicamente à lei moral em si mesma. Esta somente seria estabelecida pela razão a que leva a conceber a liberdade como postulado necessário da vida moral[112]."

"KANT está sempre presente como raiz e horizonte de referência para os filósofos que procuram aprofundar o papel da responsabilidade e da cidadania democráticas no presente quadro de crise social e ambiental global[113]".

O filósofo busca na "Fundamentação da Metafísica dos Costumes" a fixação do princípio supremo da moralidade o que constitui uma tarefa completa e distinta de qualquer outra investigação moral[114]. É a primeira reflexão e, profunda,

---

111. Ibidem, p. 14.
112. Ibidem, p. 10.
113. KANT, in "Fundamentação da Metafísica dos Costumes", Porto Editora, Portugal, 1995, na Introdução de Viriato Soromenho - Marques, p. 19. Tradução de Paulo Quintela.
114. A fundamentação da Metafísica dos Costumes (1785) foi escrita três anos antes da crítica da Razão Prática (1788). Na década que se seguiu Kant, no esforço hercúleo da compreensão da condição humana aplicará o método crítico à história, ordem política, direito, finalidade biológica, experiência estética, antropologia e pedagogia, em completude incomparável na tradição filosófica do Ocidente (Introdução de Viriato Soromenho).

sobre a dimensão prática da razão, sobre as condições universais de fundação e distinção do agir ético. O fim da humanidade é o fio condutor da escolha do filósofo.[115]

Há, pois, uma **metafísica da natureza** e uma **metafísica dos costumes**.

"A metafísica dos costumes deve investigar a idéia e os princípios de uma possível vontade pura, e não as ações e condições do querer humano em geral, as quais são tiradas, na maior parte da psicologia".

E acrescenta que a metafísica dos costumes é da mais extrema necessidade e exige a elaboração de uma pura filosofia moral que seja completamente depurada de tudo o que possa ser somente empírico e pertença à antropologia.

O princípio da obrigação não se pode buscar na natureza do homem e nas circunstâncias do mundo, mas sim *a priori*, exclusivamente nos conceitos da razão pura. Os preceitos não podem ser baseados em princípios da simples experiência. **Princípios empíricos não servem para fundamentar as leis morais.**

2.2.2.3. Transição do conhecimento moral da razão vulgar para o conhecimento filosófico

Uma boa vontade é a única coisa que pode ser considerada como bem, sem limitação. Outras qualidades como discernimento e capacidade de julgar, talentos do espírito; coragem, decisão, constância de propósito, qualidade do temperamento são boas e desejáveis mas podem se tornar más e indesejáveis se a vontade parte de um mau caráter.

A boa vontade é boa pelo querer, isto é, considerada em si mesma.

Se um organismo está predisposto à vida, todos os órgãos de que dispõe estão adequados a este fim.

---

115. Fundamentação, pp. 10 e 11.

Se num ser dotado de razão e vontade a finalidade fosse a sua conservação e bem estar, provavelmente a natureza não iria deixar à razão, a direção e o caminho para atingir a felicidade.

Observa-se que deixar o ser humano guiar as suas faculdades é deixá-lo afastar-se do verdadeiro contentamento.

A razão não é suficientemente apta para guiar a vontade. E muitas vezes o homem passa a odiar a razão desejando deixar levar-se pelo instinto.

Uma vontade, não só boa, mas boa em si mesma, eis a questão. Para desenvolver o **conceito de uma boa vontade**, isento de inclinações, intenções, necessidades, conceito que está no ápice da apreciação valorativa de nossas ações, "vamos encarar o conceito do **Dever** que contém em si o de boa vontade, posto que sob certas limitações e obstáculos subjetivos, limitações e obstáculos esses que, muito longe de ocultarem e tornarem irreconhecível a boa vontade, a fazem antes ressaltar por contraste e brilhar com luz mais clara[116].

A segunda proposição é: uma ação praticada por dever tem o seu valor moral na máxima que a determina: "**o princípio do querer**". Não se justifica pelo fim a que visa atingir. O valor encontra-se no *princípio da vontade*, abstraindo dos fins que podem ser realizados por uma tal ação[117].

A terceira proposição seria formulada assim: "**Dever é a necessidade de uma ação por respeito à lei**". "Só pode ser objeto de respeito e, portanto mandamento, aquilo que está ligado à minha vontade somente como princípio e nunca como efeito, não aquilo que serve à minha inclinação (...). Nada mais resta à vontade que a possa determinar do que **a lei**, objetivamente, e, subjetivamente, **o puro respeito** por esta lei prática e, por conseguinte a máxima que manda obedecer a essa lei, mesmo com prejuízo de todas as minhas inclinações"[118].

---

116. KANT, op. cit. p. 35.
117. KANT, op. cit., pp. 37 e 38.
118. KANT, op. cit. p. 38.

Mas que lei é essa que tem de determinar a vontade para que esta possa se chamar boa?

"Nada mais resta do que a conformidade a uma lei universal das ações em geral que possa servir de único princípio à vontade, isto é: devo proceder sempre de maneira que **eu possa querer também que a minha máxima se torne uma lei universal**"[119].

A razão humana vulgar, por necessidade prática (e não por especulação) dá um passo para o campo da **filosofia prática**. É aí que vai encontrar instrução clara sobre a determinação dos princípios em oposição às máximas que se apóiam sobre a necessidade e a inclinação para não cair em equívocos pondo a perder os puros princípios morais. Desenvolve-se, assim, uma dialética que obriga a razão prática vulgar a se refugiar na filosofia.

2.2.2.4. Transição da filosofia moral popular para a metafísica dos costumes

Não é possível encontrar na experiência fora do dever, nem que se examine com percrusciência a consciência, máxima referente à ação que se tenha baseado exclusivamente em motivos morais.

Outros motivos podem ter concorrido: amor próprio. Não é possível ainda, dar crédito a situações empíricas e delas extrair prescrição universal de natureza racional, quando aquilo que é objeto de respeito só seria válido em condições contingentes da humanidade.

"Não se poderia, também, prestar pior serviço à moralidade do que querer extraí-la de exemplos. "Cada exemplo, para ser servível, terá de primeiramente ser julgado. Nem o santo pode ser considerado bom antes de ser comparado com o nosso ideal de perfeição moral."

---

119. KANT, op. cit. p. 39.

Não há nenhum autêntico princípio supremo da moralidade que, independente de toda a experiência, não tenha de fundar-se somente na razão pura.

A metafísica dos costumes completamente distinta da antropologia, teologia, física ou hiperfísica, não é somente um substrato indispensável de todo o conhecimento teórico dos deveres, seguramente determinado, mas também um desiderato da mais alta importância para a verdadeira prática das suas prescrições. A pura representação do dever, e em geral da lei moral, não misturada à estímulos empíricos, tem sobre o coração humano, por intermédio exclusivo da razão (que só então se dá conta de que por si mesma pode ser prática) uma influência muito mais poderosa do que todos os outros móbiles que se possam ir buscar no campo empírico[120].

Se o contrário ocorrer, se a vontade se vê mesclada de sentimentos e inclinações, junto com conceitos racionais, pode vacilar e não ser levada ao bem.

"Do aduzido resulta claramente que todos os conceitos morais têm sua sede e origem completamente a *priori* na razão, e isto na razão humana mais vulgar como especulativa em mais alta medida; que não podem ser abstraídos de nenhum conhecimento empírico e, por conseguinte, puramente contingente; que exatamente nesta pureza de sua origem reside a sua dignidade para nos servirem de princípios práticos supremos; ..."[121]

É por este motivo que será exposta (independentemente da antropologia, para sua aplicação aos homens) como pura filosofia, como metafísica, e de maneira completa.

"Tudo na natureza age segundo leis. Só um ser racional tem a capacidade de agir **segundo a representação** das leis, isto é, segundo princípios, ou: só ele tem uma **vontade**. Como

---

120. KANT, op. cit. p. 49.
121. KANT, op. cit. p. 50.

para derivar as ações das leis é necessária a **razão**, a vontade não é outra coisa senão razão prática"[122].

As ações objetivamente necessárias são também subjetivamente necessárias mas pode ocorrer que a vontade, do ponto de vista subjetivo, em virtude da existência de móbile ou condições, não esteja de acordo com as objetivas. Haverá, aí, uma dissociação entre as duas vontades: a objetiva continua necessária, mas a subjetiva torna-se contingente e, neste caso, corresponderá (obedecerá) ou não (desobedecerá) a objetivamente necessária.

Um princípio objetivo representa-se pelo mandamento (da razão) e a fórmula do mandamento chama-se Imperativo. Este, por sua vez, exprime-se pelo verbo **dever**.

Os **imperativos** ordenam **hipotética** ou **categoricamente**. Os hipotéticos falam de uma ação possível para atingir um fim, outra coisa que se quer. **O categórico representa uma ação objetivamente necessária por si mesma**. Não há aí relação com uma finalidade. Se a ação é representada como **boa em si**, por conseguinte, **como necessária** numa vontade em si, conforme a razão como princípio dessa vontade, então o **imperativo é categórico**[123].

Os pais, normalmente, cuidam de ensinar aos filhos os meios para se alcançar certos fins. É o que se chama destreza. (E muitos descuidam de ir ensinando a dirigir e corrigir o juízo sobre o valor das coisas que podem vir a eleger como fins). Da mesma forma todos os homens (ou a maioria) busca a felicidade e a destreza que pode ser designada prudência. A destreza e os meios para atingir a felicidade são **hipotéticos**.

Já o imperativo que ordena imediatamente o comportamento é **categórico**. Não se relaciona com a matéria da ação e não se preocupa com o resultado que dela deve advir. É o imperativo da **moralidade**[124].

---

122. KANT, op. cit. p. 51.
123. KANT, op. cit. p. 52.
124. KANT, op. cit., p. 54.

Marca-se, assim, a diferença da obrigação imposta à vontade: a) regras da destreza (técnicas); b) conselhos da prudência (programáticas, relativas ao bem estar) e, c) mandamentos da moralidade (leis). A lei tem validade geral e se impõe independentemente de condição. É necessária e diz respeito aos costumes[125].

Já o conselho depende do acordo do sujeito a quem é dirigido, de sua condição subjetiva e contingente. Quanto à felicidade o problema reside mais do que tudo na imprecisão de seu conceito. O que vem a ser a felicidade? Se não podemos responder, por não saber, menos ainda saberemos os meios para alcançá-la. Daí que tudo que se lhe disser respeito só pode ser consulta, não mandamento categórico.[126]

O imperativo da moralidade (categórico, não hipotético) é necessidade objetiva. Só ele tem caráter de uma **lei** prática. Não deixa à vontade a liberdade de escolha.

Não se pode demonstrar. Não se apóia em nenhum pressuposto. "O imperativo categórico é, portanto, só um único que é este: **Age apenas segundo uma máxima tal que possas ao mesmo tempo querer que ele se torne lei universal.**"[127]

Não chegamos a provar **a priori** que um tal imperativo existe realmente, que há uma lei prática que ordene por si e independentemente de todo o móbil. "Advertimos que a realidade deste princípio não deriva da **constituição particular da natureza humana.**"[128]

Se a lei existe, tem ela que estar ligada ao conceito de vontade de um ser racional em geral. (a priori). Mas para isto é preciso que se dê um passo em direção à metafísica e à metafísica dos costumes.

---

125. KANT, op. cit., p. 54.
126. KANT, op. cit., p. 54/55.
127. KANT, op. cit. p. 59.
128. KANT, op. cit. p. 62.

Aí a vontade se determina pela razão. **Se a razão por si só** determina o procedimento, terá de fazê-lo necessariamente **a priori**.

Ora, o homem como ser racional, **existe** como fim em si mesmo; não só como meio para o uso arbitrário desta ou daquela vontade. São **pessoas** e isto significa que a sua natureza as distingue como fins em si mesmos[129].

"Se deve haver um princípio prático supremo e um imperativo categórico no que respeita à vontade humana, então tem de ser tal que, da representação daquele que é necessariamente um fim para toda a gente, porque é fim em si mesmo, faça um princípio objetivo da vontade que possa por conseguinte servir de lei prática universal"[130].

"O imperativo prático será pois o seguinte: – Age de tal maneira que uses a humanidade, tanto na tua pessoa como na pessoa de qualquer outro; sempre e simultaneamente como fim e nunca simplesmente como meio."[131]

O Princípio da humanidade e de toda a natureza racional, em geral, como fim em si mesma não se infere da experiência; primeiro porque é universal e se aplica a todas as pessoas; segundo porque nele a humanidade se representa não como fim dos homens (subjetivo) mas como fim objetivo, a condição suprema que limita todos os fins subjetivos e que por isto só pode derivar da razão pura, e, disto resulta o terceiro, como condição suprema da concordância desta vontade com a razão prática universal, quer dizer, a idéia da **vontade de todo o ser racional concebida como vontade legisladora universal**[132].

Toda vontade humana seria uma vontade legisladora universal. Daí o imperativo categórico não se fundar em

---

129. KANT, op. cit., p. 65.
130. KANT, op. cit., p. 66.
131. KANT, op. cit., p. 66.
132. KANT, op. cit. p. 68.

nenhum interesse e ser, dentre todos os imperativos possíveis, incondicional.

O homem está sujeito só a sua própria legislação, embora esta legislação seja universal. Está obrigado a agir de acordo com a própria vontade mas esta vontade é por si legisladora universal.

O dever cabe a cada um dos seres racionais, entre si. Isso, em virtude de que cada um é legislador universal de acordo com suas máximas e, "em virtude da dignidade de um ser racional que não obedece à outra lei senão àquelas que ele mesmo simultaneamente dá."[133]

A moralidade é a única condição que pode fazer de um ser racional um fim em si mesmo. Ela e a humanidade são as únicas coisas que têm dignidade. "No reino dos fins tudo tem um preço ou uma dignidade." Se algo tem preço pode ser substituído por outro algo. Quando uma coisa não tem equivalente, não é, pois, substituível, tem dignidade. A destreza no trabalho tem valor venal: a argúcia e a fantasia têm um preço de sentimento. Já a lealdade nas promessas e o bem querer fundado em princípios têm um valor íntimo (a dignidade)[134].

Vejamos pois agora o **conceito de vontade absolutamente boa**, por onde começamos e por onde queremos terminar.

"**É absolutamente boa a vontade** que não pode ser má, portanto quando a sua máxima, ao transformar-se em lei universal, se não pode nunca contradizer. A sua lei suprema é, pois, também este princípio: "**Age sempre segundo aquela máxima cuja universalidade como lei possas querer ao mesmo tempo." Tal imperativo é categórico.**"[135]

---

133. KANT, op. cit. p. 71.
134. KANT, op. cit. p. 72.
135. KANT, op. cit. p. 74.

A autonomia da vontade como princípio supremo da moralidade

"Autonomia da vontade é aquela sua propriedade graças à qual ela é para si mesma a sua lei (independentemente da natureza dos objetos do querer)."[136]

A moralidade é relação. Relação das ações com a autonomia da vontade.

O princípio da autonomia é o único princípio da moral.

A heteronomia da vontade significa buscar o fundamento da vontade na natureza dos objetos. Isto torna o imperativo hipotético. Faço algo "A" não porque devo agir segundo uma vontade universal mas porque desejo algo "B". O imperativo moral, categórico, diz: devo agir desta maneira mesmo que não quisesse outra coisa.

O imperativo moral ou categórico manda que se aja desta maneira mesmo que não se queira outra coisa. Um diz: não devo mentir se quiser ser honrado; o outro: não devo mentir ainda que o mentir não me trouxesse vergonha. A razão prática (vontade) não deve ser mera administradora de interesses alheios mas que demonstre a sua autoridade como legislador universal e supremo.[137]

2.2.2.5. Transição da metafísica dos costumes para a crítica da razão prática pura

O conceito de liberdade é a chave da explicação da autonomia da vontade[138].

"A vontade é uma espécie de causalidade dos seres vivos, enquanto racionais. A liberdade é a propriedade desta causalidade."[139]

---

136. KANT, op. cit., p. 77.
137. KANT, op. cit., p. 78.
138. KANT, op. cit., p. 83.
139. KANT, op. cit., p. 83.

A moralidade serve de lei aos homens enquanto elas são racionais.

Necessariamente se todo ser racional tem vontade, terá necessariamente a idéia de liberdade, sob a qual agirá.

Kant acaba por concluir que não se pode demonstrar que a liberdade é algo real, em nós ou na natureza humana. Mas temos de pressupô-la pois o ser humano tem consciência da sua causalidade a respeito das ações. A todo o ser dotado de razão e vontade temos que atribuir a liberdade de determinação do agir.

Assim as máximas têm de ser tomadas de modo a valerem objetivamente, quer dizer, a valerem universalmente.

Kant mostra a seguir que todas as representações que ocorrem fazem com que conheçamos os objetos da forma com que eles nos afetam. Não atingiremos o conhecimento do que eles são em si mesmos. Conhecemos, apenas, os fenômenos e não o que as coisas são na sua essência. Quanto a nós, seres humanos, ocorre o mesmo. O que sabemos de nós, não é o conhecimento profundo do que somos em nós, mas pelo que aprendemos empiricamente e da forma como isso afeta a nossa consciência.

Mas o homem tem uma faculdade que é a razão. Pode-se pois distinguir o mundo sensível do intelectivo. O homem mediante a razão vai ordenar, criar regras, classificar as representação sensíveis e reuni-las na consciência.

Há, pois, a lei da razão.

A independência das causas determinantes do mundo sensível é a liberdade. O homem, como ser racional e pertencente ao mundo inteligível, não pode pensar a causalidade da sua própria vontade, senão sob a idéia de liberdade[140].

Conclusão

Kant mostra que as leis morais independem da experiência que é contingente. Os conceitos morais têm sua origem

---

140. KANT, op. cit., p. 89.

na razão, "a priori". É nesta pureza que reside a sua dignidade. Só o homem, na sua racionalidade, tem a capacidade de agir segundo princípios. O princípio objetivo representa-se pelo mandamento e sua fórmula é um imperativo.

Este imperativo categórico fala de ação objetivamente necessária por si mesma. (E não de ação possível para atingir um fim o que seria um imperativo hipotético).

O imperativo categórico é este: "Age apenas segundo uma máxima tal que possas ao mesmo tempo querer que ela se torne lei universal".

A vontade humana é a legisladora universal.

É absolutamente boa a vontade que não pode ser má.

2.3. Da Liberdade e do Direito Tributário

RICARDO LOBO TORRES demonstra, citando HEIDEGGER, que a partir de KANT a razão ética passou a girar em torno de valores. E, recentemente, reaproxima-se o direito da ética com a busca de justiça fundada no imperativo categórico[141].

O direito é um sistema axiológico opondo-se ao axiomático (positivismo).

No Direito Brasileiro, os valores expressos pelos princípios, vêm previstos na própria Constituição. São ínsitos a ela. É a sua concretização, na lei fundante de onde irradiam seus efeitos por todo o ordenamento jurídico.

Alguns encontram seu limite ao se depararem com o outro. Exemplificativamente, no caso do direito tributário, encontram-se em algum ponto, o direito de propriedade e o do não-confisco; mas, em qual ponto começa o confisco em detrimento do direito de propriedade?

O Direito Tributário afeta a liberdade mas de forma positiva. O tributo é o preço da liberdade. O cidadão o paga e fica

---

141. TORRES, RICARDO LOBO, *in* "Liberdade, Segurança e Justiça no Direito Tributário – Justiça Tributária", 1º Congresso Internacional de Direito Tributário, IBET, Max Limonad, 1998, p. 679.

livre para se dedicar às suas atividades econômicas e particulares. Desde que não haja excesso de tributação, fato que desencadeou inúmeras revoltas armadas no decorrer da História. Houve momentos em que, a tributação manteve os seres humanos na miséria, reduzindo-os à servidão e escravidão, enquanto crescia o poder dos reis e nobres. Aqueles ficavam preocupados com as suas necessidades básicas, reduzidos ao determinismo e incapazes de utilizarem a sua racionalidade para o progresso.

A última Grande Revolução de significação internacional, neste sentido, foi A Revolução Francesa (1789), que privilegiou a liberdade, fraternidade e igualdade, criando o Estado de Direito que pretendia a igualdade de condições, de direitos e deveres para seus cidadãos.

Os privilégios estamentais concedidos ao clero e nobreza são definitivamente excluídos. As constituições determinam a igualdade de todos perante a lei e proíbem discriminação em relação ao sexo, raça e nacionalidade.

Só haverá tributo estabelecido por lei e desde que tenha origem legítima, provindo de uma fonte ou signo de riqueza.

Neste sentido as Constituições Brasileiras passaram a tratar com rigidez a tributação dando aos cidadãos contribuintes todas as garantias para que, no caso de excesso por parte do Estado, tivessem em mãos as armas jurídicas para investir contra esse.

A liberdade do cidadão, em face do Estado, tendo por objeto a tributação, está hoje representada nas Constituições pelos direitos e garantias individuais. Se o Estado de forma racional precisa do contributo de seus cidadãos para que realize as tarefas que a própria Constituição lhe comete, é também verdade que estes só podem contribuir de acordo com sua capacidade, sob pena de exaurirem as possibilidades de trabalho e atividade produtiva.

O Estado, no exercício do poder de tributar, criará o tributo, respeitando os ditames da Constituição. E, este respeito se dará se o tributo for criado com igualdade, justiça, proporcionalidade e razoabilidade, dentro dos quadrantes determinados.

Mesmo hoje, com todas as garantias reconhecidas pela Constituição, a luta entre Estados e contribuintes continua. E isto porque o Estado cria tributos fora da tipificação estatuída na Constituição, alargando ilegalmente o campo permitido, atingindo porcentagens insuportáveis para os trabalhadores e empresários que investem, enfrentando alto risco, inclusive a insegurança jurídica, conseqüência da irracionalidade.

2.3.1. Da liberdade repartida na construção do Estado de Direito Brasileiro e o Direito Tributário

A liberdade diz KANT, não pode ser objeto de demonstração mas é pressuposta, pois o ser humano tem consciência de sua causalidade a respeito das ações. Todo ser é dotado de razão e de vontade e, assim, da liberdade que determinará o seu agir.

A liberdade é premissa da ação.

Na construção do Estado de Direito vem expressa inúmeras vezes demonstrando o respeito do Direito por esta condição humana que só pode ser restrita, no caso em que o cidadão rompa a ordem determinada no ordenamento jurídico. A responsabilidade pelo cumprimento ou descumprimento das leis acarretará a punibilidade e, em casos extremos, a restrição de liberdade.

Neste universo o tributo, obrigação compulsória criada por lei, tem conotação especial. Isto porque atinge diretamente a propriedade e liberdade do cidadão que fica jungido a pagar ao Estado parte dos frutos obtidos com a propriedade ou atividades pessoais ou empresariais.

Com efeito os cidadãos brasileiros têm reconhecidos os seus direitos de liberdade na Constituição: direito ao trabalho e à livre iniciativa (Art. 1º, IV); direito a uma sociedade livre (Art. 3º, I); inviolabilidade do direito à liberdade (Art. 5º) direito à legalidade, ou seja, só ser obrigado em virtude de lei (Art. 5º, II); direito à liberdade e manifestação do pensamento (Art. 5º, IV); liberdade de crença e culto religioso (Art. 5º, VI); liberdade de expressão de atividade intelectual, artística, científica e de comunicação (Art. 5º, IX); liberdade de exercício de trabalho, ofício ou profissão (Art. 5º, XIII); liberdade de locomoção no território nacional (Art. 5º, XV); liberdade de associação para fins lícitos (Art. 5º, XVII); impossibilidade de privação da liberdade e de seus bens, sem o devido processo legal (Art. 5º, LIV); impossibilidade de prisão senão em flagrante delito (Art. 5º, LXI).

A criação do tributo deve obediência aos princípios gerais, vetores para o ordenamento jurídico como um todo. Para tanto, basta cumprir as normas constitucionais estabelecidas no Título VI: Da Tributação e do Orçamento; Capítulo I: Do Sistema Tributário Nacional, arts. 145 a 156[142].

A divisão de Poderes é a primeira regra de construção do Estado de Direito. Constroem-se os Poderes Legislativo, Executivo e Judiciário, sendo a eles atribuídas as atividades fundantes do Estado de Direito Democrático.

As segundas regras são as de competência. Que Poder, que órgão da organização estatal realizará quais tarefas (critério material) de que forma (critério formal) dentro de quais limites. Competência, aqui, é parcela de liberdade, objetivando o campo material determinante da atividade específica a ser exercida pelo Estado.

O Estado é um organismo burocrático, organização da autoridade pública. "Autoridade significa aqui, competência como função social". É esta um encargo, "um *múnus publicum* e é exercida por um papel social institucionalizado: o órgão"[143].

---

[142]. Cada um dos valores constitutivos de parte da ordem constitucional, dirigida ao tributo, será melhor explicitado no Capítulo VI deste trabalho.
[143]. FERRAZ JÚNIOR, TÉRCIO SAMPAIO, *in* "Introdução ao Estudo do Direito", Editora Atlas, São Paulo, 1990, p. 136.

Há, assim, as normas de competência orgânica que cometem determinada matéria a um órgão, dando-lhe os limites, e há as normas de conduta dirigidas ao exercício da função dessa competência que deverá se realizar nos estritos lindes aí determinados.

No Brasil, como conseqüência do regime federativo adotado, a repartição de competências se faz, em nível constitucional, em sistema complexo, informada pelo princípio da predominância de interesses[144], à União, Estados, Distrito Federal e Municípios na forma de competências privativa, exclusiva, comum e concorrente.

Com relação à competência para legislar, em matéria tributária, a Constituição adotou sistema diverso: a discriminação de tributos que caberiam a cada um dos entes federativos criar: impostos, taxas, contribuições de melhoria, empréstimos compulsórios. Esta discriminação tomou por norte a indicação do critério material que a norma matriz de incidência tributária deveria, inexoravelmente, adotar.

A Constituição não cria tributo. Cria normas de competência onde já há, pelo menos quanto aos impostos, pressupostos de critério material do imposto aos quais as pessoas políticas ficam adstritas ao criá-los. A competência é comum para as taxas e contribuições de melhorias. Quanto aos impostos a competência é privativa. "Os impostos têm nome e são *numerus clausus*, em princípio"[145]. Foi, pois, necessário nominar os impostos para depois reparti-los. Quanto às contribuições sociais a competência é exclusiva da União.

Segundo PAULO DE BARROS CARVALHO as normas de estrutura têm por objeto "comportamentos relacionados à produção de novas unidades deôntico jurídicas, motivo pelo qual dispõem

---

144. ALMEIDA, FERNANDA DIAS MENEZES DE, *in* "Competências na Constituição de 1988", Editora Atlas, 2ª edição, São Paulo, 2000, p. 74 e seg.

145. COELHO, SACHA CALMON NAVARRO, *in* Curso de Direito Tributário Brasileiro, 6ª Edição, Editora Forense, Rio de Janeiro, 2001, p. 68.

sobre órgãos, procedimentos e estatuem de que modo as regras devem ser criadas, transformadas ou expulsas do sistema"[146].

Tais enunciados prescritivos permitem a construção de normas que regulam a competência, o procedimento e a matéria dos instrumentos normativos[147].

Consequentemente só haverá competência de alguém, para algo, se previamente existir a norma de competência. No caso, a norma de competência delimitará a matéria, objeto do exercício da atividade do Poder, ao qual a norma é direcionada.

Liberdade no Sistema Constitucional Tributário é liberdade para legislar, inovar a ordem jurídica. As pessoas jurídicas de direito público interno, União, Estados, Distrito Federal e Municípios, recebem as suas parcelas de liberdade diretamente da Constituição da República e exercerão a sua competência nos lindes por ela determinados. Os tributos serão criados pelos Poderes Legislativos desses entes e, só por eles, cumprindo o princípio da legalidade e da tipicidade, uma vez que a própria Constituição nomeia e define o campo do tributo.

2.4. Conclusão

O fim da vida humana é a felicidade. Todos os pensadores que tratam da liberdade e da ação que, necessariamente, têm uma finalidade, apontam para o bem estar, falando em boa vontade. Isto significa que toda ação deve ser boa e construtiva.

Demonstra-se, assim, o quanto a liberdade, a liberdade de pensamento, de expressão, de culto, é intrínseca ao ser humano. Passam-se mil, dois mil, três mil anos e a história se repete: a luta do homem pela liberdade. É uma condição humana

---

146. CARVALHO, PAULO DE, in "Curso de Direito Tributário", op. cit., p. 136.
147. IVO, GABRIEL, A produção abstrata de Enunciados Prescritivos, in "Curso de Especialização em Direito Tributário - Estudos analíticos em homenagem a Paulo de Barros Carvalho", Coordenador Eurico Marcos Diniz de Santi, Editora Forense, Rio de Janeiro, 2005, p. 133 e seg.

ínsita, caríssima e que, com a evolução das sociedades, passou a ser o suposto do Direito das Nações.

A partir do século XVIII, rechaçou-se a escravidão e o homem readquiriu a sua dignidade. Os mentores da Revolução Francesa e da Constituição Americana proclamaram os direitos fundamentais do homem. Dentre eles, com preeminência, a liberdade.

A finalidade do Direito é a mesma desenvolvida na filosofia: construir o bem estar e permitir aos homens a convivência harmônica.

O Direito Positivo como ordem de coerção e coação expressa o uso da força para conseguir a paz. Isto significa que todos exercerão a sua liberdade, mas não podem ferir a liberdade de outrem.

Se a liberdade fosse quantidade, diríamos que o Direito a retalha, reduzindo-a a porções. Todos terão a sua parcela de liberdade (física), total liberdade de pensamento (interna) e temperada liberdade de expressão, sem ofensa aos demais (externa em respeito à alteridade).

Na construção do Estado de Direito, acontece o mesmo, só que de forma organizada, em coordenação e subordinação. O Estado é construído qual edifício, com a divisão dos Poderes Legislativo, Executivo e Judiciário, com seus inúmeros órgãos, com funções específicas, em graduações desejadas. No Brasil, por exemplo, que adotou o regime Federativo, a União, os Estados, o Distrito Federal e Municípios recebem as suas competências, campos delimitados de liberdade, da Constituição.

Os Poderes Legislativo, Executivo e Judiciário recebem as suas funções e as exercerão nos limites traçados pela Constituição.

O Direito Tributário trata da liberdade, com o temperamento que a questão requer. Isto porque, mediante norma geral e abstrata, prevê um fato signo de riqueza que, acontecido no mundo, determina ao cidadão que o praticou, pagar tributo (em dinheiro) ao Estado. O contribuinte priva-se de parcela de seu patrimônio, entregando-a ao Estado para que este cumpra as tarefas de bem estar que a Constituição lhe cometeu. Contrapõe-se a propriedade ao poder de tributar.

Eis o porquê de as normas tributárias estarem rigidamente delineadas na Constituição: por dizerem respeito ao patrimônio do contribuinte que é obrigado a dispor de parte desse, pagando tributo ao Estado que, por sua vez deverá proporcionar ao povo obras e serviços que a Constituição lhe cometeu.

O Direito Tributário atinge sempre a Liberdade e a Propriedade do cidadão.

Capítulo III

DA VERDADE E SEUS SIGNIFICADOS

3.1. Verdade exterior e interior: Sócrates

O homem inclina-se para a verdade. Desde as eras mais remotas procura com ansiedade o conhecimento das coisas.

O conhecimento de si mesmo, o microcosmos é desejo recente na história do mundo e na história do homem. Data do Século V antes de Cristo. Foi Sócrates quem disse: "Conhece-te a ti mesmo". Com isto indicou como centro e objeto do pensamento o próprio homem e a realização de sua felicidade.

O legado desse pensador que ensinou o mundo ocidental a buscar a verdade "centrado na idéia de que a filosofia, a mais poderosa das manifestações divinas, só atinge a perfeição quando está a serviço do exame da condição humana – cujas zonas sombrias ele corajosamente iluminou com a luz da razão", foi a causa de sua condenação por uma Grécia já decadente. "Seu Deus, fonte primordial da eterna sabedoria e que escapa a qualquer classificação convencional, lhe ensinou que pecar é ignorar, e que a purificação da alma passa necessariamente pelo autoconhecimento do homem, desde sempre atormentado por medos, desejos, carências, frustrações e aspirações irrealizadas. Sócrates mostrou que a **busca da verdade –** e não necessariamente o seu encontro – **não passa pelo cosmo ou pela natureza, mas pelo território sagrado da alma de** cada pessoa disposta a enfrentar a difícil tarefa de transformar-se nela mesma"[148].

A busca da verdade seja onde for: no interior da alma, nos fenômenos da natureza, nos do universo, tem de partir para a iluminação do objeto e abstração do seu entorno. Tem de deixar na sombra aquilo que não serve e que vai se intrometer no âmago do que se almeja alcançar.

Cabia ao homem emergir das profundezas do mítico e começar a indagar, passando para a etapa de reflexão filosófica.

E isto já acontece na obra de HOMERO que, cantando na Ilíada a Guerra de Tróia e suas batalhas, expressa profunda reflexão sobre a natureza humana, a submissão ao destino ou a luta inútil contra ele. Aquele que foi considerado o fundador da literatura ocidental teria dado os primeiros passos para abandonar os arquétipos do mítico e tomado o caminho do antropocentrismo[149].

3.2. O mundo do "faz de conta das crianças": realidade e fantasia

O homem busca a verdade e indaga. Esta sede de saber o que é real, pode ser notada na infância.

As crianças querem saber se as cenas que vêm em filmes e televisão são verdadeiras. Querem saber se o que dizem a elas corresponde à realidade.

É interessante notar que ao brincar de herói e bandido, busca do tesouro, casinha de bonecas elas entram no mundo da fantasia: matam e morrem, enfrentam piratas, são mãezinhas, cuidam das filhinhas, trocam roupa, dão banho e comida e quando a mãe passa, arrumada, à noite, perguntam:

— Você vai sair?

---

148. ISMAEL, J.C., *in* "Sócrates e a arte de viver, um guia para a filosofia do cotidiano". São Paulo, Editora Ágora, 2004, p. 11 e 12.
149. Ibidem, pp. 19 e 20.

FICÇÕES TRIBUTÁRIAS: IDENTIFICAÇÃO E CONTROLE

Se a mãe responde que sim, ficam tranqüilas, por um lado, porque a mãe disse a verdade. Mesmo que não queiram ficar "sozinhas", e "sozinha" significa ficar sem a mãe, desejam saber a realidade. É imprescindível que elas possam acreditar no que lhes dizem os pais. Isto as faz crescer em segurança.

O que a magoará profundamente é não poder acreditar naqueles em quem deposita a sua confiança.

Ao mesmo tempo em que brincam de "faz de conta" têm o perfeito sentido da realidade e sabem quando estão sendo enganadas.

MARILENA CHAUÍ trata muito bem desse assunto quando diz:

> "Por isso mesmo, a criança é muito sensível à mentira dos adultos, pois a mentira é diferente do "de mentira", isto é, a mentira é diferente da imaginação e a criança se sente ferida, magoada, angustiada quando o adulto lhe diz uma mentira, porque, ao fazê-lo, quebra a relação de confiança e a segurança infantis"[150].

O mundo da realidade e o mundo da fantasia confundem-se na tenra infância. Há contos de fada, os entes bons, as bruxas más, os lobos e a vovozinha, os três porquinhos, o ursinho puff e uma penca de bichinhos amigos. O mundo fantasioso começa a se desvanecer e fica o mundo real. De repente a criança se vê no mundo da realidade, sem os sonhos e os personagens encantados.

MONTEIRO LOBATO compreendeu muito bem o universo das crianças ao criar o Sítio do Pica-Pau Amarelo, com os primos Narizinho e Pedrinho, a figura da Vovó, contadora de histórias, e a figura da Tia Anastácia que cozinhava tão bem. O ambiente é propício, próprio e aconchegante para as crianças. E, foi, neste ambiente, em cada livro, contando a história da humanidade, a geografia, a gramática, os doze trabalhos de

---

150. CHAUÍ, MARILENA *in* "Convite à Filosofia", Editora Ática, 12ª Edição, São Paulo, 2002, p. 91.

Hércules. Respeitando a sua fantasia, apresentou às crianças o mundo real, sempre ouvindo as críticas da Avó.

E deu fala à bonequinha de pano, a Emília. Que, por ser boneca podia falar asneiras, ser realista e muitas vezes até má. Não tinha coração e não tinha o sentido moral.

Deu por outro lado toda a rédea à imaginação quando transformou Visconde de Sabugosa, um boneco feito de sabugo de milho, no sábio da turma. As crianças transformam pedras, panos e sabugos no que querem, assim como as fadas transformavam os animais em gente e as bruxas, gente em animais.

Estamos numa era em que precisamos de muito esforço para poder pensar. É isso, precisamos de "permissão" para pensar. Mas uma literatura maravilhosa está aí, exposta, ao nosso dispor para a realidade embora seja chamada de ficção.

Crianças, jovens ou adultos podem, de uma ou outra maneira, ressentir-se por não alcançar a realidade, seja porque lhes são impingidas mentiras como verdade, seja porque estão carregados de preconceitos, seja porque desconhecem e ignoram fatos e coisas que melhor poderiam orientar suas vidas por falta de ensinamento e cultura.

3.3. A ficção na literatura: imaginação da mente na criação da história e dos personagens, mas refletindo a condição humana e a realidade do mundo

A literatura, aquela que toca o ser humano, é feita com a sensibilidade do escritor, que percebe a condição humana, a vivência do homem no cosmos, a convivência com os outros e consigo próprio. Cada tragédia grega, cada romance de ficção, cada saga de família revela o nosso cotidiano, o nosso destino, a nossa mortalidade, as nossas doenças, mas também a nossa força e a nossa luta. Se as nossas paixões nos perdem, na maior parte das vezes nos salvam. É a paixão que nos induz ao trabalho, ao querer perseverante do dia a dia, na pesquisa, na descoberta dos fenômenos, no prestar serviços e construir obras, no criar a arte, com a palavra, a pintura e a música. É a falta de paixão, de crédito, de desconfiança que reduz o homem à mesquinhez, à avareza, à redução de si mesmo.

É a liberdade que faz com que a alma saia pelo universo e não fique presa no nosso continente corpóreo. Às vezes um objeto ou uma imagem, revelam uma realidade inapercebida até então.

> "Vou criar o que me aconteceu. Só porque viver não é relatável. Viver não é vivível. Terei de criar sobre a vida. E sem mentir. Criar sim, mentir não. Criar não é imaginação, é correr o grau de risco de se ter a realidade. Entender é uma criação, meu único modo. Precisarei com esforço traduzir sinais de telégrafo – traduzir o desconhecido para uma língua que desconheço e sem sequer entender para que valem os sinais. Falarei nesta linguagem sonâmbula que se eu estivesse acordada não seria linguagem"[151].

Os poetas costumam revelar os recônditos profundos da alma e os rios caudalosos e quentes que como as lavas prestes a irromper correm em regiões desconhecidas.

> "Ó árvores da vida, quando atingirei o inverno?
> Ignoramos a unidade. Não somos lúcidos como as aves migradoras. Precipitados ou vagarosos
> nos impomos repentinamente aos ventos
> e tornamos a cair num lago indiferente.
> Conhecemos igualmente o florescer e o murchar.
> No entanto, em alguma parte, vagueiam leões ainda,
> alheios ao desamparo enquanto vivem seu esplendor.[152]"

---

151. LISPECTOR, CLARICE in "A paixão segundo GH", Editora Sabiá, Rio de Janeiro, 1964, p. 20.
152. RILKE, RAINER MARIA in "Elegias de Duíno", Editora Globo, Porto Alegre, 1976, p. 21 (quarta elegia).

Na verdade, muitas vezes, o que se chama ficção é mais verdade e mais real do que a realidade que conhecemos, seja a do mundo exterior, seja a das profundezas da alma.

Isto tudo foi sendo compreendido pelos homens, muitas vezes pela linguagem reveladora dos autores que nos traduzem a natureza das coisas e de nós mesmos.

"Conforme se lê, paixões e sentimentos são reacendidos (...) O outro é o melhor caminho para chegar a você mesmo. E a literatura é o outro[153]". "A realidade mais profunda, a verdade das relações humanas, que se encontram num livro, nos faz compreender tudo melhor, mais claramente". [154]

Assim, mesmo a chamada ficção na literatura, a verdadeira literatura, é na verdade a realidade do mundo, a nossa realidade. A ficção fica apenas para a identificação das pessoas, dos tempos, dos lugares, que na verdade, pouco importam, ou, menos importam, se se tem com a forma, a idéia de revelar o universal.

3.4. A verdade revelada

Na Universidade Medieval havia as questões disputadas[155] que eram a essência da educação escolástica. As grandes idéias dos pensadores tinham de ser criticadas na disputa.

Esta dedica-se a um tema, como por exemplo – a Verdade – que se divide em capítulos. Não era recusado nenhum argumento, nenhum contendor. Este era o sentido da *Universitas*, operacionalização de um diálogo polifônico. O espírito das *disputatae* é o espírito da universidade.

---

153. SANTIAGO, SILVIANO, crítico literário *in* "Em vez de remédio um bom livro", artigo de Flávia Varela e Simone Iwasso no Jornal "O Estado de São Paulo", domingo, 9.10.2005, A, 28.

154. HATOUM, MILTON, escritor, *in* o mesmo artigo.

155. Quaestiones Disputatae de Veritate – 1ª Regência de Thomas de Aquino na Universidade de Paris.

Enuncia-se a tese, seguida das objeções, (Parece que não ...). Após, levantam-se as contra objeções. Em seguida, o mestre, expunha tematicamente a sua tese – a *responsio* (solução) e as respostas a cada uma das objeções do início.[156]

A verdade é a luz da mente (sobre o Ensino – De Magistro[157] – São Thomás). Se o homem é verdadeiro professor é necessário que ensine a verdade.

Nada, exceto Deus, pode informar a mente do homem diz Agostinho (De Gen. Ad litt. III, 20). Ora, o saber é uma fonte da mente e, portanto, só Deus causa o saber da alma. Agostinho, quando prova que só Deus ensina, não pretende excluir que o homem ensine exteriormente, mas só quer afirmar que unicamente Deus ensina interiormente (S. Tomás, De Magistro – Respostas às objeções, nº 8).

A certeza do conhecimento provém só de Deus – que nos deu a luz da razão, pela qual conhecemos os princípios do quais se origina a certeza do conhecimento.

São Tomás de Aquino em sua primeira cátedra em Paris tratou das Questões Disputadas sobre a Verdade (Quaestiones Disputatae de Veritate). As primeiras sobre a verdade, o conhecimento de Deus, as idéias divinas, *o verbum*; as segundas, nas quais está o ensino, a fé, o êxtase, a razão superior e a inferior e as terceiras, sobre a bondade, a vontade e o desejo do bem, a vontade de Deus, o livre-arbítrio, as paixões humanas, a graça e outras.

Na doutrina de Thomás, a palavra chave é alma, o princípio da vida. Sua base é aristotélica, a da unidade substancial do homem. Há no homem uma visão intrínseca de espírito e matéria.[158]

---

156. Questão 11 das Quaestiones Disputatae in Sobre o Ensino (De Magistro) Thomás de Aquino, Tradução e Estudos introdutórios de LUIZ JEAN LAUAND, p. 5.

157. Questão 11 das Quaestiones Disputatae in Sobre o Ensino (De Magistro) Thomás de Aquino, Tradução e Estudos introdutórios de LUIZ JEAN LAUAND, p. 6.

158. "De magistro" – Introdução de LUIZ JEAN LAUAND e M. B. SPROVIERO, p. 8.

3.5. A procura da verdade

Busca-se a verdade pela necessidade em se obter mais conhecimento que leve à segurança e certeza.

Busca-se, ainda, a verdade, pelo fato de não se aceitar as crenças estabelecidas. A vontade é superá-las e procurar além dessas o verdadeiro conhecimento[159].

Esta é a atitude filosófica.

A filosofia é o estudo do universal, dos primeiros princípios do conhecimento e da ação, que se tornam um *"a priori"* para a experiência e as ciências naturais.

Nossos tempos não são favoráveis ao filosofar. Os meios de comunicação inundaram o mundo de notícias. Este cem número de informações, sobre todo e qualquer assunto, desde o cotidiano, trabalho, ciências, guerra, atividades, fatos sociais. Os homens confundem informação com conhecimento e se sentem fartos e enfarados dos assuntos.

Além do que, a propaganda conta histórias e dá qualidades aos produtos que se assemelham a histórias da carochinha.

E, pior, induzem ao mimetismo, ao culto do corpo, procurando uniformizar as mentes e os grupos, embora paradoxalmente nunca se tenha visto na história do mundo tamanho pluralismo, mas sempre do grupo e não do indivíduo. Os grupos sociais são os mais diversos e cada um tem a sua maneira de pensar, de viver e de vestir.

A verdade, o mais das vezes, está na indagação, as vezes nas parábolas, antecipando em séculos a verdade científica.

A propósito do **tempo** Santo Agostinho indaga, apoiado na sua iluminada percepção:

"Será o tempo simplesmente extensão?

---

159. CHAUI, MARILENA *in* "Convite à Filosofia", Editora Ática, 12ª Edição, São Paulo, 2002, p. 90 e 91.

FICÇÕES TRIBUTÁRIAS: IDENTIFICAÇÃO E CONTROLE

Porventura não é sincera a minha alma ao dizer-te que posso medir o tempo? Então, meu Deus, meço sem saber o que meço? Meço com o tempo o movimento de um corpo, e não posso medir do mesmo modo também o tempo?

...

Daí concluo que o tempo nada mais é do que extensão. Mas extensão de quê? Ignoro. Seria surpreendente, se não fosse a extensão da própria alma. Portanto, dize-me, eu te suplico, meu Deus, que coisa meço eu quando me exprimo de modo indeterminado. "Este tempo é mais longo do que aquele"; ou quando digo, de modo mais preciso: "Este tempo é o dobro daquele". Sei perfeitamente que meço o tempo, mas não o futuro, porque ainda não existe; nem o presente porque não tem extensão, nem o passado porque não existe mais. Que meço eu então? O tempo que está passando, e não o que já passou? Isto é de fato o que tinha dito antes.

"A medida do tempo realiza-se em nossa mente"

...

Com efeito, medimos o tempo, mas não o que ainda não existe, nem o que já não existe, nem o que não tem extensão, nem o que não tem limites. Em outras palavras, não medimos o futuro, nem o passado, nem o presente, nem o tempo que está passando. E no entanto, medimos o tempo"[160].

Quatorze séculos depois, KAFKA cria uma parábola sobre o tempo, descrita e comentada por HANNA ARENDT[161] em que o fluir do tempo é interceptado por "ele", um homem.

"A parábola de KAFKA é a seguinte[162]:

Ele tem dois adversários: o primeiro acossa-o por trás, da origem. O segundo bloqueia-lhe o caminho à frente. Ele luta com ambos. Na verdade, o primeiro ajuda-o na luta contra o

---

160. SANTO AGOSTINHO, in "Confissões" Coleção Patrística, Editora Paulus, São Paulo, 1997, pp. 354 a 357.
161. ARENDT, HANNA in "Entre o passado e Futuro", Editora Perspectiva, 5ª edição, São Paulo, 2002, p. 33.
162. Ibidem, p. 36.

segundo, pois quer empurrá-lo para a frente, e, do mesmo modo, o segundo o auxilia na luta contra o primeiro, uma vez que o empurra para trás. Mas isso é assim apenas teoricamente. Pois não há ali apenas os dois adversários, mas também ele mesmo, e quem sabe realmente de suas intenções? Seu sonho, porém, é em alguma ocasião, num momento imprevisto – e isso exigiria uma noite mais escura do que jamais o foi nenhuma noite-, saltar fora da linha de combate e ser alçado, por conta de sua experiência de luta, à posição de juiz sobre os adversários que lutam entre si.

Comenta HANNA ARENDT que para KAFKA, sendo o pensar a parte mais vital e vívida da realidade "desenvolveu esse fantástico dom antecipatório, que ainda hoje, após quase quarenta anos repletos de eventos inéditos e imprevisíveis, não cessa de nos atordoar"[163].

Na história de KAFKA, em um campo de batalha lutam as forças do passado e do futuro. Entre elas encontra-se o "ele", o homem, que deve combater a ambas se quiser permanecer em seu território. Na verdade há aí três lutas simultâneas: a luta do Passado e do Futuro entre si e a luta "dele" com cada um. Entretanto parece que o pretexto para a luta é a presença do homem, pois sem ele não existiria a luta entre o Passado e o Futuro[164].

A intersecção entre o passado e o futuro existe por causa da existência do homem. "É partido ao meio, no ponto em que ele está". O fluxo indiferente do tempo parte-se em passado, presente e futuro.

A fuga do campo de batalha, o sonho de uma região além e acima da linha de combate não seria o sonho antigo, anelado pela metafísica ocidental de Parmênidas a Hegel, de uma esfera intemporal e aespacial – a região mais adequada ao pensamento?[165]

---

163. Ibidem, p. 36.
164. Ibidem, p. 36.
165. Ibidem, p. 37.

Observe-se que tanto na indagação de Santo Agostinho quanto na parábola de Kafka, o elemento que corta o tempo é o homem, a presença do homem no mundo.

Se não houvesse o homem, o tempo fluiria? Ou passaria desapercebido na sua inação ou opacidade? Ou inexistiria?

De qualquer forma, passados mil e quinhentos anos da indagação de Agostinho e passadas dezenas de anos da intuição de Kafka, vem a ciência, através da descoberta de Einstein, da lei da relatividade, afirmar que o tempo é relativo a certos corpos que existem no espaço e só é perceptível pela mente humana. É a mente, o pensamento (que no desejo de Kafka é intemporal e aespacial) que toma consciência da existência do tempo.

Eis aí: a verdade é intuída pelo homem, pelo seu intelecto e seu coração, antecipando, em muito a descoberta científica.

Apesar desta busca de identidade grupal, as pesquisas científicas continuam e a tecnologia nunca esteve tão perfeita e tão avançada, alterando-se a cada dia.

Pergunta-se, porém, esta velocidade é a adequada ao homem? O animal que mais demora a crescer, a amadurecer, a trabalhar para o próprio sustento?

Não há tempo de pensar. O indivíduo não fica só e se integra no turbilhão do trabalho e no turbilhão do lazer. Vai de roldão, ao sabor dos tempos. Se tem de pensar, pensa para produzir no trabalho. Mas não em si e na sua vida que não mais dirige.

Os tempos são infiéis à filosofia, no sentido da busca das verdades universais.

3.6. A verdade nas ciências

> "Se vi mais longe foi porque estava sobre ombros de gigantes"
>
> Isaac Newton[166]

---

166. NEWTON, ISAAC, em carta a Robert Hooke em 1676.

Para os gregos a verdade – *aletheia* – é aquela que está posta para ser percebida pelo corpo ou pela razão. "A verdade é a manifestação daquilo que é ou existe tal como é"[167]. Não está oculto ou escondido.

Contrapõe-se ao falso, encoberto, dissimulado.

Daí a lógica apofântica ou clássica cujos valores são o "verdadeiro" e o "falso".

"Veritas" é verdade para os romanos: a verdade de um relato. Verdadeiro se refere à linguagem que descreve os fatos reais.

Para os hebreus, verdade significa confiança. Deus e as pessoas são verdadeiras[168].

A ciência busca a verdade dos fenômenos.

Ter-se-á, pois, sempre, uma correspondência entre o relato e o fato relatado, entre a lei da natureza e o fenômeno descrito. Mas o relato e a lei da natureza são idéias que resumem os fatos e os fenômenos.

As ciências buscam a compreensão dos fenômenos. Seu método é o indutivo: partem da experiência e após observar inúmeros fenômenos iguais, fazem as suas leis que são consideradas verdade até que alguém as refute, mostre o erro e ofereça uma nova interpretação para aquele fenômeno.

O que se acaba de dizer pode ser compreendido na busca da compreensão do universo.

Em "Os Gênios da Ciência", Sobre os Ombros de Gigantes, STEPHEN HAWKING[169] dá o panorama de como o Planeta Terra e sua localização no Universo, a lei da gravidade e leis do movimento foram entendidos através dos tempos por NICOLAU

---

167. CHAUI, MARILENA, *in* "Convite à Filosofia", 12ª Edição, Editora Ática, São Paulo, 2002, p. 99.

168. Ibidem p. 99.

169. HAWKING, STEPHEN *in* "Os gênios da ciência", Tradução de Marco Moriconi, Lis Moriconi, Editora Campos Elsevier; Rio de Janeiro, 2005.

FICÇÕES TRIBUTÁRIAS: IDENTIFICAÇÃO E CONTROLE

COPÉRNICO, (1543)[170] GALILEU GALILEI[171] (1633) JOHANNES KEPLER (1618) ISAAC NEWTON (1687) e ALBERT EINSTEIN (1922).

Observa-se que cada descoberta mostra um novo ângulo, uma nova verdade. Esta, porém, depende das descobertas anteriores, mesmo que estas, até então verdades, sejam substituídas pelas novas. Nem sempre, porém, a descoberta científica anterior será abandonada porque ainda é a adequada para aquele objeto. Foi o que aconteceu com as descobertas de NEWTON que informam a mecânica no Planeta Terra. Continua a existir e a ser aplicada. O conhecimento humano se faz em camadas que se sedimentam e suportam as novas descobertas.

Antes de COPÉRNICO, ARISTÓTELES (De Caelo) e PTOLOMEU pensavam que a Terra era o centro do universo. Estava em repouso, girando o Sol, os Planetas e a Lua em torno desta. O modelo geocêntrico permitira prever as posições dos corpos celestes. Foi COPÉRNICO quem observou que eram a Terra e demais planetas que giravam em torno do Sol, em movimentos circulares, revolucionando paradigmas e inaugurando uma nova visão do Cosmos – o sistema heliocêntrico. Deu início a astronomia moderna. Até então se acreditava que o Sol era mais um planeta.

GALILEU GALILEI reforçou a teoria copernicana e propagou-a, confirmando que o sistema heliocêntrico não era só uma hipótese mas uma realidade. Estudou os movimentos em queda livre dos corpos. Seu interesse, por muitos anos foi a mecânica até que, tendo inventado um poderoso telescópio, abriu o cosmos para a humanidade.

JOHANNES KEPLER e suas tabelas astronômicas proporcionaram a aceitação da teoria heliocêntrica. Descobriu, observando

---

170. COPÉRNICO, NICOLAU (1473-1543), padre e matemático, polonês, "Das Revoluções das Esferas Celestes", 1543, apud HAWKING, p. 13.
171. GALILEI, GALILEU (1564-1642), italiano de Pizza, in "Diálogo sobre os dois máximos sistemas do mundo: Toleimaco e Copernicano", 1633, apud HAWKING, p. 51.

a órbita de Marte, que as órbitas eram elípticas inaugurando uma nova era na astronomia onde foi possível prever o movimento dos planetas. Embora não chegasse a desvendar porque os planetas se moviam desta forma, percebeu que uma força magnética envolvia o Sol e os planetas.[172]

NEWTON reconheceu as descobertas científicas de COPÉRNICO, GALILEU e KEPLER. Entretanto, ao escrever "Se vi mais longe foi porque estava sobre os ombros de gigantes" na carta enviada a ROBERT HOOKE, referia-se às teorias ópticas por ele e por DESCARTES desenvolvidas. É considerado o pai do estudo do cálculo infinitesimal, mecânica, movimento planetário e a teoria da luz e da cor. Definiu as leis do movimento e da atração em "Princípios Matemáticos da Filosofia Natural" conhecido como *Principia*. Concentrou-se em ótica e gravitação. "Seu objetivo consistiu em mostrar que a luz branca era composta de vários tipos de luz, cada um produzindo uma cor diferente do espectro quando refratado por um prisma"[173]. A luz era composta de pequenas partículas o que contrariava o entendimento de HOOKE que acreditava que a luz viajava por meio de ondas.

NEWTON começa a perceber que a lei da gravitação é universal. A força da gravidade afetava também a órbita dos planetas.

ALBERT EINSTEIN passou sua vida estudando e interpretando a física-teórica. Os pensamentos, lampejos de compreensão, eram muito profundos para palavras e não vinham em uma formulação verbal. Disse EINSTEIN "Eu raramente penso em palavras. Um pensamento vem, e, posteriormente, posso tentar expressá-lo em palavras".[174]

Em 1905 EINSTEIN escreve "Sobre a eletrodinâmica dos corpos em movimento" introduzindo a teoria de relatividade especial. Completamente teórico não tem comentários e citações

---

172. KEPLER, JOHANNES (1571-1630), alemão, *in* "Harmonias do mundo", 1618, apud HAWKING, p. 99.
173. NEWTON, ISAAC (1642-1727), ingles, apud HAWKING, p. 147.
174. EINSTEIN, ALBERT (1879-1955) *in* Stephen Hawking, op. cit., p. 195.

bibliográficas. É considerado tão revolucionário como o *Principia* de NEWTON. EINSTEIN trouxe uma nova visão de tempo e espaço na qual são inseparáveis, interconectados. Diverge da de NEWTON que considerava o tempo absoluto, verdadeiro, matemático e que flui uniformemente sem relação com qualquer coisa externa. "EINSTEIN sustentava que qualquer observador obteria a mesma velocidade da luz, independentemente de quão rápido estivessem se movendo"[175].

A massa de um objeto cresce com a velocidade desse objeto. Não é imutável. Uma quantidade mínima de matéria tem o potencial de fornecer uma quantidade enorme de energia o que mais tarde redundou na fissão nuclear, divisão do átomo, e no desenvolvimento da bomba atômica.

A teoria de relatividade geral mudou o conceito de espaço (como a especial, a de tempo e massa). À noção de espaço absoluto, EINSTEIN indica que além da massa gravitacional de um corpo agir em outros corpos, influencia a estrutura do espaço. Para EINSTEIN não se pode curvar o espaço sem envolver o tempo.

EINSTEIN revolucionou as ciências ao revelar que o tempo e o espaço são dinâmicos. Isto significa que estão sujeitos à teoria quântica.

Mas, qual o significado que estas chamadas "revoluções científicas" têm no desenvolvimento científico?[176]

As revoluções científicas são episódios de desenvolvimento nos quais um paradigma mais antigo é total ou parcialmente substituído por um novo. Existem razões pelas quais uma nova teoria científica deva exigir a rejeição de um paradigma mais antigo? Necessariamente uma nova teoria não entra em

---

175. Ibidem, p. 200.
176. KUHN, THOMAS S., *in* "A estrutura das revoluções científicas", Ed. Perspectiva – Tradução de Beatriz Vianna Balira e Nelson Balira, São Paulo, 2005 (Debates: 115), p. 125.

conflito com a antiga, pois pode ter por objeto e tratar de fenômenos que não eram até então conhecidos. Exemplo: a teoria quântica que trata de fenômenos subatômicos.

A dinâmica de Einstein e a dinâmica de Newton podem parecer incompatíveis, da mesma forma que a astronomia de Copérnico em relação à de Ptolomeu. No entanto a dinâmica de Newton é empregada pelos engenheiros e físicos. Se a velocidade dos corpos é menor que a velocidade da luz, é verdadeira a Teoria de Newton, naqueles aspectos em que é afirmada por provas válidas.

A teoria dos "paradigmas" de Kuhn pela qual uma teoria é substituída pela que vem em seguida é contraditada por Karl Popper. Para o filósofo não há apenas uma opinião fundamental. Teorias Antagônicas sobreviveram e foram fecundas.[177]

Para Popper a "ciência é a busca da verdade através da *crítica*"[178]. Todo cientista deve defender a sua teoria e já poder responder às críticas que tentarão refutá-la.

"Poder-se-ia escolher uma fórmula: esse universo não é um universo de confirmação de verdades, mas antes um universo de refutação de erros. O universo existe, assim como existe a verdade; só não pode existir a certeza sobre o universo e a verdade".[179]

Pode-se concluir que a busca da interpretação da natureza (no exemplo aqui escolhido), a interpretação do universo, dos corpos e da sua dinâmica, tem obtido respostas, diversas no decorrer do tempo, revelando a verdade da sua existência. A certeza dessa verdade, porém, não pode existir.

---

177. POPPER, KARL e LORENZ, KONRAD in "O futuro está aberto". Fragmentos. O livro contém o diálogo entre ambos sobre suas convicções filosóficas e o Simpósio onde Popper e alguns colegas debateram suas idéias, (p. 54).
178. Ibidem, p. 55.
179. Ibidem, prefácio.

3.7. Conceitos fundamentais da verdade

Há "cinco conceitos fundamentais de verdade: 1º) **a verdade como correspondência**; 2º) a verdade como revelação; 3º) a verdade como conformidade a uma regra; 4º) **a verdade como coerência**; e 5º) a verdade como utilidade. Esses conceitos tiveram uma importância bastante diferente na História da Filosofia: os dois primeiros, e especialmente o primeiro, são incomparavelmente os mais difundidos"[180]. Ater-nos-emos aos de maior repercussão.

3.7.1. Verdade como correspondência

O primeiro, mais antigo e divulgado, pressuposto pelos pré-socráticos foi explicitamente formulado por Platão: "verdadeiro é o discurso que diz as coisas como são; falso aquele que as diz como não são". ARISTÓTELES, por sua vez, dizia: "negar aquilo que é e afirmar aquilo que não é, é falso, enquanto afirmar o que é e negar o que não é, é a verdade".

Na verdade como correspondência, a proposição descreve a realidade tal como é. Se é verdade que a proposição descritiva não pode abarcar o mundo da experiência, devendo contentar-se, muitas vezes, com a realidade parcial e, nesse caso, não espelhar a realidade de forma completa, é também verdade que se há a proposição descritiva de A, a descrição só pode ser de A e não de B, mesmo que parcial.

Se vejo um cão, só posso afirmar que aquele animal é um cão. Não é um gato. Se me refiro a um livro de MACHADO DE ASSIS, refiro-me ao autor e um de seus livros. Se me refiro a um texto, refiro-me a este texto e não a outro. Se me refiro a um concerto de Brandeburgo, refiro-me a um concerto de JOHAN SEBASTIAN BACH.

---

180. ABAGNANO, NICOLA, Dicionário de Filosofia, Editora Mestre Jou, São Paulo, 1982, 2ª edição, p. 957.

Há de haver relação entre o enunciado e a coisa enunciada.

"Autêntica reabilitação do conceito da verdade como correspondência com os fatos se deve a TARSKI. A conceituação de verdade como correspondência parece tão trivial que, à primeira vista, esconde a sua profundidade. A concepção semântica de verdade é uma das maiores façanhas do pensamento científico moderno." ... "Reabilitar a velha definição da verdade (*adaequatio intellectus ad rem*) não é decerto uma façanha desprezível"[181].

A norma é linguagem objeto.

"A verdade semântica (a verdade como correspondência) da teoria jurídica é a sua correspondência com o ordenamento jurídico positivo (relativamente formalizado "LO_1 é verdadeira se e somente se LO_2)". A dogmática não pode, ela mesma, decidir sobre a verdade dos seus enunciados[182]."

A teoria jurídica também pode se converter em linguagem objeto. Portanto uma terceira camada de linguagem poderá ter a teoria jurídica como objeto.

O ordenamento jurídico – LO – é o dado; é o objeto do discurso da dogmática. A linguagem doutrinária é descritiva; é apofântica. A linguagem do objeto: deôntica. "Nesse território impera contudo o primado da ocultação sobre a desocultação[183]". "Quem conhece as partes de que se compõem, e ele, como um todo? Mesmo o sentido da norma só se revela em relação a outras normas."

"Uma asserção proposicional somente pode conformar-se ao ordenamento jurídico-positivo enquanto este se manifesta já em estado-de-abertura. A sua ocultação (velamento de

---

181. BORGES, JOSÉ SOUTO MAIOR, *in* "Da verdade semântica à verdade como desvelamento". Anuário de Mestrado em Direito, nº 5, 1992, Recife/PE, p. 57 e segs.
182. Ibidem, p. 61
183. Ibidem, p. 62.

sentido) não se confunde com a inacessibilidade das trevas. Só ali onde há alguma luz, é possível vislumbrar-se algo. A hermenêutica permite o acesso a essa escuridão iluminada: a clareira na floresta por onde penetram résteas de luz[184].

Uma norma jurídica pertencerá a um determinado ordenamento jurídico se a forma com que foi produzida observou as regras determinantes de sua produção e se a matéria que pretende veicular está consentida pela Constituição.

3.7.2. Verdade como revelação

A verdade como revelação ou manifestação tem duas formas fundamentais: uma empirista, a outra metafísica ou teológica. A primeira é a que se revela ao homem; é, portanto, sensação ou fenômeno. A segunda é a revelada em forma de conhecimento extraordinário onde se torna evidente a essência do ser ou do próprio princípio: Deus[185].

A corrente fenomenalista entende que o homem só pode conhecer os fenômenos, o que aparece ao observador, e não a coisa em si. Nesse sentido nega que o homem possa conhecer a essência. Há de haver relação entre o enunciado e a manifestação da coisa: o fenômeno[186].

3.7.3. Verdade como coerência

A noção de verdade como coerência aparece em fins do século XIX, na Inglaterra, com o movimento idealista. Os graus de verdade que o pensamento humano alcança podem-se julgar ou graduar, segundo Bradley (Appearence and Reality – 1893) conforme o grau de coerência que elas possuem, embora esta coerência seja sempre aproximativa e imperfeita[187].

---

184. Ibidem, p. 62.
185. Abbagnano, Nicola, op. cit., p. 959.
186. TOMÉ, FABIANA DEL PADRE, *in* " A prova no Direito tributário", Editora Noeses, 2005, p. 12.
187. ABBAGNANO, op. cit. p. 961.

Há de haver coerência no discurso exigindo-se que as proposições, em seu conjunto, não sejam contraditórias, podendo umas serem deduzidas das outras[188]. "O critério da Verdade é dado pela coerência interna ou lógica (não contradição) das proposições[189]."

Nesse caso, "a presença de conexões positivas estabelecem harmonia entre os elementos do sistema[190]".

Não se exige que a coerência do discurso se refira à realidade, por sua vez coerente.

3.7.4. Verdade como consenso

A verdade como consenso é a verdade consentida por um determinado grupo. Esta, porém, pode, muitas vezes, não corresponder à realidade.

Habermas propõe "condições ideais do discurso". "Em vez de a linguagem funcionar como um meio para descobrir a verdade fora dela, o critério habermasiano diz que a verdade é uma questão de consenso, através da intersubjetividade, onde o que é verdadeiro é uma questão de acordo.[191]"

O acordo resultante da intersubjetividade não passa de um consenso que não revela necessariamente a verdade. "Não é pelo fato de uma comunidade acreditar que algo seja verdadeiro que o mesmo será necessariamente verdadeiro[192]".

A verdade como consenso permite que a proposição se afaste daquilo que é **verdadeiro**, resvalando para o indefinido

---

188. TOMÉ, op. cit., p. 13.
189. ESTEVES, MARIA DO ROSÁRIO, *in* "A prova do fato jurídico no processo administrativo tributário". Tese de doutorado, no prelo, PUC, São Paulo, 2005, p. 41.
190. ABBAGNANO, op. cit. p. 136.
191. CARVALHO, CRISTIANO ROSA, *in* "Ficções e Sistema Jurídico Tributário – Uma aplicação da Teoria dos Atos de fala no Direito". Tese de Doutorado não publicada, PUC, São Paulo, 2006, p. 91 e segs.
192. Ibidem, p. 94.

e relativo e até, falso. Embora o consenso, base de identificação da verdade, encontre fundamento no sistema em que se insere, como esclarece FABIANA TOMÉ[193], entendemos que essa inserção, muitas vezes, não é suficiente para impedir um distanciamento que mergulha no relativismo. O resultado disso tudo: a dissociação do discurso da realidade, o descrédito, a permissividade, a falta de autoridade.

Nesta teoria, o que se exige, pois, é o consenso de que algo é verdadeiro, de acordo com o entendimento da comunidade.

3.7.5. Verdade como utilidade – Pragmatismo

A verdade como utilidade, formulada por Nietzche afirma que: "Verdadeiro não significa em geral, senão o que é após à conservação de humanidade." O pragmatismo foi quem difundiu essa noção. Este sustenta que a afirmação de uma verdade pode ser definida pela utilidade que há em aceitá-la[194].

3.7.6. Adoção do Conceito de Verdade como Correspondência

Neste trabalho adotamos o **Conceito de Verdade como Correspondência**. Aqui tomam-se por objeto as ficções jurídicas tributárias que, como adiante se verá, são normas gerais e abstratas, criadoras de tributo, mas que não encontram fundamento no ordenamento jurídico. São normas fictícias que não revelam a correspondência com a realidade do sistema jurídico, portanto normas dissidentes e que não podem produzir efeitos jurídicos. Consequentemente **devem ser expulsas do sistema**.

O Direito é produto cultural. Não existe na natureza. É sistema de linguagem prescritiva criado pelo homem.

Deve-se, nesse passo, relembrar que este trabalho vem expressando a idéia de que o Direito constrói a sua própria

---

193. TOMÉ, op. cit., p. 14.
194. ABBAGNANO, op. cit., p. 961.

realidade[195]. Não deixa de esclarecer, porém que esta criação não é aleatória, devendo de qualquer forma aproximar-se do ôntico.

Isto porque, o Direito tem um sentido, uma função, aquela de prescrever condutas ordenando as relações de intersubjetividade para manter a vida social em harmonia. Neste caso, tem de reconhecer a realidade e a natureza humana.

Uma vez criado, o Direito passa a existir por si mesmo e seguir o seu destino. Está aí posto e exposto, fruto de consenso. Esta é a verdade do Direito, sistema de relações em ordem normativa, coerente, hierarquizada, com a finalidade de prescrever condutas e sancioná-las, no caso de seu descumprimento.

O Direito cria, também, procedimentos, processos e caminhos que devem ser adotados pelos cidadãos na realização de seus contratos, de suas atividades, de suas associações e sociedades. E há, quanto ao processo judicial regras rigorosas para apresentação do caso em juízo, prosseguimento da ação, produção de provas, respeitados os princípios do contraditório e ampla defesa, inclusive para o Juiz a forma de proceder e de resolver os conflitos nas sentenças, nos acórdãos que sempre deverão estar fundamentados.

Eis aí a Verdade do Direito. As proposições descritivas e interpretativas o tomarão como suporte físico, analisando a sua validez e coerência.

A verdade jurídica do Direito Posto, porém, não é somente estática. É dinâmica, dependendo da realização, no mundo, dos fatos previstos na hipótese de incidência das normas. É o fato que move o Direito, tirando-o da inércia.

Neste caso, os fatos só serão juridicizados se, e somente se, realizarem-se no mundo, exatamente de acordo com o tipo descrito na norma. Só assim subsumir-se-ão à lei, adquirindo juridicidade e produzindo seus efeitos.

---

195. Ver Cap. IV, "Da Construção do directo" e Cap. VII "Da Ficção Jurídica Tributária".

FICÇÕES TRIBUTÁRIAS: IDENTIFICAÇÃO E CONTROLE

O Direito é um Sistema Fechado quanto à sua criação, alteração e extinção, mas tem uma porta aberta para o mundo. E esta é a Hipótese da Norma onde o fato é descrito[196]. E, nem poderia ser de outra forma, pois não pode se manter em estrutura fechada. Além de estrutura o Direito é função. Função primária enquanto instrumento de conservação por excelência, mas também a de alteração permanente adaptando-o às mudanças sociais[197].

Justamente aqui, o conceito de verdade só pode ser por correspondência e, perfeita correspondência, entre a norma, produto cultural, e o fato, fenômeno do mundo.

3.8. Conclusão sobre a Verdade

Não há verdade absoluta, mesmo nos fenômenos da natureza, sujeitos à lei da causalidade. A descoberta da verdade depende do grau de conhecimento, da consciência, do preparo do cientista observador, em face do objeto e das circunstâncias que o envolvem.

Foi o que vimos em relação às teorias dos corpos celestes no espaço que foram sendo revistas de forma mais completa com o tempo. Inicialmente a ocupação do cientista, do astrônomo, era com a Terra em si (plana ou redonda); após, com a Terra, o Sol e a Lua, as relações entre si e, mais além, com o espaço, as inúmeras galáxias e a força gravitacional que a massa dos sóis e planetas mantém-nos em sistemas, em movimentos elípticos e em distâncias determinadas. O espaço é curvo e a luz pode se comportar de duas formas: ondas ou partículas.

Enfim, não há verdade absoluta. Não há certeza absoluta.

---

196. VILANOVA, LOURIVAL, *in* "Estruturas Lógicas e o Sistema de direito Positivo", Revistas dos Tribunais, São Paulo, 1977, p. 34.

197. BOBBIO, NORBERTO, in "El analisis funcional del Derecho: tendencias y problemas", *in*, "Contribuición a la Teoria del Derecho", Editora Debate, Edición a cargo de Alfonso Ruiz Miguel, Madrid, 1990, pp. 255 e segs.

Embora, porém, a verdade não seja absoluta ela existe e pode permitir grande grau de certeza. Dizer o contrário é resvalar para o ceticismo e niilismo e negar o progresso do conhecimento humano e a sua aplicação para o progresso da humanidade.

Quando nos referimos à verdade de algo, estamos supondo um ponto, um objeto ao qual a proposição que se pretenda verdadeira, se refira. Referimo-nos à verdade como correspondência: a adequação da proposição à realidade.

Lembro-me, nesse passo, da passagem do Ministro Luis Gallotti, quando, tratando da natureza dos tributos, no Recurso Extraordinário nº 71.758, da Guanabara (14.06.72), referiu-se a uma carta que enviara ao Ministro PRADO KELLY, na qual lembrava-lhe a frase de Napoleão: "Tenho um mestre implacável que é a natureza das coisas".

O mestre implacável é tanto mais implacável, embora até possa parecer o contrário, quando se trata de ação ou comportamento humano que produz efeitos no mundo real e, que tem um fator de difícil ponderação: o valor que preside toda ação.

Toda a ação humana está impregnada de valor. As decisões mais chãs trazem em si um certo grau de valorização. As mais complexas, envolvendo relações intersubjetivas do sistema jurídico exigem que se tragam para o processo decisório muitos raciocínios e muitos fios, excluam-se uns, incluam-se outros, mas que se ponderem todos, a fim de que se chegue à verdade no processo, para que se faça a Justiça.

3.9. A verdade do Direito

Direito é sistema, construção lógica, racional, para interferir prescritivamente nas condutas intersubjetivas. Sistema significa conjunto de elementos estruturados. Os elementos não ficam caoticamente dispostos. Pelo contrário são propositadamente ordenados. TÉRCIO SAMPAIO FERRAZ JÚNIOR chama os elementos: repertório; e a ordenação destes: estrutura.

FICÇÕES TRIBUTÁRIAS: IDENTIFICAÇÃO E CONTROLE

Entenda-se aqui, por Direito, o Direito Posto.

"O direito positivo é sistema de linguagem, informado pela racionalidade, com a finalidade de interferir na conduta humana de maneira coercitiva[198].

É, pois, ordenação normativa, no tempo e no espaço, aqui e agora, inseparável da sua temporalidade como é inseparável do espaço no qual é posto.

Assim a linguagem-objeto, o sistema jurídico posto, é o ponto de convergência da análise do cientista do direito que não poderá ultrapassar as fronteiras, os quadrantes que emolduram este sistema. A referibilidade da Ciência Jurídica ou Jurisprudência Dogmática restringe-se à medida das proposições normativas do ordenamento jurídico positivo[199].

Neste sistema as normas jurídicas estão hierarquicamente dispostas, em forma piramidal encontrando-se no ápice a Constituição.

As normas jurídicas ordinárias estão em relação de subordinação às normas constitucionais e em coordenação com as demais que se encontram no mesmo plano estrutural no qual se inserem. Essas últimas encontram-se interligadas e interdependentes mantendo coerência interna, "compatibilidade intrasistemática" mutuamente limitadas, extraindo o seu sentido no limite do sentido da outra.

É, pois, do sistema e dele como um todo que se construirá o entendimento de cada parte que o constitui.

O Direito é autopoiético. Os meios de sua criação, produção e extinção estão determinados no próprio ordenamento jurídico: Os sistemas autopoiéticos (*autós*, do grego significando

---

198. PACHECO, ANGELA MARIA DA MOTTA, *in* "Sanções Tributárias e Sanções Penais Tributárias", Editora Max Limonad, São Paulo, 1997, p. 31/32.
199. BORGES, JOSÉ SOUTO MAIOR, *in* "O Direito como fenômeno lingüístico, o problema da demarcação da ciência jurídica, sua base empírica e o método hipotético, dedutivo", p. 25, Anuário de Mestrado em Direito, nº 4, Universidade Federal de Pernambuco, 1988.

"por si próprio", e *poiesis*, produção) pressupõem que as bases de funcionamento residam no próprio sistema.[200]

Este é o movimento circular do Direito, a auto-suficiência do sistema do direito positivo: auto geração; auto renovação, auto extinção. "Como controlador da conduta humana, contém em si a forma de sua criação, de sua alteração e sua extinção".

É o próprio Direito quem diz: "o que é o direito; quais os órgãos que vão criá-lo; qual o processo de sua criação, de sua alteração, de sua extinção; quais os órgãos que vão aplicá-lo, que vão fiscalizá-lo; quais as fontes. É pois auto-suficiente[201].

Trás em si, o processo contínuo de realimentação.

A conduta humana que tenha interesse para o direito (conduta valorada) passa a compor a hipótese da norma. Só pois, a conduta abstrata, geral, como parte da norma compõe o direito positivo [202].

O mesmo acontece com o valor. Tem relevância jurídica quando passa a fazer parte do ordenamento jurídico, ou seja, é valor jurídico-positivo[203].

Trata-se pois de uma axiologia imanente-normativa.

Esta é uma *"visão unidimensional (normativa) em contraposição ao tridimensionalismo: fato, valor e norma"* [204].

3.9.1. A verdade da norma jurídica

Lei é o instrumento introdutório de normas[205]. É o veículo que inova a ordem jurídica, por isso mesmo "instrumentos

---

200. Apud MARIA DO ROSÁRIO ESTEVES, em tese de doutorado "A prova do fato jurídico no processo administrativo tributário", no prelo, 2005, p. 33.
201. PACHECO, ANGELA MARIA DA MOTTA, op. cit., p. 34.
202. BORGES, JOSÉ SOUTO MAIOR, op. cit., p. 29.
203. Ibidem, p. 33.
204. BORGES, JOSÉ SOUTO MAIOR, op. cit., pag. 33.
205. CARVALHO, PAULO DE BARROS, *in* Curso de Direito Tributário, 14ª edição, São Paulo: Saraiva, 2002, pág. 54.

primários" necessários para impor normas no direito brasileiro: " Ninguém será obrigado a fazer ou deixar de fazer alguma coisa senão em virtude de lei" (C.F. art. 5º, II).

Toda norma jurídica representa uma decisão. Assim sendo "são tanto normas de conduta para os cidadãos como normas de decisão para os tribunais e órgãos administrativos"[206]. Isto significa que toda norma tem dupla direção atingindo tanto os cidadãos que são obrigados a realizar ou omitir determinadas condutas, como o Executivo que irá executá-la ou o Judiciário que irá aplicá-la, na resolução de conflitos que lhe são submetidos.

A norma é geral no sentido de que deve poder ser aplicada a um conjunto de situações "equiparáveis ou análogas".[207]

Apresenta-se na forma de proposição, não proposições enunciativas, de constatações de fatos, ocorridos no mundo, mas na forma prescritiva de conduta, de mando, de ordem, própria das proposições jurídicas. Não vale como proposição do conhecimento, mas como proposição de vontade[208]. É um juízo hipotético condicional no qual existe a previsão de um fato (na hipótese) que realizado implica a relação jurídica (no conseqüente). A estrutura das normas não varia. Daí a sua homogeneidade sintática. O que varia é o seu conteúdo. Daí a sua heterogeneidade semântica.

Costuma-se dizer que o Direito pinça no mundo dos fenômenos, os fatos que precisam ser levados para o seu universo, sempre tendo como objetivo, regrar a conduta humana, evitar o conflito e criar uma ordem de paz.

Logicamente estão previstos como alicerce do ordenamento e suas vigas mestras, aqueles princípios fundamentais,

---

206. LARENZ, KARL *in* "Metodologia da Ciência do Direito", Editora Fundação Calouste Gulbenkian, Lisboa, 2ª edição, 1983, p. 297.
207. Ibidem, p. 298.
208. Ibidem, p. 298.

normas carregadas de valor, imprescindíveis à realização da justiça e da segurança jurídica.

São eles no Brasil: o princípio da igualdade (C.F. art. 5º, caput); da legalidade (geral) (art. 5º, II) e da estrita legalidade em matéria tributária (art. 150, III); da propriedade geral (art. 5º, XXII e XXIII) e proibição com efeito de confisco em matéria tributária (art. 150, IV); da irretroatividade da lei (art. 5º, XXXVI); da anterioridade tributária (art. 150, III, "b" e "c"); princípio da universalidade de jurisdição e *"due process of law"*; (art. 5º, XXXV) princípio da segurança jurídica para onde convergem todos os demais; princípio da certeza do direito que faz parte do próprio "dever ser", é ínsito a ele; princípio da moralidade da administração (art. 37).

Assim o legislador ao colher dos fenômenos, fragmentos que deseja juridicizar, deverá antes de mais nada, verificar se estes não ofendem os princípios acolhidos na Constituição, para que, transformados em proposições jurídicas e entrando no ordenamento, aí encontrem a sua validez e a sua eficácia. Caso contrário serão expulsos por recursos existentes na própria ordem jurídica para sua auto defesa.

Vejamos o fenômeno da maioridade.

O homem, como criança, em tenra idade, não tem conhecimento necessário e nem a consciência devidamente desenvolvida para praticar atos da vida civil, por exemplo, dispor de seus bens.

A maturidade convencionada pelo Direito foi, de acordo com o velho Código Civil (Lei 3.071 de 01.01.1916, até a reforma deste pela Lei 10.406, de 10.01.2002) vinte e um anos. Hoje o homem adquire a maioridade civil aos 18 anos.

A responsabilidade criminal era e continua sendo 18 anos.

Isto não quer dizer que o ser humano esteja desprotegido pelo Direito até então, porque o é – até antes de nascer. Estará protegido pelo pátrio poder de seus pais que o têm de alimentar e educar até a maioridade. Estará protegido pelo Estado que, na falta de seus pais, ter-lhe-á que nomear tutor ou mesmo vir a educá-lo.

A lei decidiu pelos 18 anos, presumindo que o homem esteja maduro e preparado nesta idade. Decidiu assim como poderia ter decidido diferentemente.

Sabe-se que alguns jovens, de extrema responsabilidade podem estar preparados antes disso. E, sabe-se também, que outros jamais serão responsáveis, mesmo com mais de 80 anos e seguirão pela vida pondo seus relacionamentos e bens a perder. Em casos gravíssimos a lei prevê, por processo judicial, a sua interdição e a sua colocação sob curatela.

Dezoito anos, foi o número de anos escolhido pelo Direito para nestes fixar a maioridade. Este é um critério objetivo. Ao completar 18 anos o cidadão brasileiro estará apto a cumprir os atos da vida civil.

É fácil perceber, no caso exemplificado, que aqui se trata de avaliar a maturidade de um ser que existe, o ser humano. Note-se, pois, que a "pessoa física" é criação do direito. É o sistema jurídico que lhe dá a dimensão de seus direitos, deveres, obrigações, pretensões. Pode parecer menos criação do direito pelo fato de aí, haver um substrato real: ser humano vivo, com certidão de nascimento, etc, mas do ponto de vista do direito, é sujeito de direitos na medida em que o direito assim o decidir.

Vejamos agora um outro exemplo: o da pessoa jurídica.

O direito foi construindo no tempo a figura da pessoa jurídica. Há menos de 150 anos ela era considerada não existente por parte dos doutrinadores. Isto porque não se aceitava que uma coletividade tivesse uma só vontade. Seria, na verdade uma soma de vontades individuais.

Para SALEILLES "é uma anomalia filosófica à qual corresponde uma anomalia jurídica. O direito reconhece a existência da coletividade com propriedade distinta e patrimônio separado. Cria uma "ficção" que escapa a toda realidade. Dá corpo a um símbolo e a uma idéia que não tem existência real e é representação alegórica do espírito"[209]. Também A. Brinz negou-a; o mesmo fez Von Ihering que a tornou transparente para ver nessa, somente as pessoas físicas. Outros a consideravam "ficção" jurídica.

Apesar desse entendimento não isolado, o direito começou a construir a "pessoa jurídica" dando-lhe vida, poder de vontade, responsabilidade. "A pessoa jurídica é conceito do mundo jurídico"[210].

O contrato social é criado por pessoas e por isso diz-se plurilateral (sociedade, associações). Estas "praticam atos prévios que são o dado fático com que operam". "A pessoa jurídica é tão oriunda do fático quanto a pessoa física[211]". Prevê direitos e deveres entre os sócios e direitos e deveres da sociedade para com terceiros. Tem patrimônio próprio e na maior parte das sociedades a responsabilidade dos sócios está limitada à integralização de sua participação no capital social da sociedade.

A sociedade registra-se em registro próprio. No Brasil as sociedades empresariais e as comerciais registram-se na Junta Comercial de seu Estado. Esta é a sua certidão de nascimento.

A atividade da pessoa jurídica é realizada pelo órgão. É este quem pratica os atos. Este não representa a sociedade. É a sua própria presença no mundo. Portanto o órgão presenta a sociedade e não a representa[212]. Os órgãos que exprimem vontade são os que dirigem e realizam negócios jurídicos.

A expressão "pessoa jurídica" vem do começo do Século XIX. Batizou-a F. Von Savigny (até então era chamada pessoa moral ou pessoa mítica).

---

209. SALEILLES, RAYMOND – "De la personalité juridique", Livrairie Nouvelle du droit.
210. PONTES DE MIRANDA, *in* "Tratado de Direito Privado – Parte Geral – Tomo I, p. 345.
211. Ibidem, p. 346.
212. PONTES DE MIRANDA, op. cit., p. 351.

Se o ordenamento diz que "A" pode ter direitos, "A" torna-se pessoa porque ter direitos já é direito de personalidade[213].

Ser pessoa é ser capaz de direitos e deveres. E, nesse sentido a pessoa jurídica é tão pessoa quanto a pessoa física que é também jurídica.

A conclusão é a de que tanto a pessoa física, quanto a pessoa jurídica são criações do direito e têm suporte fático no mundo das realidades.

Veja-se. **Não estamos em face de uma ficção do direito mas em face de uma criação do Direito.**

Verdade para o Direito, por exemplo, é o fato de que tanto as pessoas chamadas físicas, quanto as chamadas jurídicas são pessoas dotadas de direitos e deveres, desde o direito à vida, ao patrimônio, ao direito de voto, de ser votado, etc.

3.9.2. A verdade do fato juridicizado

Vimos que toda norma descreve em sua hipótese o suporte fático: refere-se a um fato do mundo que, se realizado, juridiciza-se com a incidência da norma[214]. É a subsunção do fato à norma.

A realização do fato pode se dar de modo voluntário pelas partes, como nos contratos ou diretamente sem a interferência da vontade (ou até, contra a vontade) como no caso da relação jurídica tributária que se forma pela juridicização do suporte fático, diretamente previsto na lei.

Vejam-se: todas as obrigações jurídicas são *"ex lege"*. Só são jurídicas, pelo fato que lhes dá origem subsumir-se à lei.

---

213. Ibidem, p. 349.
214. Entendemos que a incidência é qualidade da norma e que é automática e infalível como entendem Pontes de Miranda (Tratado de Direito Privado, Tomo I, pág. 62) e Alfredo Augusto Becker. O mesmo entendimento tem Paulo Roberto Lyrio Pimenta.

Umas, porém, originam-se diretamente da lei. A vontade da pessoa física ou jurídica aí, está neutralizada pela vontade da norma jurídica. A relevância dessa distinção é indiscutível, pois a norma jurídica só poderá ter eficácia se for válida, válida não só por ter sido produzida por órgãos competentes como por uma qualidade própria: o seu conteúdo estar em conformidade com a norma que representa o seu fundamento[215]. Neste ponto é ainda necessário distinguir a eficácia da norma – eficácia legal – da eficácia dos fatos jurídicos – eficácia jurídica. "Sem eficácia da norma não há que se falar em eficácia do fato. Logo a eficácia da norma é um *prius* em relação ao fato..."[216]

O suporte fático juridicizado pela incidência ou subsunção, torna-se fato jurídico. O fato jurídico implica a relação jurídica. "Eficácia jurídica é o que se produz no mundo do direito como decorrência dos fatos jurídicos"[217].

Um único fato pode implicar vários fatos jurídicos. PONTES DE MIRANDA dá o exemplo da morte de alguém – "A" -. A morte juridicizada implicará: a) abertura de sucessão de "A"; b) dissolve o regime de bens do casamento (ex.: comunhão de bens entre "A" e "B", sua mulher); c) dissolve uma sociedade da qual faz parte ou o exclui desta; d) exclui "A" de todas as Associações e entidades às quais pertencia[218].

No Direito Tributário diz-se fato jurídico tributário aquele resultante da incidência da hipótese normativa no fato do mundo por ela previsto. A subsunção do fato à norma, verifica-se entre linguagem de níveis diferentes. "E, toda vez que isso acontece, com a conseqüente efusão de efeitos jurídicos

---

215. PIMENTA, PAULO ROBERTO LYRIO, *in* Validade, Vigência, Aplicação e Interpretação da Norma Jurídica Tributária. Curso de Especialização em Direito Tributário. Estudos Analíticos em Homenagem a Paulo de Barros Carvalho, coordenador Eurico Marcos Diniz de Santi. Forense, Rio de Janeiro, 2005, pág. 179.
216. Ibidem, pág. 179.
217. PONTES de MIRANDA, op. cit., p. 50.
218. Ibidem, p. 52.

típicos, estamos diante da própria essência da fenomenologia do direito".[219] Há de haver, para que se processe a subsunção, absoluta identidade do fato com o desenho normativo da hipótese[220]. A prova dessa ocorrência é necessária. Dir-se-á que enquanto não houver linguagem competente que afirme a existência do fato, em que grandeza ocorreu e quem é o sujeito passivo, o fato é indiferente para o Direito.

Assim a verdade da existência do fato juridicizado, dar-se-á mediante a linguagem considerada necessária e suficiente para o Direito: a linguagem das provas. E estas estão indicadas no próprio corpo de linguagem constitutivo do direito positivo.

3.9.3. A verdade no Direito Tributário

No Direito Tributário o Legislador, obedecidos todos os princípios constitucionais tributários e as normas constitucionais de competência e incompetência (as imunidades) e, ainda, as normas do sistema constitucional tributário terá de, ao criar o tributo, atentar para o fato signo de riqueza.

Não interessa ao direito tributário a saúde, a educação, a idade e outros dados do futuro contribuinte. Interessa-lhe, apenas, a sua capacidade contributiva (expressão da igualdade no Direito Tributário).

O tecido a ele referido a partir do Sistema Constitucional Tributário, normas de estrutura, de competência e incompetência (as imunidades), normas ordinárias, tem a difícil tarefa de sopesar a delicada obrigação tributária *ex lege* que atinge a liberdade e propriedade do cidadão já no papel de contribuinte, exigindo-lhe o tributo em moeda, para garantir a justiça distributiva prestada pelo Estado. O Capítulo VI – Da Construção do

---

219. CARVALHO, PAULO DE BARROS *in* "Curso de Direito Tributário", Ed. Saraiva, 14ª Edição, 2002, p. 242.

220. Ibidem, p. 243.

Subdomínio do Direito Tributário – descreverá as normas, sua interação e subordinação hierárquica.

3.9.4. Conclusão

A verdade do Direito expressa-se:

1) **No Direito Posto**, sistema de linguagem prescritiva das relações intersubjetivas, informado pela racionalidade.

No Direito Tributário expressa-se na Constituição da República, como sistema constitucional tributário que estabelece a competência das normas de estrutura e determina o critério material das normas ordinárias criadoras do tributo.

2) **Na hipótese de incidência da norma** que objetiva aspectos dos fatos de relevância para o Direito:

No Direito Tributário são signos de riqueza já desenhados na Constituição, de forma tipificada, molde delimitado, descritos com especificação nas leis complementares e criados pela lei ordinária.

3) **Na ocorrência do Fato Jurídico:**

3.1. tal como descrito na hipótese de incidência; perfeita conformação do fato do mundo com o suporte fático da norma;

3.2. no Direito Tributário os fatos têm de ser provados, quer quanto à sua existência (sempre em conformidade com a lei) quer quanto à sua grandeza, quer quanto à pessoa que o realizou.

A prova da existência da norma e da existência do fato dá-se por correspondência entre a proposição enunciativa da realidade e do fato real.

Capítulo IV

DA CONSTRUÇÃO DO DIREITO: O MUNDO COMO INSPIRADOR DO DIREITO E COMO RECEPTÁCULO DA SUA APLICAÇÃO. O IR E VIR DO MUNDO DO "SER" AO "DEVER SER" E DO "DEVER SER" AO "SER"

4.1. Da Construção do Próprio Direito

> "Este mundo civil foi certamente feito pelos homens, e por isto seus princípios se devem encontrar em nossa mesma mente humana".
>
> Vico[221]

4.1.1. Considerações Preliminares

O Direito diz respeito ao ser humano e à sua vivência e convivência no cosmos.

Interessa-se, sobretudo, pelo comportamental existente no homem, pois deverá, como sistema de normas, interferir

---

221. Transcrito por Giorgio Del Vecchio *in* "Filosofía del Derecho", 2ª ed., Corregida y aumentada y extensas adiciones por Luis Recaséns Siches, Bosch Casa Editorial, Barcelona, 1935, Tomo I, p. 10.

na conduta para que este possa conviver com seus semelhantes em paz e intensificar o pluralismo criador de bens materiais e imateriais, significativos da riqueza das nações.

Em seu primeiro momento o Direito surge para resolver conflitos. Como consegue o Direito dar resposta ao conflito? Em que consiste o Direito como instrumento resolutório de conflitos? A resposta é simples. O direito resolve os conflitos mediante decisões[222].

Consequentemente deve espelhar a realidade da natureza humana e a ação do homem na natureza, sob pena de, dissociado dessas, tornar-se inservível e desautorizado.

Só na medida em que a conhece, desde as paixões mais primitivas, até o ápice da sensibilidade nas artes e conhecimento, na ciência em geral e na medicina em particular, até a sofisticada tecnologia terá condições de criar as normas que dirigirão as condutas para acompanhar este desenvolvimento crescente e incalculável.

O Direito observa a realidade e traz para o seu universo fatos, aspectos de fatos, atividades e atos humanos, o homem nos seus incontáveis aspectos, juridicizando-os.

Os inúmeros papéis realizados pelo homem são tratados adequadamente pelo Direito, que os distribui conforme sua especificidade pelos ramos que o conformam.

É assim que surge o direito civil, ligado ao homem, na sua natureza, acompanhando-o no seu desenvolvimento, desde a forma embrionária, a infância, o ser adulto até a morte. Com efeito, protege os interesses e direitos do nascituro, do ser criança, sob a orientação e cuidados dos pais, o seu desenvolvimento, instrução até a fase adulta e a maioridade refletida na responsabilidade civil para a prática do atos civis.

Eis o homem adulto, o trabalhador, criador de riquezas.

---

222. MORCHON, GREGÓRIO ROBLES, *in* Teoria del derecho, Vol. I, Civitas, Madrid, 1998, pág. 37.

Daí se originam os inúmeros papéis: o homem empregador, o homem empregado – direito do trabalho; o homem comerciante – direito comercial; o homem médico, advogado, engenheiro, arquiteto, dentista – profissional liberal; o homem inventor, o homem autor – a propriedade imaterial; o vendedor; o comprador, o prestador de serviços.

E, no universo do direito tributário, aquele que reflete um signo de riqueza: o que adquire renda; o que é proprietário de terras, de imóvel predial urbano ou rural; aquele que realiza operações de venda e compra; aquele que industrializa produto; aquele que importa; que exporta.

4.1.2. Do Direito e seu objeto: ordenar

O Direito é ordem.

Tem por objeto ordenar a conduta humana.

É linguagem prescritiva com destinatário exclusivo – o homem, ser que age. Pretende interferir na realidade, mantendo-a (normas de proibição) ou alterando-a (normas de obrigação) ao exigir que uma ação se realize no mundo dos fenômenos.

O ordenar pode referir-se a coisas e à conduta. "O critério ordenador está necessariamente referido – e só pode aplicar-se – ao suscetível de ordenação, isto é, aos objetos de ordem (...). É claro que a natureza das ordens depende essencialmente do critério ordenador. O critério ordenador não está condicionado somente pela natureza das coisas mas às finalidades que, ao aplicá-lo, persegue o sujeito ordenador."[223] O critério ordenador tem de adequar-se à natureza daquilo que ordena, mas, também, às finalidades que tem em mira o ordenador.

---

223. MAYNEZ, EDUARDO GARCIA *in* "Filosofia del Derecho", 6ª edição revisada; Editorial Porrua, S.A., México, 1989, pp. 24 e 25.

Existem as ordens naturais encontradas na natureza e as ordens criadas pelo homem. Nestas o ordenante concebe o critério ordenador. Quando as coisas (no caso normas jurídicas) estão ordenadas, dizemos que alcançam a sua perfeição quando, submetidas ao critério ordenador, ocupam o lugar que esse lhes indica. Se alguma está deslocada, por desobediência ao critério adotado, a ordem não será mais perfeita[224].

O Direito é uma ordem criada. Criada pelo homem e para o homem e, diga-se, das mais complexas.

Diante da complexidade do Direito, LOURIVAL VILANOVA[225] ao escrever "Sobre o Conceito do Direito" perseguiu um fim bem limitado: o aspecto lógico, deixando à margem as demais dimensões que o conceito do Direito envolve.

E acrescenta:

> "A definição do direito ainda é, no presente, um problema aberto. Basta ler a obra de LEVY ULLMAN, "La définition du droit", para se compreender que a ironia de KANT tinha fundada procedência. Ainda não se entendem, cientistas e filósofos do direito, sobre a definição do direito. As causas da diversidade de definições, são muitas. Entre outras, a complexidade do objeto jurídico, os pressupostos filosóficos que servem de base às definições, os pontos de vista mediante os quais se considera o direito – ora a forma, ora o conteúdo, ora o valor, a natureza sociológica, etc – de sorte que a definição do jurista, a do filósofo, até mesmo a decorrente do fato da especialização num ramo do direito, ostentam ampla discrepância, não meramente verbal, mas de substância".

Para exemplificar a dificuldade de conceituação traz o pensamento de FRITZ SCHREIER: "Assim como a geometria não

---

224. MAYNEZ, EDUARDO GARCIA *in* "Filosofia del Derecho", 6ª edição revisada; Editorial Porrua, S.A., México, 1989, p. 33.
225. VILANOVA, LOURIVAL *in* "Sobre o Conceito de Direito", Escritos Jurídicos e filosóficos, Vol. I, Axis Mundi, IBET, 2003, pp. 1 e 2.

pode definir o espaço, a ciência jurídica não pode definir o direito". "SCHREIER fundamenta esta impossibilidade de definir o direito em razões gnoseológicas – **o conceito de direito é uma categoria e, como tal, indefinível**; e lógicas – se o direito não é parte de outro sistema, o conceito não pode subordinar-se a nenhum gênero, i.e., a nenhum conceito supra-ordenado logicamente".[226]

Na verdade o Direito é complexo porque é formado de inúmeras realidades, visíveis umas, invisíveis outras, que entram na sua formação como critérios de direção, substância e forma. O Direito, ainda, lida permanentemente com o tempo e o espaço.

Critérios de direção são os princípios vetores, valores puros informativos do ordenamento tais como: igualdade, proporcionalidade, outros já específicos do direito, como representatividade, legalidade, tipicidade, princípios informadores do processo tais como: ampla defesa, contraditório e devido processo legal.

Inúmeros direitos são reconhecidos "prima facie" ao cidadão tais como: direito à vida, à liberdade, à propriedade, ao trabalho, de associação, ao devido processo legal. Perdê-los, somente por infração grave e condenação por este fato pelo devido processo legal.

Quanto à substância o direito juridiciza fatos do mundo e atos do homem que quando realizados, penetram no universo do direito, passando a ser por ele regulados. São os fatos previstos nas normas jurídicas e que dão nascimento às relações jurídicas. Uns são fatos voluntários provenientes da vontade das partes, como os contratos; outros são fruto da vontade da lei, nascem diretamente da lei, como, por exemplo, as relações jurídicas tributárias. Veja-se: não há relação jurídica que não seja

---

226. As categorias são dez: essência, quantidade, qualidade, relação, lugar, tempo, posição, posse, ação, paixão. Aristóteles: "Organum" V – Les Topiques, Librairie Philosophique, J. Vrin, p. 20.

ex-lege; todas são, mesmo o contrato. A diferença é umas nascerem diretamente da vontade, juridicizada, outras imediatamente da lei, desde que o fato nesta previsto, aconteça no mundo.

    As Constituições constituem, criam. Ao mesmo tempo em que criam o Estado de Direito, os Poderes: Legislativo, Executivo e Judiciário, seus órgãos e suas competências, reconhecem os direitos individuais do homem e dos cidadãos, além dos direitos sociais, coletivos e difusos.

    As normas constitucionais no Brasil, determinam a competência dos Poderes: Legislativo, Executivo, Judiciário e criam seus órgãos; dirigem-se aos Poderes que vão criar as normas: Congresso Nacional, Câmara e Senado, Assembléia Legislativa dos Estados, Câmara dos Vereadores dos Municípios.

    É essencial que se compreenda "prima facie" que a liberdade é o suposto do Direito[227]. Se a liberdade não existe, Direito não haverá. Independentemente do questionamento sobre a natureza do comportamento humano, se fruto do determinismo ou do livre arbítrio, o Direito se funda na existência da liberdade e na possibilidade de aqueles a quem se dirige, em face das normas jurídicas, acatarem a ordem nelas expressa e, no caso de desobediência, sofrerem uma sanção. Cada prescrição, seja de obrigação, seja de proibição, seja de permissão é acompanhada de uma sanção, garantia que vem reforçar o cumprimento da ordem, o que normalmente ocorre. No caso de descumprimento, a sanção prevista será aplicada contra o infrator. Só pode haver direito onde seja possível a responsabilidade. E, só haverá responsabilidade, onde houver liberdade. Só o ser livre pode ser responsável.

    O conhecimento genial e profundo que teve ARISTÓTELES, há 2500 anos atrás, do caráter e comportamento humano, da função da educação, das atividades conforme à excelência – disposições da alma – no reconhecimento dos valores da coragem, temperança, liberalidade e por excelência a JUSTIÇA e

---

227. Capítulo II. Da liberdade como suposto de todo o ordenamento.

a forma de praticá-la, foi uma dádiva à humanidade, tal como revelada na Ética a Nicômacos.

Esta, conforme em parte descrita no **Capítulo II** acima, eterniza-se e chega até nós, cristalina, permeada de exemplos perenes, porque intrínsecos à natureza do homem.

Em sua época, a ética estava ligada à Política. Livre era o cidadão. E, os governantes deveriam fazer as leis, sempre justas. Isto porque estas, além de serem uma forma de praticar a justiça, tinham igualmente a função de ensinar a verdadeira conduta, a conduta digna e elevada do cidadão na polis, entre seus pares.

É chegada a hora de relê-la e reaprendê-la. Após anos de positivismo jurídico, faz-se necessário reavivar os valores. Estes têm de ser discutidos, debatidos e impregnar cada norma que vem à luz e por conseqüência impregnar as relações jurídicas que ocorrerem.

Com efeito, com a crise do positivismo, crise que surge como conseqüência da reflexão transcedental, liderada por STAMLER, voltaram os cientistas do Direito a se preocuparem com os valores.

Já era tempo.

Caso contrário teremos um direito insuficiente, débil, incapaz de trazer soluções à complexidade do mundo atual, com tecnologias surpreendentes e superdesenvolvidas, com a comunicação instantânea percorrendo o mundo e pondo em choque e em cheque as culturas mais diversas, distanciadas no espaço e distanciadas no tempo. Há no mundo, civilizações que vivem apenas com os recursos da era da pedra lascada; outras, como na Idade Média, e outras no mundo cibernético. Todas conviventes e, logicamente, com muitas dificuldades.

Precisamos compreender que os valores fazem parte do ser humano. O mais simples raciocínio produzido na mente é valorado. As decisões mais simples que fazemos, quase automatizadas, passam por um processo de discernimento e valoração. É verdade que às vezes tão rápido que não mais o percebemos.

Mas o fenômeno ocorrerá.

Há que distinguir, pois, "normas de ordem técnica" de "normas imperativas de valor ético".

É, nesse caso, que M<small>AYNEZ</small> traz o pensamento de K<small>ANT</small> quanto aos imperativos categóricos e hipotéticos.[228]

K<small>ANT</small> fala de dois grupos de imperativos: categóricos e hipotéticos. Os hipotéticos "representam a necessidade prática de uma ação possível como meio para conseguir outra coisa que se quer (ou que é possível que se queira)". O imperativo categórico seria o que representasse uma ação por si mesma, como objetivamente necessária.[229]

"O que só é possível mediante as forças de algum ser racional pode pensar-se como propósito possível para alguma vontade; por isso os princípios de ação, enquanto que esta é representada como necessária para conseguir algum propósito possível realizável desse modo, são em realidade em número infinito. Todas as ciências têm alguma parte prática, que consiste em problemas que põem algum fim como possível para nós e imperativos que dizem como pode conseguir-se tais fins. No caso dos imperativos hipotéticos que o filósofo chama igualmente de "regras de habilidade" não se trata de ser o fim racional ou bom, mas sim, somente, daquilo que há que se fazer para consegui-lo. Os preceitos que segue o médico para curar um homem e os que emprega o envenenador para matá-lo, seguramente são de igual valor, enquanto cada um deles se serve para dar cumprimento do seu propósito."[230]

Com certeza o filósofo dá o nome de "imperativos hipotéticos" às "normas de ordem técnica", ou seja, as que ensinam os meios necessários para se atingir esta ou aquela finalidade. (Ver neste texto: imperativos hipotéticos e categóricos; item 2.2.2.4.)

---

228. MAYNES, GARCIA, op. cit. p. 38, citando KANT, "Fundamentación..." capítulo II, p. 56. Tradução de Garcia Morente, Madrid, 1932.
229. MAYNES, GARCIA, op. cit. pp. 38/39.
230. MAYNES, GARCIA, op. cit. p. 39.

Segundo Garcia Maynes[231], aqui não se trata de uma norma imperativa. Os exemplos indicam a índole necessária do nexo entre os meios que se valem, médico e envenenador, e os fins de cada um. A eficácia é puramente instrumental e nada diz sobre o valor ético dos fins perseguidos, nem sobre licitude e ilicitude. Não se trata de normas posto que nada obrigam, senão de diretrizes que se é forçado a seguir.

O Direito trata de normas imperativas, de valor ético, pois sua finalidade é ordenar a ação humana, direcionando-a para o bem, para um mundo construtivo, de convivência harmônica, paz e justiça.

4.1.3. Da Forma de Construção do Direito

Assim é que o Direito ao construir-se, pinça no mundo dos valores, aqueles que dizem respeito ao Direito – ao Reto, ao Justo – aqueles que quer juridicizar, trazendo-os para o seu Universo.

Assim é que o Direito deve, também, pinçar fatos do mundo e atos do homem, que lhe interessam e trazê-los para o seu Universo para ordená-los, determinando que em face de sua ocorrência no mundo dos fenômenos, serão desencadeadas relações jurídicas.

Neste passo, pode-se tomar a relação jurídica como outro conceito fundamental, tal como vista por Alessandro Levi que apresenta o "rapporto giuridico" como a substância mesma do Direito, conforme relatado por Lourival Vilanova[232].

A norma jurídica prevê um fato, incide sobre ele quando realizado no mundo e vincula ao mesmo a relação entre dois sujeitos, sujeitos de direito.

---

231. MAYNES, GARCIA, op. cit. p. 39.
232. VILANOVA, LOURIVAL, in "As Estruturas Lógicas e o Sistema do Direito Positivo", Editora Revista dos Tribunais, São Paulo, 1977, p. 34.

As proposições normativas têm estruturas deônticas: de "dever-ser". O functor é "D" que se reparte em três modais: o obrigatório – O – , o proibido – V –, e o permitido – P – . Seus valores são a validade e invalidade. A lógica deôntica difere da lógica apofântica cujos valores são o verdadeiro e o falso. A norma de direito é uma prescrição de conduta. Não é, nem verdadeira, nem falsa. É válida ou inválida.

A norma jurídica é composta de um "descritor" (ou hipótese, ou antecedente) que como o nome indica, descreve um acontecimento, situação objetiva "possível ocorrência no mundo, possível modificação do estado de coisas que entretêm a instável circunstância humana."[233] Se o que é previsto hipoteticamente, efetivamente ocorre, implicará numa relação jurídica. Esta está prevista no "prescritor" (ou tese, ou conseqüente).

O real, o fato do mundo previsto na hipótese da norma é na verdade um aspecto do real. Os conceitos selecionam propriedades. " Os conceitos têm para que sua pretensão de validade seja efetiva, uma base no plano de objetividade"[234]. Neste ponto, os conceitos normativos em nada diferem dos conceitos naturais ou sociais.

A hipótese valora os aspectos do social que pretende normatizar. Eis o pensamento de Lourival Vilanova apoiado em Legaz y Lacambra (Filosofía del Derecho, p. 379):

> Nem tudo do real tem acolhida no universo das proposições. No campo do direito, especialmente, a hipótese apesar de sua descritividade, é **qualificadora normativa do fáctico. O fato se torna fato jurídico porque ingressa no universo do direito através da porta aberta que é a hipótese.** E o que determina quais propriedades entram, quais não entram, é o ato-de-valoração que preside à feitura da hipótese da norma. Não há, como observa Legaz y Lacambra, desde o ponto de vista filosófico que repercute no ponto-

---

233. Ibidem, p. 43.
234. VILANOVA, LOURIVAL, op. cit., p. 05.

de-vista empírico – científico, não há realidade social para, depois, virem as normas. A realidade social é, constitutivamente, realidade normada. É social porque implanta valores através de formas normativas dos usos e costumes, da moral, do direito, etc.[235]

O suporte factual do mundo não entra em sua totalidade no Direito. Às vezes despe-se de aparências e circunstâncias; outras, ao contrário, se veste de aparências, circunstâncias e formalismos que fazem com que entrem deformados no mundo jurídico.[236]

O Direito não está trazendo a realidade que vê, na sua inteireza, mas apenas aquilo que especificamente lhe interessa. "Para uso nosso, fazemos modelos de fatos, inclusive de fatos jurídicos, para que o quadro jurídico descreva o mundo jurídico engastando-o no mundo total".[237]

Se o Direito é criado pelo homem para servi-lo, não resta dúvida que o objeto do Direito deve ser o próprio homem e as relações intersubjetivas. E o é, nos inúmeros aspectos da sua natureza e em seus inúmeros papéis e ainda em suas inúmeras artes, como construtor, médico, profissional, empresário, artista.

Com efeito, o Direito objetiva o homem, desde quando feto (nascituro) até a sua morte. Ainda os deveres dos pais para com os filhos, para que estes recebam educação e desenvolvam-se de maneira saudável. No caso da ausência dos pais, cuida de substituí-los por um tutor. Determina a idade em que atingem a maioridade (hoje 18 anos) e passam a poder exercer direitos. Até então têm apenas direitos: o direito de ser alimentado e educado, o direito de ser proprietário de bens imóveis e móveis, de receber herança, doações.

---

235. VILANOVA, LOURIVAL, op. cit., p. 46.
236. PONTES DE MIRANDA, Tratado de Direito Privado, Bookseller Editora, Campinas, 2ª edição, 2000, Vol. I, p. 67.
237. PONTES DE, MIRANDA, op. cit., p. 51.

Está, pois, o Direito a cuidar do ser humano em sua idade adulta. Protege os seus bens e as suas atividades, incentivando a criação de riquezas para trocas, no mercado interno e internacional. Estes são vistos como empregador e empregado, como trabalhador, como profissional liberal, como funcionário de entidades estatais, como comerciante, como empresário, como professores e alunos, médicos e pacientes, engenheiros, construtores, advogados e clientes, como participantes do governo em cargos administrativos, como legisladores, como juízes e ministros, como autores e réus, peritos, artistas, compositores, autores e inventores.

A cada um o Direito dá uma atenção.

É um prisma com muitas imagens e diferentes cores. Tem-se os subdomínios do Direito: o Direito Civil com os ramos de Família, Sucessões, Obrigações, Autoral; o Direito do Trabalho; o Direito Comercial; o Direito Econômico; o Direito Administrativo; o Direito Tributário; o Direito Penal; o Direito Ambiental.

É interessante observar que, quando a ordem jurídica permite a imposição forçada, a eficácia das normas do sistema não deriva somente da obediência, mas de atos de aplicação.

Desde já, antecipamos a natureza da relação jurídica tributária que não nasce da espontaneidade e voluntariedade das partes. Essas irão se envolver nesta relação jurídica, pela realização, no mundo dos fenômenos, do fato/tipo, descrito na hipótese normativa. Assim se existe a previsão normativa de um imposto sobre a prestação de serviços de engenharia, ao realizar-se o serviço, a relação jurídica se forma, e a prestação em dinheiro deverá ser paga pelo contribuinte ao Estado. Resta ao prestador, sujeito passivo, duas únicas hipóteses; pagar o tributo ou não pagá-lo. Na forma negativa, o Estado, sujeito ativo, credor, virá cobrá-lo do devedor. O reconhecimento de que a norma é válida é o que a faz obrigatória para os seus destinatários.

4.1.4. Do Valor e do Princípio

Desde Max Weber parece dogma irrefutável que sobre valores e aquilo que é valioso não é possível qualquer conhecimento científico. Este estava convencido de que o âmbito dos valores está subtraído à "ratio" e por isso nunca teria refletido na necessidade de comprovar tal concepção.[238]

Segundo Karl Larenz, porém, "ninguém poderá hoje seriamente afirmar ainda que estas questões são de importância secundária para a humanidade. E citando Gadamer: "no cego decisionismo em relação aos fins últimos" – "o realismo metódico desemboca num irracionalismo cru". [239]

Pode ser que não seja possível produzir asserções sobre "valores últimos" (pois até hoje filósofos do Direito e da Moral respondem de forma diversa à questão de se se poderem produzir enunciados fundamentáveis sobre valores, como, por exemplo, o da Justiça) mas é possível, como prova o fato de, tanto a doutrina como a jurisprudência explicitarem e apontarem a existência de pauta de valores no Direito Positivo.[240]

Hoje estão, no corpo do Direito Positivo, inúmeros valores que não só informam, como integram o Direito. Qualquer norma jurídica ao ser criada, leva-los-á em consideração, sob pena de ser qualificada de nati-morta, por inválida em relação ao Sistema do Direito Positivo.

Com efeito, as normas jurídicas, expressões do "Dever-ser" no Direito, têm expressiva carga axiológica.

Miguel Reale, apoiado na análise fenomenológica da experiência jurídica, confirmada por dados históricos, demonstra que a estrutura do Direito é tridimensional. "O elemento *normativo*, que disciplina os comportamentos individuais e

---

238. Opinião de LOOS sobre MAX WEBER, explicitada por KARL LARENZ, op. cit., p. 285.
239. LARENZ, KARL, op. cit., p. 285.
240. LARENZ, KARL, op. cit., pp. 285 e 286.

coletivos, pressupõe sempre uma dada *situação de fato*, referida a *valores* determinados"[241].

O tridimensionalismo em fase histórica ulterior à consideração de cada um desses aspectos *de per si*, considera inafastável a compreensão do Direito pela concomitância dos elementos, FATO, VALOR e NORMA. Estes se conectam e se implicam.

Ainda para Miguel Reale o *valor constitui* a experiência jurídica porque os bens materiais e espirituais, construídos pelo homem através da História são, por assim dizer, "cristalizações de valor", ou "consubstanciações de interesses"[242]. Isto porque "toda atividade humana se destina a satisfazer um valor ou a impedir que um desvalor sobrevenha"[243].

Diríamos que o valor está na raiz do "dever-ser". O ôntico do Direito é o valor.

Tanto que as normas jurídicas só são criadas em face de fatos valorados pelo Direito que passam a integrar o antecedente normativo.

Normas há que, mais do que outras, carregam forte carga axiológica e justamente por isso passam a dirigir o ordenamento jurídico como um todo ou ainda partes desse. São normas que fundamentam outras normas e que, por isso mesmo, ocupam posição privilegiada no ordenamento jurídico.

São os Princípios, normas vetoras que impregnam outras normas com sua carga de valor, chamados por muitos de vigas mestras, alicerce do complexo edifício que é o ordenamento Jurídico, constitutivo, inclusive, do Estado de Direito.

Para Paulo de Barros Carvalho princípios são linhas diretivas que iluminam a compreensão de setores normativos,

---

241. REALE, MIGUEL, *in* "Filosofia do Direito", 12ª edição, São Paulo: Editora Saraiva, p. 511.
242. Ibidem, p. 543.
243. Ibidem, p. 543.

imprimindo-lhes caráter de unidade e servindo de fator de agregação[244].

Princípios são, pois, mandamentos que possuem força vinculativa e orientadora de todas as normas jurídicas. Não são meramente programáticas ou didáticas[245].

Paulo de Barros Carvalho, após discorrer sobre a amplitude do vocábulo "Princípio", visto como "início", "origem", "ponto de partida", "hipótese limite" (axioma, postulado, LEI), conceitua-o como "regra portadora de núcleos significativos de grande magnitude, influenciando visivelmente a orientação de cadeias normativas, às quais outorga caráter de unidade relativa servindo de fator de agregação para outras regras do sistema positivo. Advirta-se, entretanto, que ao aludirmos a "valores" estamos indicando somente aqueles depositados pelo legislador (consciente ou inconscientemente) na linguagem do direito posto"[246].

Norberto Bobbio ao tratar de "ser y deber ser en la ciencia juridica" analisando o primeiro significado de jurisprudência como ciência normativa, ciência que tem a ver com normas, mostra a existência não só das normas gerais e abstratas às quais se referem os juristas, mas também da existência de normas individuais como as decisões judiciais e os princípios, normas generalíssimas. Quanto a estas últimas, sobretudo em ordenamentos rígidos, destaca a sua função, não só interpretativa mas integrativa e criativa[247].

---

244. CARVALHO, PAULO DE BARROS, *in* "Curso de Direito Tributário", Editora Saraiva, 14ª edição, São Paulo, 2002, p. 144.
245. OLIVEIRA, JÚLIO M., *in* "O Princípio da Legalidade e sua Aplicabilidade ao IPI e ao ICMS", Editora Quartier Latin, São Paulo, 2006, p. 230.
246. CARVALHO, PAULO DE BARROS, *in* "O Princípio da Segurança Jurídica em Matéria Tributária" *in* Anais da XVI Jornadas Latino Americanas de Derecho Tributario (5 a 10 de setiembre de 1993), Peru, Tomo I, "El Princípio de Seguridad Juridica en la Creación y Aplicación del Tributo."
247. BOBBIO, NORBERTO, *in* "Contribuición a la teoria del Derecho", Editorial Debate, Alfonso Ruiz Miguel, Madrid, 1990, p. 206.

Paulo de Barros Carvalho divisa quatro usos distintos dos princípios: "a) como norma jurídica de posição privilegiada portadora de valor expressivo; b) como norma de posição privilegiada que estipula limites objetivos; c) como os valores insertos em regras jurídicas de posição privilegiada, mas considerados independentemente das estruturas normativas; e d) como o limite objetivo estipulado em regra de forte hierarquia, tomado, porém, sem levar em conta a estrutura das normas[248]".

Dentre inúmeras características apontadas por Paulo de Barros Carvalho, consoante as lições de Miguel Reale ressaltamos: a incomensurabilidade; a impossibilidade de sujeição à medição mas a possibilidade de graduação hierárquica; a objetividade com a sua aderência a objetos de experiência mas de outro modo a sua inexauribilidade pois os valores são mais abrangentes do que os objetos a que se referem. A transcendência é própria da valoração "de tal modo que o objeto em que o valor se manifesta não consegue contê-lo, aprisioná-lo, evitando sua expansão para os múltiplos setores da vida social"[249].

Princípios includentes na letra "a" acima são: "igualdade", "justiça", "segurança jurídica", de difícil conceituação e impossível delimitação. Na verdade são princípios dirigidos ao legislador, ao fazer a lei, e ao administrador e juiz ao aplicá-la.

Já os princípios de posição privilegiada na seara tributária, que estipulam limites objetivos são facilmente verificáveis (letra "b"). O princípio da anterioridade, por exemplo. É só verificar se a lei foi criada antes do final do ano (e agora acrescido de 90 dias) para que se preveja a sua aplicação no exercício seguinte. O mesmo em relação ao princípio da legalidade: é só verificar se a norma foi introduzida no sistema pelo Poder Legislativo.

---

248. OLIVEIRA, JÚLIO M., in "O Princípio da Legalidade e sua Aplicabilidade ao IPI e ao ICMS", Editora Quartier Latin, São Paulo, 2006, p. 230.
249. CARVALHO, PAULO DE BARROS, in "Curso de Direito Tributário", Editora Saraiva, 14ª edição, São Paulo, 2002, pp. 141 e 142.

O mesmo se diga, ainda, com relação ao princípio da "não-cumulatividade", que teve por finalidade expressar, de modo objetivo, a forma de cumprir o princípio da igualdade no universo do ICMS.

4.1.5. Do Conceito

> "Da multiplicidade de coisas, fenômenos, propriedades, atributos, relações, o conceito escolhe alguns. Tem ele uma função seletiva em face do real. Em rigor, implica um ponto de vista, a partir do qual encara o ser em sua inabordável heterogeneidade."[250]
>
> LOURIVAL VILANOVA

Conceito é sempre um ente ideal.

Sócrates ensinou que todo saber culmina na formação dos conceitos. E segundo Platão devemos buscar o verdadeiro ser em região distinta e considerar as Idéias como objetos incorpóreos a que nossas noções se hajam referidas.

As idéias são imateriais, indestrutivas e eternas. Entre a ordem ideal e o mundo sensível existe a mesma relação que entre o modelo e sua cópia.

O homem, ao pensar sobre o geral e abstrato, fá-lo de forma conceitual ou tipológica.[251] Os conceitos são os instrumentos de compreensão da realidade.

Conceito, segundo NICOLA ABBAGNANO, em geral, é todo processo que torne possível a descrição, a classificação e a previsão dos objetos cognoscíveis. Assim entendido, o termo tem significado generalíssimo e pode incluir toda espécie de sinal ou procedimento semântico, qualquer que seja o objeto a que

---

250. VILANOVA, LOURIVAL, *in* "Sobre o conceito de Direito", Escritos Jurídicos e Filosóficos, Vol. I, Axis Mundi - IBET, outubro/novembro 2003, p. 7.
251. TÔRRES, HELENO TAVEIRA, *in* "Direito Tributário e Direito Privado", Ed. Revista dos Tribunais, SP, 2003, p. 58.

se refere, abstrato ou concreto, próximo ou longínquo, universal ou individual, etc".[252]

A realidade existe tal como é. O ser humano a observa e a vai conhecendo, identificando os objetos, percebendo as suas qualidades, agrupando-os segundo critérios comuns, classificando-os.

Esse processo mediante o qual identificam-se gêneros pela identidade de características comuns é um processo mental realizado pelo ser humano.

"A Classificação é um fato cultural e, às vezes, meramente individual. Não há, portanto, classificações verdadeiras, nem classificações falsas, tal como não existem nomes verdadeiros nem falsos para cada objeto"[253]. Qualquer característica pode servir de critério de uso na elaboração de uma classificação[254]. De qualquer forma o critério adotado deve ser adequado à classificação que se pretende sob pena de torná-la inútil.

Observe-se que o real é um dado que se oferece. O homem quando por ele se interessa transforma-o em objeto. Transforma-o, com a sua conotação de interesse, em conceito. O objeto terá então um cunho do pensamento e da vontade humana[255]. (KANT: pensar é conhecer através de conceitos)".[256]

Só um conceito geral e abstrato se deixa definir pois para isso é necessário fixá-lo através de determinadas características.[257]

---

252. ABBAGNANO, NICOLA in "Dicionário de Filosofia", p. 151.
253. SOUZA DE QUEIROZ, LUÍS CESAR in "Imposto sobre a renda". Editora Forense, Rio de Janeiro, 2003, p. 25.
254. DE SANTI, EURICO MARCOS DINIZ, in "As classificações no sistema tributário brasileiro" in "Justiça Tributária", Max Limonad, 1998, p. 129.
255. Ibidem, p. 26.
256. KANT, in "Crítica à Razão Pura" apud SOUZA QUEIROZ, op. cit., p. 26.
257. DERZI, MIZABEL ABREU MACHADO in "Legalidade Material, modo de pensar tipificante e praticidade no Direito Tributário", IBET, Justiça Tributária, 1998, p. 433.

ARISTÓTELES no Organon trata do que nomeia "definição", "próprio", "gênero" e "acidente".[258]

A definição é um discurso que exprime a essência ("quiddité") da coisa. Pode-se expressá-la sob a forma de um discurso que toma o lugar do termo, ou de um discurso que toma o lugar do discurso pois certas coisas significadas por um discurso podem também ser definidas.

A definição pode ser um simples termo. Entretanto aí é evidente que um só termo não define a coisa. A definição será sempre um discurso ou mesmo uma proposição que a explica por outra proposição.

Trata-se, na definição, sobretudo, de uma questão de identidade ou diferença da qual se ocupe.

Com efeito, se nós somos capazes de estabelecer na discussão que duas coisas são idênticas ou diferentes, nós seremos também capazes, da mesma maneira, de reconhecer em abundância argumentos de acordo com as definições: é assim que, uma vez demonstrado que as coisas não são idênticas, nós teremos destruído a definição.

Não é, pois, suficiente para constituir a definição demonstrar a identidade das coisas.

O próprio é o que, não exprimindo a essência da coisa, pertence somente a esta coisa. O que ele exprime é uma qualidade/propriedade da coisa. Por exemplo: é uma propriedade do homem aprender a gramática. Se A é homem ele é capaz de aprender a gramática. Com efeito, não se chama jamais próprio, aquilo que pode pertencer a uma outra coisa. Por exemplo dormir. Não é próprio do homem, uma vez que todos os animais dormem. É possível que o próprio seja circunstancial e temporário: estar à direita é próprio em sentido temporário, enquanto que bípede é, com efeito, chamado próprio em sentido

---

258. ARISTÓTELES *in* "Organon", Les Topiques, traduction par J. Tricot, Librairie Philosophique, J. Vrin, p. 10 e segs.

relativo; para o homem, por exemplo, se comparado a um cavalo ou cão.

O gênero é o que se atribui essencialmente às coisas múltiplas e diferentes especificamente entre elas. Deve-se considerar como predicados essenciais todos os termos de uma natureza tal, que eles respondam de uma maneira apropriada à questão: Qual é este sujeito que está diante de nós? Por exemplo, no caso do homem, se se pergunta o que ele é, a resposta apropriada é que ele é um animal.

O acidente é aquilo que, não sendo definição, nem o próprio, nem o gênero, pertence ainda à coisa: o branco, o estar sentado.

O conceito pode ser, conforme o ponto de vista adotado, mais compreensivo, ou mais restritivo, mais geral, mais específico, mais seletivo.

4.1.6. Do Conceito de Direito

4.1.6.1. Conceito e Ciência

Do ponto de vista lógico, a ciência é uma construção conceptual. É um conjunto de elementos conceptuais que não se justapõem, mas se articulam, segundo princípios ordenadores que os subordinam a uma unidade sistemática.[259]

Todo sistema de conceitos científicos tem necessariamente como fundamento uma base no plano da objetividade: um setor da realidade ao qual se refere.

Tudo pode ser objeto de conceitos, até mesmo outro conceito.

Assim o conceito tem o objeto como necessário correlato. Não reproduz e nem poderá reproduzir o objeto. O que tem de haver é uma correlação entre conceito e objeto.

---

259. VILANOVA, LOURIVAL, *in* "Sobre o Conceito do Direito", p. 4.

FICÇÕES TRIBUTÁRIAS: IDENTIFICAÇÃO E CONTROLE

O objeto é riquíssimo em sua constituição e tem diversas categorias: essência, tempo, espaço.

Desta riqueza de que é formado o objeto, o conceito escolhe um ou outro aspecto. O conceito não consegue abarcar toda a complexidade do objeto. "Tem ele uma função seletiva em face do real". Implica um ponto de vista.[260]

Vai daí que do real o conceito objetiva uma parte. O restante continua real mas não se torna objeto.

Numa ciência tem de haver coerência. Não pode haver contradição pois esta compromete a verdade. Nem todos os conceitos ocupam o mesmo plano. Há uma relação hierárquica e também uma relação de coordenação.

Há sempre um grupo de conceitos fundamentais, que informa todo o território desta ciência.

> "Em todo sistema conceptual, existe um grupo de conceitos fundamentais, cuja amplitude cobre todo o território científico sobre o qual dito sistema repousa. E tem de haver um conceito primário, fundamento de todos os demais conceitos. **Esse conceito primário e fundamental tem a função de uma categoria do pensamento.** De uma parte, delimita o campo de objetos próprio da ciência, de outra, articula a multiplicidade do conceito fundamental que configura a esfera de realidade, objeto de cada ciência. A objetividade não é uniforme, homogênea. Ao contrário, está constituída por aspectos heterogêneos e irredutíveis. Mas, longe de esses diversos aspectos se apresentarem separados, destacados em sua espécie, aparecem combinados, travando relações diversas, condicionando-se ou opondo-se. O pensamento vê-se, então, na contingência de proceder selecionando, delimitando os vários tipos de objetos. Isto só é possível mediante um conceito fundamental, em cuja forma lógica a objetividade se enquadre[261].

---

260. VILANOVA, LOURIVAL, *in* "Sobre o Conceito de Direito", p. 7.
261. VILANOVA, LOURIVAL, op. cit. p. 10.

O real é múltiplo. A tarefa de decompor, desarticular é feita pelo conceito. Na realidade não existe o fato social puro. Estes objetos chamados sociais constam de fatos políticos, econômicos, jurídicos, éticos, religiosos. O social é o denominador comum.[262]

Para a formação do conceito, repita-se, é indispensável o confronto com o objeto.

4.1.6.2. Conceito Fundamental

O conceito supremo ou fundamental de cada ciência funciona logicamente como um pressuposto do conhecimento. Tem a função lógica de um "a priori". É condição da experiência e não efeito da experiência.

O conceito de direito é o conceito fundamental para as ciências jurídicas. A ciência jurídica é um complexo de conceitos que se ajustam de forma a constituir uma unidade sistemática.

> "Sendo a ciência jurídica, em conjunto, um complexo de conceitos, conceitos estes que não se justapõem conjuntivamente, mas se relacionam sob a forma de uma unidade sistemática, a base desse sistema reside no conceito fundamental, que é o conceito de direito. Este acha-se supra-ordenado em relação aos demais conceitos da ciência jurídica; é o conceito necessariamente implicado por todos os conceitos jurídicos, sejam aqueles meramente empíricos, sejam os que têm, no sistema da ciência, uma função categorial. Talvez pudéssemos colocar aqueles conceitos categoriais, como: relação jurídica, dever jurídico etc., no mesmo plano lógico do conceito de direito. Mas, se isso fosse possível, teríamos vários conceitos fundamentais, com a mesma amplitude de extensão, o que somente seria possível se tivessem o mesmo conteúdo. Neste caso, haveria um só conceito. Por outra parte, para cada região da objetividade existe apenas um conceito fundamental; aquele que circunscreve a região. Além disso, basta examinar os referidos

---

262. VILANOVA, LOURIVAL, op. cit. pp. 14 e 15.

conceitos para constatar que se apóiam logicamente no conceito do direito. **Sem o conceito do direito, resulta ininteligível falar em sujeito de direito, relação jurídica, objeto jurídico, fato jurídico etc.** Estes conceitos gravitam claramente dentro de uma órbita circunscrita pelo conceito do direito[263]". (grifos nossos)

Os conceitos categoriais como relação jurídica, objeto jurídico, sujeito de direito, dever jurídico, fato jurídico, apoiam-se no conceito de direito.

Mas como sempre dito, o direito é objeto complexo que precisa se decompor analiticamente.[264]

Todos os povos em todos os tempos, têm como sistema de direito positivo, normas e instituições que regulam a vida social com caráter obrigatório.

Componente essencial do Direito **é o normativo, expressão do "dever-ser", caracterizado pela coercibilidade (coerção/coação)**[265].

Ordem Jurídica e Conceito Jurídico de Sistema

Para BOBBIO ordenamento jurídico, o direito posto, é um conjunto de normas e não a ordem concreta que deriva da maior ou menor eficácia destas. Para melhor entender a natureza jurídica deve-se partir do exame do ordenamento e não das normas.

O "Ordenamento Jurídico", segundo declaração do próprio autor é o complemento indispensável da Teoria da Norma Jurídica. Para o jurista italiano, a doutrina das normas é insuficiente para definir o que é jurídico. É necessário entender a forma com que estes preceitos adquirem eficácia dentro de uma organização que cria as sanções e as pessoas que devem aplicá-las.[266]

---

263. VILANOVA, LOURIVAL, op. cit. p. 19.
264. VILANOVA, LOURIVAL, op. cit. p. 29.
265. VILANOVA, LOURIVAL, op. cit. p. 52.
266. BOBBIO, *in* "Teoria do Ordenamento Jurídico", cap. 1 e 2, p. 7.

As ciências do Direito têm por objeto os sistemas particulares.

E diz Del Vecchio: "Como dito com grande justeza por Kant, as ciências jurídicas não respondem a questão *"quid jus?"* (que é o que deve entender-se *in genere* por direito) e sim unicamente à pergunta *"quid juris"* (que é o que foi estabelecido como direito por um certo sistema).

É na filosofia prática, que estuda os princípios da ação, que se encontra a filosofia do direito. A filosofia é o estudo do universal e toma assim os aspectos universais do direito[267].

É algo primário, irredutível, como a moral, a arte e a religião, irredutibilidade que decorre dos fins específicos que persegue e dos modos próprios de perseguir tais fins.

Com efeito, o método indutivo que vai do particular ao geral com fundamento na experiência não é suficiente para conceber o conceito de direito. Isto porque no método indutivo é necessária a escolha de uma premissa, de um ponto de vista, do qual se parta. A indução parte de pressupostos.[268]

Tomemos a premissa de que o direito é fenômeno histórico.

Não é estável. Tem origem e evolução própria. É variável no tempo, no espaço e de acordo com a cultura. Constatada esta verdade, constata-se também que, em qualquer direito existente no mundo, há de haver racionalidade. Com efeito, existe um substrato homogêneo que proporciona unidade e constância, na multiplicidade e variação.[269]

O direito condiz com a natureza humana, com o aspecto comportamental do homem em sociedade, nas relações intersubjetivas. A existência do outro, a alteridade é *conditio sine qua non* para o direito. Logicamente, guardadas as diferenças

---

267. DEL VECCHIO, GIORGIO, op. cit. pp. 1 a 3.
268. VILANOVA, LOURIVAL, *in* "Sobre o Conceito do Direito", p. 66.
269. VILANOVA, LOURIVAL, *in* "Sobre o Conceito do Direito", p. 33.

culturais e a civilização do ser humano na diversidade do espaço e, na evolução no tempo, há de haver um denominador comum.

Um seria a conservação da humanidade e a sua evolução, dentro da paz.

Nenhum ordenamento jurídico poderia permitir o assassinato, o roubo, a desordem, a anarquia, o desgoverno, a impunidade.

Se assim fosse ou pudesse ser, o Direito seria, então, a negação de si mesmo. E, se ainda assim, pudesse "sobreviver", estaria, necessariamente, preparando seu próprio suicídio.

Isto porque o Direito visa ordenar (não desordenar), visa preservar o homem (não destruí-lo), visa proteger a sua propriedade (não roubá-la), visa sancionar, visa punir para manter a ordem que foi solapada. O direito é ordem de coerção e coação.

Decorre, pois, da noção universal do Direito, a ordem comportamental para preservação e desenvolvimento da humanidade, em qualquer rincão deste vasto mundo!

Entretanto já HUSSERL mostrava nas "Investigações Lógicas" a precariedade da indução generalizadora pois a experiência é infinita e por ela não se alcança o plano apodítico.[270]

E nem poderia ser de outra forma. O relativismo histórico poderia infirmar esta conclusão, considerando o direito fenômeno histórico.

Dada a complexidade constitutiva do Direito poderia parecer que o destino do seu conceito fica limitado a um relativismo sem cura.

O conteúdo da realidade jurídica não pode servir como base para a definição de Direito, declara DEL VECCHIO. Este é,

---

270. HUSSERL, EDMUND in "Investigacciones Lógicas", Tomo II, p. 111-210, apud Lourival Vilanova, op. cit., p. 69.

por natureza, condicionado, vário, mutável, sujeito a determinadas vicissitudes... razão pela qual não podemos tomar este elemento mutável para fixar a noção do direito.[271] Há, pois, que se abstrair, o conceito jurídico, de todo conteúdo e fixar unicamente a forma necessária que acolherá todo conteúdo possível. O conceito tem de ser formal. O conceito de direito é já, por si, um dos pressupostos da experiência jurídica estando implícito no estudo comparativo do direito histórico ou social.

Daí dizer Lourival Vilanova: **o problema do conceito do direito como categoria do conhecimento é um problema lógico.** A questão dos valores jurídicos absolutos é de índole axiológica.[272]

Com efeito existe também a direção para o valor. É o próprio Vilanova quem diz: o Direito é, essencialmente, um esforço humano no sentido de realizar o valor Justiça[273].

O Direito é uma forma específica do "dever-ser". "A consideração do dever-ser normativo, como mera forma, representa um ponto de vista parcial e abstrato. O dever-ser sempre tem um conteúdo de preferência; é a formulação normativa de um valor". Seria inconcebível imaginar uma norma jurídica que não tivesse considerado uma posição prévia ante um valor[274].

"É, principalmente, porque a conduta de um sujeito repercute sobre outros sujeitos"[275].

Segundo Stoop, "toda regra de conduta – portanto toda regra jurídica – é a expressão de um juízo de apreciação sobre a conduta de um indivíduo dada circunstâncias determinadas."

Se o "dever-ser" implica numa escolha entre outras condutas isso significa que o pensamento normativo é um pensamento

---

271. apud LOURIVAL VILANOVA, op. cit. p. 40.
272. VILANOVA, LOURIVAL, op. cit. p. 49.
273. VILANOVA, LOURIVAL, op. cit. p. 50.
274. VILANOVA, LOURIVAL, op. cit. p. 46.
275. DEL VECCHIO, *in* Filosofia do Direito, ap. II, pp. 280 a 294.

que valora. E o direito como normativo é uma ordem valorativa: preenchida pelo valor escolhido. O valor, porém, não é absoluto e sujeita-se à variação de natureza e grau. A forma jurídica é que dá força à norma. Mas a norma não é vazia de valor, o que lhe é intrínseco. O que dá à norma a qualificação de jurídica é a sua coercibilidade.

Pode-se concluir que o conceito fundamental do Direito é categorial. Este conceito está supra ordenado, implicado pelos demais conceitos categoriais do direito como relação jurídica, objeto jurídico, sujeito de direito. O Direito é um sistema de normas jurídicas, caracterizadas pela coerção e coação.

4.1.6.3. Conceito Lógico Jurídico e Jurídico Positivo

Qualquer sistema jurídico, qualquer ordenamento está informado pelo conceito de Direito e pelas demais categorias deste sistema.

O Direito é ordem, conjunto de normas prescritivas dirigidas ao homem em suas relações mútuas, intersubjetivas. Ali onde existirem dois seres humanos, haverá Direito, necessidade de repartição de tarefas e a produção dos gêneros mínimos para subsistência. A linguagem específica do Direito são as expressões diretivas no entendimento de ALF ROSS[276].

Todo sistema jurídico é caracterizado pela prescrição, coação e coerção. O Direito tem força para aplicar a sanção em caso de desobediência. "Normas jurídicas são aquelas cuja execução está garantida por uma sanção externa e institucionalizada"[277].

JUAN MANOEL TÉRAN distingue os conceitos lógico-jurídicos (que são conceitos *aprioristicos*), fórmulas de apreensão

---

276. VIGO, RODOLFO LUIS, *in* "El Empirismo Jurídico de ALF ROSS" in Perspectivas Jusfilosoficas Contemporáneas, Abelardo Perrot, Buenos Aires.
277. BOBBIO, NORBERTO *in* "Teoria General del Derecho", Ed. Temis, Santa Fé de Bogotá, Colômbia, 1992, p. 111.

da realidade jurídica genérica, dos conceitos jurídicos positivos (conceitos *a posteriori*), que só podem ser construídos em face de um determinado sistema, por terem sua validez restrita no tempo e no espaço.[278]

Conceitos de norma jurídica, fato jurídico, relação jurídica, objeto jurídico, sujeito de direito, sanção, são conceitos "*lógico-jurídicos*" que revelam a natureza, o modo de existir do Direito, independentemente da forma com que são tratados nas diversas ordens jurídicas postas. São conceitos que por revelarem a própria natureza do Direito não mudam com o tempo e no espaço.

Já os conceitos "*jurídicos positivos*" vêm carregados dos valores adotados pelo ordenamento jurídico das nações. Assim uma Constituição pode privilegiar a adoção do regime da livre iniciativa, deixando ao Estado a competência para a prestação de serviços nas áreas da educação, saúde e previdência. Outra dará preferência ao Estado para interferir na economia.

O casamento, o regime de bens a ser adotado, terão também tratamento diferenciado nas ordens jurídicas. O mesmo se diga quanto ao tributo, suas espécies, forma de pagamento no tempo, incentivos fiscais e desonerações.

O conceito de tributo é conceito jurídico-positivo.

"Há de ser formulado, hoje, de modo diverso, relativamente ao passado. Sofreu evolução. Pode desaparecer. Aquele, aqui vigente, pode não ser extensível a todos os sistemas atuais. Sua compreensão é maior ou menor aqui e alhures" (...) "No Brasil, hoje, o seu termo de referência é o dinheiro. Enfim, é conceito contingente, ao contrário dos conceitos lógico-jurídicos, que são necessários".[279]

---

278. TÉRAN, JUAN MANOEL, *in* "Filosofia del Derecho", Editorial Porrua S.A., México, 1980, p. 81 e segs. Apud GERALDO ATALIBA, "Hipótese de Incidência Tributária", RT Editora, São Paulo, 1973, p. 33.

279. ATALIBA, GERALDO, op. cit., p. 33.

O legislador é livre para criar as leis. Diga-se, porém, que esta liberdade é relativa pois terá de obedecer as normas constitucionais, que reconhecem os direitos fundamentais do homem e criam o Estado de Direito. Estas normas nascem carregadas de valor e reveladoras da escolha histórica, na própria vivência dos resultados da experiência dos tipos de Estado de Direito, adotados até então.

O Direito não pode ser arbitrário. E não pode, porque tem sempre que preocupar-se em corresponder e estar coerente com a natureza humana, respeitando-a. A percepção do que é necessário normatizar é fundamental na construção do sistema, a fim de que o Direito realize a sua função: ordenar a forma de comportamento, possibilitando a harmonia e a paz. Para isto, é uma ordem de coerção.

4.1.6.4. Conceito das Categorias Jurídicas

Antes de adentrarmos no conceito de pessoa para o direito, é relevante relembrar que o Direito é construído pelo homem, para tratar das relações intersubjetivas, criando com racionalidade e ponderação normas de obrigação, normas de proibição, normas de permissão e indutoras de conduta para proporcionar-lhes paz. Paradoxalmente é a força do direito, como ordem de coerção e coação que pode proporcionar a paz.

4.1.6.4.1. Pessoa

Para o Direito, o ser pessoa significa ser sujeito de direitos. NICOLAI HARTMANN[280], citado por GARCIA MAYNES diz:

> "Somente em virtude da aparição dos valores como poderes determinantes na esfera dos atos, se converte o sujeito no que moralmente é, quer dizer, em pessoa. Um ser pessoa unicamente é possível no limite que separa a determinação ideal da determinação real, ou seja, no cenário de seus conflitos,

---

280. HARTMANN, NICOLAI, *apud* GARCIA MAYNES, op. cit., p. 43.

oposição e reconciliação, como ponto de enlace dos dois mundos, o ontológico e o axiológico. Sua posição intermédia é não estar reduzido a um deles, o mesmo que sua participação em ambos, condicionando sua personalidade".

A conduta normal será sempre: fazer ou omitir. Conseqüentemente as normas serão sempre normas de obrigação ou normas de proibição (além das permissivas de conduta). As primeiras: de obrigação exigem a realização de uma ação no mundo; já as normas de proibição, são normas paralizantes de conduta: nada deve acontecer no mundo.

"Ser pessoa é fato jurídico. Com o nascimento, o ser humano entra no mundo jurídico"[281]. O homem será sempre o sujeito de direitos e obrigações e, aquele que terá o direito de agir e praticar atos jurídicos permitidos e obrigados por lei, e a obrigação de não praticar os atos proibidos por lei.

O Direito, assim, só existe como conseqüência da existência do homem. Mais do que isto: do homem livre. A liberdade e o querer humano são o suposto do Direito. Este não existe sem aqueles. Ser livre é ser responsável. É poder ser sujeito de uma sanção pelo descumprimento do que foi ordenado ou proibido.

O simples fato de ser homem, nem sempre significou ser livre e, como tal, sujeito de direito. O ser humano já foi escravo e era utilizado por seu senhor que sobre ele tinha o direito de vida e de morte. O devedor insolvente tornava-se escravo de seu credor. O vencido na guerra, escravo do vencedor.

E, havia a morte civil condenação que tudo tirava do homem, impedindo-o de exercer os atos da vida civil.

Etimologia da palavra "persona"

O sentido originário de "persona" foi o de máscara, que sugeriu a idéia de algo sobreposto à individualidade. A máscara

---

281. PONTES DE MIRANDA – Tratado de Direito Privado, Tomo I, Bookseller Editora, Parte Geral, Introdução, Pessoa Física e Jurídica, p. 207 e seg.

cobria a face do ator durante a representação. Neste sentido de máscara é que foi introduzido pelo estoicismo para indicar as funções representadas pelo homem na vida. Diz Epiteto: "Lembra-te de que tu não és aqui senão um ator de um drama, o qual será breve ou longo conforme a vontade do poeta. E se lhe agradar que tu representes a pessoa de um mendigo, esforça-te para representá-la devidamente (...)"[282]. Depois passou a significar o próprio ator, mascarado, o personagem. Desta passou-se a designar "persona" que exercia, não mais um personagem no teatro, mas um papel, uma função, passando a designar: posição, função, qualidade.

Mais um passo e passou a designar o próprio homem.

Existe uma identidade em cada um, identidade provinda da consciência que reconhece a individualidade de si próprio e a distingue dos demais. "Ser pessoa é, portanto, ser idêntico apenas a si mesmo, ou, mais brevemente, ser ele mesmo".[283]

Homem, o único dos animais que caminha ereto e o único que olha de frente (prosôthem opôpe) e emite sua voz para a frente (prosô, opa)[284]. Segundo KANT pessoas são os seres racionais porque a sua natureza as distingue já como fins em si mesmas, quer dizer, como algo que não pode ser empregado como simples meio e que, por conseguinte, limita nessa medida todo o arbítrio.[285]

Em quais dos sentidos de "pessoa" se encontra a "pessoa" do ponto de vista jurídico?

---

282. DICIONÁRIO DE FILOSOFIA – N. Abbagnano, Editora Mestre Jou, São Paulo, 1962, p. 151 e seg.
283. CARNELUTTI, FRANCESCO *in* "Teoria Geral do Direito", LEJUS, São Paulo, 1999, p. 42.
284. ARISTÓTELES – "De partibus animalium" - 662b, 17-23, apud GARCIA MAYNES, op. cit., p. 141
285. KANT, "Fundamentação da Metafísica dos Costumes", Porto Editora, Portugal, 1995. p. 65.

4.1.6.4.1.1. Pessoa Física

Kant entende por pessoa a consciência que o homem tem da identidade de sua substância como ser pensante, aquilo que permanece, embora haja as mutações de estado, próprias da vida.[286]

O conceito de personalidade, em sentido ético, é expressado por Schiller em "Gracia y Dignidad" de 1793:

"Entre todos os seres que conhecemos só o homem possui, como pessoa, o privilégio de introduzir-se, mediante seu querer, no círculo da necessidade que grandes seres naturais são incapazes de destruir, dando início em si mesmo a uma robusta sucessão de manifestações. O ato pelo qual produz tal efeito, se chama, preferentemente, *ação*, e os resultados que desta procedem são chamados, de modo exclusivo, *atos*. Só por meio destes pode o homem provar que é pessoa."[287]

"A personalidade se funda na unidade de consciência, no recolhimento, na reflexão."[288]

A origem do sentido jurídico de pessoa deve ser buscada no Direito Canônico.

Segundo Savigny "as pessoas são sujeitos nas relações jurídicas. A idéia de sujeito de direito se confunde com a de homem: cada indivíduo e, somente o indivíduo, tem capacidade jurídica[289]."

O Direito pode restringir ou ampliar a idéia de pessoa. É possível negar a capacidade jurídica a certos indivíduos. É possível igualmente ampliá-la criando de modo artificial uma pessoa jurídica.

---

286. apud GARCIA MAYNES, op. cit. p. 143.
287. apud GARCIA MAYNES, op. cit., p. 143.
288. HERBART, apud Garcia Maynes, op. cit., p. 144.
289. SAVIGNY, Traité de Droit Romain – Traduit de l'allemande par Ch. Guenoux, Paris, Firmin Didot, 1841, Tomo Second, p. 1, apud Garcia Maynes, p. 147.

A teoria da natureza da pessoa jurídica como ficção (SAVIGNY, G. F. PUCHTA e B. WINDSCHEID) partia da noção de que só o homem era pessoa, verdadeiramente[290]. (Também: Dugrocq, Aubry e Rau, segundo Hugo Gambino Crevani[291])

O conceito de direito supõe a existência de um sujeito. Em sua teoria da personificação SAVIGNY diz haver a necessidade de fingir que na pessoa coletiva há um sujeito de direito. A capacidade jurídica estende-se artificialmente aos seres fictícios. São seres dotados de patrimônio, criados artificialmente.

Segundo juristas que o sucederam, SAVIGNY equivocara-se ao considerar a capacidade jurídica resultado da vontade. Isto porque, menores e loucos têm direito. Apenas não têm o exercício desses direitos que é realizado por seus representantes.

A idéia predominante era a de que as pessoas jurídicas são criadas artificialmente e o são para relações patrimoniais.

Pode-se concluir que pessoa, para o Direito, é o ser humano na sua identidade e individualidade, com capacidade reconhecida pelo direito para ser sujeito de direitos, obrigações e para realizar atos da vida civil.

Ser pessoa é ser capaz de direitos e deveres.[292]

4.1.6.4.1.2. Pessoa Jurídica

Como criação do Direito e não como ficção

À teoria da pessoa jurídica como ficção, contrapõem-se as realistas.

---

290. PONTES DE MIRANDA, *in* "Tratado de Direito Privado" – Parte Geral – Tomo I, Bookseller, 1ª ed. – 2000 – Campinas, p. 382.
291. Apud NONATO, OROZIMBO, *in* "Repertório Enciclopédico do Direito Brasileiro, por J. M. Carvalho Santos, coadjuvado por José de Aguiar Dias e Sady Cardoso de Gusmão, Editora Borsoi, Rio de Janeiro, pp. 137 a 150.
292. PONTES DE MIRANDA, op. cit., p. 353.

Para essas, o homem não é o único sujeito do direito. O conceito de subjetividade jurídica exige ampliações. Como diz Crevani as pessoas jurídicas são entes reais e correspondem à realidade dos fenômenos sociais[293].

A teoria de Kelsen – teoria normativista – quer saber como funciona a personalidade no campo do direito. Não se preocupa propriamente com os entes dotados de personalidade. E, para ele, a personalidade é um produto do direito[294]. A normatividade, pluralidade das normas de direito, explica Crevani, estabelece deveres e direitos e os atribui ao sujeito de direito que se torna um ponto de imputação de tais normas[295].

O que distingue a pessoa física da chamada pessoa jurídica é que nesta, há pluralidade de homens, enquanto aquela é de um só homem. Alguém, seja um indivíduo, seja uma coletividade é pessoa jurídica, no sentido de que, é o direito que cria a personalidade. Com efeito, sejam públicas, sejam privadas as pessoas jurídicas são tão reais como as pessoas jurídicas individuais.

De fato, as associações e sociedades sempre existiram no mundo das realidades como expressão da natureza social e política do ser humano.[296] As corporações e as fundações são antiqüíssimas, designadas com as expressões *collegium, universitas, corpus.*

O reconhecimento da personalidade a certos entes é uma outorga da ordem jurídica que lhes atribui capacidade de exercer direitos e contrair obrigações (...). Há direitos e obrigações cujo sujeito não é a pessoa natural, física ou de existência visível, senão entidades que, posto despertençam a essa classificação, têm – como disse o Professor Paulino Neto, liv. cit., p. 79

---

293. NONATO, OROZIMBO, op. cit., p., 141.
294. NONATO, OROZIMBO, Kelsen, op. cit., p. 143.
295. NONATO, OROZIMBO, Crevani, op. cit., p. 143.
296. GIERKE, OTTO VON, – "A essência das Associações Humanas" apud Garcia Maynes, p. 151.

– nome, patrimônio, domicílio, desenvolvem determinada atividade e entram no conceito jurídico, como sujeitos de direitos e obrigações[297].

Assim o Direito as reconhece e lhes dá personalidade jurídica. Estas existem no mundo jurídico, são titulares de direito, de um patrimônio independente do de seus sócios ou associados, praticam atos da vida civil. "A pessoa jurídica é tão real quanto a pessoa física".

"Na verdade nada se finge, a regra jurídica incide em elementos fáticos. Nem há ser vivo como suporte fático: pode havê-lo ou havê-los, como elementos do suporte fático."[298]

TEIXEIRA DE FREITAS, conforme citação de PONTES DE MIRANDA, de pronto insurgiu-se contra a teoria da ficção:

> "... quase todos os escritores reputam essas pessoas como fictícias, qualificação que deve ser rejeitada" (...) "Há nisto uma preocupação, para alguns porque supõem que não há realidade senão na matéria, ou só naquilo que se mostra acessível à ação dos sentidos, e para outros, por causa das ficções do direito romano com os quais o Pretor ia reformando o direito existente e atendendo às necessidades novas, simulando porém que o não alterava. O Estado é a primeira das pessoas de existência ideal, é a pessoa fundamental do direito público, à sombra da qual existem todas as outras e quem ousará dizer que o Estado é uma ficção? (Esboço, I, 181).[299]

O Estado e as associações são organismos sociais de acordo com a concepção organicista. Esta teoria afirma a existência de organismos totais sobre os individuais, sobre os homens que constituem suas partes.

---

297. NONATO, OROZIMBO, *in* "Repertório Enciclopédico do Direito Brasileiro, por J. M. Carvalho Santos, coadjuvado por José de Aguiar Dias e Sady Cardoso de Gusmão, Editora Borssi, Rio de Janeiro, pp. 137 a 150.
298. PONTES DE MIRANDA – op. cit., p. 383.
299. TEIXEIRA DE FREITAS, apud Pontes de Miranda, op. cit., p. 383.

As pessoas jurídicas resultam de um ato criador dos indivíduos. Este ato é o "contrato social" ou "estatuto" mas que na realidade é mais do que isto. É um contrato onde os sócios têm deveres e direitos recíprocos, uns em relação aos outros, além dos direitos e deveres para com a sociedade e esta para com aqueles. E, após criada, a entidade passará a realizar atos jurídicos com terceiros e responderá perante estes com seu patrimônio, no caso de inadimplência de suas obrigações.

Duas teorias fundamentais diversas tentaram explicar a natureza das relações entre os sócios de uma sociedade: a contratualista e a institucionalista. Tiveram sempre a preocupação não só com a proteção dos interesses dos sócios, como com a de terceiros envolvidos e da própria sociedade[300].

O contrato bilateral, comutativo e oneroso aparece em 1º lugar como criação das sociedades. O momento do liberalismo e individualismo, séculos XVIII e XIX, propiciava a liberdade de contratar.

A justificativa contratual, porém, era muito simples. Insuficiente, não se adequava à complexidade das sociedades. O desejo de sobreposição dos interesses dos sócios ao interesse da própria sociedade prejudicava muitas vezes o seu desenvolvimento e sucesso.

Com certeza, nos contratos bilaterais, diversos são os interesses dos contratantes. Na compra e venda, por exemplo, uma parte quer vender o bem e receber o preço; a outra, receber o bem e pagar o preço.

Já na sociedade, todos têm o mesmo interesse: faze-la progredir, desenvolver, na busca do lucro. O Estado passa a ter interesse nas sociedades com a preocupação de resguardar direitos de terceiros e da própria sociedade. O desenvolvimento das sociedades anônimas, do grande número de sócios

---

300 PÂNTANO, TÂNIA *in* "Dissolução parcial de sociedade por ações", Tese de Mestrado não publicada, sob orientação do Prof. Salvador Frontini, USP, 2005, pp. 7 e segs.

e da concentração do capital, trouxe ainda a preocupação com os minoritários.

Aparece, então, a teoria institucionalista. Nascida na Alemanha, após a 1ª guerra mundial, teve por objeto os interesses da nação alemã (e não os interesses pessoais dos sócios). Têm-se por finalidade a função econômica da sociedade e principalmente a sua continuidade. O interesse do particular é superado pelo interesse público que prevalece. O estado considera a necessidade de protegê-la e preservá-la.

Esta noção, porém, já não se ajustava mais aos objetivos dos sócios cuja atuação era fundamental para o sucesso dos negócios.

Surgiu então a teoria do contrato plurilateral. Era ainda um contrato de sociedade. Mesmo que cada sócio tivesse a sua finalidade (extrajurídica) ao desejar compô-la, sendo diversos ou até antagônicos os seus interesses, após a celebração do contrato, vale exclusivamente o objeto social da empresa (jurídico). Aí, o interesse dos sócios é convergente e todos deverão colaborar para o sucesso do objeto social[301].

Observe-se, ainda, que a vontade de um sócio não contamina a dos demais. O Sócio poderá entrar ou sair da sociedade, sem que esta vontade contamine a dos outros sócios e a da própria sociedade.

Vê-se, pois, que a sociedade do ponto de vista jurídico é uma criação do direito. Este determina a sua forma de constituição e o seu registro (certidão de nascimento), a composição do capital que deve ser subscrito e integralizado pelos sócios, para ser utilizado na consecução dos fins sociais e garantir os compromissos com terceiros, permitindo, inclusive, a colaboração com o Estado, representada pelo pagamento dos tributos a que a atividade social dará origem.

A sociedade tem a face virada para o mundo circundante.

---

301. Ibidem, p. 13.

Neste sentido, o conceito de órgão (aquele que realiza a presença da entidade no mundo) não deve ser confundido com a figura do representante no direito privado. Através desse órgão se manifesta a invisível pessoa social como unidade que percebe, julga, quer e atua. A que existe não é um ser incapaz que precisa de um representante, mas aquele ser que, tendo uma atividade, entra no mundo jurídico. Quem pratica seus atos é o órgão. Este presenta a sociedade.

"O órgão não representa; presenta, pois é órgão. Tal a concepção do Código Civil brasileiro, de fonte germânica. As pessoas jurídicas não são incapazes de obrar, pois que têm órgão; o que o filho sob o pátrio poder, o tutelado e o curatelado não têm: a esses alguém representa ou assiste".[302]

A representação só é admissível quando existem dois sujeitos de direito: um representado e um representante. No caso do órgão da pessoa jurídica existe um só titular de direito. E este titular é a pessoa jurídica.

Quem pode ser sujeito de direitos, por ter os requisitos para isso e havê-los satisfeito, tem capacidade de direito; portanto é pessoa e tem direito a ser tratado como tal. O nascimento da pessoa física e a atribuição de personalidade jurídica são, pois, suportes fáticos sobre os quais incide a regra jurídica, tornando-se fatos jurídicos. A responsabilidade da pessoa jurídica e do Estado como tal, por ato de órgão seu, é já momento histórico significativo de evolução técnica do direito. O ato ilícito de pessoa jurídica é aquele por ela praticada contra o direito.[303]

Pode-se concluir que a pessoa jurídica é criação do Direito que estabelece as regras para a sua instituição, desenvolvimento, manutenção a fim de que realize o seu objeto social, dê aos sócios que se arriscaram na empreitada, o lucro pretendido, dê garantias aos terceiros com quem venham a contratar e

---

302. PONTES DE MIRANDA, op. cit., p. 351.
303. E. LÖNING, apud Pontes de Miranda, op. cit., p. 349.

ao Estado e à sociedade, o emprego e a criação de produtos a consumir, além do tributo, parcela em dinheiro que passa a dever ao Estado, como fruto de suas atividades.

4.1.6.4.1.3. Fato Jurídico

A noção fundamental do direito é a de fato jurídico. A noção de direito subjetivo já é noção do plano dos efeitos. A noção de sujeito de direito é a de termo da relação jurídica.[304]

É pois necessário antes de qualquer exposição sobre outros componentes do Direito, descrever como os elementos do mundo fático penetram no mundo jurídico.

O Direito observa as realidades do mundo e decide o que deve regular. Assim regula qual porção da realidade, qual aquela a que deve imputar efeitos jurídicos.

A norma é construída pela vontade do legislador que recolhe os dados do fato da realidade que deseja disciplinar (realidade social) qualificando-os normativamente, como fatos jurídicos[305]. O legislador realiza esta tarefa mediante conceitos.

O direito adjetiva os fatos para que possam vir a ser juridicizados. Aí então, entram no mundo jurídico.

Desde que haja regra jurídica, há suporte fático, sobre o qual esta deverá incidir. Exemplifica Pontes de Miranda, com o Código Civil de 1916:

"A regra jurídica do Art. 5º (São absolutamente incapazes de exercer pessoalmente os atos da vida civil: I. Os menores de dezesseis anos.") tem como suporte fático o ser humano até dezesseis anos menos um dia. Sempre que alguém nasce, ou se têm de ressalvar direitos ao nascituro, a regra jurídica que faz capaz de direitos o homem, incide (Art. 2º: "Todo homem é capaz de direitos e obrigações na ordem civil; art. 4º –

---
304. PONTES DE MIRANDA, op. cit., Prefácio, p. 20.
305. DERZI, MIZABEL MACHADO *in* "Tipo ....."

A personalidade civil do homem começa do nascimento com vida; mas a lei põe a salvo desde a concepção os direitos do nascituro") e incide a regra jurídica do art. 5º, I o ser humano nasce absolutamente incapaz (ou, nascituro, é tratado como tal). Ao atingir o décimo sétimo ano, isto é, no momento em que completa os dezesseis anos, a regra jurídica do art. 5º, I, cessa de incidir, e começa a incidência de outra, que é a do art. 6º, I: "São incapazes, relativamente a certos atos (art. 47, nº I), ou à maneira de os exercer: I. Os maiores de dezesseis e menores de vinte e um anos (arts. 154 a 156).[306]

Como visto o Direito separa dos fatos da vida, aqueles que não lhe interessam e aqueles que lhe interessam. Estes passam a ser objeto das normas jurídicas e a integrar a própria norma. Na classificação de Pontes de Miranda são: a) regras jurídicas pré-juridicizantes, b) regras jurídicas juridicizantes e c) regras jurídicas desjuricizantes. As primeiras se preocupam com a composição dos suportes fáticos como causadores dos fatos jurídicos. As juridicizantes são as que prevêem um fato que acontecido juridiciza-se e desencadeia uma relação jurídica. Esta é a regra geral.[307]

O ato humano pode entrar também no mundo jurídico. Pode ser um ato qualquer, não-negocial (ato jurídico stricto sensu) ou um ato negocial, "negotium", como a venda, troca, locação, casamento, ou ainda como ato ilícito. A morte é fato jurídico stricto sensu.

Qualquer um dos suportes fáticos: fato ou ato humano lícito, fato ou ato humano ilícito, quando realizado, desencadeia a incidência de norma e os seus efeitos.

A consideração de ilicitude, no grau e forma, previstos pelo direito é jurídica. "Dizer-se que é jurídica não é afirmar-se que está de acordo com a lei, e sim que entra no mundo jurídico como relevante" [308].

---

306. PONTES DE MIRANDA, op. cit., p. 123.
307. PONTES DE MIRANDA, op. cit., p. 124.
308. PONTES DE MIRANDA, op. cit. p. 125.

4.1.6.4.1.4. Relação Jurídica

Em um enunciado proposicional encontramos um predicado atribuível a um indivíduo. "SÓCRATES é mortal". "VITAL BRASIL era brasileiro". "Além disso, em alguns casos, ao invés de propriedade ligada aos nomes, temos uma relação entre indivíduos. São duas formas de predicado: "aparece com característica ou propriedade conferida a um indivíduo, ou à maneira de uma relação que vincula dois ou mais indivíduos". "Paulo é mais velho que Pedro"; "O número 2 é menor que 4".[309]

Pode-se assim afirmar que os predicados são monádicos quando se referem a um indivíduo ou poliádicos quando vinculam dois ou mais indivíduos. Assim a "Teoria das Relações", nada mais é que um subcapítulo da Lógica dos Predicados, mais precisamente conhecida pelo título de "Lógica dos Predicados Poliádicos", cujo desenvolvimento inicial atribui-se a A. DE MORGAN e a CHARLES PIERCE.[310]

As relações aparecem em todos os campos do conhecimento: física, química, biologia, sociologia, cultura e metafísica. O primeiro termo da relação é o predecessor, o segundo, o sucessor.

As relações são reflexivas, simétricas ou transitivas. Nas reflexivas a mesma pessoa ocupa os dois polos da relação.

A relação jurídica é sempre irreflexiva: exige que os termos da relação sejam distintos. A alteridade é necessária. Não há, por exemplo, prestação de serviços para si próprio. É uma ilogicidade incompatível com o Direito. "Ninguém pode estar juridicamente em relação consigo próprio".

Relação simétrica é a que se dá entre cônjuges, por exemplo. "Maria é casada com João; João é casado com Maria". "Raul é vizinho de Luiz; Luiz é vizinho de Raul".

---

309. CARVALHO, PAULO DE BARROS, *in* "Teoria das Relações, Programa de Lógica Jurídica", Filosofia do Direito I, p. 69.
310. Ibidem, p. 70.

A relação jurídica é sempre assimétrica. Eduardo vende uma casa a Helena; Helena compra uma casa de Eduardo.

As relações jurídicas são inter-humanas, entre pessoas, entre entes capazes de direitos e deveres.[311]

A relação jurídica tributária é *ex lege*, nasce diretamente da lei. Constitui-se como implicação de juridicização do suporte fático previsto na Hipótese Normativa, ou seja, após a completude, no mundo fenomênico, dos critérios material, espacial e temporal, previstos na norma, para constituição do fato jurídico tributário.

É imprescindível não esquecer, nunca, que a relação jurídica aqui se perfaz, independentemente da vontade das partes. Nasce diretamente da lei.

Assim a Lei deve ser válida e deve estar inserida no sistema jurídico. Para tanto sua criação deve ter obedecido com rigor, o Sistema Constitucional Tributário, estar impregnada de todos os valores necessários à legitimação do tributo que se pretende cobrar e estar consonante com o critério material desenhado na Constituição, referido à espécie tributária.

4.1.7. Dos Conceitos Jurídicos Indeterminados ao Conceito de Tipo

O Direito é linguagem, linguagem prescritiva de conduta, direcionada a alguém. Comunica uma ordem ao destinatário. A existência do receptor é necessária sob pena de inexistência da comunicação. A língua é um sistema de símbolos (palavras) e relações que obedecem regras. Os símbolos constituem o repertório; as regras de relacionamento, a estrutura.[312] Sós, os símbolos nada significam. O que lhes confere significação é o seu uso; em que texto estão sendo utilizados. Isto porque o mesmo símbolo pode ter significações diversas.

---

311. PONTES DE MIRANDA, op. cit., p. 169.
312. FERRAZ JÚNIOR, TÉRCIO SAMPAIO, *in* "Introdução ao Estudo do Direito", Ed. Atlas, São Paulo, 1990, p. 247.

A "cadeira" é um artefacto para sentar ou, ainda, um lugar significante de uma função como: "José tem uma cadeira na Câmara dos Deputados".

Os símbolos são semanticamente vagos ou ambíguos. É vago quando denota um campo de objetos (extensão) não definido claramente. Se o campo é definido temos uma definição denotativa ou definição pela extensão; o símbolo é ambíguo quando pode ser utilizado com diferente intensão. Definição conotativa ou pela intensão é aquela que define o sentido da palavra.[313]

A fala é comunicação complexa. Quando, então, é prescritiva de conduta a resposta é contingente: pode ou não haver aquiescência por parte do ordenado. É preciso pois selecionar a forma de apresentação da ordem.

No Direito a ordem vem garantida por uma sanção, que só será aplicada em face de seu descumprimento. A norma jurídica sancionadora ocorre, pois, na falência de cumprimento da norma primária, expressiva de uma obrigação.

Os conceitos jurídicos não se referem a objetos concretos do mundo real. Referem-se a outras significações.[314] Eis o porquê de o direito ser fonte de conceitos de conteúdo indeterminado[315] e da conseqüente insegurança que o permeia.

Com efeito, "o Direito é fonte natural de conceitos de conteúdo indeterminado".[316] Admitindo mais de uma interpretação razoável, gera insegurança, embora apenas uma, no caso concreto, possa ser considerada justa.

---

313. Ibidem, p. 234.
314. GRAU, EROS ROBERTO, *in* "Nota sobre conceitos jurídicos", Rev. de Direito Público, nº 74, p. 217.
315. MORESCO, CELSO LUIZ, *in* "Conceitos Jurídicos Indeterminados", Revista Trimestral de Direito Público, nº 14, p. 78.
316. RADBRUCH, GUSTAV, *in* "Filosofia do Direito", p. 160, segundo CELSO LUIZ MORENO, "Conceitos Jurídicos indeterminados", Revista Trimestral de Direito Público, nº 14, p. 79 e segs.

Não se olvide, porém, que o legislador criará normas gerais e abstratas, não podendo descer à concretude, sob pena de sacrificar a sua função de legislador. A natureza da matéria exigirá maior ou menor concretude da norma: será ampla no direito constitucional; tipológica no direito penal e tributário.

Talvez não haja nada tão complexo como o Direito, criado, vivido e aplicado por decisões em face de conflitos. Em sua origem são aferidos e ponderados os valores e escolhidos os fatos que se pretendem juridicizar. A norma jurídica descreve em sua hipótese, aspectos de acontecimentos do mundo, fatos e atos do homem que, acontecidos, necessariamente implicarão o nascimento de relações jurídicas como o são as relações jurídicas tributárias.

O legislador, ao ser motivado para a feitura de novas normas jurídicas, terá observado falhas nas já existentes ou a inadequação de sua aplicação às particularidades de situações antigas ou novas. Urge que com a criação de novas normas sejam apaziguados os conflitos e injustiças àqueles oprimidos com a aplicação indevida de normas que tinham destino certo mas que os atingiram de permeio.

O administrador ao aplicar a norma jurídica, nos estritos limites por ela impostos, deverá ter o cuidado de subsumir os fatos apresentados à lei que lhes seja adequada. Sua atividade é inteiramente vinculada. Quanto aos atos discricionários, poderá escolher uma dentre duas ou três soluções que se equivalham (como, por exemplo, abrir uma avenida no perímetro central ou mais distante, tendo em vista a manutenção de sua utilidade, sempre considerando o custo das desapropriações.)

O juiz ao aplicar a lei ao caso "sub judice" deverá examinar com todo o cuidado as provas que irão confirmar a existência dos fatos relatados pelas partes a fim de que possa dizer o direito, subsumindo-os corretamente às normas jurídicas. Neste caso, haverá uma única solução: a que se subsuma integralmente às normas e ao sistema como um todo. O juiz decide. Não emite opinião. "A distinção entre discricionariedade administrativa e a atuação do juiz está em que a primeira confere ao administrador a possibilidade de escolha entre duas ou mais soluções equivalentes: enquanto ao Magistrado, a quem cabe *dizer o direito*, a atuação está conformada a dizer qual a única solução albergada pela regra de direito em juízo interpretativo".[317]

Significativa a imagem da Justiça. Esta é representada por uma mulher de olhos vendados que numa mão segura uma balança e na outra a espada. A espada representa a determinação, a força e o poder do direito. A balança indica que os fatos a serem julgados devem ser sopesados mantendo a balança em equilíbrio; a venda nos olhos significa que a Justiça tem de ser imparcial: a situação das partes em nada deve influir na decisão do juiz. Pobres ou ricos, amigos ou inimigos, são referências que devem ser ignoradas pelo julgador ao administrar a Justiça.

Justiça impessoal, eis o que deve ocorrer. Distância da arbitrariedade e corrupção que favorece os poderosos em detrimento dos fracos[318].

O juiz que julga tem de ter discernimento. Aplicar o direito exige muito mais do que o simples e falado silogismo: aplicar a lei (geral) aos casos particulares desde que as circunstâncias do fato tenham-se realizado e estejam subsumidas à lei.

Dúvida, pois, não há quanto à dificuldade de criação e aplicação do Direito. A dificuldade aparece mais radical e profunda, quando se se verifica que a linguagem do direito se utiliza da linguagem natural. No Direito, porém, esta linguagem fica jungida à linguagem prescritiva do contexto da unidade normativa, representada pelo tecido integral do ordenamento jurídico.

---

317. MORESCO, CELSO LUIZ, op. cit., p. 81, remetendo a Celso Antonio Bandeira de Mello, "Mandado de Segurança contra denegação ou concessão de liminar", in RDP 92/55-61.
318. CHAIM PERELMAN, *in* "Ética e Direito", Martins Fontes, São Paulo, 2000, p. 506.

Sim, porque há no direito os princípios, normas axiológicas, carregadas de valor e que informam o ordenamento jurídico como um todo, a hierarquia das normas e as normas em coordenação. Este é um sistema onde o repertório jaz organizado de forma racional.

Se os conceitos jurídicos fossem descritivos, diz CELSO LUIZ MORESCO, as dúvidas seriam menores. Com efeito, critérios objetivos, quando adotados pelo direito, facilitam o entendimento. Quando a legislação sobre imposto de renda, diz ser a renda o resultado positivo entre as receitas obtidas e os custos e despesas realizadas em determinado período, resultado determinado em dia tal, do ano tal, e desde que represente um acréscimo patrimonial, a "renda" seria confirmada (ou não) em face dos números obtidos nesta data.

As dificuldades aumentam quando os conceitos expressam idéias de valor como a de "lealdade" e "boa-fé", "urgência" e "relevância". Note-se, porém, que muitas vezes são adotados termos vagos pela impossibilidade de o direito abarcar todas as situações comportamentais existentes. O direito lida com normas gerais e abstratas e não pode se preocupar em ditar normas, tão específicas, que se tornem normas individuais e concretas.

4.1.8. Do direito Tributário e da tipicidade

A vaguidade e ambigüidade não podem, porém, ocorrer nos subdomínios do Direito Penal e Direito Tributário. Nestes predomina "nullum crimen, nulla poena sine lege" "nullun tributun, sine lege". Isto significa que o princípio da legalidade é estrito.

E, a legalidade estrita, nada mais é do que a tipicidade.

"O tipo relaciona-se com alguma faceta do concreto, mesmo que descrito *in abstracto*".[319]

---

319. KARL ENGISCH *in* "La idea de concreción en el derecho y en la ciencia jurídica actuales", Pamplona, Ed. Universidad de Navarra, 1968, p. 531.

Disto resulta que a hipótese normativa dá aos fatos (que mesmo de forma abstrata gera uma apreensão intelectual de algo concreto) realizável ou realizado, visibilidade que permitirá o seu reconhecimento no mundo dos fenômenos, quando ocorrer, identificando-o para a aplicação do direito.

A preocupação com a subsunção do fato à norma exige o cuidado especial com a conceituação do fato na norma.

Este conceito é chamado de tipológico, na medida de sua especificação e concreção. No direito tributário o tipo apresenta-se fechado com características específicas e delimitadas que não admite que outros elementos lhe sejam aderidos, a fim de evitar uma plasticidade indesejável geradora de insegurança jurídica. E nem poderia ser de outra forma pois o direito tributário brasileiro faz parte do sistema constitucional, rígido e imperturbável, quando este adota a discriminação de rendas apontando os entes tributantes e sua competência para criação dos tributos.

Será o "tipo" o elemento informador da competência das pessoas jurídicas de direito público interno: União, Estados, Distrito Federal e Municípios. A competência é determinada por um tipo que é o pressuposto constitucional do critério material da hipótese de incidência da norma tributária que será criada.

Dir-se-á, pois, que o conceito tipológico no direito tributário não pode ser um conceito aberto, plástico, a admitir uma compreensão ampliada do fato. A matéria tributária exige precisão, determinação, limites, pela própria natureza da obrigação tributária, que se fundamenta na capacidade contributiva referida a um signo de riqueza.

Isto já não ocorre na seara do direito privado onde esta necessidade não se manifesta pois fica a critério do cidadão utilizar-se de normas jurídicas de acordo com sua vontade e delimitar, em concreto, o conteúdo do ato que pretende realizar.

Normas amplas e gerais indicam a necessidade de restrição através de classes. Fala-se de herança e herdeiros em geral para depois discriminar os herdeiros necessários, a ordem de vocação hereditária, os testamentos e as disposições sobre o disponível e legados. Vai-se do geral para o particular. Entretanto, se o proprietário de um patrimônio nada dispuser em ato de última vontade, todos os seus bens, em razão de sua morte serão dirigidos aos herdeiros necessários, se os houver, na ordem e proporção determinadas por lei. Nada mais.

Ora, o mesmo não ocorre na seara tributária. Estão envolvidos aí, o direito de propriedade e o não-confisco, a igualdade na distribuição da carga tributária e o princípio da legalidade estrita, esta significando o princípio da tipicidade. Renda é sempre renda: resultado das receitas, diminuídas dos custos e despesas. Não são receitas ou rendimentos e muito menos, entradas. Serviço é serviço e não aluguel de máquinas, cessão de uso de marcas. Negócio jurídico exige transferência de titularidade: o simples deslocamento de bens entre estabelecimentos do mesmo titular não caracteriza venda de "mercadorias".

Na complexidade do mundo dos fatos, o direito tributário mira os signos de riqueza. Estes signos irão constituir o critério material da hipótese da norma de incidência tributária.

Segundo ALBERTO XAVIER o princípio da reserva da lei, ou princípio da legalidade é insuficiente para o direito tributário que exige uma lei qualificada.[320] "O princípio é o da estrita legalidade expressado pelo princípio da tipicidade da tributação".

Isto significa que a lei tem de fornecer elementos precisos de identificação do fato, nada deixando à discricionariedade do administrador.

"As normas que instituem tributos são verdadeiras normas de decisão material, na terminologia de WERNER FLUME, porque, ao contrário do que sucede nas normas de ação, não se limitam a autorizar o órgão de aplicação do direito a exercer, mais ou menos livremente, um poder, antes lhe impõe o

---

320. XAVIER, ALBERTO, in "Tipicidade da tributação, simulação e norma antielisiva." Dialética, São Paulo, 2001, p. 17.

critério da decisão correta, predeterminando integralmente o seu conteúdo"[321].

O princípio da tipicidade ou de reserva absoluta da lei tem como corolários a) o princípio da seleção, b) o princípio do *"numerus clausus"*, c) o princípio do exclusivismo e d) o princípio da determinação ou da tipicidade fechada[322].

Pelo princípio da seleção, "os tributos devem constar de uma tipologia, isto é, devem ser descritos em tipos ou modelos pelo legislador que assim determina as realidades que são tributadas"[323]. Estas realidades já estão determinadas em nível constitucional e consequentemente indicados os entes competentes para criá-las. O legislador ordinário tem de seguir o modelo constitucional, sob pena de criar tributo não previsto constitucionalmente, ou, então, invadir a competência das outras pessoas jurídicas de direito público interno.

O princípio do *"numerus clausus"* especifica o princípio de seleção pela taxatividade. "A tipologia tributária é inegavelmente taxativa" O fato tributário tem de corresponder à perfeição, ao descrito no critério material da hipótese de incidência[324].

O princípio do exclusivismo exige que a conformação do fato à norma seja não só necessária como suficiente. É o que está descrito com rigor no Art. 114 do CNT: "Fato gerador da obrigação principal é a situação definida em lei como necessária e suficiente à sua ocorrência"[325].

O princípio da determinação ou da tipicidade fechada exige que somente os elementos constituintes do tipo tributário, e, por isto mesmo, precisos e determinados, informem com precisão o agir do administrador que fica proibido de utilizar critérios subjetivos na aplicação da lei.

---

321. Ibidem, p. 18.
322. Ibidem, p. 18.
323. Ibidem, p. 18.
324. Ibidem, p. 19.
325. Ibidem, p. 19.

O Art. 150, I, da Constituição Federal, veda a exigência ou aumento de tributo sem lei que o estabeleça. Aí está previsto o princípio da legalidade para a criação do tributo, a sua constituição por lei ordinária pela União, Estados e Municípios.

Neste caso, esclarece Humberto Ávila, temos apenas um dispositivo a partir do qual se constróem quatro normas: princípio da legalidade, princípio da tipicidade, proibição de regulamentos independente e proibição de delegação normativa[326].

E, também na Constituição, vêm previstos os fragmentos da Norma Matriz de Incidência Tributária: critério material, critério quantitativo (base de cálculo) e sujeito passivo (aquele que realiza o critério material de hipótese) quando da distribuição de competência.

Todos os impostos "discriminados" na Constituição em virtude da distribuição de competência à União (C.F., Art. 153) aos Estados (C.F., Art. 155) e aos Municípios (C.F., Art. 156) já determinam as diretrizes para que a lei complementar melhor os descreva.

O artigo 146, III, "a" da Carta determina à Lei Complementar, o estabelecimento de normas gerais em matéria de legislação tributária, especialmente a definição de tributos e suas espécies, bem como em relação aos impostos nele discriminados, a dos respectivos fatos geradores, bases de cálculo e contribuintes.

Assim, a concreção do tipo inicia-se na Constituição, completa-se na lei complementar e institui-se por lei ordinária com os exclusivos elementos delineados.

No nível da legislação ordinária a Norma Matriz de Incidência Tributária será complementada. Ter-se-á de determinar uma alíquota (dentro dos moldes constitucionais e assim dar completude ao critério quantitativo) e os critérios temporal e espacial.

---

326. ÁVILA, HUMBERTO. Teoria dos Princípios, 5ª edição, São Paulo, Malheiros, 2006, pág. 30.

O Poder Legislativo cria o Direito. Se pode excepcionalmente haver delegação de competência – norma de delegação – em outros ramos do Direito, esta é proibida no Direito Tributário (art. 150, I, C.F.).

Com efeito, o Direito Tributário, interfere em direitos fundamentais como o direito de propriedade (não mais absoluto pois deverá atender à sua função social) e de livre iniciativa, dois pilares mestres em que o Direito Positivo Brasileiro se apóia[327].

Terá de ter em conta o princípio da capacidade contributiva (C.F. Art. 150, II e 145, § 1º) expressão do princípio da igualdade (C.F. Art. 5º, *caput*), e o princípio da anterioridade, expressão do princípio da não surpresa.

Os cuidados com a instituição e aumento de tributos pelos efeitos que possam vir a causar ao cidadão/contribuinte, invadindo a sua esfera econômica justificam a proteção a eles dada com a determinação de obedecer os princípios informadores do sistema. E, dentre eles, ressalta o Princípio da Tipicidade, verdadeira barreira à ampliação indevida pelo Poder Legislativo e Executivo, que muitas vezes ampliam o campo de criação do Direito Tributário.

O tipo tem o sentido de impressão de cópia, contorno ou molde determinante da forma de uma série de objetos que dele derivam; ou de exemplo ou modelo em acepção mais valorativa, derivando para protótipo ou arquétipo[328].

---

327. **Vide art. 1º** e Art. 5º, caput e XXII da C.F. A República Federativa do Brasil, formada pela união indissolúvel dos Estados e Municípios e do Distrito Federal, constitui-se em Estado Democrático de Direito e tem como fundamento:

...

IV – os valores sociais do trabalho e **da livre iniciativa**
– **Vide Art. 5º** - XXII – é garantido o direito de propriedade.
328. XAVIER, ALBERTO *in* "Tipicidade e Tributação, Simulação e Norma Antielitiva", Dialética, São Paulo, 2001, pp. 18 e 19.

Os tipos existem nos vários ramos do Direito e, primordialmente, no Direito Penal e Direito Tributário.

Com efeito, nos impostos, o tipo é colhido no critério material da hipótese da Norma Matriz de Incidência Tributária revelada na lição de Paulo de Barros Carvalho por um verbo e seu complemento. Assim: adquirir renda (IRPF e IRPJ); realizar operações relativas à de circulação de mercadorias e serviços de comunicação e transporte, interestadual e intermunicipal (ICMS); realizar operações com produtos industrializados (IPI); prestar serviços constantes da lista anexa à Lei Complementar nº 116/2003 (ISS); ser proprietário de imóvel urbano (IPTU); realizar operações de venda e compra de imóveis (ITBI) e outros.

Para que um fato jurídico tenha eficácia é necessária a prévia existência da norma (que prevê o suporte fático) e a prévia realização do fato (no mundo). Assim "regra jurídica e suporte fático devem concorrer como causas do fato jurídico ou das relações jurídicas."

O fato juridiciza-se e, desta forma, já com a natureza de jurídico, passa a produzir os seus efeitos, logicamente, efeitos jurídicos.

"É tanto erro enunciar-se que a lei é causa da eficácia quanto enunciar-se que é causa da eficácia o suporte fático. A eficácia é do fato jurídico."[329]

Os atos jurídicos são aqueles que têm relevância para o direito e, por isso mesmo, estão previstos como suporte fático nas normas jurídicas. Outros atos serão econômicos, sociais, morais, de educação, de cortesia; não são atos jurídicos. Poderão sê-lo se e, somente se, forem objeto de norma jurídica.

A declaração da vontade e manifestação *stricto sensu* da vontade é apenas exteriorização da vontade. Aquela é uma forma especial de manifestar a vontade: declarando-se. Declaração

---

329. PONTES DE MIRANDA, op. cit. p. 127.

da vontade é elemento de suporte fático. Assim, negócio jurídico é fato jurídico de que a declaração de vontade (ou manifestação da vontade) foi suporte fático.

Tipologia

Os tipos jurídicos são em si próprios "sistemas móveis" de elementos ordenados entre si, sob um determinado critério diretivo.

Conceitos abstratos como elementos básicos do sistema externo, são formados de notas distintivas que são desligadas, abstraídas dos objetos. Ao apreender sensorialmente um objeto, por exemplo, uma planta, apreende-se, não a sua concretez na sua plenitude, todas as qualidades e particularidades, mas aquelas notas consideradas gerais. Desta formam-se conceitos, conceitos gerais e que, por isto mesmo poderão abranger um grande número de objetos que apresentem aquelas características integradoras do conceito. Os conceitos que têm poucas notas são os mais amplos e os mais abrangentes. O conceito rico em características é o menos amplo.

Assim é o conceito geral de planta, comum aos organismos do reino *plantae*, a maioria autotrófica, fixa a um substrato, caracterizada pela presença de clorofila e de celulose em suas células. Já a árvore, (bot.) vegetal lenhoso de porte muito variável, que apresenta um caule principal ereto e indiviso, o tronco, e que emite ramificações de uma altura também variável, sempre distante do solo e formadores de copa – tem mais características que o vegetal e abrange menos objetos, é conceito menos amplo.

Os conceitos jurídicos na maior parte das vezes não correspondem aos conceitos científicos.[330] Isto porque, interessa mais a função destes em relação ao Direito. Por exemplo, interessa mais ao direito a classificação dos animais em

---

330. KARL LARENZ, op. cit., p. 533.

domésticos, selvagens e o que é destinado à sua alimentação. Quanto a estes, o Direito terá um regramento pormenorizado em respeito à sua alimentação e tratamento de saúde, com vacinas obrigatórias para evitar, no caso do gado bovino, a febre aftosa, etc. O Direito não se interessa por insetos em geral. Mas se houver uma doença causada por esse espécime (a dengue) criará normas rígidas para combate ao inseto transmissor da doença.

A lei tem de classificar um cem números de fatos e fenômenos da vida, das relações intersubjetivas, das relações do Estado com seus administrados, etc.

O pensamento tipificador é uma espécie de pensamento conceptual. Os tipos são conceitos que representam um conjunto (uma estrutura) de características de objetos ou processos significativos. Assim, por exemplo, concretiza-se no conceito ou tipo de "parlamento" ou de "sistema de representação eleitoral proporcional" um conjunto ordenado de instituições e processos, isto é, uma estrutura. Neste sentido, surgiram também opiniões segundo as quais o tipo compreenderia uma "totalidade".[331]

Pode-se pois concluir que o pensamento no Direito Tributário é um pensamento tipológico. Isto quer dizer que o suporte fático, critério material no Direito Tributário é um tipo, um molde, uma figura fechada por limites rígidos.

A norma é geral e abstrata mas o seu critério material aponta para uma realidade muito bem delimitada, um signo de riqueza que indica a capacidade contributiva do cidadão contribuinte, com relação a um estado ou atividade sua.

Conclusão:

Na construção do Direito Tributário as normas constitucionais, as normas complementares e as normas ordinárias

---

331. ZIPPELIUS, REINHOLD, *in* "Teoria Geral do Estado", 3ª edição, Fundação Calouste Gulberkian, Lisboa, 1997, p. 16.

constituem a moldura, o tipo tributário que ocorrido no mundo, jurisdicisa-se e dá nascimento à relação jurídica tributária.

Este tipo, inicialmente descrito na norma constitucional de competência da União, Estado, Distrito Federal e Municípios é referido em Lei Complementar (C.F. art. 146, III) e finalmente na Lei Ordinária que vier a criá-lo.

Esta rigidez é necessária pelo fato de a relação jurídica tributária nascer da lei, independentemente da vontade do contribuinte, atingindo-o na sua esfera de negócios particulares, restringindo a sua propriedade e liberdade.

Eis o porquê de os tributos serem criados e exigidos nos estritos lindes determinados pelos legisladores, constituinte, complementar e ordinário.

Qualquer tentativa de burlar a tipicidade e legalidade estrita será fulminada de inconstitucionalidade expulsando-se do sistema a norma ilícita onde entrou de forma espúria.

Estas leis gerais e abstratas que penetram no sistema como veículo introdutor de normas, pretendendo ampliar o campo de incidência de tributação são as normas fictas – ficções jurídicas tributárias – cuja natureza e características serão expostas no Capítulo VII.

O cotejo entre as normas de ficções jurídicas tributárias e as normas jurídicas tributárias demonstrará a ilicitude daquelas.

Capítulo V

DO ESTADO CONSTITUCIONAL DE DIREITO

5.1. Do Estado de Direito
5.1.1. O Estado hoje e o mundo globalizado

Se tivermos que retratar o Estado, hoje, inserido no mundo globalizado, obteríamos além de formas nítidas centrais ou descentralizadas, uma fotografia de inúmeros núcleos e filamentos isolados, alguns conectados com o Estado e outros absolutamente independentes, nascidos em seu território ou, ao contrário, com origem e fim fora deste território.

Este pluralismo interno e externo com a autoregulação de inúmeras entidades, mesmo que reconhecidas e submetidas em parte à Lei do Estado, logicamente enfraquece-o e ao Direito. O cidadão tem hoje a sensação desagradável, senão mesmo de insegurança, de que o Direito não consegue mais dirigir e controlar a Nação, por esta estar impregnada de personagens e vínculos estranhos e, até, ilícitos, como as grandes redes internacionais do crime.

A soberania nacional enfraquece-se na luta contra a soberania dos mercados[332], "que buscam a todo transe remover, apagar e amortecer o conceito de soberania".

---

332. apud Aristóteles Moreira Filho em monografia não publicada: De um Direito Internacional a um Direito Global: De Kelsen a Luhmann, PUC, São Paulo, 2003.

Os legisladores e dirigentes eleitos pelo povo, não representam mais a vontade que lhes foi outorgada pelos seus eleitores. Dispersos, por ondas dispersas, não conseguem dar um rumo à Nação. Não sabem o que fazer com as parcelas de liberdade e as responsabilidades que lhes comete a Constituição e são levados pelas ondas e pelos ventos, qual as caravelas de antanho.

Não há mais retidão, equilíbrio que reflita a harmonia construída pelas normas jurídicas organizadas no sistema hierárquico e unitário do ordenamento jurídico.

Se o Direito é construído pelo homem, mais precisamente pelo legislador constituinte, o Estado é construído pelo Direito. Ambos: Estado e cidadãos submetem-se à lei.

A política é dominada pelo Direito. Surgem as constituições rígidas. O constitucionalismo constrói o Estado. É neste átimo que se consolida a divisão dos Poderes, a criação do Parlamento e as parcelas de liberdade, expressadas pelas competências dos Órgãos dos Poderes Legislativo, Executivo e Judiciário tornando o Direito um organismo vivo, adaptável à realidade. A sua aplicação dar-se-á sempre segundo as normas ditadas pelo próprio ordenamento jurídico.

O poder político contínua produzindo Direito – *lege lata* – que se torna autônomo seguindo o seu próprio destino.

A juridicização reduz o Estado Moderno a um ordenamento político. Parte-se de um poder constituinte para um poder constituído. Este é o momento propício para o nascimento de modelos teóricos positivistas.

As sociedades nacionais, Estados, nos Séculos XX e XXI passam a ser objeto de questionamento. A crise é não só quanto ao Estado Nacional como para o homem, o direito e a razão. (ARNAUD, 2000)[333]

---

333. MOREIRA FILHO, ARISTÓTELES, op. cit. p. 23.

FICÇÕES TRIBUTÁRIAS: IDENTIFICAÇÃO E CONTROLE

Os processos de globalização envolvem a economia como, também, os meios internacionais de comunicação, telecomunicação, internet, transporte, fundos de investimentos, cortes de arbitragem globais, movimentos mundiais de protesto, redes internacionais de pesquisa e desenvolvimento, blocos econômicos regionais e internacionais[334].

De outro lado as organizações criminosas globais: o tráfico de armas e drogas. Pessoas saem pelo mundo, criando e organizando os centros consumidores, interferindo na paz conquistada pelos Estados de Direito.

É a retomada do pluralismo, da diversidade[335]. O Estado é figura essencialmente local que se torna enfraquecida com o aparecimento das entidades não governamentais. A comunicação integra o mundo (de uma forma virtual e não real). E esta avalanche de informações perturba o conhecimento do que é interno, a reflexão e a determinação. Não se consegue mais compreender ou controlar a realidade nacional.

É necessário repensar as instituições locais nacionais[336].

Após a Guerra, a partir de 1945, os Estados dirigiam o cenário mundial. Hoje os Estados estão misturados a um cem números de outros atores mundiais. Empresas transnacionais operam internacionalmente como se fronteiras não existissem, financiando projetos, produzindo produtos, realizando fusões, incorporações, cisões para o domínio do mercado e do preço no mercado global. Há um fluxo internacional de capital de curto prazo. Subsistemas nacionais partiram para a globalização, deixando de submeter-se ao sistema político[337].

O espaço do sistema político não mais coincide com o sistema econômico que transpõe fronteiras[338].

---

334. MOREIRA FILHO, ARISTÓTELES, op. cit. p. 24.
335. MOREIRA FILHO, ARISTÓTELES, op. cit. p. 25.
336. MOREIRA FILHO, ARISTÓTELES, op. cit. p. 25.
337. MOREIRA FILHO, ARISTÓTELES, op. cit. p. 25.
338. MOREIRA FILHO, ARISTÓTELES, op. cit. p. 26.

O Estado se desestrutura, pois as leis não encontram mais os institutos para os quais foram criadas. Embora ainda seja o único que tenha legitimidade democrática e efetividade das políticas, não consegue ter um papel efetivo.

Diante de tão profundas e graves transformações, embora busque se fortalecer, o Estado deixa a cena e o papel de ator principal. É a passagem da Segmentação Territorial para a Segmentação Funcional[339].

Surge forte "a diferenciação funcional que subdiferencia a sociedade em torno de subsistemas, tais quais o político, o direito, a economia, cada um reflexiva e estruturalmente determinado e desempenhando uma função única e específica na sociedade.

A conseqüência é o enfraquecimento da especialidade (território) da soberania, caracterizada por uma diferenciação hierárquica.

Apesar desta fotografia, de estes fatores continuarem o seu destino e não sabermos o que disto resultará, mesmo que se queira, não há como colocar um freio (o que seria artificial), não há como impedir ou estancar esta transformação.

O que se sabe é que, como diz LUHMANN "a formação do Direito continua sendo, como sempre, atribuída a processos políticos locais e controlada por seus processos decisórios".

Sendo o objeto deste trabalho, as ficções jurídicas tributárias e, sendo o Direito Tributário, eminentemente territorial, nossos olhos estarão voltados para o sistema constitucional brasileiro que será a fonte para a nossa construção interpretativa.

Antes, porém, entendemos necessária uma exposição histórica do sentido do Estado no tempo, a forma e tipos de Estado, para melhor compreensão do nosso Estado e de suas características que indicarão o caminho destas conjecturas.

---

339. MOREIRA FILHO, ARISTÓTELES, op. cit. p. 27.

5.1.2. O conceito de Estado e seu papel na história

O conceito de Estado, tal como o entendemos, estrutura de concentração e preeminência de poder é conceito recente. Aqui é a Constituição que cria e dá forma ao Estado, colorindo-o e dando-lhe a textura de um Estado de Direito. É ela que reparte o poder em competências e expressamente enumera os direitos fundamentais do homem que, como normas carregadas de valor tornam-se o alicerce do ordenamento jurídico.

O conceito de Estado é a réplica do fato objetivo: "estatização das relações políticas, que são relações de poder – de titularidade de mando e de dever de obediência – convergentes para um poder de decisão em última instância"[340].

Estado Contemporâneo

No Estado Contemporâneo a relação entre os titulares do poder e os cidadãos é relação interpessoal imediata. Nesta não se interpõem terceiros: outras entidades tais como fundações, episcopados, corporações. Contrapõe-se ao Estado, diretamente, uma coletividade homogênea representada pela nação, povo, sociedade, coletividade[341]. Embora haja concentração de todas as funções, o Estado, de forma racional e organizada, delega-as a sub-órgãos, descentralizando-se na multiplicidade de funções, de forma burocrática[342]. Detém o poder político, monopólio da produção do Direito. Poder de constituir ou desconstituir o Direito[343]. Único centro de império.

O Estado moderno, europeu ocidental, atravessou o Oceano e implantou-se na América. A diferença de um ou de

---

340. VILANOVA, LOURIVAL, in "A Crise do Estado sob o ponto de vista da Teoria do Estado, Escritos Jurídicos e Filosóficos", Axis Mundi/IBET, Vol. I, agosto 2004, p. 343.
341. Ibidem, p. 345.
342. Ibidem, p. 345.
343. VILANOVA, LOURIVAL, op. cit., pág. 344.

outro passou a repousar na forma de Governo e de repartição de competências: unitário ou federativo.

Pela forma jurídica, chamou-se **Estado de Direito**. A Constituição deu-lhe estrutura jurídica[344].

O Estado na História

Nem sempre foi assim. Como diz GEORG SIMMEL, citado por LOURIVAL VILANOVA, a sociologia surge condicionada, sociologicamente, pelo seu tempo histórico e social[345].

A realidade social da Idade Média não permitiu o surgimento de um Estado centralizado. As estruturas de poder eram dispersas e conflitantes; a Igreja, as cidades livres, os senhores feudais e seus vassalos, o Sacro Império Romano, corporações"[346].

Muitas não significaram o poder político como as ordens de natureza religiosa (monastérios) poder patriarcal, agremiações, corporações artesanais, cujo poder limitava-se às esferas que regiam. Já o senhor feudal que cunhava moedas, exigia tributos, mantinha exércitos, aplicava a justiça e tinha poder em determinado território, este tinha um cunho de poder político.

O Estado Liberal foi monárquico ou republicano. A democracia acrescentou os direitos subjetivos políticos passando o povo a participar do poder. É o auto governo do povo.

O Estado democrático liberal reconhece a esfera dos direitos individuais e substitui o Estado Liberal. Esse Estado reduziu-se ao mínimo. Tudo o que fosse considerado empreendimento individual ou coletivo, de iniciativa privada deveria restar à margem do campo destinado à administração do Estado. A economia tem de ser privada.

---

344. Ibidem, p. 346.
345. Ibidem, p. 341.
346. Ibidem, p. 342.

FICÇÕES TRIBUTÁRIAS: IDENTIFICAÇÃO E CONTROLE

O capitalismo precisa da proteção do Estado. O Estado precisa da economia capitalista, pois será da atividade econômica exercida pelo particular que tirará, mediante o poder de tributar, os recursos para a sua atuação. Existe uma resistência geral à ingerência do Estado nas atividades mais necessárias como saúde, educação, transporte, energia, estradas, bancos, etc. Esse Estado não era prestador de serviços públicos. Escassa era a sua atividade nesse campo[347].

O Estado Agente aparece timidamente, resumido no início à atividade bancária (ex.: criação do Banco Federal nos EUA). Aos poucos a administração pública começa a tratar das atividades que não têm por objeto imediato o lucro, e que requerem poder de império. Passam a ser tratadas pelo Estado, a segurança interna e externa, proteção alfandegária à produção nacional, manutenção da ordem[348].

O papel do Estado no mundo poderia ser resumido da seguinte forma[349]:

a) Idade Média: quase nenhum papel (dispersão do poder na multiplicidade de estruturas de poder político);

b) Estado Absoluto: forte papel (ilimitado o poder do detentor);

c) Estado Liberal-Democrático: reduzido (poder restrito à administração da justiça, a legislar e executar a lei; exclusão do Estado na produção do bem estar social); Estado Legislador, Estado Legalista;

d) Estado Social Democrático: presença forte do Estado (Alargamento do âmbito dos serviços públicos; dimensão social de atos econômicos que passam para o campo de atuação do Estado: transporte coletivo; meios de comunicação; transportes ferroviários, marítimos,

---

347. Ibidem, p. 348.
348. Ibidem, p. 348.
349. Ibidem, pp. 349 e 350.

aeronáuticos; saúde; educação; turismo; etc). Ênfase no Poder Executivo;

e) Estado Empresa: como agente interventor no processo social e econômico; objetivo imediato de lucro e como fim mediato: o bem estar e o interesse coletivo.

A Revolução Francesa pretendera tirar do Executivo a função de legislar. Entretanto nos Estados de Direito da atualidade, cresce a força do governo. Observa Lourival Villanova que a ênfase no Poder Executivo, independe do sistema político, do regime capitalista, do regime social. Avulta-se o papel da administração e o Direito passa a abrigar inúmeros conceitos abertos e não tipificados como: "ordem pública, bem comum, interesse social, segurança da nação", outros[350]".

5.1.3. Conceito Jurídico de Estado, segundo Kelsen

Do ponto de vista jurídico o Estado é tomado como fenômeno jurídico ou como corporação[351]. É uma comunidade criada por uma ordem jurídica nacional[352].

KELSEN identifica o Estado e o Direito. Segundo ele não há motivo para supor que existam duas ordem normativas diferentes, a ordem do Estado e a sua ordem jurídica. O que chamamos de "Estado" é a "sua" ordem jurídica.

Assim, o correto é definir o Estado como "organização política", ordem que regula o uso da força, por ela monopolizada[353]. O poder implica autoridade e sempre haverá nas relações aquele que manda e aquele que obedece. Logicamente aquele que tem poder e aquele que deve obedecer, deverão

---

350. Ibidem, p. 351.
351. CAMPAGNOLO, UMBERTO, *in* "Direito Internacional e Estado Soberano" Organizador Mário G. Losano, Martins Fontes, São Paulo, 2002, p. 110.
352. KELSEN, HANS, "Teoria Geral do Direito e do Estado", Martins Fontes, São Paulo, 2000, p. 261 e seg.
353. Ibidem, p. 273.

fundamentar as suas ações, pelas funções de que estão investidos, determinadas e criadas pelo sistema jurídico.

"O poder político é a eficácia da ordem coercitiva reconhecida como Direito"[354]. O Estado representado pela comunidade jurídica tem uma unidade. É um ponto de imputação para onde convergem as ações humanas que são imputadas ao Estado e realizadas por seus "Órgãos". Esta ação "do Estado" é a efetividade, a realização da norma jurídica. Isto fica muito bem caracterizado quando o Estado sanciona ou pune. Todo o processo para apuração do crime ou da infração e determinação das sanções aplicáveis, é executado pelo Estado. Da mesma forma a aplicação da própria sanção.

O Estado atuará sempre através de seus órgãos. Note-se, porém, que algumas ações serão praticadas por indivíduos que não são órgãos do Estado. Por serem estes atos, em princípio, atribuídos ao Estado, estes indivíduos, não investidos da função estatal, mas executantes de uma tarefa, no sentido material e restrito, são também chamados ESTADO. É o caso de escolas, hospitais, rodovias, ferrovias em contraste com as Câmaras Legislativas, Tribunais, órgãos materiais e formais do Estado.

Sem nenhuma dúvida, pois, que do ponto de vista do Direito, o Estado é um fenômeno jurídico. Entendemos, entretanto, que não se identifica com a ordem jurídica total. Se ele é criado pela ordem jurídica que o organiza, dá-lhe estrutura e "ordem", determina a criação e divisão de poderes, distribui competências, parcelas de poder, cria e forma seus órgãos, a finalidade da ordem é muito maior do que a instituição e ordenação do Estado.

Na verdade, aí estão todos os direitos fundamentais do homem. O Estado deve servir o cidadão e não ser servido por ele. A dignidade humana, a liberdade de expressão e de culto,

---

354. Ibidem, p. 275.

o trabalho são valores que informam todo o ordenamento jurídico. Os valores sociais como o direito ao desenvolvimento, direito ao meio ambiente equilibrado são outros direitos comunitários, mas não referentes ao Estado.

O Estado existe para que se cumpra o Direito, representado ali pela ordem jurídica posta pela Constituição. O Estado submete-se à Constituição e à Lei.

5.1.4. Elementos do Estado

Três são os elementos do Estado: território, povo e soberania.

5.1.4.1. Território

É da essência do Estado ocupar um território cujos limites são os limites do espaço, dentro das fronteiras, onde a ordem jurídica será aplicada. Observe-se que o espaço acima e abaixo do território visível é considerado território para o exercício do poder coercitivo do Estado.

O Estado moderno é uma "corporação de base territorial"[355]. Mas o Estado nem sempre foi assim. Na época das grandes invasões, nota-se a organização superior de povos nômades, como os hunos, comandados por Gengiskan que invadiram a Europa Central e fizeram acordos com várias comunidades (Séc. V).

ROUSSEAU, citado por ZIPPELIUS, no Contrato Social, já observara uma mudança, na consciência de Estado, ao escrever que os monarcas da antigüidade designavam-se, Rei dos persas, dos lithos, dos macedônios, parecendo reconhecerem-se como chefes de homens, mais do que chefes de um território. Aqueles de hoje, chamam-se, Reis da França, Reis da

---

355. ZIPPELIUS, REINHOLD, *in* "Teoria Geral do Estado", 3a Edição, Fundação Calouste Gulbenkian, Lisboa, 1997, p. 108.

Espanha, Reis da Inglaterra, etc. Tendo assim o território, estariam bem seguros de ter também os seus habitantes[356].

Mas a verdade é que o Estado, "concebido como uma unidade social concreta, parece subentender igualmente uma unidade geográfica: um Estado – um território"[357]. Nem sempre, porém, é uma unidade geográfica natural. É o caso das colônias, que não guardam nenhuma continuidade territorial, como a Índia, o Canadá e ilhas do Reino Unido. A unidade aí não se faz do ponto de vista do território mas simplesmente porque a ordem jurídica aplicada, válida para todas, é uma só.

"O território do Estado, na verdade, nada mais é do que a esfera territorial de validade da ordem jurídica chamada Estado"[358].

Os territórios se alargam com a faixa do mar territorial de áreas costeiras, sujeitas a restrição como a permissão a navios mercantes de passarem por suas águas territoriais. É o direito de passagem em tempos de paz. Ampliam-se, também, com a compreensão do espaço aéreo.

5.1.4.2. Povo como a totalidade de homens sob o mesmo poder estatal[359]

Como esfera pessoal de validade da ordem jurídica nacional, povo são os seres humanos que residem dentro do território e sobre os quais o Estado exerce o seu domínio.

Este conceito não coincide com o conceito de povos unidos por sentimentos comuns de origem, culturais ou de afinidade étnica, como falar a mesma língua. Há várias distinções do ponto de vista jurídico em relação aos habitantes de um

---

356. Ibidem, op. cit. 109/110.
357. KELSEN, op. cit. 299.
358. KELSEN, op. cit. 300.
359. ZIPPELIUS, REINHOLD, op. cit. p. 92.

Estado: a cidadania ativa é exercida apenas pelos nacionais; cargos do Estado, de alta responsabilidade, também. Daí ter surgido o direito dos estrangeiros, daqueles que não são nacionais ou que não estão sujeitos à ordem jurídica nacional.

5.1.4.3. Soberania

É o poder do Estado para a execução do Direito. O ideal seria o Estado utilizar-se de suas competências e exercitar a sua força na medida exata daquelas que lhe foram outorgadas pela Constituição. E, realmente exercê-las, sob pena de perder o crédito de seus súditos.

Acontece, porém, que o Estado descura do que lhe é imputado e, ao invés de manter a ordem e proteger seus habitantes, utiliza o poder que detém, para fins ilícitos, reprimindo atividades e o desenvolvimento cultural e econômico de seus cidadãos.

O Estado deve orientar e dirigir de maneira educativa os seus cidadãos. No campo tributário, por exemplo, deve criar incentivos fiscais, normas indutoras de conduta, desejável para a erradicação ou redução da pobreza ou mesmo supressão das desigualdades sociais e regionais.

Observe-se que há, hoje, uma única fonte soberana: o Estado. Entretanto, durante a monarquia, mantiveram-se poderes paralelos como a nobreza, clero, e, mesmo, cidades. Como os poderes eram hereditários, continuaram, apesar do poder do rei. Isso ocorreu mediante a concessão de imunidades pelos monarcas. O príncipe e estes estamentos tinham ambos: exército, tesouros, representações diplomáticas. Eram compromissos e mais compromissos[360].

JEAN BODIN considerou e, com razão, a soberania, a característica essencial do poder do Estado[361]. A majestade soberana

---

360. ZIPPELIUS, REINHOLD, op. cit. p. 72.
361. BODIN, JEAN, (1530-1596) "Lex six livres de la republique", apud Zippelius, op. cit., p. 75.

era o poder de legislar (portanto o ponto principal era o jurídico). Todos os demais direitos submetiam-se à legalidade. Esta soberania deveria ser independente e absoluta. Isto quer dizer que a lei se impunha apesar de os súditos não consentirem nela.

O Estado manterá a sua independência perante poderes internos do Estado. Os conflitos sociais devem submeter-se e serem decididos por uma instância imparcial e diversa das partes contendantes, cuja decisão será imposta e aplicada sem o consentimento destas[362]. O poder é central e tem o poder decisório supremo.

Na época absolutista a soberania identificava-se na pessoa do soberano. Só a partir do Século XVIII passou o Estado, como resultado de uma cooperação juridicamente coordenada com a divisão e independência dos Poderes: Legislativo, Executivo e Judiciário e, com a divisão de competências, embora mantendo o poder unificado, a descentralizar-se, diluindo assim, a concentração do poder até então identificado numa só pessoa.

A Constituição como criadora da ordem jurídica positiva, como criadora do Estado, da forma de sua instituição, passa a ser o centro de poder ao qual convergem todas as demais participações do Poder.

O Estado, embora criador da lei, submete-se à Constituição, pois deverá criá-la, dentro do campo material por ela, Constituição, discriminado e conforme o processo de sua produção, também por ela determinado.

É o poder Constituinte – o Povo – quem institui a Constituição. Esta constitui o Estado de Direito onde se destacam os órgãos constitucionais de produção das leis – Legislativo – da aplicação das leis – Executivo – e dos julgamentos de litígios – Judiciário.

O povo, na verdade, é o titular do poder supremo. "A partir de Rousseau, o princípio democrático impôs-se, então, como

---

362. Ibidem, p. 76.

princípio fundamental, o verdadeiro ato de legiferação constitucional: se o povo é a fonte da legislação, então deve ser, por maioria de razão, o titular exclusivo do poder constituinte"[363].

A unidade do poder do Estado atual provém, pois, da origem única e da unidade do poder constituinte. E é inconteste. Não existem direitos paralelos. Se os há serão ilícitos.

A demonstração de legitimação é tema de valoração. A História demonstrou que alguns fins só podem ser atingidos com a existência do Estado: garantir a ordem e a paz; uma ordem justa. Só com essas premissas poderão os homens conseguir o pleno desenvolvimento de suas personalidades e auxiliarem-se mutuamente[364].

A globalização, porém, com negociações internacionais paralelas realizadas por agentes internacionais, tem criado sérios problemas à atuação dos Estados, cujo poder se restringe aos limites territoriais. Estas empresas transnacionais operam no mundo, sendo a sua única finalidade o lucro. Os meios o justificam o que ocasiona a predação de atividades lícitas por países pobres ou em vias de desenvolvimento que não conseguem vender seus produtos em órbita internacional.

5.1.5. Formas de Estado: Monocracia, Aristocracia e Democracia

A forma de Estado dependerá da forma como se participa do poder.

Ou é uma monocracia, o governo de um único indivíduo ou uma aristocracia, o governo de vários, ou democracia, o governo do povo, sempre de acordo com a lei. Caso contrário, ter-se-ia a tirania (no governo de um) a oligarquia (no governo de vários) ou uma democracia decadente.

Nas "Leis" de PLATÃO restaram apenas dois tipos de governo: monarquia e democracia. ARISTÓTELES apoia-se nas

---

363. Sieyes – apud Zippelius, op. cit. p. 79.
364. ZIPPELIUS, REINHOLD, op. cit. p. 150.

tripartição das formas de governo: monarquia, aristocracia e democracia, com forte direção ética, a utilização do poder tendo por fim o bem comum.

A idéia de controle do poder desde que distribuído em várias mãos provém da antigüidade. Procura-se contrabalançar as parcelas de poder de forma a que não se permita que uma prepondere sobre as demais.

Em Roma, CÍCERO, *in De republica*, obra dedicada ao Estado, empenhou-se profundamente no estudo de uma constituição mista. Criticou o governo de um só indivíduo pela conseqüente falta de liberdade de todos os outros de se manifestarem e decidirem as proposições políticas. A submissão é total, seja o governante um títere cruel ou uma pessoa compreensiva e complacente. Segundo Cícero para os povos, a única diferença é, ou serem servos de um senhor afável ou de um senhor cruel, mas servos sê-lo-ão de qualquer dos modos (I 50)[365].

Por outro lado, na aristocracia, não há também participação das massas no governo. Se os governantes formarem uma elite capaz e ética, poder-se-ia concordar com ela. Mas se o governante se encontrasse ali por acaso, neste caso sobreviverá o fracasso tão rapidamente como num navio, cujo leme seja entregue a um capitão sorteado de entre os passageiros (I 51)[366].

Já a liberdade de todos poderia encontrar-se na democracia. Mas, mesmo aí, impossível todos se manifestarem com igualdade.

A verdade é que formas puras, tais como as descrevemos, são fáceis de degenerar. Eis o porque de, já em sua época, CÍCERO recomendar uma forma eclética, combinando as três formas (I 45). A Constituição de Roma antiga tinha esta forma: os cônsules constituíam o elemento monárquico, o Senado, o

---

365. Apud Reinhold Zippelius, op. cit. p. 207.
366. Ibidem, p. 208.

aristocrático e os comícios, o democrático. Este era um fator de equilíbrio o que poderia indicar uma certa perenidade[367].

Esta idéia foi retomada por São Tomás de Aquino na Suma Teológica. O mesmo com Maquiavel. A união, num mesmo Estado, da monarquia, aristocracia e democracia possibilitaria que esses, vigiando-se mutuamente, tornassem o Estado mais estável.

5.1.6. Tipos de Estado: Estado Totalitário e Estado Liberal

5.1.6.1. Estado Totalitário

O Estado Totalitário tem por objeto abarcar e dar forma a toda a vida da comunidade. Diverge este entendimento do Estado autoritário, autocrático. Na realidade, porém, pode ocorrer de as três características virem a conviver. Autoritário porque não se submete à maioria democrática. Autocrático: domínio por autoridade própria.

Contrapõe-se ao sentido de Estado Liberal.

Totalitarismo (embora existente em algumas nações do mundo antigo) tem a conotação atual, desenvolvida a partir da 1ª Grande Guerra Mundial. Seu significado: interferência em todos os sentidos da vida como o stalinismo na Rússia, o nazismo na Alemanha e o fascismo na Itália. Exige-se, não só obediência à lei, mas convicção pessoal de que o sistema é o melhor e não falha. Esta é a autocracia nascida na ditadura do partido bolchevista e fascismo. Na Rússia é produto da Revolução Socialista sendo sua base intelectual a teoria marxista da luta de classes e da ditadura do proletariado. O fascismo foi a ditadura de um partido de classe média na Itália. O líder do partido é também o chefe do Estado. É o Estado unipartidário. Todas as liberdades políticas de expressão e as de impressa são completamente suprimidas[368].

---

367. ZIPPELIUS, REINHOLD, op. cit. p. 208.
368. KELSEN, HANS, *in* "Teoria Geral do Direito e do Estado", Martins Fontes, São Paulo, 2000, pp. 430-431.

5.1.6.2. Estado Liberal

Antes de tratarmos propriamente do Estado Liberal é necessário distinguir: conceito de liberdade, do liberalismo, e conceito democrático de liberdade. O primeiro refere-se a liberdade do *status negativus*, o espaço de liberdade de atuação individual em face do Estado. O conceito democrático, de liberdade, por sua vez, é a liberdade do *status activus*, a liberdade de participar da vontade comum. Isto não quer dizer que a maioria democrática aja deliberada e independentemente. Ela pode, sim, exercer uma tirania muito especial[369].

Fruto do iluminismo do Séc. XVIII deu preeminência à autonomia moral do indivíduo e à teoria do liberalismo econômico que não admitia interferência na iniciativa privada. Esta, defendendo adequadamente os próprios interesses, desenvolveria igualmente um equilíbrio de forças na economia.

Estes dois focos colocaram limites à ação estatal, dando-lhe um papel de polícia. Não poderá interferir na vida de seus súditos mas deve garantir-lhes a propriedade e segurança.

Coube ao Estado, segundo ADAM SMITH três papéis: a) proteger a nação de ataques externos; b) garantir internamente a administração da justiça de forma imparcial; c) manter as instituições públicas necessárias à manutenção da ordem.

O princípio da liberdade do exercício profissional e de estabelecimento profissional foram acrescidos ao rol dos direitos fundamentais do homem.

---

369. Ricardo Lobo Torres ao tratar da Teoria do *status*, construída por Jellinek e acrescentada por vários outros autores, ensina que a problemática do relacionamento entre os direitos humanos - e suas imunidades fiscais – e o Estado compreende o *status negativus*, o *status positivus libertatis* e o *status ativisprocessualis*, mas exclui o *status positivus socialis*. Tratado de Direito Constitucional, Financeiro e Tributário, Vol. III, Os Direitos Humanos e a Tributação: Imunidades e Isonomia, Ed. Renovar, Rio de Janeiro, 1999, pp. 69 a 72.

5.1.7. O Estado Constitucional de Direito

Após esta aproximação, para melhor entendimento do que seja o Estado, veremos de que forma a Constituição o forma e conforma e de que modo o Poder Legislativo, como Poder Constituído e integrante do Estado, constroe o ordenamento jurídico no qual se insere o próprio Estado, também como súdito da lei. Chegamos assim ao ponto que desejáramos tendo em vista o presente trabalho, à possibilidade de conhecimento e análise do Estado Constitucional de Direito, especificamente da Constituição Brasileira.

Vimos que as formas de estado envolvem a participação no poder de um só indivíduo, monocracia, de um grupo de indivíduos, aristocracia, ou de toda a nação, democracia representativa.

Vimos que há dois tipos de Estado com características específicas: o Estado Liberal e o Totalitário. É de se observar que hoje não há, com raras exceções, um Estado totalmente Liberal, ou totalmente Totalitário.

A história recente retrata um mundo globalizado onde os Estados estão eivados de pluralismo em todos os sentidos, especificamente o pluralismo econômico, interno e externo.

O grande desafio que se coloca é o da liberdade. Como limitar a liberdade de cada um, em função de uma vida comunitária. E, como limitar a atuação do Estado, prevenindo a expansão totalitária do poder, quer seja uma monarquia absolutista, quer seja uma democracia representativa. Sim, porque em ambas, pode-se chegar à tirania do Estado em relação ao seus súditos.

A grande conquista foram os princípios, normas carregadas de valor, vigas fundantes do Estado Democrático de Direito caracterizadores dos direitos fundamentais do homem: vida, liberdade, propriedade e legalidade: "ninguém é obrigado a fazer ou deixar de fazer algo, senão em virtude da lei", norma geral e abstrata, imparcial, para todos, que são iguais perante a lei.

O Estado não pode interferir no domínio dos direitos individuais. Este campo é o território de defesa dos cidadãos, o *status negativus* da liberdade. Por outro lado, o cidadão tem o *status activus*, a liberdade de votar e escolher os seus representantes. A participação efetiva na vontade política da sociedade, os direitos de participação consistem, no conceito de liberdade que surgiu com ROUSSEAU, o *status activus*.

Procurar-se-á, neste Capítulo, além de objetivar a teoria da constituição, equilibradamente objetivar a própria Constituição Positiva, reconhecendo a sua força normativa. A integração no seu corpo de leis, dos princípios fundamentais da justiça é que tornara o direito, um Direito Justo.

"Ensinar o Direito Constitucional é um ato de cultura e de humanismo" diz J.J. GOMES CANOTILHO, a propósito do seu "Direito Constitucional" ao afirmar não se tratar de um manual, nem de um Tratado[370].

"O direito constitucional é um *inter texto aberto*. Deve muito a experiências constitucionais, nacionais e estrangeiras; no seu "espírito" transporta idéias de filósofos, pensadores e políticos; os seus "mitos" pressupõem as profundidades dos arquétipos enraizados dos povos; a sua "gravitação" é, agora, não um singular movimento de rotação em torno de si próprio, mas um amplo gesto de translação perante outras galáxias do saber humano"[371].

O Direito Constitucional pós-moderno é um direito pós intervencionismo.

Os direitos fundamentais continuarão a ser o norte e o veio essencial à legitimação da constituição e do poder político[372].

---

370. CANOTILHO, J.J. GOMES in "Direito Constitucional", 5a edição, Livraria Almedina, Coimbra, 1991.
371. CANOTILHO, J.J. GOMES in "Direito Constitucional", 5a edição, Livraria Almedina, Coimbra, 1991, p. 1.
372. Ibidem, p. 3

A Constituição é um pacto fundador, documento escrito de ordenação sistemática e racional da comunidade política, esta, como campo das decisões obrigatórias, dotadas de *autoritas* e de *potestas*. O termo "político" está sempre ligado à "decisão" e "poder", pois "o político é toda relação de domínio de homens sobre homens, suportado por meio de violência legítima" (MAX WEBER)[373]. E, mais "o político reconduz-se as decisões "colectivizadas" soberanas, coercitivamente sancionáveis" (G. SARTORI)[374].

Segundo ZIPPELIUS o político transporta sempre dois componentes: um componente fáctico e um "componente normativo".

Ainda, segundo LUHMANN, o sistema político organiza-se segundo um código binário que lhe permite, por um lado, diferenciar-se do meio ambiente e auto reproduzir-se, e, por outro lado, estar aberto às contingências dos subsistemas que o circundam[375].

Pode-se concluir que o sistema político é um sistema de interações múltiplas, influenciado pelo mundo circundante, consistindo um sistema aberto, apropriado às adaptações necessárias ao mundo dinâmico que o cerca.

O Estado Constitucional de Direito cria o Estado e explicitamente (ou implicitamente) enumera os direitos fundamentais do homem que permitirá ao cidadão posicionar-se em face do poder de Estado, pleiteando direitos.

O Estado Contemporâneo é um Estado de Direito

O Estado Contemporâneo é um Estado Constitucional de Direito e Democrático. Uma lei fundamental escrita, conforma o Estado, de um lado, e os direitos fundamentais do homem,

---

373. Ibidem Max Weber, por J.J. Gomes Canotilho, op. cit. p. 32.
374. Ibidem G. Sartori, por J.J. Gomes Canotilho, op. cit. p. 32.
375. apud J.J. Gomes Canotilho, op. cit. p. 48.

de outro. O Estado ali está, como ordem central organizacional, como centro produtor de normas: Poder Legislativo; centro de direção e aplicação destas normas: Poder Executivo; centro de jurisdição, de resolução de litígios, de forma eficaz e imparcial: Poder Judiciário. O Estado no sentido moderno exige uma organização administrativa própria, um organismo burocrático. O centro do poder se realiza através de delegação de parcelas de poder a órgãos formadores da administração descentralizada na organização burocrática.

O Estado existe para servir o cidadão. Não o contrário.

A idéia de sistema impregna a idéia de Constituição. Isto porque a Constituição é a normatização das relações sociais existentes no mundo fático, entre os cidadãos e entre estes e o Estado. Há, pois, necessidade de este Instrumento Jurídico Fundamental revelar uma sistematização das matérias, da forma mais perfeita possível.

"A concepção de ordenamento jurídico como sistema é constância com o aparecimento do Estado Moderno e o desenvolvimento do capitalismo"[376].

Com efeito, o direito é sistema, conjunto ordenado de elementos que tem por finalidade realizar a justiça, igualdade e segurança. É um organismo criado pelo homem, informado pelo princípio da imputação.

Tércio Sampaio Ferraz Junior ao discorrer sobre sistema fala de "repertório" e "estrutura". Repertório é o conjunto de elementos que integram um determinado sistema; estrutura é o conjunto de regras de relacionamento entre os elementos componentes do sistema. Ambos (repertório e estrutura) integram o sistema que deles se compõe.[377] "O sistema aparece como objeto formado de porções que se vinculam debaixo de

---

376. FERRAZ JUNIOR, TÉRCIO SAMPAIO *in* "Introdução ao Estudo do Direito", Editora Atlas, São Paulo, 1995, p. 167.
377. Ibidem, p.

um princípio unitário ou como a composição de partes orientadas por um vetor comum.[378]"

Juan Manoel Terán sintetiza: "Sistema es un conjunto ordenado de elementos según um punto de vista unitario".[379]

Paulo De Barros Carvalho chama a atenção para a existência de dois sistemas: o sistema do Direito Posto e o sistema da Ciência do Direito. São dois corpos de linguagem. No Direito Posto, plexo de enunciados prescritivos, as normas estão dispostas em estruturas hierarquizadas. Uma norma encontra fundamento em outra norma, até chegar-se à norma fundamental. Já o sistema da Ciência do Direito é descritivo do Direito Posto, anotando que a relação de causa e efeito, o liame entre o fato jurídico e seus efeitos obedece ao princípio da imputação.[380]

Gerado Ataliba, a propósito da Constituição, diz que "a ciência do direito ensina que as constituições nacionais formam sistemas, ou seja, conjunto ordenado e sistemático de normas, construído em torno de princípios coerentes e harmônicos, em função de objetivos socialmente consagrados".[381]

Observe-se que no sistema normativo, as normas jurídicas, elementos integradores, mantém funções em subordinação (hierarquia) e coordenação, de modo harmônico, sempre guiados e informados pelos princípios.

Os sistemas constitucionais constroem o Estado, discriminam os órgãos do Poder, definindo sua competência e disciplinam as relações entre o Estado e os indivíduos.

---

378. CARVALHO, PAULO DE BARROS, *in* "Curso de Direito Tributário", Ed. Saraiva, São Paulo, 2002, p. 128.
379. TERÁN, JUAN MANOEL *in* "Filosofía del Derecho, Editorial Porrua S.A., México, 1980, p. 146 (apud José Arthur Lima Gonçalves, op. cit., p. 41.
380. CARVALHO, PAULO DE BARROS *in* "Curso de Direito Tributário", Editora Saraiva, 14ª edição, São Paulo, 2002, pp. 102 e segs. e 132 e segs.
381. ATALIBA, GERALDO *in* "Sistema Constitucional Tributário", São Paulo: Revista dos Tribunais, 1968, p. 3.

É neste sistema mais amplo que se abriga o Sistema Constitucional Tributário em coordenação com o maior, mas mais específico, criando competências e as formas de seu exercício (em consideração ao regime federativo do Estado), ainda, discriminando os tributos, etc. Não resta a menor dúvida que a autonomia política só vingará se houver autonomia financeira.

Não há como ignorar a rigidez do Sistema Constitucional brasileiro, especificadamente do seu subsistema que vai atingir os direitos do cidadão, na sua liberdade e propriedade, exigindo parte de sua riqueza para suportar os gastos do Estado e, assim, redistribuir bem estar social, traduzido em saúde, educação, organização, oferecendo condições de trabalho estável e saudável.

A liberdade do legislador ordinário existirá mas na medida dos quadrantes fixados na Constituição.

Decorre da rigidez constitucional que, por sua vez, decorre do Sistema Federativo. "Não há lugar para, no regime da Constituição de 1946 se reconhecer como juridicamente válidos dois impostos com o mesmo fato gerador. Porque é relevantíssimo salientar – a Constituição não procedeu a simples enumeração de *nomina juris* quando, nos arts. 15, 19 e 29, fixou as competências tributárias. Pelo contrário, atribuiu a cada entidade política um fato gerador distinto e identificável só consigo mesmo... Esse o objetivo inconstratável alcançado, dada a perfeição técnica das fórmulas jurídicas empregadas pelo constituinte de 1946"[382]. Adotou-se, pois, a impossibilidade de bitributação.

Mas, nem sempre foi assim. A sistematização do Direito é resultado do desenvolvimento do conceito de Estado.

O absolutismo da monarquia, fundado na teologia *jus naturalista*, de um poder divino, representado pelo monarca, e os privilégios da nobreza haviam caído por terra com a Revolução

---

382. ATALIBA, GERALDO op. cit., p. 26.

Francesa. "A queda da Bastilha simbolizava, por conseguinte, o fim imediato de uma era, o colapso da velha ordem moral e social erguida sobre a injustiça, a desigualdade e o privilégio, debaixo da égide do absolutismo; simbolizava também o começo da redenção das classes sociais em termos de emancipação política e civil, bem como o momento em que a Burguesia, sentindo-se oprimida, desfaz os laços de submissão pacífica ao monarca absoluto e se inclina ao elemento popular numa aliança selada com as armas e o pensamento da revolução; simboliza, por derradeiro, a ocasião única em que nasce o poder do povo e da Nação em sua legitimidade incontrastável"[383].

Para tanto foi necessária a conscientização e a liberação interior do povo o que só pôde ocorrer com o aparecimento do "Espírito das Leis" de Montesquieu que, com a Divisão dos Poderes, faz a primeira quebra do Poder, até então concentrado numa única pessoa e, do "Contrato Social" de ROUSSEAU que fala do estado da natureza do homem e da necessidade de firmar um contrato social para a união, harmonia e desenvolvimento.

Afirma BONAVIDES que o fundamento filosófico da nova concepção apoia-se também no direito natural mas já deslocado da divindade para o homem, articulado com a razão[384].

O Estado Moderno é o resultado da passagem do Estado Absoluto para o Estado Constitucional.

É o governo absoluto da **lei**.

Pode-se, analisando o Estado Constitucional distinguí-lo em 3 vertentes: 1) Estado Constitucional da Separação dos Poderes (Estado Liberal); 2) Estado Constitucional dos Direitos Fundamentais (Estado Social) e 3) Estado Constitucional da Democracia Participativa (Estado Democrático Participante)[385].

---

383. BONAVIDES, PAULO *in* "Teoria do Estado", 5a edição, Malheiros Editores, SP, 2004, p. 36.
384. Ibidem, p. 36.
385. Ibidem, p. 37.

5.1.7.1. Estado Constitucional da Separação de Poderes

Foram os Estados que surgiram após a Revolução da Independência Americana (1776) e Revolução Francesa (1789) que consagraram a fórmula da divisão de Poderes, quebrando o poder de uma só autoridade que caía constantemente no arbítrio.

Acresça-lhe a Declaração dos Direitos do Homem, inspirada nos ensinamentos dos líderes da liberdade (LOCKE, MONTESQUIEU, ROUSSEAU, CONSTANT) e que foi o fundamento dos Constituintes de 1791 e 1793. É a garantia dos direitos individuais, civis e políticos.

Assim a Separação de Poderes integrou a Declaração de Direitos, pois não há justiça, nem Direito onde a autoridade governa como quer e não se sujeita a limites[386].

"Toda sociedade, em que não se assegura a garantia dos direitos, nem se determina a separação de Poderes, não tem Constituição".

É o tempo do Estado Liberal, autêntico enquanto permaneceu fiel às estruturas existentes em seu nascedouro.

5.1.7.2. O Estado Constitucional dos Direitos Fundamentais

Neste, a preocupação já não é mais com a liberdade, mas com a justiça, como valor social.

Os direitos de justiça abrangem os direitos sociais e os direitos ao desenvolvimento[387]. "O binômio justiça/liberdade torna-se, de imediato, o pedestal do Estado Constitucional dos direitos fundamentais"[388]

É o Estado Social.

---

386. Ibidem, p. 39.
387. Ibidem, p. 42.
388. Ibidem, p. 42.

A legalidade que imperava e estava aliada à legitimidade, de forma conjunta enquanto perdurou o Estado Liberal, desassocia-se desta e, pior, fica subordinada a uma legitimidade. "Quando se inaugurou, porém, a nova idade constitucional dos direitos sociais, como direitos de 2ª geração, a legitimidade – e não a lei – se fez paradigma dos Estatutos Fundamentais"[389].

A legitimidade se refere aos princípios; a legalidade, às normas de conduta. As leis passam a ter eficácia se conformes aos direitos fundamentais. Era a Supremacia da legitimidade sobre a legalidade, da Constituição sobre os Códigos e Leis; dos princípios sobre as normas[390].

São, pois, os direitos fundamentais a base da legitimidade do Estado.

Quando foram inseridos na Constituição, como direitos fundamentais, tornaram-se os princípios vetores do ordenamento jurídico, impregnando-o de tal forma que só se tornam válidas as normas jurídicas que estiverem consonantes com os princípios que as informam.

5.1.7.3. O Estado Constitucional da Democracia Participativa

O Direito dos Povos e das Nações, direito coletivo, (homem no plural) é direito ao meio ambiente, ao patrimônio comum da humanidade e direito ao desenvolvimento.

Já a titularidade dos direitos individuais e sociais é a de um só.

O direito à democracia participativa toma vulto, como direito fundamental. A sua introdução nas Constituições, faz-se, pois, essencial e necessária.

A soberania constitucional nada mais é do que a representatividade, a vontade popular, expressa na Lei Fundamental, a

---

389. Ibidem, p. 44.
390. Ibidem, p. 45.

Constituição. Só o Poder Constituinte pode legitimar o Estado de Direito.

Os princípios criam o Estado de Direito; são constituintes. Têm voz ativa. Já as leis são criadas, conforme o Estado criado e o Poder Legislativo. São estatuídas. Representam a voz passiva.

O princípio também é norma e, norma constitucional. Difere das demais porque é norma carregada de valor.

O Sistema Jurídico é o conjunto de normas jurídicas, repertório disposto racionalmente (e não caótico), constituído dos princípios (de forte cunho axiológico), de normas de estrutura (que indicam o procedimento para a criação de outras normas) e normas ordinárias (veiculadas pelo Poder Legislativo).

Os princípios são sempre normas. Embora nasçam no mesmo átimo que as demais normas constitucionais, na verdade devem impregnar todas as demais na própria Constituição e, as normas veiculadas pelo Poder Legislativo, sendo o seu fundamento e o seu alicerce.

Daí a forma de governo dever ser, necessariamente, a republicana. Esta deve prevalecer sob pena de estar-se em face de uma ditadura constitucional. A Ditadura Branca representada pela absorção do poder pelo Poder Executivo, com a suplantação do Poder Legislativo e do Judiciário, relegados a uma função secundária e submissa, é a fonte do arbítrio que leva aos desmandos e ao exercício caótico e desautorizado.

A soberania vem do povo e para ele se volta.

5.2. Da Constituição

A Constituição é a lei básica de uma nação, "expressão primária da vontade coletiva organizando-se juridicamente no Estado"[391]. O poder constituinte, manifestação mais alta dessa

---

391. FAGUNDES, M. SEABRA *in* "O Controle dos Atos Administrativos pelo Poder Judiciário", Forense, Rio de Janeiro, 4ª edição, 1967, p. 15.

vontade constrói a estrutura geral do Estado, organiza os poderes públicos e define os direitos fundamentais do indivíduo.[392]

O Estado realizará os seus fins mediante as três funções em que se reparte a sua atividade: a legislativa, na criação das normas integrantes do direito positivo, a executiva e a judiciária. As últimas prendem-se à tarefa de aplicação do direito: administrar: aplicar a lei de ofício e julgar, aplicar a lei contenciosamente.[393] Quase todas as organizações políticas adotaram a tripartição dos poderes, classificação das funções do Estado, feita magistralmente por Montesquieu. Com efeito, a História demonstrou a sua utilidade, imprescindível não só para esquematizar funções diversas do poder, como impedir que o poder se concentrasse na mão de um ou de poucos.

5.2.1. Conceito de Constituição

> "A Constituição é a institucionalização do poder público, tomada a expressão poder no seu sentido mais lato e abrangedor [394]."
>
> Geraldo Ataliba

O conceito de Constituição é universal. A história mostra que todas as sociedades minimamente organizadas politicamente tiveram normas fundamentais expressivas de conteúdo social.

Na Grécia, fala Aristóteles da *politeia* que trata da totalidade da estrutura social da comunidade. A Constituição refletia a organização desta sociedade. "A Constituição do Estado tem por objeto a organização das magistraturas, a distribuição dos poderes, as atribuições da soberania, numa palavra, a determinação do fim especial de cada associação política"[395].

---

392. Ibidem, p. 15.
393. Ibidem, p. 16.
394. ATALIBA, GERALDO, *in* Sistema Constitucional Tributário Brasileiro, pág. 3.
395. ARISTÓTELES, Política, 1905, p. 293, apud de J.J. M Canotilho, op. cit. p. 60.

Já em Roma a Constituição significava a organização jurídica do povo. *"Populus"*, neste sentido representa a própria cidade, tendo já uma conotação jurídico–política.

O sentido de Constituição como *"lex fundamentalis"*, como lei limitativa dos poderes dos soberanos nasce na Idade Média, mais propriamente na França onde se distinguiam as "lois de royaume" das "lois du roi" (Séc. VI)[396]. Eram as leis "da terra" e de direito natural, que o rei deveria respeitar. Chamam-se leis fundamentais por tratarem da constituição do reino e, por isto mesmo, serem consideradas superiores.

A idéia atual de Constituição como ordenação sistemática e racional da comunidade política, mediante um documento escrito, surgiu no Séc. XVIII, com o movimento constitucional, como conseqüência da concepção de liberdade, igualdade e fraternidade que deveria inspirar a Constituição do Estado e que foi o fundamento das Revoluções Americana e Francesa. Não se esqueça, porém, que os prenúncios do reconhecimento de direitos e liberdades civis aconteceram na Inglaterra, em 1.215, quando os nobres exigiram de João sem Terra, a Magna Carta. Esta veio justamente a tratar da forma de tributação: nenhum tributo poderia ser cobrado se não estivesse institucionalizado por lei. Outros fatos ocorreram neste período que constatam a origem do reconhecimento de direitos humanos que se desenvolvendo no tempo, culminaram com a Revolução Francesa.

5.2.2. A Constituição Escrita: Material e Formal

A Constituição Escrita, nos países de tradição e origem romana, onde prevalecem as leis escritas e o direito codificado, parece ser um motivo de segurança jurídica.

Ao contrário da plasticidade das Constituições flexíveis, estabelece critérios rígidos para sua alteração, diversos daqueles exigidos para alteração de normas pela legislação ordinária.

---

[396]. CANOTILHO, J.J. M op. cit. p. 61.

As Constituições não escritas existem nos países de direito consuetudinário.

Com razão, a publicidade, a racionalidade, a rigidez que se inferem de um documento escrito, onde se espelha o conteúdo e plenitude das relações sociais existentes na comunidade e na nação, parecem proporcionar a tão almejada justiça e segurança jurídica. A forma, com que se cria e se conforma o Estado de Direito e, ainda e principalmente, se expressam os direitos e garantias fundamentais dos cidadãos, permitem a razão de sua defesa, em face do poder do Estado, oferecendo a tão almejada possibilidade de realização de justiça e segurança jurídica.

As constituições sob o seu aspecto formal, emanam do poder constituinte, uma Assembléia. Este poder é democraticamente escolhido e indicado pelo povo e produzirá a Constituição em estrita obediência a um procedimento previamente determinado. O Poder Constituinte tem de ser um Poder Legítimo para poder dar legitimidade e fundamento à Constituição. Sob este ponto de vista, são constitucionais as normas criadas por fontes constitucionais e as leis constitucionais de revisão.

A finalidade primordial da Constituição é normativa: a positivação de normas constitucionais, como resultado do poder de decisão, normas impositivas e que passam imediatamente a ter eficácia refletindo em todas as direções do ordenamento jurídico como um todo.

Sob o aspecto material são todas as normas que conformam o Estado, dando-lhe estrutura e maleabilidade, juntamente com normas dirigidas à sociedade, bem como todos os princípios, "normas princípios" que se implantam na Constituição e, conseqüentemente no ordenamento jurídico, como valores que devem impregnar cada norma jurídica posta no sistema. Aqui se considera *"prima facie"* o conteúdo da norma: seriam as normas constituintes do Estado e os direitos fundamentais, liberdades e garantias.

Não há, porém, um consenso quanto ao que seja matéria constitucional. Assim, qualquer matéria inserta na norma básica será constitucional, ao menos por ter sido considerada de tal valor que, o poder constituinte para resguardá-la, ali a incluiu.

CANOTILHO traz um rol de matérias constitucionais, tratadas em leis ordinárias: Lei sobre Partidos Políticos, Lei sobre Direito de Oposição Democrática e Lei de Crimes de Responsabilidade Política dos Titulares dos cargos políticos[397] dentre outras.

Parece-nos que estes exemplos são na verdade a complementação material das normas contidas na Constituição sobre o princípio republicano e que, justamente, vêm tratar das liberdades políticas, da eleição dos representantes do povo no processo democrático, inscritos nos partidos políticos, e de sua responsabilidade criminal.

Com relação à responsabilidade política dos titulares dos cargos políticos, a lei portuguesa que trata da matéria, nada mais faz do que prever as conseqüências da utilização ilícita de parcela de poder político, traduzido nas competências constitucionais.

A toda a liberdade, corresponde responsabilidade. Se a Constituição faz a repartição de competências e comete a um ente público, sejam as pessoas jurídicas de Direito Público Interno, no Brasil: União, Estados, Distrito Federal e Municípios, sejam órgãos descentralizados da administração indireta, como autarquias, sejam empresas públicas, sejam representantes dos Poderes Legislativo, Executivo e Judiciário, esses serão responsáveis pelo direcionamento e trato dado à matéria que a Constituição lhes incumbiu.

Entretanto, nada acontece a estes titulares de cargos políticos no Brasil. Um Governador "pode" tratar, em Decreto, de matéria reservada à Lei. Ministérios e Secretarias Públicas

---

397. Respectivamente: DL 595/74, Lei 59/77, Lei 34/87; op. cit. p. 70.

publicam "normas" que só deveriam ser matéria de Lei. Normas regulamentares de Departamentos da Secretaria do Meio Ambiente criam e cobram impostos sob o manto disfarçado de taxas. Levada a matéria ao Judiciário, se este concluir pela sua inconstitucionalidade, deixarão de ser aplicadas. Entretanto nada acontece com quem as criou.

Estas matérias são, sim, matérias constitucionais, embora estejam sendo tratadas por leis complementares à Constituição, ou leis ordinárias. Tanto são constitucionais que, quando a sua materialidade é levada à análise da Corte Constitucional, o Supremo Tribunal Federal, este, ou decide que a matéria é constitucional ou que é inconstitucional.

5.2.3. Estrutura Constitucional de acordo com o Modelo do Estado que adota: Liberal, Social ou Socialista

A Constituição será estruturada tendo em vista o tipo de Estado que vai criar: Liberal, Social ou Socialista.

Abrimos um parêntesis para dizer que o Estado Totalitário, como ditadura de uma classe, não será objeto de uma Constituição, dada a grandeza e compreensão dessa, que abriga não só a conformação do Estado, mas também e, principalmente, os princípios vetores, consubstanciadores dos direitos fundamentais do homem, liberdades civis e garantias. A Constituição surgiu exatamente após a concepção de um Estado onde as liberdades dos indivíduos se fizeram reconhecidas: liberdade, igualdade e fraternidade, contrapostas ao poder monocrático do rei, na sangrenta Revolução Francesa e no movimento de independência nos Estados Unidos da América.

Assim Constituição e Regime do Estado Totalitário são termos contraditórios pois a Constituição é criada por um poder constituinte legitimamente eleito pelo povo para representá-lo.

Já discorremos sobre as formas de Estado, ou seja, de como se participa do poder, sendo elas, as Monocracias (Governo de um só) Aristocracias (Governo de uma elite) e Democracia (o

Governo de todos, representado pelo povo). Estas poderiam degenerar-se, dando como resultado: a Tirania, a Oligarquia ou uma Democracia decadente. Todas as formas puras de Estado têm a tendência de degenerar.

Lembramos que não há, na contemporaneidade, com raras exceções, um Estado totalmente liberal, social ou socialista. Cada tipo estará colorido com as tintas de outros.

Da mesma forma, adotado um modelo do passado, não haveria um Estado totalmente monocrático ou aristocrático ou democrático. Poderia haver, como há, as monarquias na Europa, mas como Monarquias Representativas, com o Congresso representando o povo.

Entendemos que as lições da História foram aprendidas e que não há classe, muito menos um só governante, que se sustente no Poder, sem, ao menos, ouvir as outras classes. O homem está cansado de ser servo e só admite obedecer a lei.

CÍCERO já dizia: somos servos da lei a fim de que possamos ser livres.

De qualquer forma assinalaremos, apoiados na lição de CANOTILHO, os critérios utilizados pelas Constituições, que nos permitirão, cotejados com o texto constitucional, entender que tipo de Estado aquela Constituição criou.

1ª) Constituição do Estado Liberal:[398]

    1) Objeto: o Estado

    2) Características do Estado:

        a) princípio da subsidiariedade: o Estado só intervirá se for necessário, porque a sociedade não conseguiu resolver seus problemas;

        b) princípio do estado mínimo: redução da atividade do Estado ao mínimo, com a conseqüente redução de despesas;

---

[398]. CANOTILHO, op. cit., p. 76 a 79.

c) princípio da neutralidade: o Estado não intervém no domínio econômico;

3) Telos: racionalização e limite do poder;

4) Estrutura da Constituição: negativa quando impõe limites à atuação estatal; os direitos fundamentais funcionam como direitos de defesa (direitos negativos);

5) a verdade da forma constitucional liberal tem de procurar-se no texto (expresso) e no contexto (oculto) estrutura econômica do modelo burguês: autonomia privada, economia de mercado.

2ª) Constituição do Estado de Direito Social:

1) Objeto: o Estado e a Sociedade (constituição social)

2) Características do Estado:

   a) princípio do compromisso conformador ou constitutivo: cabe ao Estado intervir na sociedade para melhor assegurar as formas de existência social;

   b) princípio da democratização: intervenções de caráter econômico e social tendentes a alcançar o princípio da igualdade;

   c) princípio do Estado de direito formal: limitadores das medidas intervencionistas (liberdade);

3) telos: conciliação do esquema de limites, oriundos do Estado liberal, com as exigências da sociabilidade e democracia;

4) estrutura da constituição: positiva: conforma a sociedade através de imposição de fins e tarefas aos poderes públicos: direitos fundamentais (negativos) e direitos positivos de participação e de prestações através do Estado;

5) a **verdade** da forma constitucional democrático-social deve procurar-se no *texto e contexto descodificados*;

transparência dos objetivos sociais e econômicos, sem destruição das estruturas econômicas capitalistas.

3º) Constituição do Estado Socialista:

1) Objeto: o Estado e a Sociedade

2) Características do Estado:

   a) caráter classista;

   b) princípio do estado máximo: exige o controle da propriedade pelos poderes públicos e dos principais meios de produção;

   c) princípio da não neutralidade: Estado impõe-se as tarefas de transformação econômica, social e cultural.

3) telos: conformação socialista do poder do Estado e a definição programática de suas tarefas;

4) estrutura da constituição: positiva: estabelece e conforma o aparelho do Estado, ao qual se confiam as tarefas transformadoras da sociedade; direitos positivos de natureza econômica, social e cultural;

5) a verdade da forma constitucional socialista, revela, expressamente, a estratégia da constituição: texto ideologicamente identificado e programado para conquistas revolucionárias.

Observamos que, comparando os três tipos de Constituição, podemos verificar que enquanto a conformação do Estado, sai de um papel mínimo no Estado Liberal, chegando a um papel máximo no Estado Socialista, os direitos fundamentais saem de um papel máximo do Estado Liberal, chegando a um papel insignificante no Estado Socialista.

A balança sempre penderá para um lado. De qualquer forma há a liberdade negativa (os direitos fundamentais como defesa do cidadão em face do Estado) e a liberdade positiva (participação efetiva no Estado).

O Estado de Direito esteve sempre associado às idéias liberais, anti-totalitárias, delimitando a ação do Estado e contrapondo ao seu poder os princípios de proteção da pessoa humana.

A ação do Estado deve garantir a ordem e a segurança. Um Estado, racionalmente organizado, com a divisão de poderes, uma racional partição das competências, onde se inclui a tributária, com funções bem marcadas, com direitos reconhecidos e protegidos é o Estado que **garantirá a liberdade compartilhada** (no termo de GIORGIO DEL VECCHIO).

Neste ponto, relevantíssima a função do Congresso Nacional com a produção das leis, normas jurídicas, cujo debate deve ser feito em público, em audiência pública, para permitir a efetiva participação do povo, realizando a verdadeira democracia.

Democracia é compromisso. Há de haver a discussão livre entre maioria e minoria. O compromisso é a solução de conflito por meio de uma norma que não se conforma inteiramente com o que quer a maioria e nem contradiz na íntegra o que quer a minoria[399].

5.2.4. A Constituição Brasileira promulgada em 05.10.1988

A história da constitucionalidade do Estado brasileiro, iniciou-se em 1824, com a Carta Constitucional outorgada por D. Pedro I. A Constituição outorgada é aquela autolimitadora dos poderes do Monarca. Não é fruto de uma constituinte formada e convocada para este mais alto mister.

A República proclamada em 1889 convalidou-se na Constituição de 1891 que adotou o sistema presidencial e republicano de Governo e a forma federativa de Estado.

---

399. KELSEN, HANS *in* "Teoria Geral do Direito e do Estado", Martins Fontes, Tradução: Luiz Carlos Borges, São Paulo, 2000, p. 412.

A Constituição atual, promulgada em 05 de outubro de 1988, a chamada Constituição Cidadã, deu preeminência aos princípios que passaram a integrar o próprio corpo da Carta, como alicerce do ordenamento jurídico. É uma Constituição principiológica que, além de formulá-los, trabalhou no sentido de normar as relações jurídicas que daí adviriam.

Belo, o Preâmbulo da Constituição revela que o Brasil pautar-se-á pelos valores da Democracia de uma sociedade fraterna, pluralista e isenta de preconceitos. Veja-se:

PREÂMBULO

"Nós, representantes do povo brasileiro, reunidos em Assembléia Nacional Constituinte para instituir um Estado Democrático, destinado a assegurar o exercício dos direitos sociais e individuais, a liberdade, a segurança, o bem-estar, o desenvolvimento, a igualdade e a justiça como valores supremos de uma sociedade fraterna, pluralista e sem preconceitos, fundada na harmonia social e comprometida, na ordem interna e internacional, com a solução pacífica das controvérsias, promulgamos, sob a proteção de Deus, a seguinte CONSTITUIÇÃO DA REPÚBLICA FEDERATIVA DO BRASIL".

O art. 1º diz ser o Brasil uma República Federativa, formada pela união indissolúvel dos Estados e Municípios e do Distrito Federal.

É Estado Democrático de Direito e tem como fundamento: I – a soberania; II – a cidadania; III – a dignidade da pessoa humana; IV – os valores sociais do trabalho e da livre iniciativa; V – o pluralismo político.

Adota, como não poderia deixar de adotar, a independência e harmonia dos Poderes da União: o Legislativo, o Executivo e o Judiciário (art. 2º).

5.2.4.1. República e Federação

A Assembléia Constituinte que criou a Constituição em 1988 correspondeu à vontade popular ao adotar o princípio republicano representativo e a federação.

"República é o regime político em que os exercentes de funções políticas (executivas e legislativas) representam o povo e decidem em seu nome, fazendo-o, com responsabilidade, eletivamente e mediante mandatos renováveis periodicamente"[400].

A eletividade é instrumento de representação. A periodicidade garante a alternância no poder, assegurando a fidelidade dos mandatos. A responsabilidade resulta do próprio regime republicano. Diz MICHEL TEMER: "Aquele que exerce função política responde pelos seus atos. É responsável perante o povo, porque o agente público está cuidando das *res publica*. A responsabilidade é corolário do regime republicano."[401]

A república é o princípio básico do Direito Brasileiro. Penetra todos os institutos e esparrama seus efeitos sobre seus mais modestos escaninhos ou recônditos meandros[402]. Influi na interpretação dos demais princípios constitucionais[403] que apontando para uma determinada direção constituem o alicerce do edifício representado pelo ordenamento jurídico na expressão de JUÁN MANOEL TERAN.

Desse modo, todas as leis devem expressar comandos respeitadores dos princípios e de seus limites.

A Federação foi igualmente o princípio que, com o republicano, participou de toda a história constitucionalista do país. Note-se, a soberania é essencialmente indivisível[404]. "O poder público se organiza em competências que se auxiliam e se integram, mas esta pluralidade de atribuições, que se não chocam,

---

400. ATALIBA, GERALDO in "República e Constituição", 2ª edição atualizada por Rosolea Miranda Folgosi, Malheiros Editores, São Paulo, 1998, p. 13.
401. TEMER, MICHEL in "Elementos de Direito Constitucional", 13ª edição, Malheiros Editores, São Paulo, 1997, p. 163.
402. ATALIBA, GERALDO, op. cit. p. 32.
403. Ibidem, p. 34.
404. BANDEIRA DE MELLO, OSVALDO ARANHA in "Natureza do Estado Federal, Publicação da Prefeitura do Município de São Paulo, 1948, p. 25.

não se confunde com a dualidade de soberania. Apenas o exercício da autoridade é distribuído por uma orientação inteligente, para servir a fins de prudência política"[405]. A soberania é exclusiva do Estado Federal.

Isto significa que as Unidades Federadas não têm o direito de nulificação e secessão. As reformas são sempre realizadas pela esfera federal. "Os Estados-membros concorrem para a reforma constitucional como órgãos do próprio Estado Federal para consecução do governo nacional". Se a emenda for aprovada sem o voto do Estado-membro, este terá que acatá-la (não podendo nulificá-la) e não terá competência para sair da federação[406].

Mesmo não tendo este poder os Estados não se confundem com as províncias, meras descentralizações administrativas de um Estado Unitário.

Só existe a nacionalidade federal. O território dividido entre os Estados não fere a unidade territorial da Federação.

Conclui-se que o Estado Federal é um Estado descentralizado. A Constituição distribui aos Estados-membros, parcelas de competência.

Os Estados Federados, ou se fizeram como efeitos de uma força centrípeta, movimento da periferia para o centro, ou, centrífuga, movimento do centro para a periferia. Exemplo do primeiro caso é o dos Estados Unidos. As colônias norte americanas desistiram de vários poderes para a criação de um único Estado Americano. Segundo Assis Brasil, citado por Osvaldo Aranha de Mello, os Estados Unidos foram constituídos por integração[407].

Na maioria dos Estados Federados, como o Brasil, os poderes centralizados foram deslocados para os Estados-membros. Sua constituição o foi pela diferenciação[408].

---

405. Ibidem, p. 26.
406. Ibidem, p. 66.
407. Ibidem, p. 74.
408. Ibidem, p. 74.

A distribuição de competências é feita na Constituição. Há os poderes exclusivos da União e os dos Estados; os privativos, os comuns a ambos e os concorrentes.

O Sistema Constitucional Tributário também organiza-se na Carta Magna. De suma relevância dentre as inúmeras normas do sistema, são as referidas à distribuição de competências para a criação dos tributos.

Esta relevância assume especial referência em relação ao objeto do presente trabalho: ficções jurídicas tributárias. Isto porque, com relação aos impostos, as competências são distribuídas tendo por fundamento o critério material da hipótese da norma matriz de incidência tributária. Este critério é tipológico. Há um molde rígido ao qual se deve obediência. Por exemplo: cabe à União a criação e a regulamentação do imposto sobre a renda de pessoa física e jurídica. Renda como resultado, acréscimo patrimonial. Renda não é receita, não é rendimento, muito menos qualquer tipo de entrada. Assim, se a União cria imposto sobre rendimento e o chama de imposto sobre a renda, estará criando imposto não autorizado pela Constituição, imposto que, se existisse, à União não competeria.

Necessária é a presença do Judiciário para dirimir conflitos de invasão de competência. Assim as Constituições prevêem a competência do Judiciário para julgar os abusos ocorridos nesta matéria.

É de se notar a tendência do aumento do Poder Federal. Os meios de transporte e comunicação, a produção agrícola e industrial não são mais questão regional. É questão nacional. Os interesses são nacionais (e hoje, até universais, considerando o mundo globalizado).

De qualquer forma, se os Estados não têm soberania, têm autonomia, governo próprio, a competência de organização própria, das matérias que a Constituição lhes atribuiu. Esta autodeterminação envolve poderes legislativos e administrativos, capacidade de provimento de cargos governamentais[409].

---

409. BANDEIRA DE MELLO, OSVALDO ARANHA op. cit., p. 95 e seg.

Pode-se concluir com Osvaldo Aranha Bandeira de Mello que: o Estado Federal é um Estado descentralizado por via de Constituição rígida; os Estados federados são coletividades que possuem autonomia administrativa e constitucional; os Estados federados participam sempre, com maior ou menor extensão, das deliberações da União[410].

O regime republicano traz em si, ínsita, a responsabilidade do agente estatal.

Sendo o Brasil uma Federação, as competências se repartem entre as pessoas jurídicas de Direito Público Interno: União, Estados, Distrito Federal e Municípios. Sendo o Sistema Tributário, Constitucional, na própria Constituição é feita a discriminação de rendas, tomando-se os fatos signos de riqueza e atribuindo-os aos mesmos entes. Estes fatos signos de riqueza são conceitos tipológicos – os tipos – descrição cerrada de fatos e que constituem o critério material da Hipótese da Norma Matriz de Incidência Tributária.

Não podem pois, os representantes do povo, manipular estes tipos e criar tributos, mediante normas gerais e abstratas, as ficções jurídicas tributárias em total dissonância com os tipos constitucionalmente criados e cometidos às específicas pessoas de direito público, sob pena de incorrer em invasão de competência na bitributação vedada e no vício da inconstitucionalidade.

5.2.4.2. Direitos fundamentais do homem

O artigo 3º refere-se a direitos sociais (a titularidade é do povo, da sociedade e da nação) quando determina a finalidade do Estado: construir uma sociedade livre e justa; garantir o desenvolvimento nacional; erradicar a pobreza e a marginalização e reduzir as desigualdades sociais e regionais; promover o bem de todos, sem preconceitos de origem, raça, sexo, cor, idade e outras formas de discriminação.

---

410. Ibidem, p. 124.

No artigo 5º estão os direitos e garantias fundamentais: individuais e coletivos. Determina a igualdade de todos perante a lei, garantindo aos brasileiros e estrangeiros o direito à vida, à liberdade, à igualdade, à segurança e propriedade. Seguem-se LXXVII incisos onde, um a um, são descritos os direitos individuais e a obediência à lei. O princípio da legalidade aparece soberano. São garantidos: o direito à vida, a liberdade de pensamento e culto, o direito à integridade física, o direito de associação, o direito ao devido processo legal informado pelos princípios da ampla defesa e do contraditório.

No art. 7º estão os direitos dos trabalhadores urbanos e rurais, além de outros que visem à melhoria de sua condição social. São direitos sociais a educação, a saúde, o trabalho, a moradia, o lazer, a segurança, a previdência social, a proteção à maternidade e infância, a assistência aos desamparados, na forma da Constituição (art. 6º).

No art. 14 estão previstos os direitos políticos: a soberania popular será exercida pelo sufrágio universal e pelo voto direto e secreto, com valor igual para todos, e, nos termos da lei.

Verifica-se aqui o dito anteriormente: os direitos políticos alçados a garantias e direitos individuais, como fundamento do princípio da representatividade que dá legitimação aos representantes do povo, no Congresso e no Poder Executivo.

5.2.4.3. Formação do Estado

A formação do Estado inicia-se no art. 18, organização político-administrativa da República Federativa do Brasil, compreendendo a União, os Estados, o Distrito Federal e os Municípios.

A outorga de competências inicia-se com as da União (art. 21), privativa para legislar (art. 22), comum da União com os Estados, Distrito Federal e Municípios (art. 23), e, concorrente para legislar com os Estados e Distrito Federal (art. 24).

Em seguida a Constituição trata da administração Pública (arts. 37 a 43), da Organização dos Poderes Legislativo (arts. 44 a 75), Executivo (arts. 76 a 91) e do Judiciário (arts. 92 a 135).

5.2.4.4. Conclusão

Cotejemos o que acabamos de descrever da Constituição Brasileira, com a classificação de CANOTILHO.

A Constituição Brasileira:

1. adotou o princípio da livre iniciativa (art. 1º e 170). A exploração direta de atividade econômica pelo Estado só será permitida quando necessária à segurança nacional, ou relevante interesse coletivo, conforme a lei (art. 173);

2. tem como fundamento a dignidade da pessoa humana, os valores sociais do trabalho (art. 1º);

3. tem por finalidade assegurar a todos, existência digna, conforme os ditames da justiça social (art. 170, I a IX), observados os princípios, dentre os quais a propriedade privada (art. 5º, XXII) e a função social da propriedade (art. 5º, XXIII);

4. disciplina, com rigidez, enunciando os direitos fundamentais dos cidadãos (Art. 5º), sociais (Arts. 6º e 7º) construindo com os primeiros o Estado de Direito, os Poderes da República e seus Órgãos;

5. considera a relevância de, adotados os princípios da Federação e da República, disciplinar exaustivamente o sistema tributário em nível constitucional, uma vez que este expressa a interferência na liberdade, atividade, propriedade e patrimônio do cidadão;

6. Cabem ao Estado: União, Estados, Distrito Federal, uma série de tarefas conforme distribuição de competências privativa, comum e concorrente.

A Constituição Brasileira instituiu um Estado Democrático de Direito, com adoção do regime republicano, tendo por objeto o cidadão, o Estado e a Sociedade. Manteve as estruturas capitalistas mas comete ao Estado inúmeras tarefas, como se pode constatar nas discriminação de competências (arts. 21, 22, 23, e 24). Aproxima-se da Constituição do Estado Social, descrita na classe II do mestre CANOTILHO.

5.3. Do Sistema Constitucional Tributário

Da Tributação e do Orçamento – Título VI
Espécies Tributárias, Imunidades, Competências

Inserido na Constituição está o Sistema Tributário Nacional.

Há, de início, a se considerar, o princípio da livre iniciativa, fundamento do Estado Democrático de Direito. O tributo tem de ser tratado de forma rigorosa e manter proporcionalidade em relação à atividade privada. Impostos em demasia, criados ao arrepio da rigidez das competências tributárias, ferem a ordem constitucional.

Quanto à sua inserção na Constituição, não poderia ser de outra forma, porque, tendo a Constituição, estabelecido o Direito de Propriedade (art. 5º) e sendo o tributo parcela retirada compulsoriamente do particular, mediante relação jurídica tributária *ex-lege*, haveria de prever, em nível constitucional, a quem competiria criá-los, conforme os signos de riqueza atribuídos aos entes tributantes: União, Estados e Municípios.

Teria de listar as espécies tributárias, determinar as imunidades, normas jurídicas constitucionais de incompetência e estabelecer toda uma hierarquia de normas para a concretização da tributação, a começar pelas normas constitucionais, leis complementares e leis ordinárias.

Eis as espécies tributárias: imposto, taxa (Art. 145, I e II) contribuições: sociais, de intervenção no domínio econômico, de interesse de categorias profissionais (art. 149), contribuição de melhoria (art. 145, III) e em situação de anormalidade: empréstimos compulsórios (art. 148).

Sob o título de "Das limitações ao poder de tributar", veda a instituição de tributo que ofenda os princípios informadores do sistema tributário, tais como:

1) princípio da legalidade – art. 150, I;

2) princípio da igualdade – art. 150, II e 151, I;

3) princípio da irretroatividade – art. 150, III, "a";

4) princípio da anterioriedade – art. 150, III, "b";

5) princípio da noventena – art. 150, III, "c";

6) princípio do não confisco – art. 150, IV;

7) princípio da não interferência por meio de tributação, do tráfego de pessoas e bens, ressalvado o pedágio – art. 150 – V.

Veda igualmente instituir impostos nos campos eleitos pela Constituição para preservar os princípios considerados intangíveis, tais como, valores culturais (a imunidade do livro – art. 150, VI, "d"); de assistência social (a imunidade das instituições de assistência social –art. 150, VI, "c") templos de qualquer culto (imunidade da livre escolha de culto – art. 150, VI, "b") e justamente nos casos em que o particular se torna parceiro do Estado no exercício de funções que lhe cabem.

Veda igualmente a instituição recíproca de impostos sobre o patrimônio, rendas ou serviços, entre a União, os Estados, o Distrito Federal e os Municípios (art. 150, VI, "a").

A competência para instituir impostos encontra-se nos arts. 153: da União; 154: Residuais da União, 155: Impostos Estaduais; 156: Impostos Municipais.

Os impostos são tributos não vinculados à atividade estatal, mas sim referenciados a uma atividade ou estado do contribuinte. O critério material da hipótese de incidência tributária encontra-se já desenhada na Constituição e determina específica e restritivamente o fato que, com aquelas características, quando acontecido no mundo real, implicará na existência da relação jurídica tributária.

A tributação inicia-se na Constituição. Assim quando esta diz, que compete à União instituir impostos sobre a renda e proventos de qualquer natureza, quer com isto dizer que este imposto incide sobre o fato, auferir renda (não é, nem receita, nem rendimento); quando diz que incidirá sobre a propriedade territorial rural, quer dizer que este incidirá sobre o fato de alguém ser proprietário de território, que se encontre na zona rural; e assim por diante.

A Constituição traça assim o critério material, tipificado (daí o princípio da tipicidade ou legalidade estrita) que será respeitado pela Lei Complementar que deles tratar, conforme art. 146, III "a" da Constituição e pela lei ordinária editada pelo ente tributante, no estrito quadrante determinado pela Constituição e já pela Lei Complementar.

Pode-se, pois, concluir que o Sistema Tributário Nacional é um Sistema Constitucional, inteiramente desenhado em normas constitucionais que indicam, de forma racional, o repertório e a sua organização em normas hierárquicas de sobreposição e normas de coordenação.

A própria Constituição traz no seu bojo, normas que informam as demais. São os direitos fundamentais do homem, como indivíduo e como ser social aqueles estabelecidos desde o art. 1º até o art. 18 e que implicam no respeito do Estado, também criado pela Constituição a partir do art. 19.

Estes mesmos princípios estarão reassegurados no Título destinado ao Sistema Tributário.

É de se ressaltar que o núcleo que dá a personalidade do Estado Brasileiro, não pode ser alterado sob pena de estar alterando o próprio Estado. São as chamadas "cláusulas pétreas", aquelas inseridas no art. 60, § 4º que não admitem deliberação de proposta de Emenda tendente a abolir:

I – a forma federativa do Estado;

II – o voto direto, secreto, universal e periódico;

III – a separação dos Poderes;

IV – os direitos e a garantias individuais.

De tudo isso, infere-se o princípio implícito da rigidez constitucional e, por conseqüência, a rigidez do sistema tributário neste inserido.

Capítulo VI

DA CONSTRUÇÃO DO SUBDOMÍNIO DO DIREITO TRIBUTÁRIO

A unidade do Direito Tributário como Sistema é dada pelos princípios, normas constitucionais carregadas de valor[411].

Com efeito, são esses que conformam a personalidade do Estado de Direito. Uns são gerais: aplicam-se a todo o ordenamento, incluindo os direitos de natureza processual. Outros são específicos do Direito Tributário.

Como visto, a construção do Direito Tributário tem origem constitucional. De maneira clara, precisa e completa, na Constituição, o Título VI – "Da Tributação e do Orçamento" e o Capítulo I do "Sistema Tributário Nacional", vêm tratar dos princípios informadores do sistema como um todo, da imunidade, das espécies tributárias e das competências, distribuindo e atribuindo os signos de riqueza como verdadeiros tipos, aos entes tributantes: União, Estados, Distrito Federal e Municípios.

6.1. Dos Princípios Constitucionais Informadores desse Subdomínio

Aqui serão tratados os princípios maiores e gerais insertos no art. 5º da Constituição, referentes aos direitos fundamen-

---
411. Ver "Valor e Princípio", no Capítulo IV, "Da Construção do Direito".

tais do homem e, aqueles que os reasseguram, dirigidos à matéria tributária, insertos no Art. 150 da Constituição. São os princípios que dão unidade ao sistema jurídico como um todo e, ao sistema jurídico tributário, em particular.

Como retro explicitado (Cap. IV) os princípios são normas jurídicas de expressiva carga axiológica bem como normas de posição privilegiadas que estipulam limites objetivos. Paulo de Barros Carvalho vislumbra quatro usos distintos dos princípios: a) como norma jurídica de posição privilegiada portadora de valor expressivo: b) como norma de posição privilegiada que estipula limites objetivos; c) como os valores insertos em regras jurídicas de posição privilegiada, mas considerados independentemente das estruturas normativas; e d) como o limite objetivo estipulado em regra de forte hierarquia tomado, porém, sem levar em conta a estrutura da norma[412].

Princípios includentes na letra "a" acima são: "igualdade", "justiça", "segurança jurídica", de difícil conceituação e impossível delimitação. Na verdade são princípios dirigidos ao legislador, ao fazer a lei, e ao administrador e juiz ao aplicá-la.

Já princípios de posição privilegiada que estipulam limites objetivos são facilmente verificáveis (letra "b"). O princípio da anterioridade é um exemplo. É só verificar se a lei foi criada antes do final do ano para que se preveja a sua aplicação no exercício seguinte, sempre considerado o período de 90 dias. O mesmo em relação ao princípio da legalidade: é só verificar se a norma jurídica foi introduzida no sistema pelo Poder Legislativo. O mesmo se diga, ainda, com relação ao princípio da "não-cumulatividade", que tem por finalidade expressar de modo objetivo, a forma de cumprir o princípio da igualdade no universo do ICMS.

---

412. CARVALHO, PAULO DE BARROS, Curso de Direito tributário, Ed. Saraiva, 14ª edição, São Paulo, 2002, p. 141.

6.1.1. Princípio da Livre Iniciativa

Inserto no art. 1º da Constituição Brasileira, o Estado Democrático de Direito tem, dentre outros, como fundamento:

> ...
> IV – os valores sociais do trabalho e da livre iniciativa[413].
> ...

Isto significa que a livre iniciativa é expressão de liberdade, no campo do trabalho e na ordem econômica.

A atividade econômica será eminentemente privada. Justamente serão os tipos de atividade privada que, por expressarem signos de riqueza, irão compor o suporte fático, critério material das Normas Matrizes de Incidência Tributária.

6.1.2. Princípio Republicano

República é o regime político em que os exercentes das funções legislativas e executivas representam o povo e decidem em seu nome. Corresponde à vontade da maioria. "Todo o poder emana do povo, que o exerce por meio de representantes eleitos ou diretamente, nos termos desta Constituição." Os homens formalmente são todos iguais. Não há diferenças entre o rico e o pobre, entre o poderoso e o humilde, não há privilégios de nascimento. Cada cidadão dá o seu voto elegendo os seus representantes. É o primado da representatividade (CF. art. 1o. e par. único).[414]

---

413. E diz o art. 170: A ordem econômica, fundada na valorização do trabalho humano e na livre iniciativa, tem por fim assegurar a todos existência digna, conforme os ditames da justiça social, observados os seguintes princípios:

...

IV – livre concorrência

414. Remete-se ao Título "República e Federação", item 5.2.4.1 do Capítulo V.

6.1.3. Princípio Federativo

O Brasil é uma República Federativa, formada pela união indissolúvel dos Estados e Municípios e do Distrito Federal (C.F. art. 1º).[415]

Federação é forma de Estado. Significa o Estado, politicamente descentralizado. União, Estados, Distrito Federal e Municípios são autonômos (art. 18)[416]. Encontram-se no mesmo plano de igualdade como pessoas jurídicas de direito público interno. Suas prerrogativas e limitações estão previstas na Constituição. A União, os Estados e o Distrito Federal têm o seu próprio Legislativo, Executivo e Judiciário. A sua autonomia só se realizará, porém, se houver independência financeira. E é através da imposição tributária que esta é garantida.

O princípio da isonomia entre estas pessoas políticas que, em matéria tributária vem expresso no art. 150 – VI, letra "a", decorre do princípio federativo.

> Art. 150 – Sem prejuízo de outras garantias asseguradas ao contribuinte, é vedado à União, aos Estados, ao Distrito Federal e aos Municípios:
> ...
> VI – instituir impostos sobre:
> a) patrimônio, renda ou serviços, uns dos outros;
> ...

Competência Tributária

A discriminação de rendas, feita na própria Constituição é, também, conseqüência do regime federativo.

As competências tributárias estão rigidamente desenhadas e distribuídas na Lei Maior. A cada sujeito de direito público

---

415. Remete-se, igualmente, ao Título "República e Federação", item 5.2.4.1 do Capítulo V.

416. Ver Capítulo V. "Estado Constitucional de Direito", item 5.2.4.1 – República e Federação.

interno: União, Estados, Distrito Federal e Municípios, é dada a competência para criar taxas e contribuição de melhoria e impostos de acordo com a discriminação de rendas, cabendo unicamente à União a criação de contribuições sociais, de interesse de categorias profissionais e de intervenção no domínio econômico.

Coube à União, competência para criar impostos sobre importação (II), exportação (IE), renda (IRPJ e IRPF), produtos industrializados (IPI), imposto sobre operações financeiras (IOF), dentre outros (C.F. art. 153 e incisos). Coube aos Estados, os impostos sobre transmissão de bens imóveis "causa mortis" (ITCMD) e imposto sobre operações relativas à circulação de mercadorias (ICMS), dentre outros (art. 155 e incisos). Coube aos Municípios, o imposto sobre a propriedade territorial urbana (IPTU) e imposto sobre serviços de qualquer natureza (ISS), dentre outros (C.F. art. 156 e incisos). Esta criação far-se-á através da lei ordinária, obedecidas as definições criadas em lei complementar, em obediência ao art. 146, III, alínea "a".

A lei ordinária apontará um fato do mundo real, fato signo de riqueza, que, se acontecido, se juridicizará e desencadeará uma relação jurídica – tributária – pela qual aquele que realizou o fato e, como tal, criou ou obteve determinada riqueza, deve entregar ao Estado, em dinheiro, uma parcela desta, a fim de que este possa realizar as tarefas que lhe são privativas na consecução da segurança e bem estar social.

6.1.4. Princípio da Igualdade e da Capacidade Contributiva

GERALDO ATALIBA, PAULO DE BARROS CARVALHO[417], CELSO ANTONIO BANDEIRA DE MELLO e RICARDO LOBO TORRES, dentre outros, assentaram a relevância do princípio da igualdade: o centro do regime republicano, segundo ATALIBA.

---

417. CARVALHO, PAULO DE BARROS, in "Curso de Direito Tributário", Saraiva, 14ª Edição, São Paulo, 2002, p. 147.

O princípio influencia a atuação do legislador. Ao mesmo tempo, porém, PAULO DE BARROS CARVALHO, aponta a dificuldade de sua demarcação. "Autores ilustres pretenderam demarcá-lo, encontrando acerbas dificuldades, pois os valores não podem ser objetivados. Essa função de sua plasticidade, amolda-se diferentemente aos múltiplos campos de incidência material das regras jurídicas, o que torna penosa a indicação precisa do seu conteúdo. CELSO ANTONIO BANDEIRA DE MELLO tem importante contribuição ao estudo dos obstáculos que se interpõem no caminho de um exame científico e aprofundado acerca desse tema".[418]

O conteúdo do princípio da igualdade é tratamento igual entre iguais e tratamento desigual entre desiguais. No direito tributário: iguais em capacidade contributiva.

Diz o art. 5º da Constituição Federal.

> "Todos são iguais perante a lei, sem distinção de qualquer natureza, garantindo-se aos brasileiros e aos estrangeiros residentes no País a inviolabilidade do direito à vida, à liberdade, à igualdade, à segurança e à propriedade".

Assim o princípio da igualdade, da isonomia, da justiça é aquele que informa todo o sistema jurídico. Por este todos aqueles que se encontrem numa mesma situação fática devem ser tratados com igualdade.

Mais ainda quando o tema é o tributo. A igualdade, no campo do direito tributário revela-se pelo princípio da capacidade contributiva, tal como explícito no texto do art. 145, par. 1º.

> Art. 145 – A União, os Estados, o Distrito Federal e os Municípios poderão instituir os seguintes tributos:
> I – impostos;
> II – taxas, em razão do exercício do poder de polícia ou pela utilização, efetiva ou potencial, de serviços públicos específicos e divisíveis, prestados ao contribuinte ou postos a sua disposição;

---

418. BANDEIRA DE MELLO, CELSO ANTONIO, in "O conteúdo jurídico do Princípio da Igualdade", Editora Revista dos Tribunais, 1978.

III – contribuição de melhoria, decorrente de obras públicas.

Par. 1º – Sempre que possível, os impostos terão caráter pessoal e **serão graduados segundo a capacidade econômica do contribuinte**, facultado à administração tributária, especialmente para conferir efetividade a esses objetivos, identificar, respeitados os direitos individuais e nos termos da lei, o patrimônio, os rendimentos e as atividades econômicas do contribuinte.

É também expressão do princípio da capacidade contributiva o art. 154, I:

> Art. 154 – A União poderá instituir:
> I – mediante lei complementar, impostos não previstos no artigo anterior, **desde que sejam não-cumulativos e não tenham fato gerador ou base de cálculo próprios dos discriminados nesta Constituição.**

Assim o inciso I está proibindo à União na sua competência residual, a criação e a existência de impostos com a mesma base de cálculo ou o mesmo fato gerador e, ainda, proibindo, neste caso, o tributo cumulativo. O princípio da "não-cumulatividade", para os impostos sobre operação de circulação de mercadoria é expressão do princípio da capacidade contributiva. Por este evita-se a superposição da tributação sobre a mesma base de cálculo.

6.1.5. Princípio da legalidade (geral) e da estrita legalidade (tributária)

"O princípio da legalidade é um vetor primordial no Estado Brasileiro[419]."

Diz o art. 5º, II da Constituição Federal que "Ninguém será obrigado a fazer ou deixar de fazer alguma coisa, senão em virtude de lei".

---

419. OLIVEIRA, JÚLIO M., in "O Princípio da Legalidade e sua Aplicabilidade ao IPI e ao ICMS", Editora Quartier Latin, São Paulo, 2006, p. 230.

O princípio da legalidade funda-se no primado da representatividade, no caso, do povo, de onde emana o poder legítimo. Vitória da liberdade sobre o arbítrio, o tributo que desde época remota, foi fulcro da luta entre o poder do soberano e a necessidade de seus súditos, adquiriu foro de legitimidade e independência após a Magna Carta de João sem Terra em 1215 na Inglaterra. A luta, entretanto, não terminou. Hoje mesmo nota-se a tendência no Brasil de colocar o contribuinte sob o jugo do Executivo que, mediante normas infralegais, volta e meia ofende as normas ordinárias e até, constitucionais.

Este princípio vem repetido no art. 150 – I, princípio da estrita legalidade, em matéria tributária. O direito tributário tipifica fatos ou condutas que, uma vez realizados no mundo, dão ensejo à formação da relação jurídica entre cidadão e Estado, obrigando o cidadão a contribuir com parte de sua riqueza, expressa monetariamente, para os cofres públicos. Assim sendo, só a lei tributária poderá criar os critérios identificadores do tipo, sempre na esteira dos pressupostos constitucionais, que, uma vez acontecidos, subsumir-se-iam à lei criadora, dando nascimento à relação jurídica tributária.

6.1.6. Princípio da propriedade (geral) e da proibição de tributo com efeito de confisco (tributário)

Diz o art. 5º XXII que fica assegurado o direito de propriedade, salvo o caso de desapropriação por necessidade ou utilidade pública ou interesse social, mediante prévia e justa indenização em dinheiro (art. 5º, XXIV).

E, diz o art. 150, IV da C.F. que é vedado criar tributo com efeito confiscatório. Assim este princípio está intimamente conectado com o princípio que assegura o direito de propriedade.

O tributo é parcela retirada dos ganhos ou patrimônio dos cidadãos. A tributação não poderá, porém, ser excessiva a ponto de uma só vez ou, paulatinamente, destruir a propriedade.

"O direito de propriedade se concilia pois, e se subordina ao poder de tributar, sendo mesmo esta condição daquela por quanto na ausência do Estado, a propriedade poderia assumir formas, as mais rudimentares, se tanto. Mas, as restrições à plenitude dos direitos patrimoniais, sujeitos ao atendimento das necessidades físicas, não podem ser distendidas ao ponto de importar na integral absorção da propriedade, rompendo-se o já precário equilíbrio entre os benefícios genéricos, propiciados pelo Estado, e os tributos que, em contrapartida demandaram dos cidadãos ... O poder tributário, legítimo, se desnatura no confisco, vedado, quando o imposto absorva substancial parcela de propriedade ou a totalidade da renda do indivíduo ou da empresa".[420]

A dificuldade que se apresenta quanto a limites e graduação do tributo, entretanto, não tem sido resolvida. Parece-nos que o princípio do não confisco, embora se dirija ao legislador na confecção da norma, será melhor tratado pelo Judiciário no exame dos fatos concretos e dúvidas que a ele forem levados.

6.1.7. Princípio da irretroatividade das leis

Diz o art. 5o., XXXVI, que a lei nova não pode atingir os fatos e relações jurídicas definitivamente juridicizados no passado sob o império da lei de então. Ficam assegurados o direito adquirido, o ato jurídico perfeito e a coisa julgada (Constituição Federal, art. 150, III, "a").

Com efeito, a lei vale para o presente e para o futuro. O princípio diz respeito à temporalidade das normas jurídicas, sua vigência e eficácia. É da essência do próprio direito positivo, pois o Direito olha para o porvir. O Sistema jurídico apenas o reconhece. Assim sendo a irretroatividade é sinônimo de insegurança jurídica.

---

420. DÓRIA, ANTONIO ROBERTO SAMPAIO *in* "Direito Constitucional Tributário e "due process of law", Forense, RJ, 1986, p. 195.

VICENTE RAO propõe abandonar as noções de retroatividade e irretroatividade e fazer a distinção entre retroatividade e efeito imediato da norma jurídica. Isto porque sobre as situações definitivamente juridicizadas, a lei nova não tem eficácia. Não há quanto a elas, o conflito de lei no tempo. O conflito surge quando, já no domínio da lei nova continuam efeitos dos fatos juridicizados na lei velha. Assim, a questão da retroatividade deve ser examinada caso a caso[421].

6.1.8. Princípio da anterioridade da lei tributária

A lei tributária só entra em vigor no exercício seguinte em que foi publicada a lei instituidora do tributo ou que o aumentou. Diz o art. 150, III, alíneas "b" e "c"

> "Sem prejuízo de outras garantias asseguradas ao contribuinte, é vedada à União, aos Estados, ao Distrito Federal e aos Municípios:
> ...
> III – cobrar tributos:
> ...
> b) no mesmo exercício financeiro em que haja sido publicada a lei que os instituiu ou aumentou;
> c) antes de decorrido noventa dias da data em que haja sido publicada a lei que os instituiu ou aumentou, observado o disposto na alínea "b";

Isto significa que o tributo só pode ser cobrado no ano seguinte à sua criação pela lei. Se, porém, a lei for criada em 15 de dezembro do ano, será necessário esperar 90 dias, a partir desta data, observado o disposto na letra "c". Assim, se a lei foi publicada em fevereiro do ano, esta só será aplicada em 1º de

---

421. RAO, VICENTE, *in* "O Direito e a vida dos direitos", Vol. I, Tomo III, p. 353 e seg. e Motta Pacheco in "Compensação de Prejuízos, figura do imposto de renda, pessoa jurídica e o direito intertemporal", publicado in Direito Tributário Atual, vol. 5, Co-edição IBDT e Editora Resenha Tributária, SP 1995, p. 935 e seg.

janeiro do ano seguinte. Se, porém, foi publicada no último trimestre do ano deverá ser aplicada no ano seguinte e, após decorridos 90 dias de sua publicação.

O princípio da anualidade, que exigia para cobrança que o tributo estivesse inserido no Orçamento anual, desapareceu, sendo substituído pelo princípio da anterioriedade. Basta, pois, a publicação da lei que cria ou aumenta o tributo no exercício anterior à sua cobrança para que esta esteja em vigor no exercício seguinte, no qual será cobrada, sempre observada a noventena, determinada na alínea "c" do inciso III, do art. 150, conforme acima explicitado. Estão excepcionados do princípio da anterioridade e noventena os impostos de importação, exportação, produtos industrializados, sobre operações de créditos ou títulos ou valores imobiliários e impostos extraordinários, empréstimos compulsórios e da noventena o imposto de renda conforme art. 150, § 1º da C.F.

6.1.9. Sobreprincípios

6.1.9.1. Sobreprincípio da certeza do Direito

Não se confunde a segurança jurídica com a certeza do direito. Esta faz parte da essência, da estrutura do direito "... rege toda e qualquer porção da ordem jurídica". "A certeza do direito é algo que se situa na própria raiz do dever ser, é ínsita ao deôntico, sendo incompatível imaginá-lo sem determinação específica".[422]

Nesse sentido é também um sobreprincípio.

6.1.9.2. Sobreprincípio da segurança jurídica

Todos os princípios convergem para os princípios da segurança jurídica e da justiça.

---

422. CARVALHO, PAULO DE BARROS, *in "Curso de Direito Tributário"*, p. 90 e 91.

O princípio da segurança jurídica é princípio maior para onde convergem os demais, constituindo mesmo um sobreprincípio no dizer de PAULO DE BARROS CARVALHO. Efetiva-se pela atuação de princípios, tais como o da legalidade, da anterioridade, da igualdade, da irretroatividade, da universalidade da jurisdição e outros mais[423].

Há mais de 40 anos, SAINZ DE BUJANDA mostrava a relação existente entre ilegalidade e segurança jurídica. "La seguridad jurídica, en su doble manifestación – certidumbre del Derecho y eliminación de la arbitrariedad – ha de considerarse ineludiblemente en función de la legalidad y de la justicia. Esta última y la seguridad son valores que fundamentan mutuamente y que, a su vez, necesitan de la legalidad para articularse de modo eficaz[424]".

Esta referência mostra a dupla face do princípio da segurança jurídica: a própria segurança do direito e a eliminação da arbitrariedade, muitas vezes perpetrada pelos agentes do poder que desobedecendo eles próprios a função da norma e o princípio da legalidade passam a "ditar normas", totalmente dissociadas da organização hierárquica estabelecida no ordenamento jurídico.

6.1.9.3. Sobreprincípio da justiça

Encontra-se na plataforma privilegiada dos sobreprincípios, ocupando lugar preeminente[425].

---

423. CARVALHO, PAULO DE BARROS, in "O Princípio da Segurança Jurídica em matéria Tributária", XVI Jornadas Latino Americanas de Derecho Tributário, setembro 1993, Tomo I.
424. BUJANDA, SAINZ DE, in "Reflexiones sobre un sistema de Derecho Tributario Español", in Hacienda y Derecho, III, Madrid, 1963, p. 330, apud EUSEBIO GONZÁLEZ GARCIA: "Relaciones entre los Princípios de Seguridad Jurídica y Legalidad". Justiça Tributária, Max Limonad, Primeiro Congresso Internacional de Direito Tributário, 1998, p. 149.
425. CARVALHO, PAULO DE BARROS, in "Curso de Direito Tributário, pp. 144-145.

Foi na Grécia, especialmente na Ática, que o mundo da cultura separou-se da natureza. É quando Sócrates descobre a personalidade e suas conseqüências[426]. Até então o homem confundia-se com a natureza e com a contingência dos fenômenos naturais.

Em "As Leis" Platão revê as suas teorias expostas na "República". Vê-se então a grande preocupação com a Justiça.

Aristóteles na "Ética a Nicômacos", dedica o Livro V à Justiça e Injustiça. Devemos indagar, diz ele, "quais são as espécies de ações com as quais elas se relacionam, que espécie de meio termo é a justiça, e entre que extremos o ato justo é o meio termo."

Aristóteles dava muito valor à opinião alheia. Assim observou que "segundo dizem todas as pessoas, a justiça é disposição da alma graças à qual elas se dispõem a fazer o que é justo...".

A justiça é freqüentemente considerada a mais elevada forma de excelência moral e "nem a estrela vespertina, nem a matutina é tão maravilhosa...". Com efeito, a Justiça é a prática efetiva da excelência moral perfeita[427].

As ações humanas visam o bem. O sentimento de justiça é praticado com relação ao próximo (como também em relação a si mesmo).

Nesse sentido a justiça é o "bem dos outros". O melhor dos homens é aquele que põe em prática sua excelência moral não em relação a si mesmo mas em relação aos outros[428].

CELSO LAFER após discorrer sobre lei particular, aquela que cada povo dá a si mesmo, e lei comum, aquela que por natureza

---

426. FERRAZ JÚNIOR, TÉRCIO SAMPAIO, in "Estudos da Filosofia do Direito, Reflexões sobre o Poder, a Liberdade, a Justiça e o Direito", São Paulo, Editora Atlas, 2003, p. 143.
427. ARISTÓTELES, in "Ética a Nicômacos", p. 93.
428. ARISTÓTELES, op. cit., p. 93.

é justa, (conhecida passagem da retórica de ARISTÓTELES), fala de um Direito Natural que desenvolveu, no decorrer da História, algumas vertentes mas que permite a identificação de um paradigma de pensamento. Nestas vislumbra-se: a idéia de **imutabilidade dos valores**, que escapam à história e seriam assim atemporais; a idéia de universalidade difundida em todos "diffusa in omnes"; aos quais os homens têm acesso através da razão e da intuição. Disso surge a idéia de que a função primordial do Direito não é o comando mas a ação justa ou injusta, má. Neste caso existiria uma vinculação permanente entre valor e norma e, portanto, entre Moral e Direito[429].

O Direito Positivo de um Estado, caracterizado pelo particularismo diferencia-se do Direito Natural pelos princípios e valores (desde que o Direito Positivo não os tenha acolhido) sendo comum a todos, ligados à própria origem da humanidade.

A ação e a finalidade da ação visam o bem. Parece existir na ação uma sintaxe como existe uma sintaxe do pensamento. O pensamento tem uma ordem, uma organização, uma estrutura. A ação também, informada pela razão, o que Kant chamou de razão prática. Ao agir, ponderamos a ação, vemos se ela traz o bem, escolhemos e pela vontade, agimos. Esta ação tem sempre uma finalidade que não pode ser destrutiva.

Quando o Direito é criado, os atos de decisão que o criam, fazem-no de forma racional, procurando a realização do bem estar comum, a manutenção da harmonia nas relações intersubjetivas. Não só, mais do que tudo, realizar a Justiça.

A secularização do Direito começou com Grotio no "De jure belli ac pacis" (Do Direito de Guerra e Paz), em 1625. Este buscou um fundamento laico para o Direito das gentes (internacional) desejando que, tratando o Direito dos homens e não de Deus, pudesse ser aceito por todos, independentemente das

---

429. LAFER, CELSO, *in* "A Reconstrução dos Direitos Humanos", Companhia das Letras, São Paulo, 2006, pag. 35 e 36.

religiões que professavam. Originava-se o esforço hercúleo de transformar o Direito em sistema dando-lhe estrutura lógica[430].

Realizava-se a Positivação do Direito e identificava-se o Direito com Poder. A convergência entre Direito e Poder (inspirado em Hobbes) transforma-o em Direito Gestão esquecendo-se da qualificação original de considerar as condutas boas ou más[431].

Nos séculos XIX e XX encerra-se o paradigma do Direito Natural. Aos poucos, deu-se ênfase à noção de sistema e à legalidade, pela necessidade de segurança jurídica. Passou a ter preponderância a lei positiva. O Direito reduziu-se à lei. O Direito Positivo passou a ser o único Direito. O Poder Estatal estabelece a diferença entre o lícito e ilícito, corrigindo este último pela sanção.

A obra Kelseniana está ligada à análise estrutural do Direito cuja especialidade consiste precisamente não nos conteúdos normativos, mas na forma com que as normas estão unidas umas às outras no sistema. Não há dúvida que o desenvolvimento da análise estrutural realizou-se com o prejuízo da análise funcional. Isto porque, segundo Bobbio, Kelsen tinha o Direito como forma de controle social, concepção meramente instrumental, coerente com o relativismo ético[432]. O Direito não é um fim, mas um meio.

A função do Direito não é somente protetora repressiva, mas, cada vez mais promocional.

O Direito tem uma função positiva primária: instrumento de conservação por excelência. Mais ainda, a função de modificá-lo adaptando-o às modificações sociais. Tem também uma função distributiva, de bens de consumo, de impostos, de educação.

---

430. Ibidem, p. 38.
431. Ibidem, p. 39.
432. BOBBIO, NORBERTO, *in* "Contribuición a la Teoria del Derecho...", p. 251.

Esta digreção se faz necessária para demonstrar a tendência de neutralidade que ocorreu no tempo com relação ao ordenamento jurídico. De tal forma que bastaria ao ordenamento que satisfizesse a função de conservação da sociedade para que a finalidade do Direito estivesse satisfeita.

Mas isto realmente não satisfaria, como não satisfez. Foi necessário trazer para dentro do ordenamento valores referidos aos direitos fundamentais para que o Direito se tornasse um instrumento de Justiça e de Paz. Esses valores são o reconhecimento da natureza humana no que lhe é mais caro: a vida, a incolumidade física, a liberdade, a igualdade.

Se as normas respeitarem esses princípios a Justiça será feita.

Podemos, pois, concluir que, mesmo que não se fale em análise funcional do Direito, ou seja, a sua finalidade essencial, universal, atemporal que é a Justiça, esta será realizada mediante o respeito aos valores albergados nos textos Constitucionais, explicitamente (ou implicitamente).

Hoje, no Brasil, os valores estão integrados no ordenamento por normas de privilegiada hierarquia: as normas princípio. Isto realmente significa que os valores compõem a estrutura do Direito Positivo e, logicamente, para que as normas que viessem a ser criadas, o fossem em obediência à igualdade e liberdade. E esses valores representam a prática da Justiça.

6.1.10. Princípio implícito da rigidez constitucional

Rígida é a Constituição brasileira quanto à adoção da forma federativa do Estado e do regime republicano e das competências constitucionais.

Com razão GERALDO ATALIBA. Ao observar com que minúcias a Constituição tratara dos princípios informadores do direito tributário e ainda da discriminação de rendas, concluiu pela acentuada rigidez do sistema tributário colocando o legislador ordinário em caminho estreito e limitado.

"O sistema de discriminação de rendas é rígido. Isto vem bem realçado e cada vez mais se aprofundam as indagações em torno desta característica do nosso sistema. Tais especulações, entretanto, todas elas tem sido voltadas para a solução de conflitos de competência impositiva, preocupados quase sempre os estudiosos com a inconstitucionalidade por invasão de competência. Não se atentou, porém, com a devida detença, para todas as conseqüências que decorrem dessa rigidez. Não se alargou a observação até a própria amplitude do objeto observado. Na verdade, não só se deve assinalar que a discriminação de rendas incumbentes aos entes políticos é rígida, como o próprio sistema tributário, também o é. Da hirta distribuição de faculdades tributárias, da implícita consagração da permissibilidade expressa, como condição do exercício da tributação, decorre necessariamente a inflexibilidade total do sistema[433]."

6.1.11. Princípio da universalidade da jurisdição e "due process of law"

Só ao Poder Judiciário no Brasil cabe julgar as questões de forma definitiva. Qualquer um dos poderes poderá determinar, em face de um fato, qual o direito que se lhe aplica. Entretanto, este julgamento não poderá ser definitivo. Qualquer cidadão tem direito de bater às portas do Judiciário e pedir-lhe tutela, deduzindo em Juízo a sua pretensão. As decisões administrativas podem e devem ser revistas pelo Judiciário[434].

Assim, o devido processo legal, onde primam a ampla defesa e o contraditório, será o único meio capaz de condenar alguém à prática de um ato ou à reparação de um dano. É o meio de assegurar direitos e garantias.

---

433. ATALIBA, GERALDO, *in* "Sistema Constitucional Tributário", Rev. Trib., 1968, p. 24.

434. No contencioso administrativo sobre questões tributárias, a decisão, quando favorável ao contribuinte não poderá mais ser revista. Parece-nos que este fato se justifica por finalizar o processo de controle, pela administração, de seu próprios atos, revogando-os ou anulando-os.

Antonio Roberto Sampaio Dória pergunta em sua obra, acima citada: *"Mas, afinal que significava "due process of law" ou sua equivalente "law of the land", sinonímia que até hoje se mantém?"*. E ele mesmo responde serem as garantias processuais que, no decorrer dos séculos impediram a interferência do arbítrio na supressão de direitos fundamentais à vida, à liberdade e à propriedade dos súditos da coroa inglesa. Resumir-se-ia, na verdade, no direito a um *processo ordenado (ordely proceedings)*. A evolução levaria à declaração na Petição de Direitos (1628)[435] segundo a qual ninguém poderia ser preso sem a evidência de uma justa causa.

O *"due process of law"* continuou a ser elaborado através do tempo, ganhando amplidão e maleabilidade através dos julgados da Suprema Corte Americana.

No Brasil significa a impossibilidade de alguém ser condenado com definitividade sem ter se socorrido da tutela jurisdicional, preenchidos os requisitos da ampla defesa e do contraditório.

6.2. Princípio da Tipicidade[436]

Deixamos, propositadamente, para tratar do princípio da tipicidade em separado, em consideração à sua relevância para o tema do presente trabalho – Ficções Jurídicas Tributárias. Com efeito, os tipos desenhados na Constituição, com a finalidade de fatiar o poder de tributar entre as pessoas jurídicas de direito público interno: União, Estados, Distrito Federal e Municípios, constituem os pressupostos constitucionais para definição dos tributos, por lei complementar e, posteriormente, para sua criação por lei ordinária.

Como a Constituição determina no art. 146 que lei complementar estabelecerá normas gerais em matéria tributária

---

435. DÓRIA, ANTONIO ROBERTO SAMPAIO, op. cit., p. 12 e 13.
436. Ver item 4.1.7: Dos conceitos jurídicos indeterminados ao conceito de tipo.

especificamente a definição de tributos e suas espécies, bem como os fatos geradores dos impostos discriminados na Constituição, acrescentaremos às normas constitucionais referidas, a correspondente norma da Lei Complementar: o Código Tributário Nacional.

Compete à União instituir os impostos conforme nºs I a VII do art. 153[437]. Compete, igualmente, à União criar contribuições, nos termos do art. 149. Aos Estados e Municípios cabem a instituição dos impostos discriminados, respectivamente, nos arts. 155 e 156.

Assim, é vedado à União criar impostos que não os expressos no art. 153 e criar contribuições que não obedeçam os critérios para tal, determinados no art. 149.

Pode-se concluir que o Princípio da Tipicidade tem dupla função: determinar as competências constitucionais e determinar o critério material das hipóteses de incidência tributária dos tributos, em leis ordinárias.

---

437. Art. 153. Compete à União instituir impostos sobre:

I – importação de produtos estrangeiros:

II – exportação para o exterior, de produtos nacionais e nacionalizados;

III – renda e proventos de qualquer natureza;

IV – produtos industrializados

V – operações de crédito, câmbio e seguro ou relativo a títulos ou valores mobiliários;

VI – propriedade territorial rural;

VII – grandes fortunas, nos termos da lei complementar.

Art. 155 – Compete aos Estados e ao Distrito Federal instituir impostos sobre:

...

Art. 156 – Compete aos Municípios instituir impostos sobre:

...

Art. 149 – Compete exclusivamente à União instituir contribuições sociais, de intervenção no domínio econômico e de interesse das categorias profissionais ou econômicas, como instrumento de sua atuação nas respectivas áreas, observado o disposto nos arts. 146, III, e 150, I e III, e sem prejuízo do previsto no art. 195, § 6º, relativamente às contribuições a que alude o dispositivo.

...

6.3. Do Sistema Federativo e da Distribuição de Competências

Serve o tipo tributário para a repartição dos signos de riqueza entre os entes da Federação: União, Estados, Distrito Federal e Municípios.

A Constituição cria o Estado de Direito. Divide os Poderes: Legislativo, Executivo, Judiciário. Cria os órgãos, determina-lhes a composição e funções. Ao atribuir-lhes as funções, determina-lhes o campo material de atuação.

Este será o campo de liberdade de cada ente, de cada órgão. A competência está umbilicalmente ligada à liberdade. É parcela desta. "Representa a medida dos poderes políticos do Estado[438]".

"Equivale à capacidade no Direito Privado, isto é, ao poder de praticar atos jurídicos. De fato, no caso da organização federativa, atribuir competência à União e aos Estados, significa capacitá-los para o exercício dos poderes que a cada um incumbe nos termos da Constituição[439]". A exorbitância da atuação, em face dos limites impostos, necessariamente resvalará na invasão da competência do outro.

O que é, de uma certa forma, nebuloso na esfera privada, ou seja o limite da liberdade de cada cidadão, em face da liberdade de outro cidadão, é mais nítido na esfera pública.

Mas, por que é mais nítido na esfera pública? Justamente porque as parcelas de liberdade estarão nitidamente determinadas e demarcadas nas normas constitucionais, nas normas complementares, nas normas ordinárias. Até mesmo, nas normas infralegais, do próprio órgão na divisão de competências internas.

Entendamos o que sejam "competências".

---

438. RUSSOMANO, ROSAH, apud FERNANDA DIAS MENEZES DE ALMEIDA, "Competências na Constituição de 1988", 2ª Edição, Editora Atlas, São Paulo, 2000, p. 34.
439. ALMEIDA, FERNANDA DIAS MENEZES DE, op. cit., p. 34.

"Costuma-se dizer – insatisfatoriamente, aliás – que competências são uma demarcação de *poderes*, um feixe de *poderes* ou um círculo de *poderes*. Esta forma de expressar é imprópria e escamoteia a verdadeira natureza das competências".[440]

Na verdade, antes que *poderes*, as competências são *deveres*. São, na verdade, *deveres-poderes*, pois atribuídas ao Estado, a seus órgãos e aos agentes neles investidos, especificamente para que cumpram finalidades públicas consagradas em lei e possam igualmente *cumprir* o *dever legal* de suprir interesses concebidos em proveito da coletividade.[441]

As competências são deveres de atuar no interesse alheio, representado pela coletividade, no exercício de funções, portanto em situação de sujeição.[442]

O Estado e seus agentes não recebem, pois, competências para auto- satisfação, mas como dito, para servir à coletividade, nos limites de liberdade permitidos pela função que exercem.

CELSO ANTONIO BANDEIRA DE MELLO define competência como o *círculo compreensivo* de um plexo de deveres públicos a serem satisfeitos mediante o exercício de correlatos e demarcados poderes instrumentais, legalmente conferidos para a satisfação de *interesses públicos*.

Assim a competência será exercida nos lindes demarcados. O Estado de Direito, construído de forma a conter o poder e não liberá-lo, não admitirá o desbordar dos limites que, se ocorrido, estará automática e conseqüentemente atingindo a liberdade dos cidadãos.

No Direito Tributário, a Constituição repartiu a competência legislativa para a criação do tributo.[443]

---

440. BANDEIRA DE MELLO, CELSO ANTONIO, *in* "Curso de Direito Administrativo", 14ª edição, Malheiros Editores, São Paulo, 2002, p. 124.
441. Ibidem – p. 124.
442. Ibidem – p. 124.
443. No Título VI – Da Tributação e do Orçamento, o Sistema Tributário Nacional, contém-se, no Título I; na seção I, estão os princípios gerais, na

Às pessoas jurídicas do Direito Público Interno: União, Estados, Distrito Federal e Municípios atribuíram-se a criação de impostos, taxas e contribuições de melhoria (art. 145, I, II, III).

Unicamente à União coube: empréstimos compulsórios (art. 148) e contribuições sociais, de intervenção no domínio econômico e de interesse das categorias profissionais ou econômicas (art. 149), além da competência residual, tal como inserta no art. 154, I da Constituição.

Conforme verifica SACHA CALMON NAVARRO COELHO, em matéria de competência para criar tributo, a União, os Estados, o Distrito Federal e os Municípios recebem-na diretamente da Constituição. Entre eles é repartido o *poder de tributar*.[444]

A forma de repartição segue um programa natural ou seja, os tributos vinculados a uma atuação estatal, cabem a todos. No caso das taxas, o exercício regular do poder de polícia e prestação de serviços específicos e divisíveis e, no das contribuições de melhoria, a realização de obras que tragam a valorização de imóveis. Quanto aos impostos, por se referirem a fato signo de riqueza, por atuação do contribuinte, estes serão repartidos entre os entes federativos, que ficarão adstritos aos pressupostos fáticos, critérios materiais identificados, demarcados e eleitos na Constituição.

A competência para criação de impostos é privativa (ao contrário da acima descrita que é comum).[445]

Coube à União os impostos discriminados no art. 153 (e 154, I, residual); coube aos Estados os discriminados no art. 155; coube aos Municípios, os discriminados no art. 156, como acima já descrito.

---

seção II, as limitações constitucionais ao poder de tributar, na seção III, os impostos da União, na seção IV, os impostos dos Estados, na seção V, os impostos municipais; na seção VI, a repartição das receitas tributárias.
444. NAVARRO COELHO, SACHA CALMON *in* "Curso de Direito Tributário Brasileiro", Editora Forense, 6ª edição, Rio de Janeiro, 2001, p. 65 e segs.

Como se pode ver, a competência para a criação de impostos é restrita, adstrita que está ao tipo descrito na Constituição. Qualquer ampliação do conceito (denotação) ou ênfase no conceito (conotação) estará maculando o único conceito possível. Corpo estranho e nocivo, exigirá sua expulsão do sistema.

Normalmente, o corpo aqui chamado de estranho ao sistema, nada mais será que a ficção jurídica, deformadora do critério material (tipo cerrado) ou de seus conseqüentes naturais: o critério quantitativo, representado pela base de cálculo, que tem por função (dentre outros) a de expressar o valor do critério material e, o contribuinte, aquele que realiza o fato jurídico tributário.

A ficção jurídica inconstitucional atingirá um desses critérios.

6.4. Da Norma Matriz de Incidência Tributária

É relevante para o tema do presente trabalho determinar a espécie tributária e, especificamente, o seu critério material. Os impostos, como tributos não vinculados e sim referidos a um estado ou atividade do contribuinte (ser proprietário ou adquirir renda, por exemplo) como expressão de sua capacidade contributiva atrairá a atenção do poder tributante.

É o tributo típico que possibilitará a manipulação por parte do Estado. Este, sabedor de que aquele signo de riqueza expressa capacidade contributiva, poderá encontrar uma forma de atingi-lo, dando-lhe uma roupagem fantasiosa na tentativa de esconder a sua verdadeira natureza já objeto de tributação. Estaria assim "criando" uma ficção jurídica no lugar de um imposto adicional, vedado pela Constituição (art. 154, I).

O mesmo poderá ocorrer com as contribuições sociais, cujo critério material seja também referido a uma atividade ou dado do contribuinte: faturamento, receita, folha de salários. Acontece que o que lhe confere a natureza de contribuição é a sua finalidade constitucional. A contribuição não é destinada a compor o campo geral representado pelo Tesouro Nacional. Será, isto sim, destinada a suprir as necessidades da finalidade a que é destinada constitucionalmente. Serão autarquias, fundos, como FGTS e o Fundo de Educação (Salário-Educação) que receberão as contribuições para que se realize a destinação constitucional específica. Estamos, aqui, no universo da parafiscalidade quando o sujeito ativo que vai compor a relação jurídica tributária não é o mesmo ente que instituiu o tributo. Por exemplo, quando a União institui uma contribuição social, destinando-a ao INSS. Será essa autarquia que adquirirá capacidade ativa, compondo daí em diante, o polo ativo da relação jurídica tributária do tributo, contribuição social.

Se o resultado da contribuição destinada à intervenção no domínio econômico for desviado para o Tesouro Nacional, não cumprindo a intervenção no setor ao qual deveria ser destinada, e for cobrada, indiferentemente de um contribuinte qualquer e, não especificamente, daquele contribuinte que faz parte do setor, ao qual a contribuição é destinada, estar-se-á em face de um tributo da espécie imposto. Isto porque o que dá legitimidade à cobrança desta CIDE é a sua origem – do setor – e o seu destino – para o setor –, que sofre a interferência. O destino é constitucional e não pode ser desvirtuado sob pena de incorrer na inconstitucionalidade.

Para melhor definição do critério material, necessária será a compreensão da estrutura da Norma Matriz de Incidência Tributária.

6.4.1. Estrutura da Norma Matriz de Incidência Tributária

A norma jurídica tributária tem a estrutura lógica das outras normas jurídicas. É um juízo hipotético-condicional. Na hipótese, antecedente ou descritor, vem descrito um fato. No mandamento, conseqüente ou prescritor, vem prescrita a relação jurídica que surge como conseqüência da existência do fato[446].

---

445. Ibidem, p. 68.
446. CARVALHO, PAULO DE BARROS, op. cit., p. 235.

FICÇÕES TRIBUTÁRIAS: IDENTIFICAÇÃO E CONTROLE

Diz ALFREDO AUGUSTO BECKER: Toda e qualquer regra jurídica independentemente da sua natureza tributária civil, comercial, etc, tem a mesma estrutura lógica: a hipótese de incidência (fato gerador, suporte fático, etc) e a regra (norma, preceito, regra de conduta) cuja incidência fica condicionada à realização dessa hipótese de incidência[447].

Nos casos da norma jurídica tributária a hipótese descreve um fato que expressa riqueza. Pode ser: auferir renda, industrializar produto, prestar serviços. Assim, uma pessoa jurídica que aufere renda, deverá pagar à União 25% da renda que auferir; alguém que industrializar um produto deverá pagar 10% do valor do produto industrializado; alguém que prestar serviços deverá pagar 5% do valor da prestação de serviços.

a) Hipótese ou descritor

No descritor os aspectos ou critérios identificadores são: critério material (estado ou comportamento de uma pessoa) critério temporal e critério espacial.

O critério material é o cerne. É ele que descreve a natureza do ato, o comportamento de pessoas, "seja um fazer, um dar ou, simplesmente, um ser, (estado)", condicionado por circunstâncias de espaço e tempo[448]. É formado por um verbo e seu complemento. Assim o critério material do imposto de renda é: auferir renda (verbo e complemento); do ICMS: realizar operação (verbo e complemento) de circulação de mercadorias (qualificadores de operação), do imposto sobre serviços de qualquer natureza: prestar serviços (verbo e complemento) e do imposto sobre propriedade territorial urbana: ser proprietário de imóvel (verbo e predicado).

Já o critério temporal é aquele momento, limite no qual o fato se completa. Assim a lei pode prever um determinado momento para a completude do fato jurídico tributário diverso daquele do critério material. Tomemos o exemplo do ICMS;

---

447. BECKER, ALFREDO AUGUSTO, op. cit., p. 289.
448. CARVALHO, PAULO DE BARROS, op. cit., pág. 251.

o critério material é: realizar a operação de circulação de mercadorias; portanto o momento seria naturalmente aquele em que o negócio é realizado, em que a compra e venda é realizada. Mas não, a lei de ICMS prescreve que o momento, critério temporal é o da saída da mercadoria do estabelecimento.

O critério espacial diz respeito ao local em que o fato se consuma. A lei pode determinar especificamente onde o fato ocorre. De qualquer forma haverá na legislação indicativos do lugar de ocorrência do fato ou da ação. Se, porém a lei não o especificar, considerá-lo-á coincidente com o âmbito de validade territorial da lei.

Interessante notar que SACHA CALMON NAVARRO COELHO acrescenta o aspecto pessoal aos demais aspectos material, temporal e espacial, todos como componentes do descritor ou hipótese da norma matriz. Diz ele que o critério material está intimamente ligado a uma pessoa, sendo os seus atributos importantes para a delimitação da hipótese de incidência. É o caso do ICMS em que a figura do industrial, comercial ou produtor é a que promove a operação de circulação de mercadorias[449].

Assim, quando a pessoa colocada como sujeito passivo da relação jurídica tributária (conseqüente da norma) não for a mesma que realizou o fato jurídico tributário, seria provavelmente um responsável tributário. A concepção de SACHA pode auxiliar no confronto entre aquele que realizou o fato tributário e aquele que finalmente integra a relação jurídica tributária como devedor.

b) Conseqüente ou prescritor

Já o conseqüente ou prescritor prescreve a relação jurídica que deverá surgir daquele fato. Nele encontram-se o critério pessoal: sujeito ativo, credor; sujeito passivo: devedor e, o critério quantitativo: base de cálculo e alíquota.

---

449. NAVARRO COELHO, SACHA CALMON *in* "Geraldo Ataliba: cientista de Direito - Reflexões sobre a hipótese de incidência dos tributos - Substitutos e Responsáveis Tributários no Direito Brasileiro", Rev. Dialética, SP 1996, no. 8, p. 111 e seg.

Desencadeia-se a relação jurídica tributária com a ocorrência do critério material da hipótese. O conseqüente completa a norma matriz de incidência (relação jurídica tributária efectual, ainda despida da concretude final de individualização dos sujeitos e da grandeza da prestação o que ocorreria somente com o lançamento)[450].

A realização da relação jurídica tributária implica uma correlação de deveres e obrigações recíprocos. Assim o sujeito ativo, o credor, o Estado, (União, Estados, Municípios) tem o direito subjetivo de exigir de outro, sujeito passivo, o cidadão, já no papel de contribuinte, uma prestação em dinheiro.

Realiza, pois, a vocação do direito que é a de criar relações jurídicas, o vínculo abstrato entre duas pessoas que passam a ter direitos e deveres recíprocos.

Nem sempre o sujeito ativo é aquele que tem a competência tributária para a criação o tributo. Poderá ser uma outra pessoa a quem o sujeito competente transfira a sua capacidade ativa. É o que acontece na parafiscalidade quando uma autarquia vem a ocupar o polo ativo de uma contribuição social, por exemplo.

Temos, pois:

Relação jurídica tributária

S_A ———————————   R$ ————————————— SP
(Estado)   (contribuinte)
-----------------------------------> <-----------------------------------SP
direito subjetivo à prestação   dever jurídico de pagar a prestação

S_A -----------------------------> R$ <--------------------------------- SP
Estado dever de receber somente   direito de pagar somente e na
e na forma que a lei dispuser   forma que a lei dispuser (contribuinte)

---

450. DE SANTI, EURICO MARCOS DINIZ, in "Lançamento Tributário", Editora Max Limonad, 1996, Cap. IV, Relação Jurídica efectual e intra normativa, p. 65 e seg.

Vejamos agora o critério quantitativo do conseqüente. Este é formado pela base de cálculo e alíquota.

O tributo é expressão de riqueza. A base de cálculo é a medida dessa riqueza. Dizemos mesmo que a base de cálculo é a grandeza do critério material. Ela mede o complemento do verbo do critério material. Ela mede a renda (no imposto sobre a renda). Ela mede a operação (no imposto sobre operação de circulação de mercadorias – ICMS). Ela mede o serviço (no imposto sobre serviços de qualquer natureza – ISSQN).

A propósito da base de cálculo, ALFREDO AUGUSTO BECKER[451] a considera de tal importância que diz ser ela o núcleo em torno do qual gravitam todos os demais aspectos formadores do fato gerador. São suas as palavras:

"A hipótese de incidência se realiza mediante o acontecimento de diversos fatos. Estes fatos são os elementos que integralizam a composição da hipótese de incidência. O elemento que serve de base de cálculo confere o gênero jurídico ao tributo, os demais elementos especificam o gênero, particularizando-o numa determinada espécie".

"A hipótese de incidência da regra jurídica de tributação tem como núcleo: a base de cálculo; como elementos adjetivos: todos os demais elementos que integram sua composição".

PAULO DE BARROS CARVALHO acrescenta: "Estamos convictos no reconhecer à base de cálculo toda a importância necessária a um fator imprescindível para a fisionomia de qualquer tributo. Entretanto não iremos ao limite de subtrair, com isso, à hipótese normativa, a enorme dimensão que ocupa nos esquadros lógicos da norma matriz"[452]. Ou seja, na medida em que se foca a base de cálculo, no conseqüente, esmaece-se a imagem dos critérios constitutivos da hipótese de incidência. E a proporção deve ser mantida na sua equanimidade.

---

451. BECKER, ALFREDO AUGUSTO, op. cit, p.339.
452. CARVALHO, PAULO DE BARROS, op. cit., p. 323.

JUAN RAMALLO MASSENET associou, enriquecendo a doutrina, a base de cálculo ao critério material da hipótese[453].

De qualquer forma, hoje, é reconhecida à base de cálculo tripla função: a) medir as proporções reais do fato; b) compor a específica determinação da dívida; e c) confirmar, infirmar ou afirmar o verdadeiro critério material da descrição contida no antecedente da norma[454].

A alíquota, porcentagem que se aplicará à base de cálculo para se obter o valor do tributo, é necessária na determinação de sua grandeza, ou seja, na determinação do débito tributário. Está também sob o princípio da estrita legalidade com algumas exceções.

Vejamos, agora como exemplo, a norma matriz do imposto sobre operações de circulação de mercadorias e serviços, de competência dos Estados.

Diz o art. 1º da Lei 6374, de 01.01.89, do Estado de São Paulo que:

> Art. 1º – O imposto sobre Operações Relativas à Circulação de Mercadorias e sobre Prestações de Serviços de Transporte Interestadual e Intermunicipal e de Comunicação – ICMS -, tem como fato gerador as operações relativas à circulação de mercadorias e as prestações de serviços de transporte interestadual e intermunicipal e de comunicação, ainda que as operações e as prestações se iniciem no exterior.

Diz ainda o art. 2º que o fato gerador ocorre na saída da mercadoria do estabelecimento do contribuinte (critério temporal).

O art. 7º diz ser contribuinte a pessoa física ou jurídica que de modo habitual realize as operações e serviços (critério pessoal).

---

453. CARVALHO, PAULO DE BARROS, op. cit. referindo-se à colaboração de JUAN RAMALLO MASSENET *"Hecho imponible e qualificación de la prestacion tributária"*, Rev. Españole de Der. Financiero, Ed. Civitas, 20:614.
454. Ibidem, pp. 324 e 325.

A base de cálculo é o valor da operação (art. 24) e a alíquota é de 18% (art. 34) (critério quantitativo).

Hipótese (descritor)	1. **critério material**: realizar operação de circulação de mercadorias
	2. **critério espacial**: dentro do perímetro do Estado de São Paulo, no estabelecimento
	3. **critério temporal**: momento da saída da mercadoria do estabelecimento produtor, comerciante ou industrial.
Conseqüente prescritor	4. **critério pessoal** a) suj. ativo – Fazenda Estadual b) suj. passivo – aquele que realiza a operação mercantil que faz circular a mercadoria.
	5. **critério quantitativo** a) base de cálculo: o valor de operação b) alíquota: 18%

A base de cálculo, valor da operação, confirma o critério material da hipótese, operação realizada.

A relação jurídica é sempre efeito da incidência de uma norma sobre um fato ou relação que ela mesma descreve e juridiciza. Ou seja, a relação jurídica é sempre eficacial. ALFREDO AUGUSTO BECKER ensina que o Estado pinça dos fatos e relações humanas do mundo real aqueles que lhe interessam juridicizar, com a finalidade de ordenar e controlar outras relações humanas[455].

Estas relações humanas e fatos são as relações jurídicas básicas que irão causar as relações jurídicas eficaciais.

---

455. BECKER, ALFREDO AUGUSTO, op. cit., p. 310.

Há ainda que se diferenciar os três graus de eficácia resultantes da incidência da norma: eficácia mínima (direito e dever); eficácia média (direito/pretensão e dever/obrigação); eficácia máxima (direito/pretensão/coação e dever/obrigação/sujeição)[456].

As modalidades do exercício de coação variam com o tempo. Hoje é exercida sobre os bens (patrimônio do devedor) e o próprio exercício é realizado pelo Estado através do Poder Judiciário com a ação processual.

6.4.2. Conclusão

O critério material dá o tipo que vai caracterizar o imposto. É sempre formado de um verbo transitivo, portanto do verbo e seu complemento ou de um verbo indicativo de estado. No primeiro caso: adquirir renda, realizar operação relativa à circulação de mercadoria, prestar serviços, transferir imóveis; no segundo: ser proprietário de imóvel urbano ou rural.

O critério material é dado na Constituição e tem, também, por finalidade, servir à distribuição dos signos de riqueza entre os entes da Federação: União, Estados, Distrito Federal e Municípios.

O critério espacial indica o lugar em que se efetiva o fato jurídico tributário. Em geral é determinado pela lei ordinária: o local do estabelecimento para o ICMS; o local do estabelecimento prestador, para o ISS; o local do imóvel, para o IPTU. Quando a lei nada determina, o critério espacial será qualquer lugar dentro do âmbito de validade territorial da lei, como por exemplo, o território da União para o Imposto de Renda.

O critério temporal indica o momento em que se considera consumado, exaurido o fato jurídico tributário. Será o dia 31 de dezembro para o imposto de renda (ou 30 de junho, ou

---

456. Esta diferenciação é didática pois, se o dever for cumprido, a norma realiza a sua eficácia máxima.

no último dia do trimestre); será o momento da saída da mercadoria do estabelecimento produtor, comercial ou industrial, para o ICMS; será o momento da entrega dos serviços, para o ISS. Quanto aos tributos que têm por critério material um estado: "ser proprietário" será necessário que a lei escolha um dia, um momento, para que neste dia se considere realizado o fato. Isto porque o "estado" de ser proprietário, por exemplo, é uma situação estática de característica permanente. É preciso, pois, uma marca no tempo que indique a incidência da lei e, conseqüentemente, nascido o evento que consistirá no fato jurídico tributário.

Realizado o fato jurídico tributário e, pois, configurados todos os critérios: material, temporal, espacial da Hipótese ou Descritor da Norma Matriz de Incidência Tributária, implica-se o Conseqüente ou Mandamento, nascendo a relação jurídica tributária.

Há aí o critério pessoal: sujeito ativo – o Estado, sujeito passivo – o contribuinte (ou responsável, no sentido da responsabilidade pelo efetivo pagamento do imposto) e o critério quantitativo: base de cálculo e alíquota.

A base de cálculo dimensiona o critério material da hipótese de incidência, confirmando-o. O binômio: critério material e base de cálculo, é o núcleo do imposto. Está a base de cálculo intimamente ligada ao critério material. Quando dissociada algo está incongruente. Deve a base de cálculo ser então considerada *de per si*, pois é ela que possibilitará detectar qual a espécie tributária e não o critério material, de forma isolada.

Numa primeira apreensão, será inadmissível juridicamente a lei ordinária: 1) criar critério material, diverso do tipo pressuposto na Constituição e utilizado para discriminação de competências, na lei complementar e na lei ordinária; 2) criar base de cálculo incompatível com o tipo do critério material, e 3) criar contribuinte diverso daquele que realizou o critério material da hipótese.

FICÇÕES TRIBUTÁRIAS: IDENTIFICAÇÃO E CONTROLE

Note-se, e isto é de suma relevância: o critério material é pressuposto constitucional; daí decorrem naturalmente a base de cálculo, expressão de grandeza do critério material e o contribuinte, aquele que realiza o critério material.

Justamente o art. 146 da Constituição parece confirmar o aqui dito. Veja-se:

> Art. 146 – Cabe à lei complementar:
> I – ...
> II – ...
> III – estabelecer normas gerais em matéria de legislação tributária, especialmente sobre:
> a) definição de tributos e de suas espécies, bem como, <u>em relação aos impostos discriminados nesta Constituição, a dos respectivos fatos geradores, bases de cálculos e contribuintes;</u>

Os impostos discriminados na Constituição são aqueles previstos nos arts. 153, 155 e 156.

Ao se referir a "fatos geradores" quer a Constituição significar que o critério material, pressuposto, atrai o critério quantitativo, base de cálculo, e o critério pessoal, sujeito passivo, contribuinte, como acima já explicitado.

À lei complementar compete, pois, com relação aos impostos a definição do critério material, critério quantitativo e sujeito passivo.

E, os critérios temporal e espacial do tributo? Estes poderão ser diretamente objeto da lei ordinária.

O critério temporal poderá coincidir com o critério material. Assim, o critério temporal do ICMS poderia coincidir com a realização da operação, o negócio jurídico de compra e venda mercantil. Mas não foi o que escolheu o legislador ordinário. Preferiu um outro momento para a consumação do fato: o momento da saída da mercadoria do estabelecimento, ou seja, o momento da tradição que é o da entrega da mercadoria ao consumidor.

O critério espacial, a circunstância de lugar, deverá coincidir com o âmbito de validade do tributo (exceto imposto de renda). Poderá a lei ordinária escolher um determinado local: no caso do ICMS escolheu o local do estabelecimento dentro do Estado; no caso do ISS, o estabelecimento prestador, dentro do município. No caso de Imposto de Renda da pessoa jurídica, o local da sede dentro do âmbito de validade do território da União.

Separemos pois:

a) pressupostos constitucionais explícitos: critérios material, base de cálculo e contribuinte (a serem explicitados por lei complementar conforme previsão no art. 146, III, "a" da C.F. e criado por lei ordinária);

b) pressupostos constitucionais implícitos: critério espacial: âmbito de validade do tributo e critério temporal, intimamente ligado à natureza do critério material.

Assim, a lei substantiva, instituidora de ficção legal, como adiante se verá, será claramente inconstitucional se se referir a aspectos descritos em "a".

Será igualmente inconstitucional (letra "b") se o ente tributante pretender tributar além do campo de competência a ele outorgado. Por exemplo, se um município pretender cobrar o ISS sobre prestação de serviços ocorrida em outro município, onde o prestador pratica a sua atividade. O mesmo de um Estado que pretende cobrar o ICMS de operação de circulação de mercadorias, ocorrida em outro Estado.

Será igualmente inconstitucional, por exemplo, se o regime do imposto de renda pessoa jurídica determinar o critério temporal no dia 30 ou 31 dos doze meses do ano. Isto porque torna o interregno necessário à apuração de renda, ínfimo. E há necessidade de um tempo razoável – período – à verificação do acréscimo patrimonial. O imposto de renda estava ligado à anualidade. Passou à semestralidade e até à mensalidade. Atualmente é apurado trimestralmente, como regra geral.

Muitas vezes parece que o critério temporal se antepõe ao próprio critério material do imposto. Seria o caso da substituição tributária "para frente" no ICMS. Uma observação mais acurada, porém, demonstrará que neste caso, a ficção é do próprio critério material: considera-se existente a operação de venda que ainda não se realizou.

O substituto pagará o ICMS na venda de seu produto, juntamente com o tributo que o seu comprador, o substituído, pagaria na venda que viesse a realizar. Logicamente como não há o preço certo dessa venda, justamente por que inexistente a operação, terá de haver uma pauta fiscal na qual se apoiar. Neste caso uma ficção levará automaticamente a outras ficções. A ficção do critério material acarreta a do critério temporal e a do critério quantitativo: base de cálculo.

Capítulo VII
DA FICÇÃO JURÍDICA TRIBUTÁRIA

7.1. Considerações Preliminares

O Direito constrói as próprias realidades que estarão contidas na Hipótese de Incidência das Normas Jurídicas. O legislador não pode, porém, dispor livremente de seus conceitos; "tem de esforçar-se por compreender a estrutura ôntica do real cuja apreensão jurídica lhe incumbe"[457].

Há de haver congruência do descrito na norma com a realidade própria do mundo natural e da natureza e cultura do homem, para que o evento ali previsto, quando realizado no mundo, se adeque ao suporte fático e entre para o universo jurídico.

Segundo ADOLF REINACH, o Direito positivo "não produz em nada" os conceitos jurídicos a que dá acolhimento: depara com eles. Esses conceitos têm uma estrutura própria sobre a qual podemos enunciar proposições apriorísticas"[458]; e se o Direito positivo é livre de "os acolher na sua esfera ou deles divergir", todavia não consegue "afectar a sua existência específica". Pelo contrário, a "estrutura do Direito positivo só se

---

457. KARL LARENZ, *in* "Metodología da Ciencia do Direito", Fundação Calouste Gulbenkian, Lisboa, 1983, 5ª edição, p. 130.
458. Ibidem, p. 131.

torna inteligível através da estrutura da esfera exterior ao Direito positivo".

Encontra-se em REINACH, ao lado de uma teoria estrutural das figuras jurídicas (relações jurídicas) também, uma proposta de uma teoria estrutural dos *actos jurídicos* o, que é relevante para a compreensão da declaração de vontade no negócio jurídico.

Há no Direito um *"a priori"* material. GERHART HUSSERL é do mesmo entendimento. Para ele também "as figuras do Direito Positivo são realizações e particularizações de possibilidades aprioristicamente dadas"[459].

HUSSERL nega, então, "a tese fundamental do positivismo a saber: a da discricionaridade absoluta do conteúdo das normas[460]."

LARENZ entende ser um erro pensar que o legislador é completamente livre para formar seus conceitos. Há, no Direito Positivo, um núcleo de sentido suprapositivo. Não se pode ignorar a natureza do homem e as suas necessidades.

Demonstra bem o que é a construção do Direito, a determinação da maioridade do homem para exercer os atos da vida civil. Até o advento da alteração do Código Civil, com a Lei 10.406, de 10.01.2002, a maioridade realizava-se aos 21 anos. Hoje, com a nova determinação da lei, a menoridade cessa aos 18 anos completos, quando a pessoa fica habilitada à prática de todos os atos da vida civil. (Lei 10.406/2002, Art. 5º).

O Direito tem de estar atento à natureza do homem, aquele que necessita de mais tempo para se preparar para a vida. E, também, aos tempos que correm. A nova lei poderia manter a maioridade em 21 anos, poderia aumentá-la ou reduzi-la, como o fez. Não poderia, porém, dispor que ocorreria aos 7 anos. Seria contrariar a natureza, pois uma criança não tem a consciência e a responsabilidade de seus atos.

---

459. Ibidem, p. 132.
460. Ibidem, p. 133.

FICÇÕES TRIBUTÁRIAS: IDENTIFICAÇÃO E CONTROLE

Se o Direito constrói a si próprio (Capítulo IV), o que vem a ser FICÇÃO JURÍDICA?

Esta "consiste em equiparar, voluntariamente, algo que se sabe que é desigual[461]", a uma determinada realidade jurídica. Aquele que cria a ficção conhece a desigualdade daquilo que vai equiparar. É por isso que a ficção distingue-se de uma identificação incorreta.

Diego Marín-Barnuevo Fabo anota que pode-se destacar, nas diversas formulações realizadas pela doutrina, que o elemento caracterizador deste tipo de normas é a voluntária desfiguração da realidade. Como técnica legal, vincula efeitos jurídicos descritos para um fato determinado a outro fato distinto.

Após estudar as várias concepções de "ficções", Fabo propõe a seguinte definição: disposição normativa que simula a identidade de dois fatos que se sabe diferentes, com a finalidade de atribuir ao segundo o mesmo regime jurídico que já havia sido descrito para o primeiro[462].

A ficção jurídica pode ser expressa e, neste caso, facilmente detectável. São as ficções por equiparação. Mas pode não sê-lo. Neste caso, introduz-se e impõe-se como se verdade jurídica fosse. Será detectada mediante processo de interpretação, que apurará a sua dissociação do sistema para a sua conseqüente expulsão.

Trata-se, quando expressa, de assimilações, equiparações que facilitariam a tarefa de construção do Direito. Isto se torna possível nos casos em que os conceitos jurídicos são, ou podem ser, mais largos, mais abrangentes. "Quanto mais abstrato for o conceito (conotação) mais objetos poderão ser alcançados (denotação)"[463].

---

461. LARENZ, KARL, op. cit., p. 312.
462. FABO, DIEGO MARÍN-BARNUEVO, *in* "Presunciones y Técnicas Presuntivas en Derecho Tributario", Ed. McGraw-Hill, Madrid, 1996, p. 137.
463. TORRES, HELENO, op. cit., p. 59.

Observe-se que parte das teorias sobre ficção tomaram, por objeto, as ficções existentes no Direito Privado. É o que ocorre no Direito Civil, por exemplo, em relação ao imóvel. São bens imóveis o solo e tudo quanto se lhe incorporar naturalmente ou artificialmente (C.C. Art. 79). Surge, em seguida, no Art. 80, uma ficção por equiparação.

Diz, com efeito, o Art. 80: "Consideram-se imóveis para os efeitos legais:

> I. os direitos reais sobre imóveis e as ações que os assegurem;
> II. o direito à sucessão aberta."

Ou seja, não são imóveis. Mas deverão ser tratados pelo Direito como se o fossem, para os efeitos legais. Isto quer dizer, no caso do direito à sucessão aberta, que para haver transmissão desses direitos será necessária a escritura pública.

O mesmo ocorre quanto à figura da hipoteca, que é garantia de dívida (C.C. Art. 1419). Refere-se a bem imóvel que fica sujeito ao cumprimento da obrigação. O artigo 1473 prescreve o que pode ser objeto de hipoteca, aí incluindo os navios (inciso VI) e as aeronaves (inciso VII). Leis especiais regerão essas hipotecas. Com efeito, navios e aeronaves não são imóveis, mas considerado o seu porte, valor e a sua serventia, extensão do território do país, cuja bandeira levam, são, para efeitos de garantia hipotecária, a eles equiparados.

Há de se ter, porém, acuidade ao analisar as ficções jurídicas em face do Direito Público. Isto porque as ficções jurídicas não se adequam aos conceitos tipológicos, aqueles conceitos estritos, fechados, exclusivos, taxativos e que assim foram estabelecidos, em face da exigência determinada pelo princípio da segurança jurídica, na implicação das relações jurídicas, de índole tributária e penal.

Relembre-se que as relações jurídicas tributárias resultam da realização do fato jurídico tributário tal como descrito na Hipótese da Norma Matriz de Incidência Tributária. Acontecido o fato, implica-se o conseqüente: a relação jurídica tributária. Isto significa que esta é *ex-lege*: origina-se da lei e do fato nela previsto.

Os dois subdomínios do Direito Penal e Tributário, têm por objeto os valores mais altos protegidos pelo Ordenamento Jurídico; no Direito Penal: a vida, a liberdade, o patrimônio, a propriedade; no Direito Tributário: a livre iniciativa, a capacidade contributiva, a propriedade, o patrimônio e, conseqüentemente, a vedação ao confisco.

Há situações jurídicas que não se confundem com as ficções.

Já vimos que a "pessoa jurídica" não é ficção. É, ao contrário, construção legítima do Direito. Normas jurídicas foram criadas para formalização, nascimento e operacionalização das pessoas jurídicas. Há muitos pormenores desde os requisitos para sua constituição, formação e integralização do capital, quotas, ações, debêntures, regras para composição do patrimônio líquido, regras para a criação e gerência do órgão de direção e presentação da sociedade, responsabilidade dos sócios entre si, responsabilidade da sociedade e, subsidiariamente, dos sócios perante terceiros, distribuição de lucros, normas contábeis, normas tributárias, etc[464].

Só tendo cumpridos os preceitos legais para tanto, os vários tipos de sociedades: simples, empresárias, limitadas, anônimas serão reconhecidos pelo Direito para exercer as atividades para as quais foram criadas[465].

Pois bem, quando a lei diz:

– "considera-se..."

– "aplica-se inclusive..."

– "incidirá também..."

---

464. Ver Capítulo IV – Construção do Direito, Pessoa Jurídica, Item 4.1.5.4.2.
465. Código Civil, Título II, art. 981 – sociedades em geral; empresária: 1039 a 1092. Sociedades Anônimas. Lei das Sociedades Anônimas, Lei 6404/1976.

está trazendo para o mundo jurídico um novo fato "B", aproximando-o de outro fato jurídico "A", e aplicando ao novo fato "B", toda a sistemática do fato A, anteriormente criado.

Assim, quando a lei disser: Considera-se pessoa jurídica (uma pessoa que não o é), aí sim estará construída a ficção jurídica. Isto porque a entidade que está sendo equiparada não tem a natureza e os requisitos que importem, já, no reconhecimento da existência de personalidade jurídica, a qual só adquiriria pela equiparação[466].

Estas são as ficções de remissão nos termos de Karl Larenz e que serão desenvolvidas adiante.

Há, ainda, no subdomínio do Direito Tributário **as ficções jurídicas propriamente ditas**, inseridas no sistema por normas matrizes de incidência tributária, que introduzem novas previsões de suportes fáticos, em total desconformidade com a tipologia dos tributos, determinada na Constituição.

Este tipo de ficção coloca na ordem jurídica um corpo estranho, pretendendo que este conviva com as personagens legítimas já criadas e produza os mesmos efeitos dessas. Ver-se-á, porém, que esta coexistência se torna impossível, em face de sua incompatibilidade com o sistema. E, como tal, deve dele ser erradicada.

Será este tipo de ficção, a que chamaremos **ficções jurídicas autônomas,** o principal enfoque deste trabalho.

Os quadros apresentados a seguir demonstrarão a fenomenologia da construção do Direito e já, dentro do ordenamento jurídico posto, a criação das ficções jurídicas tributárias.

---

[466]. No imposto de renda, foi feita a equiparação, à pessoa jurídica, de pessoas que, em nome individual, comercializavam habitualmente imóveis. Os critérios para configuração da habitualidade: venda de três imóveis, no período de dois anos, adquiridos neste mesmo período. O relato desse fato encontra-se no Capítulo VIII, item 8.1.4.

FICÇÕES TRIBUTÁRIAS: IDENTIFICAÇÃO E CONTROLE

Juridicização de aspectos do real
Passagem do mundo do "ser" para o do "dever-ser"

I Mundo dos Fenômenos	II Mundo Jurídico Tributário
aquisição de renda	**IRPJ (imposto federal)** 1. critério material: adquirir a disponibilidade da renda que consiste em acréscimo patrimonial. 2. critério quantitativo: resultado positivo entre receitas e custos e despesas operacionais, em determinado período. 3. sujeito passivo: destinatário constitucional tributário, aquele que adquiriu renda[467].
venda e compra de mercadorias *(fragmento do real)*	**ICMS (imposto estadual)** 1. critério material: negócio jurídico que transfere a titularidade da mercadoria, fazendo-a circular. 2. critério quantitativo – valor da operação 3. sujeito passivo, destinatário constitucional tributário – o vendedor: produtor, comerciante ou industrial.
prestação de serviços	**ISS (imposto municipal)** 1. critério material: prestar serviços 2. critério quantitativo: valor dos serviços 3. sujeito passivo: o prestador dos serviços

---

467. Segundo expressão de Geraldo Ataliba, própria para o Direito Tributário Brasileiro, modificando a expressão de Hector Villegas: "destinatário legal tributário".

Observe-se que a Norma Jurídica Tributária despreza inúmeros pormenores da transação, normatizando apenas os critérios que lhe interessam – signos de riqueza – para reconhecer o fato, a grandeza do fato e o realizador do fato.

III – FICÇÃO JURÍDICA TRIBUTÁRIA
Ocorre dentro do Mundo Jurídico Tributário
(conforme II, acima)

Mundo Jurídico

III_1 **Realidade Jurídica Tributária**	III_2 **Ficção Jurídica Tributária**
Normas Jurídicas Tributárias De acordo com pressupostos constitucionais dos critérios material, quantitativo e subjetivo.	a) **Ficções jurídicas por equiparação ou remissão** Outras normas jurídicas tributárias que equiparam um fato novo a um fato já juridicizado – "Considera-se..."
1. IRPJ	– "Aplica-se também..." – "Incidirá também..."
2. ICMS	b) **Ficções jurídicas autônomas**
3. ISS	- nada diz, mas a norma jurídica, pela desconformidade com o sistema, é detectada como ficção jurídica.

7.2. Indícios e presunções – Universo das provas

Para melhor compreensão **do que seja a ficção** é necessário estudar os indícios e as presunções. Estas últimas vêm sendo tradicionalmente estudadas com a ficção, embora entendamos que tenham naturezas diversas: a ficção é norma jurídica geral e abstrata, material; a presunção insere-se no âmbito processual das provas, refere-se a norma individual e concreta, na fase de aplicação.

No Direito Tributário as presunções surgiram para facilitar a atividade fiscalizadora do Fisco, nos casos em que a prova é difícil ou, mesmo, com o fito de evitar a evasão fiscal. São, porém, normas de exceção e como tal devem ser utilizadas pela administração fazendária, nos estreitos limites que lhe outorga a lei.

7.2.1. Indícios

Os fatos não existem isolados. Normalmente no mundo dos fenômenos, há concatenação de fatos ou seqüência de fatos, fatos efeitos de fatos. A causalidade necessária predomina no mundo fenomênico.

Um fato conhecido pode ser chamado de indício em relação a um fato desconhecido.

"Um mesmo fato é indício de um fato desconhecido e não o é de um terceiro fato desconhecido. Assim é preciso que se diga que "o fato tal é indício de outro tal" ou que "o fato tal não é indício de outro tal"[468].

No mundo jurídico diz-se indício, a circunstância conhecida e provada que autoriza, por indução, concluir-se a existência de outra.

---

468. MAURO JOSÉ SILVA, *in* "Imposto de Renda: Possibilidade de lançamento com base em depósitos bancários. A natureza jurídica do Art. 42, da Lei 9430/96 como Indício, Presunção ou Ficção". Direito Tributário Atual, IBDT, nº 17, Dialética, São Paulo, 2003, pp. 263 e segs.

No mundo das ações, no mundo das condutas, o mesmo ocorre. Se um homem mata outro, a esta ação homicida se seguem outras, como ocultação do cadáver e apagamento dos vestígios, com a finalidade de impedir a descoberta da autoria. Cuidadosa e sistematicamente o autor procura destruir todos os vestígios que poderiam vir a identificá-lo.

Estas ações são causadas pela primeira, definitiva e irreversível ação de matar.

Cabe ao investigador perfazer e refazer, passo a passo, o caminho do crime. De forma fragmentária ele examinará a causa da morte (tiro), procurará a arma do crime, recolherá as cápsulas detonadas, mandará as manchas de sangue para análise em laboratório, examinará as pegadas, as marcas das rodas de carros no caminho e cotejará todos os dados obtidos com as características do suspeito.

Reconstituirá a história da vítima e a história do suposto autor, para ver se teria havido algum relacionamento entre ambos que teria desembocado na ação fatal.

O quebra-cabeça, com peças incompletas, falsas ou falhas terá de ser recomposto para deslinde do caso.

Todas estas circunstâncias e fatos examinados são indícios de autoria.

Karl Larenz diz serem indícios "aqueles fatos ou eventos que em si mesmos não fazem parte da situação do fato em apreço, mas que permitem uma inferência sobre um evento a ele pertinente".

Pode-se, pois, dizer que indícios são fatos provados que, por correlação lógica, indicarão o fato desconhecido que também se quer provar. No exemplo dado, a autoria do crime.

7.2.2. Presunções

Ninguém melhor para falar de presunções – existentes no mundo das provas, do que uma autoridade em Direito Processual Civil, o professor Arruda Alvim.

> "A presunção, genericamente considerada, constitui-se num processo lógico – jurídico, admitido pelo sistema para provar determinados fatos, através de cujo processo, desde que conhecido um determinado fato, admite-se como verdadeiro outro fato, que é desconhecido, e que é (este último) o inserido no objeto da prova.
>
> "As presunções, quanto à sua divisão, tendo em vista a origem, dizem-se presunções simples (comuns ou de homens) e presunções legais (ou de direito) (...)."
>
> Diz-se que as primeiras são aquelas decorrentes do raciocínio comum do homem, em considerar verdadeiro um fato, por inferência de outro fato. As legais, conquanto o raciocínio seja o mesmo, são aquelas decorrentes de criação legal, e por isso o próprio raciocínio está traçado na lei".[469]

Também para PAULO DE BARROS CARVALHO, as presunções inserem-se no âmbito processual das provas.

> "As provas são consideradas *diretas* quando fornecem ao julgador idéia concreta do fato a ser provado; são *indiretas* quando se referem a outro acontecimento, que não propriamente aquele objetivado pela prova, mas que com ele se relacionam, chegando-se ao conhecimento do fato a provar mediante raciocínio dedutivo, que toma por base o evento conhecido".[470]

E a propósito das presunções:

> "É lícito afirmar-se, portanto, que a presunção é o resultado lógico, mediante o qual do fato conhecido, cuja existência é certa, infere-se o fato desconhecido ou duvidoso, cuja existência é, simplesmente provável (...).[471]

As presunções são simples, do homem, ou legais, decorrentes de criação da Lei.

---

469. ALVIM, ARRUDA, in "Manual de Direito Processual Civil", V.II. p. 399.
470. CARVALHO, PAULO DE BARROS in "A prova no Procedimento Administrativo Tributário". Revista Dialética de Direito Tributário, nº 34; p. 109.
471. Ibidem, p. 109.

7.2.2.1. Presunções *"Hominis"* (simples)

A presunção não é indício. Exige um raciocínio de inferência. Da existência do fato A – conhecido – infere-se a existência do fato B – desconhecido. Este é o fato presumido. Para que haja presunção, será necessária a existência de dois fatos: o primeiro, real, e o segundo, presumido.

Fato A: houve um assassinato;

> – o assassinato é uma ação consistente em alguém matar alguém
>
> – toda ação tem um autor

Fato B: existência de um assassino.

Ação é aquela que, praticada pelo homem, interfere no mundo e altera a ordem das coisas. Neste caso, uma pessoa que vivia, por ação de outrem, morre.

Resta, pois, identificar o autor.

Este é um raciocínio lógico, que preside a existência de todos os fatos.

São chamadas presunções comuns ou simples, presunção do homem. **Presunções *"Hominis"***.

7.2.2.2. Presunções legais

As presunções legais são as previstas em lei. São relativas, **"juris tantum"**, ou absolutas, **"juris et de jure"**.

7.2.2.2.1. Presunções *"juris tantum"*

Neste caso, a presunção existe por um processo mental criado na lei. A lei cria a presunção.

De um fato A, descrito na lei, presume-se a existência de um fato B, possível ou provável, também descrito na lei. Este fato B é presumido como ocorrido, como conseqüência da existência do fato A, devidamente provado, admitindo, porém, que o cidadão interessado possa desfazer a presunção, provando o contrário: que o fato "B", presumido, não ocorreu. Estas são as presunções legais *"juris tantum"*. Deve haver um nexo causal entre os dois fatos[472].

"A presunção tem por ponto de partida a verdade de um fato".[473]

Veja-se, no caso, que será necessária para a configuração da presunção a probabilidade de existência de um segundo fato, conectado com o primeiro, já ocorrido. MARIA RITA FERRAGUT[474] explica: "O raciocínio presuntivo e a probabilidade encontram-se presentes na fase pré-jurídica, em que os membros do Poder Legislativo, observando o que ordinariamente acontece, constatam que, a partir da ocorrência de determinado fato diretamente conhecido, é possível, com razoável grau de certeza, concluir que um outro fato também teria existido, ainda que os meios de prova direta não o comprovem. Criam, então, por razões de interesse público, veículos introdutores gerais e abstratos, determinando ao aplicador da lei que reconheça, sempre que provada a existência de certo fato, e independentemente da produção de provas em contrário à existência do fato que ser quer provar, um outro fato."

É provável que uma empresa tenha distribuído lucro de forma disfarçada, se vendeu bens de seu ativo imobilizado a sócio, ou parente de sócio, por valor acima do valor de mercado.

Não se pode, porém, presumir a distribuição disfarçada de lucro se a empresa acumula prejuízos. Os fatos indiciários, indispensáveis à caracterização da distribuição presumida, são:

---

472. CANTO, GILBERTO DE ULHÔA, *in* "Presunções no Direito Tributário" in Caderno de Pesquisas Tributárias, nº 9, Co-Edição, CEEU e Resenha Tributária, São Paulo, 1984, p. 4.
473. LIMA GONÇALVES, JOSÉ ARTUR, *in* "Imposto sobre a renda", Malheiros Editores, São Paulo, 1997, p. 147.
474. MARIA RITA FERRAGUT in "Presunções no Direito Tributário", Dialética, São Paulo, 2001, p. 64 e Pontes de Miranda, Tratado, III, p. 64.

primeiro, a existência de lucro; segundo, a venda a sócio de um bem da empresa e, terceiro, que a venda exceda o valor de mercado. Necessariamente o primeiro fato conhecido, existência de lucro, deve ocorrer.

Exemplo de presunção *"juris tantum"* no Direito Tributário é a prevista no Art. 42 da Lei 9.430, de 27.12.1996. Diz o Art. 42 caracterizarem-se omissão de receita os valores creditados em conta de depósito ou de investimentos mantida junto à instituição financeira, em relação aos quais o titular, pessoa física ou jurídica, não comprove, sendo notificado, a origem dos recursos utilizados nestas operações. Presume-se, pois, que a receita, cuja origem o titular não consiga provar, seja receita omitida[475].

Neste caso, igualmente é necessário que o primeiro fato, conhecido ocorra: existência de valores em contas de depósito ou de investimento junto à instituição financeira.

Eis aí: nas presunções o Fisco tem de provar o fato conhecido. No caso do Art. 42 da Lei 9.430/96, retro mencionado, teria de provar a existência de valores creditados em conta de depósito ou de investimento mantida junto às instituições financeiras, superiores à origem dos recursos declarados, utilizados nestas operações. Para tanto teriam de ser cotejados os valores depositados em relação aos declarados na declaração de ajuste anual. Cabe ao contribuinte provar que o fato presumido, omissão de receitas, não ocorreu e que a ilação, neste caso, não pode ser completada em virtude da existência real dos recursos, como tais, declarados ao Fisco.

---

475. Lei 9430/96. Art. 42. Caracterizam-se também omissão de receita ou de rendimento os valores creditados em conta de depósito ou de investimento mantida junto a instituição financeira, em relação aos quais o titular, pessoa física ou jurídica, regularmente intimado, não comprove, mediante documentação hábil e idônea, a origem dos recursos utilizados nessas operações.

§ 1º O valor das receitas ou dos rendimentos omitidos será considerado auferido ou recebido no mês do crédito efetuado pela instituição financeira.

§ 2º Os valores cuja origem houver sido comprovada, que não houverem sido computados na base de cálculo dos impostos e contribuições a que estiverem sujeitos, submeter-se-ão às normas de tributação específicas, previstas na legislação vigente à época em que auferidos ou recebidos.

Neste passo, é de proveito advertir que muitas vezes a norma aparece no sistema como norma de presunção *"juris tantum"*, aparentemente permitindo prova em contrário. O intérprete percebe, porém, que não há condições de o contribuinte provar o contrário, porque, até então, não estava, por exemplo, obrigado a conservar determinados documentos. A prova é impossível. Entendemos que esta norma, aparentemente norma de presunção *"juris tantum"*, torna-se, no caso, presunção *"juris et de jure"*, pois na realidade não há como provar que o segundo fato presumido não ocorreu.

7.2.2.2.2. Presunções *"juris et de jure"*

Há ainda as presunções absolutas – *"juris et de jure"* – aquelas que não admitem prova em contrário. É o caso da comoriência. Consideram-se mortas no mesmo instante duas ou mais pessoas que morrem na mesma ocasião, por exemplo, em acidente de avião, não se podendo averiguar se uma morte precedeu às outras. Esta presunção não admite prova em contrário. É juridicamente válida, porque não ofende nenhum preceito constitucional[476]. É o caso também daquela prevista no Art. 224 do Código Penal, nos crimes contra a liberdade sexual, praticados contra mulher menor de 14 anos ou alienada. Supõe-se que a mulher, pela pouca idade, não tenha condições físicas, ou o discernimento necessário à sua defesa. A violência é presumida, não admitindo prova em contrário.

Nas presunções jurídicas absolutas, há também dois fatos.

Desde que provado o 1º fato, o segundo necessariamente estará provado. O processualista ARRUDA ALVIM esclarece, com precisão, a natureza da presunção *"juris et de jure"*:[477]

> "Nas absolutas, desde que provado pelo beneficiário o fato base ou auxiliar, a inferência legal terá que ser ne-

---

[476]. Exemplo dado por Ricardo Mariz de Oliveira em estudo publicado na Revista nº 9 de Pesquisas Tributárias, p. 285. Hoje: Código Civil, Art. 8º.

[477]. ARRUDA ALVIM, *in* "Manual de Direito Processual Civil", vol. II. São Paulo, Editora Revista dos Tribunais, 2000, p. 598.

cessariamente extraída, não restando possibilidade alguma de o juiz deixar de atender à presunção, ou seja, o fato presumido haverá de ser reputado verdadeiro. Justamente por isso não poderá a parte contrária provar contra a presunção absoluta, isto é, contra o resultado da presunção absoluta. É certo, todavia, que a parte que vai sofrer o efeito inamovível de veracidade de fato presumido absolutamente deve direcionar seus esforços no que respeita à demonstração da inocorrência do fato auxiliar ou base. A atividade probatória, portanto, cifrar-se-á em torno do fato que leva à presunção absoluta. Se a parte conseguir provar não ter ocorrido o fato base, *ipso facto*, não poderá ser invocada a presunção". "É nesse sentido que haverá de entender o disposto no art. 334, IV, ou seja, não dependem de prova (art. 334, *caput*), os fatos a respeito dos quais militam a presunção da existência ou veracidade, o que vale dizer que o fato auxiliar ou base, que leva à presunção, tem de ser objeto de prova. Sob este aspecto, poder-se-ia dizer que a presunção absoluta, tendo em vista seus predicados, é quase uma das espécies da prova legal; será uma prova legal lógica" .

Segundo MARIA RITA FERRAGUT[478], a produção de provas para invalidar o fato indiretamente provado por inferência do fato existencialmente provado é fator determinante para caracterizar as normas jurídicas presuntivas.

Nesse sentido, a presunção há de ser sempre relativa.

Com efeito, conclui MARIA RITA, "o fato jurídico que deveria ser meramente processual transforma-se em fato jurídico material, deixando a "presunção", com isso, de contemplar uma probabilidade para veicular uma verdade jurídica necessária". Isto desqualifica a regra como espécie de presunção.

Embora isto normalmente ocorra, o raciocínio expresso na norma é o de presunção pela existência de dois fatos, o segundo existente pela inferência da existência do primeiro.

---

478. MARIA RITA FERRAGUT in "Presunções no Direito Tributário", Dialética, São Paulo, 2001, p. 64 e Pontes de Miranda, Tratado, III, p. 420.

7.2.2.2.3. Presunções *"juris et de jure"* e as ficções

Neste sentido, doutrinadores entenderam que as presunções *"juris et de jure"* aproximavam-se das ficções, uma vez que ambas não admitem que o contrário do ali presumido ou ficto fosse demonstrado através de prova[479]. Assim sendo, mesmo que uma adote o raciocínio presuntivo (presunção absoluta) e a outra se apresente como verdade jurídica (ficção), os efeitos seriam os mesmos.

Alfredo Augusto Becker diz que a diferenciação entre presunção e ficção existe somente no plano pré-jurídico, pois o legislador as utiliza ao construir a norma jurídica. Já no plano jurídico a diferença desaparece, pois ambas as situações entram no Direito Positivo como normas jurídicas.

Maria Rita Ferragut, entendendo ser determinante a produção de provas para caracterizar as normas jurídicas presuntivas, considera as chamadas presunções *"juris et de jure"*, ao invés de presunções, disposições legais de ordem substantiva.

Este é, também, o entendimento de Carnelutti, citado por Suzana C. Navarrine y Ruben O. Asorey: "a presunção absoluta, apesar de vir sendo estudada como elemento de teoria das provas, com o passar do tempo converteu-se em instituição de direito substancial, relegando seu caráter processual a um aspecto meramente histórico".

Entretanto entendemos que as diferenças existem mesmo no plano jurídico.

Na ficção introduzida por norma substantiva, a lei prevê um fato jurídico que sabe diverso dos fatos jurídicos previstos em outras leis do sistema. Veja-se: a ficção diz respeito a um único fato.

Na presunção, e já falando da presunção *"juris et de jure"*, lei processual, do mundo das provas, a lei prevê dois fatos: um conhecido e outro desconhecido, sendo o primeiro a causa do segundo. Provado o primeiro, estará inexoravelmente provado o segundo.

---

[479]. CARNELUTTI in "Sistema de Derecho Procesual Civel", Buenos Aires, 1944, Tomo II, p. 226, apud autores Suzana C. Navarrine y Rubén O. Asorey.

Segundo Couture, esta conclusão não exclui a presunção absoluta do mundo das provas, porque sempre haverá de se demonstrar o fato em que a presunção deve apoiar-se. Ou seja: o primeiro fato da presunção terá de ser sempre provado[480]. A diferenciação, dizem os autores, estará na característica dos fatos. Este é também o entendimento do professor Arruda Alvim, retro reproduzido, para essencial compreensão do fenômeno. Como não há possibilidade de fazer prova em contrário do fato presumido, há de se atacar o fato base. "Terá de direcionar seus esforços no que respeita à demonstração da inocorrência do fato auxiliar ou base."

Com efeito, prevalece na presunção *"juris et de jure"* o caráter racional da presunção. Ou seja, de um fato existente, conhecido e provado, infere-se um segundo fato, desconhecido, que a lei dá, também, como certo e realizado. Isto significa que o primeiro fato tem de ser sempre provado, sob pena de não existir a presunção *"juris et de jure"*.

Nota-se, porém, que, embora o primeiro fato tenha de ser provado, o segundo fato não poderá sê-lo. Isto significa que a presunção em si: a correlação do segundo fato, provável em relação ao primeiro fato, certo e determinado, impor-se-á. Assim, é certo que as presunções *"júris et de jure"*, embora necessitem da prova do primeiro fato, após isto feito, impõem-se da mesma forma que as ficções jurídicas, rejeitando qualquer prova de que o fato 2 – provável – não ocorreu ou ocorreu diversamente da prescrição legal. Embora figura que introduza um raciocínio presuntivo as presunções *"juris et de jure"* acabam se comportando como ficções jurídicas.

O ônus de prova de que o fato base ocorreu, cabe ao Fisco.

Relata Paulo de Barros Carvalho, citando Francesco Tesauro, que "durante muitos anos, admitiu-se a idéia de que o ônus da prova, em matéria fiscal, caberia ao contribuinte.

---

480. SUZANA C. NAVARRINE y RUBÉN O. ASOREY, in "Presunciones y Ficciones en el Derecho Tributario", Depalma, 2ª ed., Buenos Aires, 2000, p. 6.

Hoje, não mais se aceita a inversão da prova com base na presunção de legitimidade dos atos administrativos"[481].

Incompatível com o devido processo legal, a ampla defesa e o contraditório, acrescentamos. O fundamento do próprio lançamento ou da autuação é a prova do fato alegado pelo Fisco, prova da qual, este não pode se furtar.

7.3. Ficção Jurídica

> "A ficção jurídica se oporá não à realidade como tal, mas à realidade jurídica."
>
> CHAÏM PERELMAN[482]

Recrudesce o interesse pelas técnicas presuntivas e ficcionistas no direito tributário.

E com razão, pois estas pretendem superar a questão da prova. A pretexto de impedir a sonegação ou simplificar a arrecadação, estas normas jurídicas gerais e abstratas inserem-se no ordenamento jurídico como legítimas. Vindas para ficar, impõem-se de forma categórica. Se presunções relativas, poderão ser destruídas em face de provas que infirmem o fato presuntivo, já no plano da aplicação do direito, da norma individual e concreta. Se presunções absolutas ou ficções não admitem prova em contrário. Como ficções jurídicas, afastadas da realidade do Direito Construído, sistema conformado a partir de princípios, só deixarão de ser aplicadas em face de decisão do Supremo Tribunal Federal que as declarem inválidas e as expulsem do Sistema.

A finalidade dessas técnicas, já em si carregadas de parcialidade, favorecendo e facilitando sua aplicação pela autoridade fazendária, estabelece privilégios de prova, incompatíveis com princípios constitucionais: a tipologia dos tributos, a

---

481. CARVALHO, PAULO DE BARROS, op. cit., p. 107 e segs.
482. PERELMAN, CHAÏM, in "La fiction juridique s'opposera de même non à la realité, comme telle, mais à la réalité juridique".

capacidade contributiva dos sujeitos passivos e o do devido processo legal.

Isto já permite advertir que podem interferir no exercício de um sistema tributário justo, não só como elemento perturbador, mas ainda como impeditivo do cumprimento dos princípios da justiça material[483].

Recentemente despertou-se o interesse pelas ficções jurídicas. Delphine Costa em seu livro "Les Fictions Juridiques en Droit Administratif" menciona a obra coletiva publicada em 1974, sob a direção de Chaïm Perelman e Paul Foriers, sobre Presunções e Ficções em Direito. Em 1994 e 1995, duas teses de doutorado não publicadas dedicaram-se ao tema, a de Guillaume Wicker e a de Anne Marie Leroyer, respectivamente em Perpignan e Paris.

Nitidamente através dos tempos os estudos sobre ficções jurídicas desenvolveram-se nas áreas do Direito Privado. No Direito Público, entretanto, as pesquisas são parciais e não atingem o seu significado intrínseco. No Direito Belga, com Chaïm Perelman, e no Direito Alemão, com Vaihinger, a "Filosofia do 'como se'", encontram-se as maiores contribuições. No Brasil realizaram-se, em 1968, as III Jornadas Latino Luso Hispano Americanas de Estudos Tributários, dedicadas especificamente às Ficções Jurídicas, e em 1984 o Simpósio sobre Presunções no Direito Tributário, abrangendo também as ficções jurídicas tributárias. Desde então poucos foram os trabalhos específicos sobre ficções. A jurisprudência tem-na detectado e, em alguns casos, a norma introdutora do fenômeno tem sido expulsa do sistema jurídico[484].

A verdade é que as ficções jurídicas permeiam os sistemas jurídicos desde a antiguidade. Seu emprego expandiu-se

---

483. MARIN- BARNUEVO FABO, DIEGO, *in* "Presunciones y Técnicas Presuntivas en Derecho Tributário", Ed. McGraw-Hill, Madrid, 1996, p. XXVIII.
484. Ver Capítulo VIII, dedicado aos casos concretos ocorridos na legislação brasileira e detectados pela doutrina e jurisprudência.

no império romano chegando a ser teorizadas pelos glosadores na Idade Média. O Direito Canônico as utilizou. Existem no Direito Privado atual como herança da teoria medieval[485].

Em Roma os pretores passaram a utilizar as ficções para abrandar o rigor dos procedimentos formais. Assim, por ficção, consideraram os peregrinos, como cidadãos romanos, para efeitos jurídicos determinados, como o poder aplicar-lhes a *actio furti*. Consideraram também os escravos, privados de liberdade, como se livres fossem, para poderem reconhecer os efeitos jurídicos a certos atos, como o testamento[486].

As presunções têm sido objeto de estudos aprofundados, pois estão umbilicalmente ligadas à prova. Isto significa que será examinada além da norma geral e abstrata que a institui, também na concretude da norma individual e concreta, o que dará margem à questão probatória[487]. Mesmo aí, anota Diego Marin-Barnuevo Fabo, as construções dogmáticas sobre a prova não se desenvolveram suficientemente. Questões elementares, tais como a determinação de a quem corresponde o ônus da prova, não estão ainda respondidas[488].

E a prova é de fundamental relevância pois será ela o suporte necessário para constituição do fato jurídico.

Prova é um fato jurídico em sentido amplo: descreve acontecimentos, objetivando a produção de efeitos de natureza prescritiva, mais especificamente a constituição do fato jurídico tributário ou sua desconstituição[489].

Não basta a existência da norma geral e abstrata, a Norma Matriz de Incidência Tributária, no Direito Tributário.

---

485. COSTA, DELPHINE, in "Les Fictions Juridiques en Droit Administratif", Preface de Etienne Picard, Librairie Générale de Droit et Jurisprudence, Paris, 2000, p. 6.
486. Ibidem, p. 7.
487. Ver neste Capítulo, item 7.2.3., referente às Presunções Legais.
488. Op. cit., p. XXIX.
489. TOMÉ, FABIANA DEL PADRE, *in* "A prova no Direito Tributário", Editora Noeses, São Paulo, 2005, p. 29.

Necessária se faz a emissão de norma individual e concreta, desde que o fato descrito na norma venha a ocorrer. Aí verifica-se o processo de positivação do Direito: a subsunção do fato à norma e a conseqüente norma individual, determinante dos sujeitos ativo e passivo da relação jurídica tributária, com a determinação do critério quantitativo representando o valor da prestação jurídica devida ao Estado.

A prova não só vem confirmar a existência do fato como vem instituí-lo. "Provar, de fato, não quer dizer demonstrar a verdade dos fatos discutidos, e sim determinar ou fixar formalmente os mesmos fatos mediante procedimentos determinados[490]". Realmente, a porta entre o mundo do Direito e o mundo dos FATOS é o descritor, na hipótese de incidência da norma tributária. A forma de relatar a existência do fato já está prevista em determinadas normas. Se o fato existir deverá ser relatado de acordo com os procedimentos estabelecidos pelo Direito. Só assim entrarão na composição da norma individual e concreta.

Será, mediante linguagem competente, no sentido da linguagem determinada pelo próprio direito para a concreção dos fatos, que estes se constituirão.

As ficções jurídicas tributárias impor-se-ão de forma categórica como normas gerais e abstratas. Quando realizado no mundo, o fato protocolar descrito na hipótese da Norma Matriz de Incidência Tributária, de forma fictícia, se concretizará na Norma Jurídica Individual, por linguagem competente, e implicará na relação jurídica tributária. Não haverá prova que permita invalidar a ficção. A prova será a instituição do fato, como tributário, desde que se compreenda no quadrante da norma geral.

A prova da existência da ficção será realizada de forma diversa, como se verá na última parte deste Capítulo.

---

490. CARNELUTTI, FRANCESCO, in "A Prova Civil", p. 61-72.

7.3.1. Conceito e Exemplos

As ficções são normas jurídicas substantivas gerais e abstratas, qualificadoras de suportes fáticos, que, sabe o legislador, diferem de outros suportes fáticos integrantes de hipóteses normativas válidas no sistema.

São normas que impõem como verdade jurídica o que sabem que não é.

As ficções jurídicas não são produtos diretos da qualificação jurídica do fato fenomênico. O referencial da ficção jurídica é outra norma jurídica, como tal já pertencente ao ordenamento jurídico, quer a norma de ficção se remeta ou não àquela.

Não se confundem com a 1ª etapa da construção do direito, as primeiras normas jurídicas. Diríamos que são normas de 2ª geração, porque referidas às primeiras e muitas vezes válidas, mas também inválidas quando pretendem alargar o campo de validade das primeiras, em confronto visível com princípios constitucionais e normas complementares, de nível hierárquico superior, ou com normas ordinárias em processo de coordenação.

Mesmo na 1ª etapa de criação do direito, a natureza real do fato, na sua íntegra, não será alcançada pela lei geral e abstrata. Esta procurará manter, o mais possível, a semelhança com o fato real do mundo, ou, aspectos do real, pois se o Direito pode criar, e cria, as suas próprias realidades, não pode afastar-se da realidade do mundo e da realidade do homem, sob pena de criar um direito artificial que não possa ser aplicado, ficando, consequentemente, desautorizado.

Considerando já o Direito Tributário e, nele, por exemplo, o imposto sobre serviços de qualquer natureza, indagamos: qual o critério material da hipótese de incidência deste imposto? Sem dúvida a ação de prestar serviços, serviços no sentido de esforço humano, onde predomina a imaterialidade. Prestar serviços para alguém. Há de haver duas pessoas na formação da relação jurídica, substrato da relação jurídica tributária: a prestadora e a tomadora dos serviços.

A pessoa que transporta seus bens, por exemplo, não é prestadora dos serviços de transporte, porque os transporta para si mesma. Não há aí uma contratada para prestar serviços e uma tomadora desses serviços.

Pois bem. Antes da Constituição atual, quando a prestação de serviços de transporte era de competência da União, o Decreto-Lei 1438/75, Art. 3º, inciso III, considerou como contribuinte do imposto sobre transporte a pessoa física ou jurídica que transportasse em veículo próprio mercadoria ou bens próprios. Era o que se chamava imposto sobre os serviços de transporte de carga própria. Percebeu-se imediatamente a impossibilidade da cobrança pela descaracterização do critério material da prestação de serviços. Não há prestação de serviços para si próprio e, portanto, impossível a cobrança de tributo sobre o transporte de carga própria. Havia aí uma ficção jurídica de existência de prestação de serviços, quando prestação não havia. Fictício o critério material do imposto e, no caso, conseqüentemente, fictícia a existência de um contribuinte: o prestador de serviços.

A questão foi levada ao Judiciário. O Supremo Tribunal Federal confirmou que a prestação do serviço de transporte constitui o fato gerador do ISTR – art. 68, inciso I, do CTN, e a base de cálculo do imposto é o preço do serviço. Entretanto, no transporte rodoviário de carga própria, realizado em veículo próprio para simples entrega não ocorre fato gerador por inexistir a prestação de serviço de transporte a terceiro, como negócio de profissão, isto é, como atividade remunerada. Assim, acabou por declarar a inconstitucionalidade do Art. 3º, inciso III do Decreto Lei nº 1.438/75, que realizara a criação ilegítima[491].

---

491. Supremo Tribunal Federal, Recurso Extraordinário nº 100.875-0, São Paulo, Relator Ministro Soares Muñoz, 15.03.84. Recurso Extraordinário 100.983-7, São Paulo, Relator Ministro Soares Muñoz, 15.03.84. Recurso Extraordinário 101.339-7, São Paulo, Relator Ministro Soares Muñoz, 14.03.84.

Outro exemplo: O imposto recai sobre a prestação de serviços. É necessário que os serviços sejam caracterizados como tal. Não é, pois, possível cobrar o ISS sobre locação de bens móveis. A locação de bens móveis constava do item 79 da Lista de Serviços que acompanhava o Dec. Lei 406/68 como se de serviços se tratasse. Locação é aluguel, rendimento pago por utilização de um bem, por alguém que não é o seu proprietário. Este bem deverá ser devolvido pelo locatário ao proprietário locador. A natureza da locação de bens em nada assemelha-se à prestação de serviços. Houve aí uma ficção jurídica em que o aluguel de bens móveis foi equiparado à prestação de serviços. O Supremo Tribunal Federal declarou a inconstitucionalidade do inciso 79 da Lista de Serviços que acompanhava o Dec. Lei 406/68, por este ter introduzido a ficção jurídica.[492]

No rol da lista de ficções jurídicas inaceitáveis estão as doações de participações societárias, que são consideradas alienações pelos valores reais das participações e, como tal, tributadas na pessoa do doador (Decreto-Lei 1510/70, Art. 3º, parágrafo único). "A lei pretende cobrar imposto de renda sobre um fato (redução patrimonial) que é a antítese do fato gerador deste imposto (acréscimo patrimonial) por mera ficção legal de ocorrência do "fato gerador" estabelecida em lei ordinária[493]".

Notem-se: os veículos introdutores de ficção jurídica não podem ser tratados como uma nova norma jurídica que estivesse na vala comum. Se o fossem, não seriam tratados pela Doutrina como norma de exceção e não seriam expulsos do sistema pelo Supremo Tribunal Federal, em sua função de Corte Constitucional.

O que se vê é justamente o contrário: durante séculos, juristas, juízes, intérpretes procuram entender o papel das

---

[492]. Esta matéria será melhor explicitada no Capítulo VIII, ao trazer a análise do Recurso Extraordinário nº 116.121-3, São Paulo, do Pleno do Supremo Tribunal Federal, em 10.10.2000.

[493]. Exemplo dado por Ricardo Mariz de Oliveira, op. cit., p. 289.

ficções no Direito, preocupados com seus efeitos no Ordenamento Jurídico.

A preocupação é maior com a criação de ficções no Direito Tributário. E, com razão, pois, por meio delas tem-se tentado superar o sistema rígido de criação de tributos no Estado Brasileiro, agredindo os princípios informadores do sistema: estrita legalidade, tipicidade, capacidade contributiva, direitos patrimoniais.

Como iremos ver, a história do Direito Tributário no Brasil está repleta de tristes iniciativas neste sentido. Combatidas pelos contribuintes chegaram até o Supremo Tribunal Federal, foram declaradas inconstitucionais e, conseqüentemente, expulsas do ordenamento jurídico. Outras permanecem.

7.3.2. A ficção jurídica como oposição entre a realidade jurídica e a realidade do mundo. Doutrina de José Luiz Pérez de Ayala

Para JOSE LUIS PÉREZ DE AYALA a ficção é uma criação do legislador. Constitui uma valoração jurídica contida em norma jurídica, em virtude da qual são atribuídos a determinados suportes fáticos efeitos jurídicos que violam sua natureza real. Assim ela não falseia nem oculta a verdade real. O que faz é criar uma verdade jurídica distinta da real. A ficção trata coisas distintas como iguais, já como iguais sendo diferentes, o inexistente como realizado, o realizado como inexistente[494].

É uma instituição de direito material ou substantivo. A função de algumas ficções jurídicas tributárias é clara: facilitar, agilizar ou acelerar a gestão e recolhimento do tributo correspondente, em casos em que, não fosse esta estabelecida, restaria prejudicada a efetividade da arrecadação[495]. As ficções são utilizadas também contra fraude à lei tributária. Se aplicada

---

494. PÉREZ DE AYALA, JOSE LUIS, *in* "Las ficciones en el Derecho Tributario", Editorial de Derecho Financiero, Madrid, 1970, p. 15.

495. Ibidem, p. 33.

corretamente poderia ser o meio mais idôneo para resolver um problema que, por outros meios, seria impossível.

Realmente as ficções apresentam interesse maior no Direito Tributário pois pretendem resolver problema técnico de fraude à lei fiscal.

Entretanto as ficções podem atacar princípios superiores de justiça e equidade tributária.

Com efeito, os comportamentos consistentes em fraudar a lei têm por finalidade frustrar a dinâmica da incidência da Norma Matriz de Incidência Tributária. Pretende-se ocultar o suporte fático, dando-lhe aparência jurídica diversa, não realizando o fato jurídico tributário, mas outro[496].

É preciso ter cuidado com as ficções que podem apresentar graves problemas com relação à capacidade contributiva. É o caso em que o contribuinte é obrigado ao recolhimento do imposto antes mesmo de vender o produto ou, se vendido, sem ainda receber o preço.

Se o fato é a prestação de serviço de transporte e não a formalização do contrato de transporte, antecipar o recolhimento do imposto mediante ficção do início do transporte pode ser criticável em relação à justiça tributária.

Necessário pois conceituar os casos de ficção para que possamos identificá-los.

Observe-se que o elemento objetivo do fato imponível tem de sempre revelar, de modo completo e incondicionado, a capacidade contributiva, seja a renda, seja o patrimônio, seja transferência patrimonial. Estes são conceitos pré-jurídicos, econômicos e devem ser considerados "naturais" pois derivam da natureza das coisas.

A realidade pré-jurídica será transformada quando da sua entrada no mundo jurídico. O legislador é dono de seus atos ao

---

496. Ibidem, p. 34.

elaborar os conceitos jurídicos[497]. (Lembramos aqui que o legislador não tem esta liberdade como possa parecer porque estará jungido aos valores acolhidos pelo Direito e que se tornam a sua viga mestra, além das próprias normas jurídicas de estrutura que determinam o caminho a ser seguido pelo legislador).

Neste momento o Direito cria a sua própria verdade.

O entendimento de Pérez de Ayala é o de que quando não há correspondência do direito com os fatos do mundo real aos quais se refere, aí já haverá ficção, porque o critério material da hipótese não estará revelando a capacidade para contribuir.

O Direito Tributário pode tomar também situações já juridicizadas em outros subdomínios do Direito[498] como, por exemplo, o negócio jurídico-privado. Neste caso, sublinha Ayala, não haverá ficção legal, mas pura divergência de conceitos legais em virtude da independência do Direito Tributário em face do Direito Privado[499]. (Lembramos que o Direito Tributário no Brasil não poderá se afastar dos conceitos e institutos do Direito privado, ou considerá-los sob prisma fragmentário desde que estes conceitos tenham sido objeto das Constituições. CTN, Art. 110[500])

Ayala traz as conclusões da III Jornadas Luso-Hispano Americana de Estudos Tributários, celebrada no Rio de Janeiro em outubro de 1968, há mais de trinta anos e que se podem sintetizar da seguinte forma: a maioria, sem deixar lugar à dúvida, estabeleceu que há ficção legal sempre que se dê uma discrepância representativa entre o conceito legal tributário e

---

497. Ibidem, p. 40 e 41.
498. Ibidem p. 44.
499. Ibidem p. 45.
500. Art. 110 - A lei tributária não pode alterar a definição, o conteúdo e o alcance de institutos, conceitos e formas de direito privado, utilizados, expressa ou implicitamente, pela Constituição Federal, pelas Constituições dos Estados, ou pelas Leis Orgânicas do Distrito Federal ou dos Municípios, para definir ou limitar competências tributárias.

a realidade pré-jurídica: natural ou econômica. Nestas não estariam incluídos os fatos e relações jurídico privadas[501].

Em suas críticas conclui que, no caso em que o Direito Tributário toma como seu objeto um conceito de direito privado, o faz como quando toma um "dado" pré-jurídico. Será necessário, para tanto, distinguir entre conceitos científicos jurídicos e conceitos técnicos-legais, os primeiros elaborados pela ciência como abstrações a partir de uma realidade jurídica. Requer sempre a existência da norma que pressupõe uma linguagem legal. Como a norma se refere a condutas, estas já são jurídicas por estarem previstas na norma.

GENY sustentou que na elaboração da lei existe um dado e uma construção. O dado pode ser jurídico ou pré-jurídico. Na verdade afirmava-se que o legislador estava já vinculado por situações juridicizadas e no construir a nova norma positiva teria que levar em conta o direito já construído[502]. DABIN fizera, ao contrário, um esforço para demonstrar que este dado jurídico "não existe na elaboração da lei". Para o legislador todo dado é pré-jurídico. O Direito positivo é pura construção, elaborada a partir destes dados. O dado pré-jurídico é constituído por todas as realidades exteriores à própria norma[503].

Assim as instituições e relações jurídicas privadas são dados pré-jurídicos das normas tributárias e podem ser incorporadas na legislação como suportes-fáticos aos quais a lei imporá efeitos jurídicos tributários.

Conclusão de PÉREZ DE AYALA[504]

1) As ficções legais têm no Direito Tributário, importância relativamente modesta.

---

501. Ibidem, p. 47.
502. Ibidem, p. 61.
503. Ibidem, pag. 62.
504. Ibidem, pp. 201 e 202.

2) Muitas vezes, as ficções legais sobre as definições de elementos qualitativos e quantitativos da obrigação tributária material põem em perigo a aplicação do princípio da capacidade contributiva.

3) Em vista do dito em (2) parece recomendável restringir, na medida do possível, ficções jurídicas relativas à definição dos elementos da obrigação tributária material.

4) Necessário separar as funções que exercem as ficções legais no Direito Tributário: como procedimento de repressão à fraude, de um lado, e de todas outras, de outro lado.

5) As ficções constituem remédio eficaz contra as fraudes.

6) Quanto às ficções utilizadas apenas para acelerar e simplificar a atividade da administração tributária, esta recebe um juízo crítico negativo.

7) Em qualquer caso, muitas das ficções legais atualmente existentes no Direito Tributário parecem que podem ser superadas com construções jurídicas mais perfeitas.

Nossas observações: PÉREZ DE AYALA entende que a norma de ficção cria verdade jurídica distinta do real. Existe discrepância entre o conceito jurídico e a realidade pré-jurídica. Admite a criação de ficções jurídicas no Direito Tributário como meio de repressão à fraude. Critica negativamente aquela que visa apenas simplificar a atividade da administração tributária. Muitas vezes a ficção atinge elementos qualitativos e quantitativos da obrigação tributária, pondo em perigo o princípio da capacidade contributiva. Recomenda, neste caso, restringir a sua criação. Enfim, PEREZ DE AYALA, considerando relativamente modestos os efeitos das ficções legais no Direito Tributário, não as rejeita. Apenas recomenda a sua restrição em relação àquelas que põem em perigo a capacidade contributiva.

7.3.3. A ficção jurídica como remissão legal: doutrina de Karl Larenz e Franz Bernhöft

KARL LARENZ a coloca na classe de proposições jurídicas incompletas. Como observou, nem todas as proposições jurídicas são completas. Algumas servem para complementar ou especificar pormenores da previsão normativa – *aclaratórias* –; outras restringem uma proposição normativa conformada de forma mais abrangente, excepcionando-a – *restritivas*, e outras, ainda, remetem à proposição jurídica já existente, com relação a um critério da hipótese ou a um critério do conseqüente da norma – *remissivas*[505].

Esta terceira forma de proposição jurídica incompleta pretende fazer parte da norma já existente, incluindo-se no âmbito de validez dessa. Suas conseqüências jurídicas e sua efetividade dependem da outra que vai abrigá-la.

Neste caso a norma geral e abstrata, introdutora da ficção, faz remissão à situação jurídica ou instituto jurídico já existentes no sistema, ordenando que àquela (ficção) se apliquem os efeitos desses, configuradores da juridicização de situações e circunstâncias nela determinadas.

Ex.: equiparação à pessoa jurídica (que não é ficção jurídica) de "entidades" despojadas de personalidade jurídica: condomínio, espólio, massa falida ou concordata.

"As ficções legais têm normalmente, como finalidade a aplicação da regra dada para a previsão normativa típica (P1), a outra previsão normativa típica (P2). Deste modo, não são senão **remissões encobertas**. Em vez de ordenar: as conseqüências jurídicas de P1 vigoram também para P2, a lei finge que P2 é um caso de P1. Como a lei não contem enunciados sobre factos, mas ordenações de vigência, o legislador não afirma que P2 é na realidade igual a P1, ou que é um caso de P1, mas preceitua que para P2 valem as mesmas conseqüências

---

505. LARENZ, KARL, op. cit., pp. 306 a 310.

jurídicas que para P1. Para conseguir este objetivo dispõe que P2 deve ser considerado por quem aplica a lei "como se" fosse um caso de P1. Em contrapartida, se P2 não deve ser considerado como se fosse um caso de P1, embora de facto o seja, então a lei quer excluir para P2 as conseqüências jurídicas de P1 que, de outro modo, sobreviriam – trata-se então de uma **restrição encoberta**[506]."

Há aí um grave perigo: ignorar a diferença efetiva que existe entre P1 e P2 e alargar o conceito do critério material colocando situações díspares em igualdade para produzir os mesmos efeitos jurídicos.

Entendemos que neste caso, a lei criadora da ficção tem comportamento idêntico a uma lei criadora de tributo ou de uma situação qualquer. A inteligência e compreensão do que ocorre com a lei que nem de longe menciona ou dá a entender ser ficção jurídica, tem de ser feita em relação a todos os princípios e leis conformadoras desta região ôntica para que se detecte se há ofensa ou não ao sistema. Os casos de ficção jurídica **tributária**, se tratam de critérios da hipótese de incidência, claramente atingem o sistema constitucional tributário, pelo alargamento dos critérios do fato jurídico tributário restrito pelo princípio da tipicidade.

Temos na Constituição, nas normas que tratam do ICMS o seguinte exemplo de remissão encoberta, como entendido por Karl Larenz.

> Art. 155 – Compete aos Estados e ao Distrito Federal instituir impostos sobre:
>
> ...
>
> II – operações relativas à circulação de mercadorias e sobre prestação de serviços de transporte interestadual e intermunicipal e de comunicação, ainda que as operações e as prestações se iniciem no exterior.
>
> ...

---

[506]. KARL LARENZ, op. cit., p. 312.

FICÇÕES TRIBUTÁRIAS: IDENTIFICAÇÃO E CONTROLE

> § 2º – o imposto previsto no inciso II atenderá ao seguinte:
>
> ...
>
> IX – **incidirá também:**
>
> a) sobre a entrada de **bem** ou mercadoria importados do exterior por pessoa física ou jurídica, **ainda que não seja contribuinte habitual do imposto**, qualquer que seja a sua finalidade, assim como sobre o serviço prestado no exterior, cabendo o imposto ao Estado onde estiver situado o domicílio ou o estabelecimento do destinatário da mercadoria, bem ou serviço:"

Ora, a alínea "a" desse inciso foi introduzida pela E.C. nº 33 de 11.12.2001 e quis abarcar operações – as operações de importação de mercadorias e inclusive bens, por pessoa física ou jurídica, ainda que não seja contribuinte habitual do imposto no âmbito do ICMS. A Lei Complementar nº 87, de 13.09.1996, já introduzira a ficção jurídica no ordenamento e inúmeros contribuintes já se haviam insurgido contra a criação espúria. Eis a dicção da lei:

> Art. 1º – Compete aos Estados e ao Distrito Federal instituir o imposto sobre Operações relativas à Circulação de Mercadorias e sobre Prestações de Serviços de Transporte Interestadual e Intermunicipal e de Comunicação, ainda que as operações e as prestações se iniciem no exterior.
>
> (...) § 1º – O imposto incide também:
>
> I – sobre a entrada de mercadoria importada do exterior, por pessoa física ou jurídica, ainda quando se tratar de bem destinado a consumo ou Ativo Permanente do estabelecimento;

Nos Recursos Extraordinários nº 203.075-9 e nº 185.789-7, o Pleno já decidira que tanto pessoas físicas quanto pessoas jurídicas, não contribuintes do ICMS, não deveriam pagar este imposto na importação. Confira-se, inclusive, a Súmula nº 660.

"Não incide ICMS na importação de bens por pessoa física ou jurídica que não seja contribuinte do imposto."

Entretanto, a Emenda Constitucional nº 33, desprezando a decisão do Supremo aqui mencionada, introduziu novamente a ficção, pretendendo abranger pessoas físicas ou jurídicas importadoras não contribuintes do imposto.

Um mero prestador de serviços que importe máquinas necessárias à prestação de serviços, por exemplo, equipamentos de diagnóstico médico e que, portanto, não é contribuinte do ICMS, e sim consumidor final deste bem, não terá de pagar o ICMS sobre a máquina importada.

A ficção jurídica remissiva é claramente ofensiva ao Sistema Tributário que exaustivamente disciplinou no art. 155 – II da Constituição a natureza e características do ICMS. E é ofensiva por ampliar o critério material do ICMS procurando nele incluir a entrada do bem, não caracterizado como mercadoria, na importação por contribuinte não habitual, na verdade o importador/ consumidor.

Como se pode detectar a chamada ficção jurídica opera-se dentro do universo jurídico do ordenamento. Confira-se esta conclusão com os quadros expostos na introdução deste Capítulo.

7.3.4. A doutrina brasileira

7.3.4.1. As III Jornadas Luso Hispano-Americanas de Estudos Tributários

É interessante, antes de adentrarmos nas correntes doutrinárias que trataram da ficção jurídica, trazer aqui o testemunho de Gilberto de Ulhôa Canto quanto às III Jornadas Luso Hispano-Americanas de Estudos Tributários, que teve por tema "As Ficções no Direito Tributário". A análise das presunções foi feita em conjunto pela natural afinidade dos dois institutos[507].

Escreveram monografias sobre o tema José Luis Peres de Ayala, relator geral, e os espanhóis Jose Maria Martin Oviedo, relator nacional da Espanha, Jaime Basanha de La Pena

---

507. CANTO, GILBERTO DE ULHÔA, in "Presunções no Direito Tributário" in Caderno de Pesquisas Tributárias, nº 9, Co-Edição, CEEU e Resenha Tributária, São Paulo, 1984, p. 1.

e HERMENEGILDO RODRIGUES PEREZ. Seus trabalhos foram publicados na "Memoria de Associación Española de Derecho Financiero", 1970, Madrid. Quanto ao trabalho de JOÃO LOPES ALVES, português, e RUY BARBOSA NOGUEIRA, relator nacional do Brasil, não consta que tivessem sido publicadas.

Depois das Jornadas o tema continuou a ser debatido no Brasil quanto à aplicabilidade das ficções e presunções, principalmente pelo fato de terem sido criadas as figuras da distribuição disfarçada de lucros.

Nas Jornadas procurou-se definir a aplicabilidade das ficções e presunções no Direito Tributário, sempre considerando o princípio da legalidade para a criação do tributo e a determinação do crédito resultante.

Os espanhóis e o relator geral, PÉREZ DE AYALA, entenderam serem possíveis as ficções tributárias desde que adequadas aos princípios de hierarquia superior, respeitando a capacidade contributiva.

JOSÉ MARIA MARTIN OVIEDO, relator nacional da Espanha inicia seu trabalho observando a notável divergência sobre o conceito de ficção jurídica dos "juristas técnicos" e dos filósofos do direito, apontando desde logo que as teses filosóficas, como metapositivas ao Direito são de pouca utilidade para o jurista técnico.

Clássicos são os estudos de HANS KELSEN, JOSEPH ESSER e BONILHA SAN MARTIN.

Para KELSEN as ficções jurídicas apresentam-se como pura ficção formal. Para ESSER, a ficção expressa uma equivalência jurídica entre dois suportes fáticos. BONILHA oferece tipologia das finalidades a que pode obedecer a implantação de ficções no Direito Positivo.

Observamos que ESSER, ao considerar a ficção como equivalência jurídica entre dois suportes fáticos, está justamente considerando que a ficção jurídica se realiza no universo jurídico e não na passagem do mundo fenomênico ao jurídico.

Um conceito técnico segundo Martin Oviedo: "a ficção é uma técnica de construção jurídica, mediante a qual se estabelece de modo imperativo uma realidade ou verdade jurídica que é constitutivamente distinta da realidade ou verdade natural subjacente".

Martin Oviedo, pois, ao contrário de Esser, entende que a ficção impõe uma verdade jurídica distinta da realidade do mundo natural.

Passa, em seguida, a apresentar as inúmeras ficções no Direito Tributário Espanhol na estrita observância das diretrizes demarcadas pelo Relator Geral, ou seja, relativas aos elementos componentes da relação jurídica tributária. "O fato imponível é pressuposto de natureza econômica ou jurídica para configurar cada tributo, de cuja realização origina-se a obrigação tributária." (L.G.T.).

Merecem destaque as ficções relativas aos sujeitos passivos, contribuintes. Há necessidade de ampliar a esfera dos sujeitos passivos. E, assim, dá-se personalidade jurídica a entidades que não a têm, transformando-as em pessoas jurídicas a fim de sujeitá-las à obrigação tributária. É o caso da herança jacente, universalidade de bens, à qual se atribuem efeitos tributários.

De suma relevância são as ficções referentes à base de cálculo. Isto porque a base de cálculo deve expressar o valor do fato jurídico tributário como pura decorrência deste. As ficções mais freqüentes neste particular são aquelas referentes ao imposto de transmissão patrimonial.

Contribuição significativa às Jornadas foi o trabalho, já clássico, apresentado por José Luiz Pérez de Ayalla que desenvolveu o tema das definições teóricas das principais ficções de Direito Tributário Material[508]. As conclusões a que chegou são as mesmas de seu trabalho aqui comentado no item 7.3.2, ao qual nos remetemos.

---

508. AYALA, PÉREZ DE, Relator Geral. "As ficções no Direito Tributário". Catedrático da Fazenda Pública na Universidade de Navarra.

Colaborou igualmente JOÃO LOPES ALVES, Secretário Geral da Associação Fiscal Portuguesa[509].

A ficção, diz JOÃO LOPES, envolveria, segundo os estudos já realizados, sempre uma distorção da "verdade real". "Consistiria, portanto, num como que **artifício** do legislador a instituir uma verdade jurídica *contra natura*".

E, continua o autor, assim entendido, o conceito de ficção jurídica implicaria a correlativa explicitação do contraposto conceito de "verdade real"[510] bem estabelecida e bem definida. Os dois conceitos implicar-se-iam.

A realidade mostra que os tipos de "verdades" são distintos. "... a noção de ficção no Direito Tributário aparece-nos sob luzes diferentes consoante esteja em causa a ordem empírica ou lógica das coisas ou a contraposição aos institutos jurídicos definidos noutros ramos do direito que não os impostos; convém, pois, analisar separadamente os três tipos de "ficção" que pudermos isolar conceitualmente: ficção de uma "verdade empírica", ficção de uma "verdade lógica" e ficção de uma "verdade jurídica".

Quanto às ficções relativamente à verdade empírica, diz JOÃO LOPES, como o conceito jurídico é sempre constituído, o que se designa por ficção "não é **um** fenômeno **no** Direito mas **o** próprio fenômeno **do** Direito.

Os "supostos de fato" contidos na hipótese legal não são **dados** – mas resultados – de valorações jurídicas sempre tendo em mira as funções e fins a que se destinam os comandos jurídicos. Considerar os suportes fáticos valorados para fins jurídicos, dissociados da verdade real, seria o mesmo que dizer que o Direito é ficção[511]. Este, conclui, não é o melhor caminho para se ter acesso ao conhecimento dos fenômenos jurídicos.

---

509. ALVES, JOÃO LOPES, *in* "Algumas Notas de Crítica à Validade Teórica do Conceito de Ficções no Direito Tributário", p. 2.
510. Ibidem, p. 3.
511. Ibidem, p. 6.

Quanto às ficções relativamente à verdade lógica sistemática observamos que o legislador ao atuar o faz no plano da adequação funcional (J. BAPTISTA MACHADO, no prefácio ao ensaio de KELSEN "A Justiça e o Direito Natural", p. XXXVII). A necessidade de coerência interna do ordenamento conduz a uma valoração prudencial que não de caráter lógico-dedutivo, mas de caráter lógico-sistemático. Ficção, neste caso, seria o rompimento desta sistematização.

Quanto às ficções relativamente às 'verdades jurídicas" estabelecidas noutros ramos do direito positivo, o que o legislador tributário faz, tal como o fazem os legisladores civil, comercial, administrativo é "demarcar" e "recriar" certas situações da praxis social, tomando-as como pressupostos de determinadas conseqüências jurídicas, dentro da ordem de conseqüências de direito que está na sua competência estatuir.

Cabe-lhe assim estatuir obrigações tributárias ali onde aparecem os signos de riqueza, ou seja, nos negócios jurídicos realizados.

A pluralidade dos conceitos jurídicos levou Pietro Piovani, abordando embora o problema sob outro ângulo, a dizer que a filosofia do Direito *"doit passer du problème du droit de la nature au problème de la nature de la réalité juridique dans ses formes variées."*[512]

Assim, as "verdades tributárias" quando distintas "das verdades jurídicas" de outros institutos de direito não resolve o conceito de ficção jurídica no direito tributário que passa ao largo dos fenômemos jurídicos concretos, revelando-se desprovido de validade explicativa.

JOÃO ALVES acaba por concluir que não há interesse no conceito de ficção. Este não merece foro de cidadania teórica numa conceptologia geral do Direito Tributário. Chega a esta conclusão por entender que as verdades do Direito são

---

512. "deve passar do problema do direito da natureza ao problema da natureza da realidade jurídica nas suas variadas formas."

construídas e nesse caso o legislador não está, ao construí-las, vinculado ao dado da ordem natural ou às regras de coerência formal já existentes no ordenamento jurídico.

Tudo é construção do Direito. Não há como acolher o conceito de ficção.

O entendimento de JOÃO ALVES afasta o conceito de ficção jurídica como aquele que contradiz a verdade natural. E como criar as verdades jurídicas e recriá-las nos diversos ramos, dos quais o Direito se constitui, é sempre possível, não há lugar para as ficções.

Neste sentido seria verdade a falta de sentido das ficções jurídicas.

Entendemos contrariamente que as ficções jurídicas tributárias importam e muito ao direito tributário. Isto porque este, além de povoado de suportes fáticos, está igualmente povoado de outros personagens dotados de um rico significado: os valores. Aliás, são os valores da igualdade, da tipicidade e da capacidade contributiva que informam a escolha e a configuração dos suportes fáticos tributários, signos de riqueza, nos seus múltiplos critérios constitutivos. Demonstram que estes deverão constituir os modos, as espinhas dorsais dos tributos. Uma vez configurados, nos moldes indicados por estes valores, os tributos estratificam-se como campos específicos, cujos limites o legislador não pode mais adentrar, e, por outro lado, alargar.

O legislador deverá agir nos estritos lindes demarcados pela competência que lhe é atribuída constitucional e legalmente. A ficção jurídica encontra-se fora dos limites dessa competência.

7.3.4.2. 9º Simpósio Nacional de Direito Tributário "Presunções no Direito Tributário" – 1984

Autores brasileiros convidados a participar do 9º Caderno de Pesquisas Tributárias, cujo tema foi "Presunções no Direito

Tributário", expressaram-se, também, sobre Ficções Tributárias. Acompanhemos seu entendimento.

7.3.4.2.1. Gilberto de Ulhôa Canto

Na definição de GILBERTO DE ULHÔA CANTO: "na ficção, para efeitos pragmáticos a norma atribui a determinado fato, coisa, pessoa ou situação, características ou natureza que no mundo real não existem nem podem existir".

Para ele a ficção é **uma técnica** que procura disciplinar situações novas mediante sua adaptação às instituições vigentes. As ficções só podem ser utilizadas pelo legislador. Não se confundem com a analogia que é um meio de interpretação do tipo extensivo. Por esta se leva uma norma prescrita para regular a relação jurídica, "A", para incidir sobre a relação jurídica B, porque entre ambas as situações A e B há analogias que justificam a aplicação da mesma lei a ambas. Já a ficção é criada com total independência do já estabelecido em outra lei[513].

Observe-se, desde já, que para este doutrinador, as ficções ocorrem em relação ao mundo real e não dentro do mundo jurídico. Mas, mesmo assim, as suas conclusões serão as mesmas de quem adotasse entendimento diverso.

GILBERTO DE ULHÔA CANTO vê a aplicação de ficções com reservas. Há necessidade de obediência aos princípios superiores insertos nas disposições constitucionais e também à Lei Complementar – Código Tributário Nacional, Art. 110[514].

Assim as ficções que impliquem em modificar competências impositivas estão proibidas.

---

513. CANTO, GILBERTO DE ULHÔA, op. cit., p. 7.
514. CTN - Art. 110 - A lei tributária não pode alterar a definição, o conteúdo e o alcance de institutos, conceitos e formas de direito privado, utilizados, expressa ou implicitamente, pela Constituição Federal, pelas Constituições dos Estados, ou pelas Leis Orgânicas do Distrito Federal ou dos Municípios, para definir ou limitar competências tributárias.

Lista ainda o mestre tributarista os dispositivos que tratam do fato gerador, sujeito passivo e constituição do crédito tributário (Livro I) bem como a descrição dos critérios dos fatos geradores de cada tributo (Livro II), ambos do CTN. Qualquer dessas matérias não poderia permitir a criação de ficções.

"O princípio da tipicidade da tributação se insere na reserva da lei tributária porquanto depende de elementos de identificação com o fato gerador e a base de cálculo".

Conclusão: O legislador não pode mediante o emprego de ficções (ou presunções) expedir normas que ele não poderia formular de modo direto[515].

7.3.4.2.2. Ives Gandra da Silva Martins

IVES GANDRA entende que quer os indícios, quer as presunções, quer as ficções não podem ser adotados no Direito Tributário em face dos princípios da estrita legalidade, tipicidade fechada, de vedação de integração analógica impositiva e de "benigna amplianda". A "ficção legal" não pode ser adotada porque a lei não tem o direito de criar "mentira oficial" em desacordo com o retrato constitucional e complementar da imposição[516].

7.3.4.2.3. Aires Fernandino Barreto e Cleber Giardino

As presunções encontram-se no campo probatório e dispensam a prova por existência da probabilidade. Importa desnecessidade de comprovação objetiva de um acontecimento. Prevalecem, no caso, os esquemas lógicos do raciocínio indutivo necessariamente fundando-se na experiência do nexo causal que geralmente correlaciona o fato antecedente (conhecido) ao fato conseqüente (desconhecido).

---
515. Ibidem, p. 11.
516. MARTINS, IVES GANDRA DA SILVA, op. cit., p. 43.

Para os autores, as presunções *"juris et de jure"* são normas de direito substantivo, as quais se submetem aos primados norteadores da interpretação jurídica em geral[517]. As ficções, como conteúdo das normas, nada mais são que normas, "verdades" jurídicas por definição, em nada diversas das demais[518].

7.3.4.2.4. Ricardo Mariz de Oliveira

Após discorrer sobre as presunções, cujos conceitos identificam-se com os dos demais autores, RICARDO MARIZ DE OLIVEIRA detem-se nas ficções que para ele "são verdades estabelecidas em lei com vistas exclusivamente ao disciplinamento jurídico em geral ou particular." [519]

São imutáveis para efeitos legais. "A realidade jurídica, a despeito da irrealidade natural, prevalece por força da ficção legal predeterminada"[520].

Note-se que ao tratar da ficção, RICARDO MARIZ a considera como tal, pela dissociação do disposto na lei com o que ocorre no mundo real.

Quanto a seus efeitos aceita-as (bem como às presunções) mas desde que não extravasem limites que serão apontados.

Eis que traça como impeditivo de criação de ficções a tipologia dos tributos tomada para definição de competência tributária da União, Estados e Municípios. A incidência tributária só poderá ocorrer sobre estes fatos desenhados em nível constitucional. O mesmo se diga quanto ao CTN, quando define uma a uma as hipóteses de incidência e os fatos geradores.

É interessante a nota que faz com relação à base de cálculo do imposto de renda, lucro presumido e arbitrado. Estes

---

517. BARRETO, AIRES FERNANDINO, e GIARDINO, CLEBER, op. cit., p. 194.
518. Ibidem, p. 202.
519. OLIVEIRA, RICARDO MARIZ DE, op. cit., p. 275 e seg..
520. Ibidem, p. 280.

não devem ser confundidos com as ficções jurídicas ou presunções incompatíveis com o Direito. A base de cálculo do IR pode ser o lucro real, presumido ou arbitrado. A renda arbitrada tem sido adotada apenas quando o contribuinte descumpre as suas obrigações acessórias (ex.: contabilidade completa) sendo impossível apurar a sua renda real. O lucro presumido tem sido adotado para simplificar a sua apuração e permitir o recolhimento antecipado do tributo. Ambas as bases de cálculo, porém, são quantificações do fato gerador efetivamente ocorrido. Não se dissociam destes. Considere-se que até o lucro real admite créditos não tributáveis e débitos não dedutíveis que não chegam a descaracterizar o lucro[521].

Conclui dizendo serem inadmissíveis as presunções *"juris et de jure"* e as ficções jurídicas para definição do fato gerador.

7.3.4.2.5. José Eduardo Soares de Melo[522]

José Eduardo inicia seu trabalho falando dos princípios constitucionais que tornam rígida a Constituição, especialmente quanto à matéria tributária que consagra autêntico estatuto do contribuinte. Fala da competência constitucional tributária traçada pela materialidade dos tributos e do subsistema constitucional tributário informado pelos princípios da estrita legalidade, tipicidade, anterioridade.

O tipo é cerrado (numerus clausus) exclusivo (elemento suficiente) e determinado (conteúdo estabelecido na lei tributária) não permitindo acréscimo ao seu repertório.

Quanto às presunções, discorre da mesma forma que os demais. Inserem-se no âmbito processual das provas.

Já a ficção jurídica é a instrumentalização (criação legal) de uma situação inverídica (falsa) de forma a impor uma

---
521. OLIVEIRA, RICARDO MARIZ DE, op. cit., pp. 303/304.
522. MELO, JOSÉ EDUARDO SOARES DE, op. cit, p. 331 e seg..

certeza jurídica. Consagra uma realidade jurídica, ainda que não guarde consonância com a natureza das coisas.

Nota-se que também José Eduardo considera a ficção jurídica, ficção por dissociação do real[523].

De qualquer modo, conclui, a imperatividade das normas compostas pela ficção não deve ofender, ignorar ou desviar os lindes constitucionais de modo a alterar fundamentalmente a materialidade tributária e os princípios que adota[524].

7.3.4.2.6. Yonne Dolácio de Oliveira[525]

Para Yonne as duas figuras têm, em comum, a natureza de construção jurídica a serem utilizadas como instrumento de técnica jurídica para elaboração da "realidade jurídica".

A presunção *"juris et de jure"* fundamenta-se numa situação duvidosa e numa verossimilhança. A verossimilhança prepondera e corta a dúvida. É *"praesumpio juris"* porque introduzida pela lei e *"de jure"* porque, por ela, a lei introduz com *"firmum jus"* e a considera *"pro veritate"*.[526]

Estas, continua Yonne, constroem a realidade jurídica negando, no seu aspecto ôntico, a realidade natural; fingem existir aquilo que em realidade não existe.

No Direito Moderno, com a idéia de codificação e de sistema completo, só as ficções legais passam a ser aceitas.

Na Inglaterra, Benthan coloca-se contra todas as ficções. Larenz diz consistir a ficção na equiparação desejada de algo que se sabe desigual, às vezes também na desequiparação de algo que se sabe igual. Em geral perseguem a aplicação da

---

523. Ibidem, p. 337.
524. Ibidem, p. 338.
525. OLIVEIRA, YONNE DOLÁCIO DE, op. cit., p. 357 e seg..
526. OLIVEIRA, YONNE DOLÁCIO DE, op. cit., p. 361.

regra dada para uma hipótese de fato (H_1) a outra hipótese de fato (H_2). Chama-as de "remissões encobertas" como ESSER.

É possível que a ficção esteja sendo utilizada para encobrir a ruptura de um princípio. Neste ponto é lembrada a desaprovação de ESSER quando a ficção é meio de ruptura secreta e de sabotagem de princípios superiores[527].

A conclusão a que se chega é a de que: o emprego de presunções não deve configurar abuso, que se torna patente, quando as vantagens da simplificação sistemática são pagas com prejuízo da fidelidade para uma regulamentação justa; a presunção não deve ser usada de modo a ensejar a ruptura de princípios que, no direito tributário, para a espécie, não comportam limitação.

7.3.4.2.7. Conclusão

Há consenso, nos autores brasileiros citados, de que as presunções inserem-se no âmbito processual das provas. Já as ficções são verdades jurídicas que compõem o conteúdo de certas normas jurídicas dissociadas da realidade do mundo fenomênico. Ambas só serão aceitas se não atentarem contra os princípios informadores do Direito Tributário: estrita legalidade, tipicidade, capacidade contributiva e contra os critérios formadores do fato gerador.

7.3.4.3. Doutrinadores brasileiros

7.3.4.3.1. Pontes de Miranda

Para PONTES DE MIRANDA, as presunções *"juris tantum"*, admitem a prova em contrário. "A presunção *juris et de jure* é inatacável: nenhuma prova em contrário é admitida, inclusive a notoriedade do fato; o Legislador a concebeu assim; a

---

527. Ibidem, pp. 368/369.

presunção *juris et de jure*, ao ser legislativamente elaborada, exauriu todo o elemento probatório"[528].

"Na ficção tem-se **A**, que pode não ser, como se fosse. Na presunção legal absoluta, tem-se **A** que pode não ser, como se fosse, ou **A**, que pode ser, como se não fosse. Na presunção legal relativa, tem-se **A**, que pode não ser, como se fosse, ou **A**, que pode ser como se não fosse, admitindo-se prova em contrário".[529]

Se há um fundo comum entre elas, não resta dúvida, as ficções são mais do que as presunções. "A ficção enche de artificial o suporte fático".[530]

Na verdade o legislador apartou-se do real, preferindo criar os elementos do suporte fático e impô-los, como se fossem reais no mundo jurídico.

JOSE ARTUR LIMA GONÇALVES, a propósito da lição do mestre Pontes de Miranda, demonstra, afora a questão da probabilidade que, tanto a ficção, como a presunção absoluta pretendem ter por ocorrido, algo que não ocorreu (ficção) ou que pode ter ocorrido (presunção).

A conclusão a que chega JOSE ARTUR é a de que em ambas as situações foi suprimida a subsunção normativa. E conclui: isso não é admissível em matéria tributária.

E continua, a ficção é inadmissível pelo fato de a norma jurídica tributária já estar jungida a pressupostos constitucionais.

O mesmo vimos nós demonstrando: o critério material com a previsão do fato na hipótese de incidência e os correlatos

---

528. MIRANDA, PONTES DE, *in* "Tratado de Direito Privado", Parte Geral, atualizada por Vilson Rodrigues Alves, Bookseller Editora e Distribuidora, Campinas, 2001, Tomo III, p. 496.
529. Ibidem, p. 496.
530. Ibidem, p. 497.

necessários: a base de cálculo (que lhe revela a grandeza) e o sujeito passivo (aquele que realiza o fato jurídico tributário).[531]

7.3.4.3.2. Geraldo Ataliba

GERALDO ATALIBA em seu trabalho sobre o § 7º do Art. 150, da Constituição Federal[532], acrescentado pela Emenda Constitucional nº 3/93, que permitiu previamente a tributação de fato futuro, foi enfático: "Ora, se, de modo geral, as Leis civis, comerciais, administrativas podem prudentemente estabelecer presunções e ficções, a Constituição veda que isso seja feito em matéria penal e tributária (nullum crimen, nullum tributo sine lege). Isto integra o art. 5º e está protegido pelo § 4º do art. 60, ambos da Constituição.[533]

Realmente, não há dificuldade operacional ou princípio de praticabilidade que justifique, à luz do sistema constitucional, a destruição do Sistema Tributário, racionalmente e pormenorizadamente construído na Constituição.

Sobrepor uma questão menor a princípios informadores do sistema como liberdade, tipicidade, capacidade contributiva é mais do que uma inversão, é perversão e desfiguração de normas constitucionais.

---

531. GONÇALVES, JOSÉ ARTUR LIMA, in "Imposto sobre a renda, Pressupostos Constitucionais", Malheiros Editores, São Paulo, 1997, pp. 140 e segs.

532. Art. 150. Sem prejuízo de outras garantias asseguradas ao contribuinte, é vedado à União, aos Estados, ao Distrito Federal e aos Municípios:

...

§ 7º A lei poderá atribuir a sujeito passivo de obrigação tributária a condição de responsável pelo pagamento de imposto ou contribuição, cujo fato gerador deva ocorrer posteriormente, assegurada a imediata e preferencial restituição da quantia paga, caso não se realize o fato gerador presumido. (Incluído pela Emenda Constitucional nº 3, de 1993)

533. ATALIBA, GERALDO, in "Fato Futuro e Tributação, art. 150, § 7º, Constituição Federal 1988, Redação da Emenda Constitucional nº 3/93", Revista do Programa de Pós Graduação em Direito – PUC-SP. vol. 1, p. 41.

7.3.4.3.3. José Artur Lima Gonçalves

Afirma que as ficções e presunções absolutas dizem respeito ao direito material, com as próprias normas de direito positivo material.

E indaga: há fundamento, no sistema constitucional brasileiro, para a criação válida de ficções (e presunções absolutas) em matéria tributária – no que diga respeito à constatação da ocorrência do fato imponível e quantificação do tributo devido?[534]

E, após alertar para as lições da doutrina, que mais tiveram por objeto matéria de direito privado, responde:

> "Todas – e não menos que todas – as normas jurídicas que pretendam, por meio de ficção, imputar os efeitos do fato imponível a evento fenomênico que não se caracterize como tal, ou manipular o conteúdo patrimonial da obrigação tributária, ou alcançar particular não incluído na categoria de contribuinte (entendido este como o destinatário constitucional da carga tributária), deverão, simplesmente, ser descritas como normas inválidas, alheias ao sistema constitucional, incompatíveis com o subsistema constitucional tributário."[535]

7.3.5. Nosso entendimento: Ficções jurídicas autônomas em contraposição às normas jurídicas existentes no ordenamento

Em face das lições dos doutrinadores, aqui descritas e da interpretação construída no tecido da sistemática constitucional, encontramos duas correntes sobre a natureza das ficções jurídicas:

1ª) A ficção jurídica é oposição entre a realidade jurídica e a realidade da natureza, representada por Jose Luis Pérez de Ayala e Jean Dabin;

---

534. GONÇALVES, JOSÉ ARTUR LIMA, op. cit. p. 158.
535. GONÇALVES, JOSÉ ARTUR LIMA, op. cit., p. 158.

2ª) A ficção jurídica é remissão legal, representada por KARL LARENZ e FRANZ BERNHÖFT;

3ª) às quais acrescentamos as **FICÇÕES JURÍDICAS AUTÔNOMAS, introduzidas diretamente no ordenamento como normas de 2ª geração.**

As ficções jurídicas não podem ser imediata e diretamente correlacionadas a fatos do mundo pré-jurídico. Este fenômeno é o da própria criação do direito. Aliás, mesmo na construção do direito, não haverá, como já visto, correlação perfeita dos fatos jurídicos com os fatos do mundo pré-jurídico a que aqueles se refiram (Capítulo IV). Isto porque a realidade do mundo jurídico contenta-se com fragmentos de fatos do mundo real, aos quais qualifica, colorindo-os, para que entrem no mundo jurídico e produzam efeitos necessários ao direito.

Conforme já dissemos, as normas de ficção não se confundem com a 1ª etapa de construção do direito. São normas de 2ª geração porque referidas às primeiras e, no campo tributário, inválidas quando atacam os critérios: material, quantitativo (base de cálculo) e sujeito passivo.

Assim entendemos, ao contrário de grande parte da doutrina, que **a norma jurídica introdutora de ficção no sistema tem de ser analisada em relação a outras normas já neste existentes. Tudo se passa no Universo do Direito Positivo, dentro do ordenamento jurídico.** Este fato é facilmente verificável em relação às Ficções de Remissão.

Essas, claramente remetem-se a outras normas do sistema quando dizem: "Consideram-se..."; "É também..."; "Incide também..."

Ficções jurídicas autonômas

Há, porém, outras ficções jurídicas que não são remissivas. São as por nós chamadas **Ficções Autônomas**, as que mais nos interessam, por acontecerem no subdomínio do Direito Tributário. Estas entram pelas portas do fundo do Direito Posto, com a intenção de não serem percebidas, desobedecendo as normas de estrutura que tratam da competência para a criação de tributos, indicando aos entes competentes a matéria tipificada sobre a qual irão se manifestar. A personagem indesejada entra e impõe um papel realizado, até então, pelas personagens legitimadas.

Ora, estas ficções não só não se referem explicitamente a outras normas, como as remissivas, como camuflam a verdadeira substância da lei de ficção, para que o intérprete, não a percebendo como tal, a considere uma norma válida, e produza todos os efeitos que uma norma válida produziria no sistema.

A camuflagem atinge quase sempre o critério material da hipótese da norma. Esse é o tipo escolhido para preencher o suporte fático que quando acontecido no mundo real, implique a relação jurídica tributária. Observe-se que o critério material dos impostos são utilizados para a discriminação de rendas e distribuição de competências em nível constitucional. Logicamente transformam-se em pressupostos constitucionais e, como tal, inatingíveis e indestrutíveis por qualquer pretensão de alteração, quer por Emenda Constitucional, Lei Complementar ou Lei ordinária.

O critério material induz o critério quantitativo, base de cálculo e o subjetivo, sujeição passiva, o contribuinte. Se o imposto recai sobre "o prestar serviços" a base de cálculo medirá a grandeza dos serviços e, será contribuinte, o prestador de serviços. **Estes três critérios se impõem a partir da Constituição por correlação lógica**. Não é sem razão que o Art. 146, III, prescreve que à Lei Complementar cabe a definição de tributos e suas espécies, bem como em relação aos impostos discriminados nesta Constituição, a dos respectivos fatos geradores, bases de cálculo e contribuintes.

Atinge também, muitas vezes, a base de cálculo, expressão da grandeza do critério material e que tem, além dessa função, a de confirmar ou infirmar o critério material (as pautas fiscais).

Outro critério atingido é o critério pessoal, o sujeito passivo, aquele que naturalmente realiza o critério material da hipótese.

Veja-se: qualquer ficção que atente contra um que seja desses critérios está fulminada de inconstitucionalidade.

O embate travado com esses critérios da norma matriz ofende os princípios informadores da ordem jurídica como um todo, e os princípios informadores do sistema constitucional tributário: liberdade, tipicidade, igualdade, capacidade contributiva.

Há que se atentar, também, para o fato de que outro princípio de suma relevância está sendo igualmente atacado: o do devido processo legal que impõe o cumprimento do contraditório e ampla defesa. Ampla defesa significa ampla capacidade de provas.

E o que faz a ficção? Amordaça e amarra o contribuinte que, por causa da ficção, tem de pagar tributo indevido toda vez que realizar o fato previsto na hipótese da norma espúria.

A ficção, no universo do direito tributário, é incabível. Não tem espaço, som dissonante na bem orquestrada sinfonia representada pelo sistema jurídico.

7.3.6. Analogia entre o fenômeno da isenção e da ficção

Poderíamos neste passo fazer uma analogia entre a Norma de Ficção e a Norma Matriz de Incidência Tributária, criadora do tributo, de um lado, e a Isenção e a Norma Matriz de Incidência Tributária – NMIT – de outro.

A Norma Matriz de Incidência Tributária é norma de conduta. Na Hipótese, Descritor ou Antecedente, descrevem-se os critérios: material, temporal e espacial, que permitirão o reconhecimento do fato no mundo, quando acontecerá a sua juridicização. No Mandamento, Prescritor ou Conseqüente, descreve-se a relação jurídica tributária, resultado da implicação do fato jurídico tributário. Esta será formada pelo sujeito ativo, credor, Estado e o sujeito passivo, devedor, contribuinte que deverá a prestação – tributo – ao credor, cuja grandeza é revelada pelo binômio: base de cálculo/alíquota.

Pois bem, a norma de isenção é norma de estrutura[536]. As normas de estrutura dispõem sobre a forma de produção de normas de conduta, sobre as alterações que nelas se fizerem, inclusive a ab-rogação e o relacionamento entre as normas. Têm por objeto, portanto, outras normas.

Ao contrário as normas de conduta prescrevem um comportamento. É o caso da Norma Matriz de Incidência Tributária. Formam o repertório do Sistema Jurídico.

No fenômeno isentivo ambas as normas se confrontam:[537] a norma isentiva investe contra um ou mais dos critérios da NMIT, mutilando-os parcialmente. Tem por finalidade inibir a incidência da NMIT que incompleta, (apenas na parcela de abrangência do critério que é objeto da lei isentiva) mutilada, não gera mais os seus efeitos. Assim a norma isentiva pode tanto mutilar qualquer dos critérios integrantes da hipótese normativa: material, temporal, espacial, quanto qualquer dos critérios integrantes da relação jurídica tributária: o credor, o devedor, a prestação, a base de cálculo e a alíquota. O fenômeno ocorre exclusivamente no universo das normas jurídicas, dentro do Ordenamento.

Vejamos agora o que ocorre no fenômeno da ficção jurídica.

Tomemos, como exemplo, uma lei que "cria" um tributo não previsto no sistema, em relação a uma que criou com fidedignidade o tributo, obedecendo a Constituição e a norma de estrutura.

Há aí duas normas de conduta:

a) a 1ª cria o imposto de renda de pessoa física de acordo com a norma de estrutura expressa no Art. 43 do CTN (obedecidos os pressupostos constitucionais).

Confira-se:

> Art. 43. O imposto, de competência da União, sobre a renda e proventos de qualquer natureza tem como fato gerador a aquisição da disponibilidade econômica ou jurídica:

---

536. CARVALHO, PAULO DE BARROS, in Curso..., pp. 481 e seg.
537. Ibidem, pág. 483 e seg.

FICÇÕES TRIBUTÁRIAS: IDENTIFICAÇÃO E CONTROLE

I – de renda, assim entendido o produto do capital, do trabalho ou da combinação de ambos;

II – de proventos de qualquer natureza, assim entendidos os acréscimos patrimoniais não compreendidos no inciso anterior.

A renda é, pois, um resultado equivalente ao acréscimo patrimonial e tem de estar disponível para o contribuinte, ou seja, este deverá ter adquirido a titularidade da renda. Enquanto estiver em mãos do pagador, renda não haverá para o empregado que ainda não a adquiriu.

Vejamos agora a Lei Ordinária nº 7713 de 22.12.1988, Art. 3º, § 3º.

> Art. 3º – O imposto incidirá sobre o **rendimento bruto**, sem qualquer dedução, ressalvado o disposto nos arts. 9º a 14 desta Lei.
>
> ...
>
> § 2º – Integrará o rendimento bruto, como ganho de capital, o **resultado da soma dos ganhos auferidos no mês**, decorrentes da alienação de bens ou direitos de qualquer natureza, **considerando-se como ganho a diferença positiva entre o valor de transmissão do bem ou direito e o respectivo custo de aquisição...**
>
> § 3º – Na apuração do ganho de capital serão consideradas as **operações que importem alienação, a qualquer título**, de bens ou direitos ou cessão ou promessa de cessão de direitos à sua aquisição, tais como as realizadas por compra e venda, permuta, adjudicação, desapropriação, dação em pagamento, **doação**, procuração em causa própria, promessa de compra e venda, cessão de direitos ou promessa de cessão de direitos e contratos afins.
>
> ...

Ora, quando a lei determina que o ganho de capital será considerado em relação a "operações que importem **alienação a qualquer título de bem**", está, numa só dicção misturando: a) fatos jurídicos legítimos para cobrar o imposto (ex.: compra e venda) com b) fatos ilegítimos, sem fundamentação legal, para cobrança de imposto (ex.: doação).

303

Na compra e venda poderá ou não ser apurado ganho de capital (a diferença positiva entre o valor de transmissão do bem e o respectivo custo de aquisição constante da declaração de IRPF).

Já na doação, não. Isto porque o doador, na doação, tem um decréscimo patrimonial o que é a antítese do critério material do imposto de renda: aquisição de renda equivalente a um acréscimo patrimonial. Não pode haver ganho de capital. Este, se "houver", é pura ficção jurídica.

Confirma-se, pois, que a ficção jurídica existe em relação a uma norma jurídica, válida no sistema e criadora de um tributo.

Ao contrário da isenção que entra no sistema para restringir o campo de incidência tributária, a ficção **"entra" para expandir** o campo de incidência.

Mas isto não pode ocorrer em face da estrita legalidade, tipologia, princípios que regem o sistema tributário, determinando que se descreva com rigidez o critério material da hipótese de incidência da Norma Matriz de Incidência Tributária.

Outra norma que crie um novo critério material pretende na realidade justapor-se à norma jurídica legítima e ampliar o conceito de tipo, investindo contra o sistema e as normas constitucionais.

Há pois um segundo tipo de Ficção Jurídica e que ocorre no subdomínio do Direito Tributário. Esta pretende ampliar o campo de incidência dos tributos ao trazer fatos novos, que não têm fundamento no sistema, para gerarem novos tributos.

Entendemos que a ficção jurídica pode referir-se a cada critério da Norma Matriz, inclusive quanto aos critérios temporal e espacial. Da mesma forma que a isenção impede a incidência da Norma criadora do Tributo, atacando cada critério da Norma Matriz, a norma jurídica de ficção **pode "criar" ficticiamente critérios integrantes da Norma** com a intenção de ampliar o campo de incidência desta. A isenção reduz o campo de incidência; a ficção amplia o campo de incidência.

Quando o suporte fático é um conceito jurídico de direito privado

Ater-nos-emos ao suporte fático quando este é um conceito jurídico de direito privado: compra e venda, doação, dação em pagamento, locação, etc.

Pergunta-se: a lei tributária modifica a natureza do negócio privado ou respeita-o e, neste caso, modifica somente o regime tributário aplicável?[538] Há casos em que a resposta é afirmativa. Veja-se o caso retro analisado de doação. A lei 7713, Art. 3º, § 3º, alterou o conceito de doação que é ato não oneroso, para ato oneroso, tratando-a como se compra e venda fosse.

Diversa é a tributação na permuta. Esta trata diferentemente a permuta de imóveis e a permuta de móveis. Na permuta entre móveis apura-se o ganho de capital, separadamente, como se fossem duas compra e vendas isoladas. Entretanto na permuta de imóveis, de valores não idênticos, tributa-se, na operação, somente o valor da TORNA, em dinheiro, ou seja, o valor em dinheiro que excede o valor de um dos imóveis permutados. A tributação fica para a próxima operação, quando houver venda real dos imóveis permutados. A lógica é perfeita pois aqueles permutantes não receberam dinheiro na troca de seus imóveis e só aquele que recebeu a torna em dinheiro recolherá o IR nesta sua proporção.

No primeiro caso: doação, houve uma alteração do conceito de doação. No segundo caso, não, porque a permuta está recebendo tributação diversa, caso seja permuta de móveis, caso seja permuta de imóveis. Está-se respeitando, porém, a natureza jurídica da permuta.

É necessário observar se esta alteração do conceito de direito privado interfere na questão da capacidade contributiva. No exemplo dado "doação/compra e venda" é lógico que o substrato foi alterado, pois um ato gratuito, onde o doador

---

538. JASPARE FALSILA, *in* Appundi interna di legittimila constituzionale della presuncione fiscali, revista di Diritto Finanziario e Scienza dele Finanza, 1968, part. 2ª, p. 3 e seg. apud Pérez de Ayala, op. cit. p. 68.

sofre uma diminuição em seu patrimônio não pode significar capacidade contributiva e ser equiparado a uma compra e venda, onde, no mínimo, se o vendedor não lucra com a operação, ao menos manterá o patrimônio no mesmo patamar.

7.3.7. A prova e a ficção jurídica tributária

7.3.7.1. Prova do fato

Prova é um termo plurívoco utilizado em várias ciências. Todos precisam provar fatos: o físico, o sociólogo, o historiador, o biólogo, o médico, bem como causas e efeitos[539].

No Direito a prova tem um significado especial. Há a prova no processo e há a prova extraprocessual.

Em sentido amplo, a prova no processo é o conjunto de normas processuais que regulam os meios de prova e a própria prova. "Provar significa formar o convencimento do juiz sobre a existência ou inexistência dos fatos relevantes do processo"[540].

Há que se provar, por exemplo, a ocorrência do fato jurídico tributário (tal como descrito na Hipótese de Incidência da Norma) para que se realize o ato do lançamento (a relação jurídica tributária intra-normativa, no Conseqüente da Norma)[541].

Já afirmamos que o Direito é autopoiético, ou seja, ele próprio, em tecido consistente de linguagem, constrói as normas jurídicas, em texto de extrema complexidade informado pela hierarquia, que tem no topo da pirâmide as normas constitucionais, após, as normas de estrutura que dizem como as normas ordinárias devem ser feitas e, por último, as normas ordinárias.

---

539. ESTEVES, MARIA DO ROSÁRIO, op. cit., p. 110.

540. CHIOVENDA, apud, PAULO CELSO BERGSTRON BONILHA, in "Da Prova no Processo Administrativo, 2ª edição, São Paulo, Dialética, 1997, p. 68.

541. DE SANTI, EURICO, fala de ato-fato e ato-norma. O primeiro refere-se ao procedimento ao encadeamento de atos que informam a edição do ato-norma, este, como produto, como resultado do procedimento (in "Lançamento Tributário", apud MARIA DO ROSÁRIO ESTEVES, op. cit., p. 133).

Assim sendo, ele próprio determinará as formas de sua criação (competência do Poder Legislativo) de sua alteração e sua extinção. O Direito, porém, não é um produto cultural, hermeticamente fechado e incomunicável com as outras estruturas sociais. Pelo contrário: Direito é Função.

Houve a perda do sentido da função do Estado, na sociedade industrial. "Na medida em que o Estado moderno assumia o monopólio da produção jurídica e, em conseqüência Estado e Direito iam sendo considerados, cada vez mais, como as duas faces da mesma moeda ... o Direito passava a ser um instrumento do poder estatal através da formação do Estado-aparato (o poder legal-racional de MAX WEBER) ... Este momento levava a concentrar a atenção mais na organização e estrutura do Estado do que à ordem social ou axiológica[542].

O problema da Função parecia estar ligado à presunção de sua irrelevância. As funções do Direito poderiam se resumir na repressão dos comportamentos ilícitos e na resolução dos conflitos de interesse, funções, no dizer de BOBBIO, terapêuticas.

Entretanto não é assim. Além de ser instrumento de conservação por excelência, o Direito serve para repartir os recursos disponíveis e, mais, estimular e incentivar a conduta do indivíduo no desenvolvimento econômico e cultural, criando prêmios para quem procede de acordo com as atividades incentivadas (isenções).

Assim o Direito, embora estrutura fechada, tem duas portas abertas: a primeira, porta origem, para o mundo dos fatos que tem em mira regular e que entram para o mundo do "dever-ser" mediante o critério material descrito na hipótese das normas jurídicas. Exemplificativamente no Direito Tributário: adquirir renda, prestar serviços, ser proprietário de bens imóveis. A segunda, a porta fim, para os fatos que tem em mira conservar e estimular para realizar a Justiça.

---

542. BOBBIO, NORBERTO, *in* "El Analises Funcional del Derecho: Tendencias y Problemas", Editora Debate, Madrid, 1990, p. 259.

Para tudo o Direito tem a sua linguagem, prescritiva, específica. A questão das provas não poderia ser diversa: há uma linguagem específica para a constituição das provas. Assim um fato só será provado se forem seguidas as regras para tal, se houver linguagem competente para tanto.

Mas, o que o Direito quer que se prove? Logicamente, fatos. O vendedor tem de provar ao comprador que é o titular do imóvel que quer vender. O Fisco Estadual tem de provar a existência da realização de uma operação (negócio jurídico) que fez circular a mercadoria; o Fisco Municipal tem de provar que houve prestação de serviços por alguém a outro alguém. O contribuinte, pessoa jurídica tem de provar que a venda de um bem de seu ativo imobilizado feita a um sócio, o foi por valor de mercado para que não seja configurada a distribuição disfarçada de lucros; o contribuinte tem de provar que não auferiu mais rendimentos que aqueles já declarados e assim por diante.

Provam-se fatos.

No processo administrativo tributário, conforme Decreto nº 70.235/72, com a redação dada ao artigo 18 pela Lei 9532/97, a autoridade julgadora determinará a realização de diligências ou perícias quando julgá-las necessária.

Isto significa que a autoridade da administração, na função de julgador, poderá participar da produção das provas ativamente. É a livre investigação da prova[543].

Distinguem-se os meios de produção das provas, *enunciação*, da prova como resultado do procedimento, *enunciado*. "A prova, processo, produzirá a prova, produto.[544]"

Será necessária a subsunção do fato (provado) à norma geral e abstrata, ou seja, um fato determinado no tempo e no espaço, aqui e agora, à classe dos suportes fáticos descrita no

---

543. ESTEVES, MARIA DO ROSÁRIO, op. cit., p. 104.
544. Ibidem, p. 116.

antecedente da norma geral e abstrata. Esta correlação é imprescindível para a conclusão de que o fato jurídico tributário se realizou. Assim se uma pessoa jurídica apresenta relevante faturamento, mas mais ainda, custos e despesas, lucro não haverá, única possibilidade de o Fisco tributá-la no regime do imposto sobre a renda.

Fatos, acontecimentos do mundo são sujeitos à prova.

7.3.7.2. A prova da validez da norma jurídica, especificamente da norma de ficção

Além de os fatos serem postos à prova, o próprio ordenamento jurídico é, muitas vezes, posto à prova: prova de que a lei está vigente, de que foi produzida pelo Poder Legislativo e de que cumpriu o procedimento para a sua produção; prova da compatibilidade ou incompatibilidade da norma com o sistema jurídico. E aí, estarão as ficções jurídicas o que redundará na sua inconstitucionalidade, por desconformidade com a Constituição. Esta prova pode ser realizada, inclusive, mediante ação direta de inconstitucionalidade, originariamente no âmbito do S.T.F (CF art. 102, I, letra "a"), em controle concentrado e abstrato de lei, com número indefinido de destinatários. Tutela-se, aí, a preservação objetiva da ordem constitucional vigente. O processo não visará, então, compor litígios qualificados por pretensões resistidas. No julgamento abstrato o que se avalia é a adequação em tese de norma atacada.

O "fato" julgado, aí, é a própria lei para a guarda da Constituição.

Viu-se que a ficção jurídica tributária define-se como norma geral e abstrata, de natureza substantiva que se introduz no ordenamento jurídico, afrontando os pressupostos constitucionais utilizados na Constituição para discriminação de rendas e determinação de competências tributárias, e demais princípios informadores do Subdomínio do Direito Tributário.

A afronta refere-se ao critério material da hipótese da Norma Matriz de Incidência Tributária, bem como aos critérios, quantitativo: base de cálculo, e pessoal: sujeito passivo, que se alojam no conseqüente da norma matriz.

Infere-se daí que a ficção jurídica é norma de 2ª geração, espúria e que não pode sequer ser "adotada" pelo ordenamento. Ao contrário deve ser dele excluída.

Permiti-la será alargar o princípio da capacidade contributiva, expressão do princípio da igualdade, que preside a escolha dos fatos signos de riqueza que importarão ao Direito Tributário.

Assim sendo, para **provar**, a existência da norma de ficção será necessário **cotejar** a norma de ficção com a legítima norma criadora de tributos. Há de se contraporem, um a um os critérios da norma autêntica com a norma ficta.

Esta é a prova: norma a norma. Tudo se passa no âmbito do Direito Positivo.

Deve-se analisar a linguagem da norma, considerada ficção, com a linguagem da norma matriz de incidência tributária criada formal e materialmente de acordo com as prescrições do ordenamento para tanto: normas constitucionais e normas de estrutura.

Detectada a ficção, resta ao Sistema expulsá-la, utilizando-se dos meios de defesa previstos no próprio ordenamento.

A aplicação dessa teoria será demonstrada no Capítulo VIII, em vários exemplos escolhidos, alguns já julgados pelo Supremo Tribunal Federal, outros em julgamentos não definidos e outros que ainda não foram a Juízo.

7.4. Conclusão

Conclui-se, pois:

7.4.1. – a ficção jurídica tributária é norma geral e abstrata, de natureza substantiva que introduz no sistema, realidade jurídica com ele incompatível;

7.4.2. – a ficção jurídica refere-se à norma já existente no sistema; tudo se passa no universo do direito positivo;

assim sendo, a ficção jurídica não é oposição à realidade do mundo fenomênico já juridicizada por ele, mas à realidade do próprio direito; é norma de 2ª geração em relação à norma que constrói o direito, de 1ª geração;

7.4.3. – a produção de ficção jurídica é feita com exorbitância de competência, a parcela de liberdade expressa na função que cabe ao Poder Legislativo;

7.4.4. – ao legislador compete criar o tributo nos estritos lindes demarcados materialmente pela Constituição; ao criar a ficção jurídica o legislador fere os limites da competência a ele dirigida, criando suportes fáticos novos, com isso atacando a capacidade contributiva do cidadão;

7.4.5. – no universo do direito tributário brasileiro, não há como se admitir a existência de ficções jurídicas em virtude do princípio da rigidez constitucional (implícito) e dos princípios, normas impregnadas de valor, gerais ou específicos da matéria tributária, que tomam como ponto de partida, signos de riqueza, expressos no critério material do tributo, pressuposto constitucional.

7.4.6. – a norma de ficção jurídica, introduzindo-se como 2ª norma, é norma nova, com critério material novo; a subsunção do fato à norma tal como nela previsto far-se-á como se ela legítima fosse. Normalmente atinge:

a) o critério material da hipótese de incidência;

b) o critério quantitativo, base de cálculo, no conseqüente da norma;

c) o critério pessoal, sujeito passivo, no conseqüente da norma;

Pode atingir também:

d) o critério temporal da hipótese de incidência;

e) o critério espacial da hipótese de incidência.

7.4.7. – a finalidade da norma de ficção jurídica tributária é ampliar o campo de incidência dos tributos; a tarefa é impossível pois os pressupostos das normas válidas são constitucionais e não admitem o seu alargamento.

Capítulo VIII

FICÇÕES CRIADAS NA LEGISLAÇÃO ORDINÁRIA DO SISTEMA TRIBUTÁRIO BRASILEIRO

> "El poder de manejar y intervir en el tesoro público es el resumen de todos los poderes"
>
> ALBERDI

> "A meditação sobre tão profunda quão sábia afirmação evidencia a delicadeza do problema constitucional tributário e mostra que tocar nêle é bulir na vera essência do poder, no próprio acme da soberania."
>
> GERALDO ATALIBA[545]

8. Considerações preliminares

Tem este capítulo a finalidade de detectar, no subdomínio do Direito Tributário, as ficções jurídicas que deformam o Sistema Tributário Nacional, rígido e sistematicamente posto na Constituição Federal.

Esta deformação é tanto mais grave se se considerar que a relação jurídica tributária se forma pela vontade da lei, independentemente da vontade das partes que a compõem. Isto se torna possível graças à proteção conferida aos devedores dessa obrigação, sujeitos passivos, pelos princípios informadores do ordenamento como um todo: livre iniciativa, legalidade, liberdade, igualdade, propriedade que adquirem um tônus especial no Direito Tributário, com a legalidade estrita, tipicidade, capacidade contributiva, não-confisco, além de princípios informadores específicos, tais como a generalidade, universalidade e progressividade para o imposto sobre a renda. Há de se observar na criação dos tributos os princípios que tornam possível a imposição dessa específica relação jurídica que é a tributária.

As ficções investem contra os critérios formadores da Norma Matriz de Incidência Tributária. Em geral aumentam o campo tributável, o campo do suporte fático, incluindo comportamentos que alargam o tipo, molde rígido definido na Lei Maior e avesso a qualquer tensão e extensão que o desfigure.

Além de atingir o critério material – o comportamento – expresso por um verbo e seu complemento, atinge os outros critérios da hipótese, temporal e espacial. Pode alterar e altera, inclusive, os critérios pessoal e quantitativo abrigados no mandamento ou preceito da Norma Matriz.

É comum a ficção de ocorrência de fatos, a antecipação da ocorrência, a pauta de valores em substituição ao valor real do fato, a substituição do contribuinte.

E, porque tudo isto?

Tenta-se justificar o uso das presunções e ficções legais como meio para evitar a evasão fiscal ou para obter eficiência na arrecadação.

"Tudo é motivo para arrecadar"[546]. A observação de JOSÉ ARTUR LIMA GONÇALVES permanece. Os esforços dos governantes concentram-se no aumento das receitas derivadas, esquecidos e despreocupados em buscar outros meios legítimos de

---

545. GERALDO ATALIBA em Nota Prévia de seu livro Sistema Constitucional Tributário Brasileiro, Editora Revista dos Tribunais, 1968, inconformado com a E.C. nº 18, "fruto de gesto precipitado, verdadeiramente inconsciente e inconseqüente – do Congresso". Pág. XII
546. GONÇALVES, JOSÉ ARTUR LIMA, in "Imposto sobre a renda, Pressupostos Constitucionais", Malheiros Editores, São Paulo, 1977, Introdução, p. 13.

criação de riqueza: incentivo à iniciativa privada, crescimento da economia e redução de custos.

"E arrecadar sem critérios, atropelando a sistemática constitucional"[547].

É nessa falta de critérios que se inclui a criação de ficções jurídicas tributárias, figuras nocivas, ultrajantes dos princípios informadores do sistema e que lhe dão, justamente, legitimidade.

Esta falha é antiga como adiante se verá. Tem de ser denunciada sob pena de passivos assistentes, virmos desmoronar os princípios, colunas pétreas, sustentadoras do ordenamento, conquista de milênios e que tiraram o homem do jugo dos poderosos. É a perda da liberdade e igualdade.

Sempre é tempo de reconhecer. Sempre é tempo de relembrar. Relembrar a lição de GERALDO ATALIBA "devemos tratar de elaborar nossa ciência jurídica, construir nosso direito positivo e conhecer a fundo nossa sistemática e nossa realidade".[548]

Vimos que as ficções jurídicas são normas jurídicas substantivas gerais e abstratas, qualificadoras de suporte fático, que difere de outros suportes fáticos integrantes de hipóteses normativas válidas, e que têm por finalidade ampliar o espectro da norma válida já existente.

A maior parte da doutrina considera ficção jurídica a oposição entre a realidade jurídica e a realidade do mundo fenomênico. Outros, como KARL LARENZ, tratam da ficção como remissão legal a uma situação jurídica, ordenando que a esta (ficção) se apliquem os efeitos daquela.

Para nós, as ficções jurídicas referem-se a normas jurídicas já existentes no sistema jurídico. Tudo se passa no universo jurídico positivo.

---

547. Ibidem, p. 13.
548. ATALIBA, GERALDO, em Nota Prévia (item 22) do Sistema Constitucional Tributário Brasileiro. RT, SP, 1968, pp. XVII, ao recomendar não importar doutrinas e normas estrangeiras dissociadas da nossa realidade.

Se as ficções podem ser válidas no sistema jurídico como um todo, não o serão na maior parte das vezes no subdomínio do Direito Tributário.

Isto porque o Sistema Tributário no Brasil é rígido, por estar inserido na Constituição, já por si rígida, e por estar diretamente atrelado a princípios maiores, direitos fundamentais do homem: a capacidade contributiva (como expressão da igualdade), o não confisco (como respeito à propriedade e à livre iniciativa) e a legalidade estrita (como expressão da tipicidade). Do ponto de vista de sua aplicação, o sistema se apóia no fato jurídico tributário. Faz-se assim necessária a completude, no mundo dos fenômenos, de todos os critérios identificadores do fato previsto na hipótese de incidência, para a efetiva configuração do fato jurídico tributário. Só dessa forma este se juridiciza, dando nascimento à relação jurídica tributária.

Qualquer norma, portanto, que crie, por ficção, um outro tipo (critério material), que não aquele tipo cerrado que foi utilizado para a distribuição de competências tributárias em nível constitucional, estará de uma forma invasiva, atacando o sistema e criando tributo ilegítimo, desconsiderando a tipicidade, capacidade contributiva e o não confisco.

Da mesma forma, uma norma que dê o fato como completo, antes da realização do critério temporal, estará antecipando a realização da juridicização do fato. Ou seja: o fato jurídico tributário verdadeiramente ainda não ocorreu. Se a lei diz que ocorreu, o diz como ficção jurídica.

Não tendo ocorrido o critério material, não se pode aferir a sua grandeza. Não se podendo determinar o critério quantitativo – base de cálculo – como conseqüência lógica da inexistência do critério material, cria-se ficticiamente uma pauta fiscal.

Toda vez que há pauta fiscal, é de se indagar se existiu o fato jurídico tributário ou se a legislação "forçou" a sua existência, com a introdução no sistema de uma norma de ficção jurídica. O mesmo se diga se a lei, ignorando a real grandeza do fato jurídico tributário, impõe-lhe um valor determinado.

FICÇÕES TRIBUTÁRIAS: IDENTIFICAÇÃO E CONTROLE

No capítulo antecedente foi feita uma analogia entre a isenção e a ficção jurídica. A primeira, como norma de estrutura, ataca um dos critérios da hipótese ou do conseqüente da Norma Matriz de Incidência Tributária, impedindo que esta, mutilada, cumpra a sua função de incidir. A segunda, como norma de conduta, pretende ampliar o espectro de compreensão do tipo (critério material), antecipar a consumação do fato (critério temporal), aumentar o campo legítimo da incidência (critério espacial), determinar a pauta fiscal (critério quantitativo) e substituir o contribuinte (critério pessoal, sujeito passivo).

Estas ficções jurídicas, figuras estranhas e estrangeiras no Território Nacional, povoam o Direito Tributário. Existem, enquanto não detectadas e expulsas do sistema, por serem inválidas, pelo Supremo Tribunal Federal, no exercício da função de Corte Constitucional. Se o Estado (diga-se Poder Legislativo ou Executivo) pretende aumentar a arrecadação, deverá fazê-lo pelos meios corretos, sempre respeitando a Constituição e os direitos do cidadão/contribuinte. E não o contrário.

Se o fenômeno da globalização permite que lucros sejam obtidos além do território brasileiro por empresas nacionais, que serviços sejam contratados no exterior e pagos por residente em território brasileiro, o cidadão brasileiro ou empresa brasileira, ao pagar esses serviços, está tendo um custo ou uma despesa. A soberania do Estado Brasileiro não tem a *manus longa* para alcançá-los alhures. Impossível o pagador tornar-se contribuinte do ISS "na importação", por serviços realizados no exterior. Impossível, igualmente, pagar o PIS/COFINS sobre as remessas, quando estas contribuições sociais incidem sobre o faturamento e a receita, e a remessa refere-se a custo ou despesa operacional.

A utilização das ficções jurídicas deforma o caráter e a personalidade da Constituição. Esta que é a Lei das Leis, que é racional, coerente, sistemática e que dá equilíbrio às relações entre o Estado e seus cidadãos, fica relegada, e triunfam as leis ordinárias incompatíveis com o sistema e pior, as "leis" resultantes das Medidas Provisórias introduzidas pelo Poder Executivo.

É de se ressaltar que a doutrina tem estado atenta ao fenômeno da ficção jurídica e que o Supremo Tribunal Federal tem declarado a inconstitucionalidade de tributos introduzidos no sistema por meio de ficção jurídica, como adiante se verá.

Alguns autores, porém, têm admitido as presunções e ficções no Direito Tributário, justificando-as pela praticabilidade, utilização de técnicas simplificadoras de execução das normas jurídicas e para evitar a evasão fiscal. Estas justificativas, porém, são extrajurídicas e não se compaginam com os princípios maiores informadores do subsistema do direito constitucional tributário: tipicidade, rigidez constitucional, capacidade contributiva.[549]

Para demonstração do fenômeno da ficção jurídica, relativa aos impostos e ampliando o campo do critério material ou deformando os demais critérios da hipótese ou do mandamento da Norma Matriz de Incidência Tributária, faremos um cotejo entre a própria norma matriz e seus critérios, com aqueles propiciados pela norma invasora e inconstitucional.

Antes, porém, apresentaremos, como exemplo, trabalho doutrinário e pioneiro de Rubens Gomes de Souza, demonstrando a sua preocupação com as normas introdutoras de ficções jurídicas tributárias.

Panorama: Constituição de 1967; Código Tributário Nacional: 1966

I – Pauta de Valores e ICM

Em 1968, Rubens Gomes de Souza[550], um dos elaboradores

---

549. DERZI, MIZABEL MACHADO, *in* "Direito Tributário Penal e Tipo", p. 104; Paola, Leonardo Sperb, *in* "*Presunções e Ficções no Direito Tributário*", p. 186 e segs.; Doniak Jr, Jimir *in* "*Presunções e Ficções no Direito Tributário*", Tese de Mestrado, PUC, 1998; Schoueri, Luís Eduardo, "*Distribuição Disfarçada de Lucros*", p. 130.
550. GOMES DE SOUZA, RUBENS, *in* "Revista de Direito Público", nº 11, p. 13 e segs.

do Código Tributário Nacional[551] trata, em consulta a ele formulada, de *"Um caso de ficção legal no Direito Tributário: a pauta de valores como base de cálculo do ICMS"*, trabalho que ilustra, como uma luva, o que vem sendo dito até agora.

O caso refere-se à criação de "pauta fiscal", preço pré-determinado no Rio Grande do Sul, pela Circular nº 52 da Diretoria Geral da Secretaria do Estado, para as transferências de gado para fora daquele Estado. A pauta fiscal equivalia a uma alíquota de 20% quando as operações interestaduais sofriam alíquota de 15%.

Ao assim fazê-lo, a Secretaria infringiu o princípio da legalidade, majorando tributo por Portaria (Constituição, art. 20, I e CTN, art. 97, IV e § 1º), bem como criando barreira, infringindo artigos da Constituição que proibiam limitações tributárias ao tráfego interestadual de mercadorias.

No Estado de São Paulo, igualmente a Consulente foi autuada e objeto de executivos fiscais promovidos em Municípios. O Estado defendeu-se dizendo permitir a Lei Estadual a fixação de valores (em pauta), das operações tributáveis. Estes valores poderiam ser modificados a qualquer tempo, inclusive incluindo ou excluindo mercadorias da pauta fiscal.

Ora a base de cálculo do ICMS é o valor da operação (CTN, art. 53). Além disso, o art. 148 do CTN determina os cálculos de qualquer tributo que tome por base de cálculo o valor da operação.

Respondendo à Consulta, Rubens Gomes de Souza a inicia tratando do fato gerador e da base de cálculo. "Fato gerador é a situação definida em lei como necessária e suficiente para fazer surgir a obrigação de pagá-lo" (CTN, art. 114).

Embora conceito unitário, o fato gerador é complexo, constituído por três elementos: a) objetivo, a própria situação como descrita no CTN, art. 114; b) subjetivo, relação direta

---

551. O outro foi Gilberto de Ulhôa Canto.

entre a situação descrita em "a" e a pessoa obrigada ao pagamento do imposto (CTN, art. 121, parágrafo único) e c) financeiro, base de cálculo e alíquotas que permitem fixar o *quantum* devido pelo contribuinte.

"A melhor prova de que a base de cálculo não é elemento externo à relação jurídica tributária, mas integrante dela, reside no fato de que **a escolha, pelo legislador, de uma base de cálculo inadequada pode desvirtuar não só a natureza específica** do tributo, transformando-o, por exemplo, de imposto sobre a renda em imposto sobre o capital, **mas também a sua natureza genérica** transformando-o de imposto em taxa, ou vice-versa".[552]

No caso do ICM, a pauta-fiscal tem conotação mais grave uma vez que foi adotada na Constituição a não-cumulatividade do imposto, abatendo-se em cada operação o imposto cobrado nas anteriores.

O Dec. Lei 406, de 31.12.1968, art. 2º, I e II, que substituiu o art. 53 do CTN, definiu a base de cálculo do ICM como sendo **o valor da operação** de que **decorrer a saída de mercadoria** (Art. 2º). Em seguida trata da não-cumulatividade ao prever o abatimento, em cada operação, do montante cobrado nas anteriores, pelo mesmo ou por outro Estado (Art. 3º).

RUBENS GOMES DE SOUZA relata as reivindicações levadas à Comissão que elaborava o CTN: repúdio da Federação do Comércio do ESP, à adoção do valor aduaneiro para o ICM, conforme definição de Bruxelas (GATT, General Agreement on Tariffs and Trade). Não é possível, argumentou com mais razão a Comissão de Revisão Fiscal do Estado da Guanabara, um elemento definidor de um imposto estadual – ICM – ficar na dependência de um imposto federal, o Imposto de Importação.

A Comissão decidiu-se pela independência dos tributos e pela conveniência técnica de elaborar-se uma regra genérica

---

552. SOUZA, RUBENS GOMES DE, op. cit., p. 16.

aplicável a qualquer tributo, em lugar de estender a um, regra específica de outro.

As normas do CTN, e quanto a isto ninguém discorda, são de observância obrigatória pelas leis ordinárias da União, dos Estados, do Distrito Federal e dos Municípios.

E assim foi elaborado o art. 148:

> Art. 148 – Quando o cálculo do tributo tenha por base, ou tome em consideração, o valor ou o preço de bens, direitos, serviços ou atos jurídicos, a autoridade lançadora, mediante processo regular, arbitrará aquele valor ou preço, sempre que sejam omissos ou não mereçam fé as declarações ou os esclarecimentos prestados, ou os documentos expedidos pelo sujeito passivo ou pelo terceiro legalmente obrigado, ressalvada, em caso de contestação, avaliação contraditória, administrativa ou judicial.

Este artigo está ligado àquele que dispõe sobre lançamento, o art. 142:

> Art. 142 – Compete privativamente à autoridade administrativa constituir o crédito tributário pelo lançamento, assim entendido o procedimento administrativo tendente a verificar a ocorrência do fato gerador da obrigação correspondente, determinar a matéria tributável, calcular o montante do tributo devido, identificar o sujeito passivo e, sendo o caso, propor a aplicação da penalidade cabível.

"Lançamento é o procedimento vinculado e obrigatório, privativo da autoridade administrativa, tendente à constituição do crédito tributário pela verificação da ocorrência do fato gerador da obrigação correspondente, pelo cálculo do montante devido, pela identificação do sujeito passivo e, sendo caso, pela proposta de aplicação da penalidade cabível". [553]

Interessa ao trabalho, diz Rubens, a parte referente ao "cálculo do montante devido". O lançamento tem por finalidade

---

553. SOUZA, RUBENS GOMES DE, op. cit., p. 19.

criar o crédito tributário, constatando o valor do tributo. A valoração é quantitativa e vinculada à lei. O lançamento não é ato administrativo discricionário. É ato vinculado aos estritos caminhos da lei e decorre da própria natureza *"ex lege"* da obrigação tributária.

Por outro lado só a lei pode criar ou aumentar tributo – Legalidade Tributária. Aumenta-se o tributo, ou elevando-se a alíquota, ou modificando-se a sua base de cálculo.

No caso do ICMS, a base de cálculo mede a grandeza da operação. Qualquer norma que diga o contrário ou outra coisa será norma de ficção.

Voltando ao lançamento do ICM, este é determinado pelo contribuinte e homologado pelo Fisco. É lançamento e lançamento por homologação. Disto decorre que o procedimento administrativo fiscal é vinculado. Deve, pois, medir o valor da operação.

A "pauta de valores" como ficção legal

A "pauta fiscal" não faz prova do valor da mercadoria. É matéria de lei e não matéria de fato. Assim ela diz quanto "vale" o fato gerador – a operação – de forma a contrariar a realidade do valor da operação. Ao assim fazê-lo, está criando uma ficção. As normas de ficção são normas substitutivas.

Baseando-se em algo que não é verdadeiro a ficção legal não admite prova em contrário.

Por isto mesmo são inadmissíveis no direito tributário.

Acresça-se que a pauta de valores, ao estabelecer um valor pré-determinado para a operação tributada, pode estar majorando tributo (CTN, art. 97, § 1º) e investindo contra o princípio da anualidade que proíbe a majoração no decurso do exercício.

O autor analisa a situação fática dos processos judiciais e autos de infração, aponta a contradição da decisão com a lei e a necessidade de sua reforma na superior instância.

O trabalho relatado é pioneiro. Trata da criação da base de cálculo do ICM por ficção jurídica. E mais grave ainda porque, adotado o princípio da não-cumulatividade, a pauta fiscal criada artificialmente iria influir, também, no momento da compensação com os créditos correspondentes ao imposto – ICM – anteriormente pago, cuja operação não se submetera a nenhuma pauta fiscal.

Apoiado em BECKER, RUBENS GOMES DE SOUZA acabará por concluir que as presunções absolutas, *"juris et de jure"* bem como as ficções jurídicas não se aplicam ao Direito Tributário.

A ficção cria uma "verdade jurídica" existente apenas por força de lei.

8.1. Ficções Referidas ao Imposto Sobre a Renda

8.1.1. Desenho Constitucional do Imposto Sobre a Renda

Constituição Federal. Art. 153, III

O Imposto Sobre a Renda é de competência da União.

> Art. 153. Compete à União instituir impostos sobre:
> ...
> III – renda e proventos de qualquer natureza;
> ...

O imposto sobre a renda vem, de há muito, sendo objeto da Dogmática, mas somente agora passa por crivo fino e profundo com o aproveitamento da longa experiência brasileira[554].

Como bem observado, o grande problema sempre foi a conexão do modelo constitucional e os desdobramentos infraconstitucionais previstos em farta legislação[555].

---

554. QUEIROZ, LUÍS CESAR SOUZA DE, *in* "Imposto sobre a renda". Editora Forense, Rio de Janeiro, 2003 - Prefácio de Paulo de Barros Carvalho, p. XIII.
555. Ibidem.

Com efeito esse imposto, em virtude de sua complexidade e extensa legislação, abrangente de normas constitucionais, normas complementares, ordinárias e infralegais ditadas por órgãos fazendários do Poder Executivo, por um lado, e da especialidade de ser o imposto que mais propicia a justiça fiscal, por outro, tem sensibilizado e merecido dos estudiosos trabalhos de fôlego e de reflexão sobre a sua natureza e forma de sua positivação.

Informam-no os princípios constitucionais da Igualdade e da Legalidade, no universo do Direito Tributário expressos pelos Princípios da Capacidade Contributiva e Tipicidade, Legalidade Estrita, pela vedação da utilização do tributo com efeito confiscatório, e os específicos do imposto sobre a renda: generalidade, universalidade e progressividade e, ainda, mínimo existencial para a pessoa física.

Acresçam-se os princípios da Proporcionalidade e da Razoabilidade que permeiam o ordenamento como um todo e o princípio da rigidez constitucional, sempre lembrado por GERALDO ATALIBA.

8.1.1.1. Critério Material

8.1.1.1a. Conceito Constitucional de Renda

A dificuldade primeira apresenta-se com o conceito constitucional de renda.

Neste passo é relevante relembrar a lição de Paulo de Barros Carvalho, quando trata dos "métodos de Interpretação no Direito – a Interpretação Sistemática, apoiado em HEIDEGGER e GADAMER. Para ele interpretar é construir o sentido do texto posto, diferentemente do preconizado pela Hermenêutica Tradicional que busca ou procura o sentido do texto como se esse imanente fosse. São suas as palavras:

> "Vimos que a aplicação do Direito pressupõe a interpretação e esse vocábulo há de ser entendido como a atividade intelectual que se desenvolve à luz de princípios hermenêuticos,

> com a finalidade de construir o conteúdo, o sentido e o alcance das regras jurídicas. Utilizo a palavra "hermenêutica", neste trecho, não apenas como teoria científica que se propõe estudar as técnicas possíveis de interpretação, no estilo de Emílio Betti, mas na sua acepção mais ampla, abrangendo o que ficou conhecido por "hermenêutica filosófica", consoante o pensamento de Heidegger e de Gadamer. Para este último, interpretar é criar, produzir, elaborar sentido, diferentemente do que sempre proclamou a Hermenêutica Tradicional, em que os conteúdos de significação dos textos legais eram "procurados", "buscados" e "encontrados" mediante as chamadas técnicas interpretativas. Como se fora possível isolar o sentido originário e a intenção do editor da norma."[556]

Assim é que, as palavras do texto não produzem, por si, norma jurídica. Esta é construída pelo intérprete, da análise sistemática, debruçado sobre inúmeras leis, ligando, meditando, consultando os princípios explícitos e implícitos, no ir e vir constante entre textos em coordenação e subordinação.

No Brasil, em consideração ao regime federativo, fez-se necessária a discriminação de rendas e a sua repartição entre os entes competentes para criar o tributo, em nível constitucional. E, o modo de fazê-lo, foi o de fazer referência a um signo específico de riqueza que iria consubstanciar, posteriormente, em Lei ordinária, o critério material da Norma Matriz de Incidência Tributária, no caso do imposto.

Segundo José Artur Lima Gonçalves, "a própria Constituição fornecerá, portanto, ainda que de forma implícita, haurível de sua compreensão sistemática, o conteúdo do conceito de renda por ela – Constituição – pressuposto".[557]

---

556. CARVALHO, PAULO DE BARROS, *in* "Curso de Direito Tributário", São Paulo, Editora Saraiva, 14ª edição, revista e atualizada, 2002, p. 93 e segs.
557. GONÇALVES , JOSÉ ARTUR LIMA, op. cit, p. 170.
558. FERRAZ JR., TÉRCIO SAMPAIO, *in* "Interpretação e Estudos da Constituição de 1988", Editora Atlas, São Paulo, 1990, p. 59.

Outra interpretação não é possível, pois se a Constituição dá ao legislador infraconstitucional a competência, necessariamente teria de indicar o objeto e os limites dessa competência.

Aliás, o princípio hermenêutico da unidade da Constituição[558] e da consideração de que o sistema jurídico é conjunto harmônico, unitário e ordenado de princípios e normas, impede que se exclua, apenas, o imposto de renda, dentre os outros impostos e conclua-se que só o seu critério material não está na Constituição e, portanto, não é Norma Constitucional. ALIOMAR BALEEIRO diz brotar a 1ª fonte do Direito Tributário, no Brasil da Constituição de forma que o "fato gerador e a base de cálculo são conceitos constitucionais fornecendo elemento fundamental para a identificação, a classificação e a diferenciação dos impostos"

Os conceitos que correspondem às diferentes espécies de impostos são conceitos de direito constitucional diz PONTES DE MIRANDA[559]. Resta ao legislador ordinário trabalhar com as variáveis.

Conclui-se, pois, que o conceito de renda está pressuposto na Constituição mas não de forma explícita.[560]

A partir desta conclusão JOSÉ ARTUR LIMA GONÇALVES busca na Constituição elementos que possam esclarecer o conceito de renda e apartá-lo dos que lhe são próximos, também tocados pela Constituição, tais como: faturamento, patrimônio, capital, lucro, ganho, resultado, etc.[561] Exemplificativamente: patrimônio significa o conjunto estático de bens ou direitos titulados por uma pessoa pública ou privada.

---

559. É relevante deixar consignado, porém, que não há consenso, entre os doutrinadores brasileiros, sobre a existência de um conceito constitucional de renda. Uma corrente entende que não houve definição, deixando total liberdade ao legislador infraconstitucional para realizar a tarefa. Outra entende que já foi dado o conceito de renda em nível constitucional restringindo os poderes do legislador complementar e ordinário.

560. GONÇALVES, JOSÉ ARTUR LIMA, op. cit, p. 174 e segs.

561. Ibidem, p. 177 e 178.

Da análise desses conceitos, JOSÉ ARTUR LIMA GONÇALVES encontra parâmetros mínimos que constituir-se-ão no conteúdo semântico mínimo do conceito constitucional / pressuposto de renda.

E diz: "traduzimos esse conteúdo da seguinte maneira: i) saldo positivo, resultante do, ii) confronto entre certas entradas e iii) certas saídas, ocorridas ao longo de um dado período"[562].

Dessa forma, tendo como modelo o conceito constitucional de renda, a lei ordinária deveria redesenhá-lo e completá-lo. Entretanto no sistema constitucional tributário brasileiro, a norma ordinária não se segue imediatamente à norma constitucional. De permeio está a Norma Complementar, exigente de "quorum especial" que tem por função dizer como devem ser feitas as normas para que tenham validade. São as normas de estrutura.

LUÍS CESAR SOUZA DE QUEIROZ[563] discrimina as normas de produção normativa das normas de conduta, utilizando o critério do conteúdo do antecedente e do conseqüente normativo.

É norma de produção normativa aquela cujo antecedente descreve uma específica situação de fato (de ocorrência possível), que se caracteriza por apresentar os requisitos necessários para que outra norma passe a pertencer (a ter validade – criação) ou deixe de pertencer (revogação) ao sistema jurídico, e cujo conseqüente apresenta uma estrutura relacional, composta por variáveis, que simboliza a norma jurídica a ser criada ou revogada; e é norma de conduta aquela cujo antecedente descreve uma situação de fato qualquer (de possível ocorrência), e cujo conseqüente apresenta a regulação de uma conduta intersubjetiva, por meio de uma permissão (P), uma obrigação (O) ou uma proibição (V)[564].

---

562. Ibidem, p. 179
563. QUEIROZ, LUÍS CESAR SOUZA DE, op. cit., p. 43 e seg.
564. QUEIROZ, LUÍS CESAR SOUZA DE, op. cit., pp. 43/44.

A própria norma constitucional refere-se a uma norma intermediária, à que dá o nome de complementar, norma de produção normativa, de rito especial, também previsto na Constituição, cuja função é complementar da Constituição.

Há, pois, entre a norma constitucional referente ao imposto (e que indica o critério material que irá compor a norma ordinária) e a norma ordinária, (Art. 153, III), uma norma de estrutura, complementar, o Código Tributário Nacional ou outra Lei Complementar, esta com fundamento no Art. 146, III, alínea "a" da Constituição.

A norma constitucional de produção normativa deverá ser construída, pois, com os dois textos da Constituição: o do Art. 143, III que se refere ao imposto sobre a renda e proventos de qualquer natureza e aquele do Art. 146, III, alínea "a" que determina à Lei Complementar: "estabelecer normas gerais em matéria de legislação tributária, especialmente sobre: a) definição de tributos e de suas espécies, bem como, em relação aos impostos discriminados nesta Constituição, a dos respectivos fatos geradores, bases de cálculo e contribuintes...". Está jungida à Constituição.

Disto inferimos que a lei complementar poderá determinar outros critérios formadores da hipótese, critérios espaciais e temporais, mas estará adstrita ao critério material, já esboçado na Constituição. (Geraldo Ataliba ensina que o legislador ordinário tem discricionariedade para criar o critério temporal, o momento, o átimo em que se considera consumado o fato jurídico tributário[565] mas, acrescentamos nós, sempre respeitando a natureza do tributo).

A lei ordinária terá pois, liberdade para determinar o critério temporal, espacial (dentro do âmbito de validade da lei) criar os garantidores do crédito tributário (responsáveis, substitutos) etc. Mas não poderá alterar o critério material.

---

565. ATALIBA, GERALDO, *in* "Hipótese de incidência tributária", Revista dos Tribunais Editora, São Paulo, 1973, p.96.

E isto se justifica em face de uma interpretação sistemática da própria Constituição que, ao adotar o critério material do imposto para distribuir competências, tomou em consideração todos os princípios informadores do ordenamento e, especificamente para os impostos, aquele da capacidade contributiva, expressão da igualdade.

Mas o que é renda? RUBENS GOMES DE SOUZA, referindo-se à elaboração de um conceito jurídico de renda, ainda ao tempo em que o imposto não era referido na Constituição e após a sua instituição em 1924, comenta:

> *"Esse conceito jurídico, que veio a ser chamado 'clássico', define a renda como* **riqueza nova***, ou seja,* **acréscimo patrimonial***, que reúna simultaneamente três requisitos: a) provir de fonte já integrada no patrimônio do titular (capital), ou diretamente referível a ele (trabalho) ou, ainda, da combinação de ambos; b) ser suscetível de utilização pelo titular (consumo, poupança ou investimento) sem destruição ou redução da fonte produtora: este requisito implica a periodicidade do rendimento, isto é, na sua capacidade, pelo menos potencial, de reproduzir-se a intervalos de tempo, pois do contrário, sua utilização envolveria uma parcela do próprio capital; c) resultar de uma exploração da fonte por seu titular: este requisito exclui, do conceito de renda, doações, heranças e legados, tidos como acréscimos patrimoniais com a natureza de 'capital' e não de 'rendimento'"*[566].

A verdade é que o conceito jurídico foi elaborado tendo em vista os inúmeros conceitos econômicos que variaram no tempo, de acordo com a concepção de inúmeros estudiosos da economia.[567] É interessante mencioná-lo porque, pouco a pouco, assimilamos as diferenças deste e outros conceitos.

---

566. DE SOUZA, RUBENS GOMES, *in* "Pareceres 3 – Imposto de Renda", p. 274 e 275.

567. Tomaremos nesse passo, o estudo do Horacio Belsunce, "El concepto de redito em la doctrina y em el derecho tributario", 1967, já trabalhado por Luís César Souza de Queiroz, op. cit., p. 120 e segs.

Adam Smith distinguiu <u>capital de renda</u>. O capital é "riqueza que se emprega com o intento de produzir". A renda é o que se gasta para satisfazer as necessidades dos indivíduos. É riqueza <u>nova</u> que deriva de uma fonte: a terra, o trabalho, o capital próprio, utilizado por si mesmo ou emprestado.

Para Malthus, em 1820, capital é a riqueza acumulada a ser empregada na produção para distribuição de riqueza futura. Renda é o produto derivado da terra e utilidades como produtos derivados do capital. A renda ou utilidade é o produto líquido.

John Stuart Mill, em 1848, publicou "Princípios de Economia Política". Capital são todas as coisas destinadas à produção. Renda são os produtos derivados do uso da terra e juros interesse como o produto derivado de capital. Para ele só a renda consumida pode ser tributada; jamais a renda investida.

Roscher, em 1869, distinguiu renda de ingressos. Ingressos são todos os bens que entram na economia de um indivíduo: ganhos acidentais, heranças, doações. Renda são os ingressos provenientes de atividade econômica.

Guth, 1878, destacou na renda a periodicidade de uma fonte determinada, passível de gozo e consumo sem afetação do capital.

Alfred Marshal, em "Princípios da Economia", ressalta que a renda é produto de capital. Insiste no conceito de <u>renda líquida</u>, admite a noção de aumento ou valor do capital como renda ou ingresso não realizado.

Fisher, em 1906, define <u>riqueza</u> como todos os bens materiais suscetíveis de apropriação. "Defende o conceito de propriedade como sendo o direito de fazer uso da riqueza. Chega, assim, aos conceitos de capital e renda. Capital é um estoque de riqueza existente em um determinado momento. Renda é um fluxo, movimento, durante um certo tempo. A renda é sempre irregular.

Há pontos comuns nestas teorias. Segundo observação de Luís César Souza de Queiroz, o conceito jurídico proposto por Belsunce, porém, não se restringe aos pontos comuns das teorias por ele analisadas, nem é tão genérico que abarque os diversos aspectos destas.

É imperioso notar que as teorias não distinguem claramente rendimento e renda. O primeiro equivale à aquisição de direito patrimonial novo; o segundo é acréscimo de riqueza, resultado positivo da combinação de outros fatores.

José Luiz Bulhões Pedreira entende que o legislador ordinário não está livre para escolher qualquer base imponível. Pelo contrário, há de respeitar o conceito de "renda e proventos de qualquer natureza", constante da Constituição[568]. Busquem-se, portanto, conceitos doutrinários e os que melhor se ajustem à norma constitucional.

O conhecimento do conceito de renda é, pois, indispensável.

Há duas concepções doutrinárias de renda propostas para o direito tributário: a) as que conceituam a renda como fluxo de satisfação, serviços ou riquezas; e b) as que conceituam a renda como acréscimos (acumulação) de riqueza ou o poder econômico[569].

Irving Fisher definiu a renda como "valor monetário de fluxo de serviços percebidos pelo indivíduo durante determinados períodos de tempo". Quanto às concepções de renda como acréscimo, na expressão de Robert Haig "renda é o valor monetário do acréscimo líquido de poder econômico da pessoa, entre dois pontos no tempo".

O conceito de renda, considerando a sua base para incidência do imposto, deve incluir toda a renda auferida pelo

---

568. PEDREIRA, JOSÉ LUIZ BULHÕES, *in* "Imposto de Renda", RJ, 1969, APEC Editora, Capítulo 2, p. 2-3.
569. Ibidem, p. 2-6;

indivíduo, independentemente do destino que este lhe dá: consumo, poupança. Outros consideram renda aquela produzida por fonte permanente ou que se reproduzem no tempo, como salário, aluguéis, royalties, juros, lucro operacional e dividendos[570].

A renda distingue-se do capital: enquanto aquela é fluxo, o capital corresponde à renda realizada no passado, poupada ou acumulada.

E a renda distingue-se do rendimento que independe da idéia do tempo. Constituem rendimento bruto os ganhos derivados do capital, do trabalho ou da combinação de ambos.

É imprescindível a distinção entre renda e capital, ou patrimônio. Deve-se igualmente distinguir receita de ganho, pois receita refere-se muitas vezes à transferência de capital ou reembolso de despesas. Assim, na venda de um bem imóvel para tributação do ganho tem-se de determinar o valor do patrimônio. Só o que exceder à restituição do capital, o ganho de capital, poderá ser tributado[571].

8.1.1.1b. Conceito de Renda no Código Tributário Nacional

O Código Tributário Nacional: A Lei complementar – Lei 5.172 de 25.10.1966.

Diz o art. 43 do CTN:

> Art. 43. O imposto, de competência da União, sobre a renda e proventos de qualquer natureza tem como fato gerador a aquisição da disponibilidade econômica ou jurídica:
> I – de renda, assim entendido o produto do capital, do trabalho ou da combinação de ambos;
> II – de proventos de qualquer natureza, assim entendidos os acréscimos patrimoniais não compreendidos no inciso anterior.

---

570. Ibidem, p. 2-12;
571. Ibidem, p. 2-22.

O conceito de renda, dado pela Lei Complementar, alinha-se ao conceito pressuposto de renda na Constituição.

É conseqüência lógica que a renda só pode ser aquela disponível. Enquanto não está na disposição do adquirente, renda não haverá, pois estará ainda no patrimônio do pagador. PAULO AYRES BARRETO entende que a menção à disponibilidade econômica ou jurídica, inserta na parte final do *caput* do art. 43 do CTN é absolutamente desnecessária[572].

Nesse passo, esclarecedora a lição de BRANDÃO MACHADO[573].

> XVIII –
>
> ...
>
> "Ligeira leitura do texto mostra que há nele palavras que, na verdade, não exercem nenhuma função definitória. É a expressão disponibilidade econômica ou jurídica, que, efetivamente, está na definição, mas pode ser retirada sem prejuízo para sua inteligência. Fica difícil explicar uma disponibilidade econômica de acréscimo de direitos. Se o acréscimo é sempre de direitos, não há como conceber que possam estar economicamente disponíveis. Todo acréscimo de direitos (reais ou pessoais e, portanto, patrimoniais) estará necessariamente disponível, pelo fato singular de que os direitos acrescem ao patrimônio. Aquela expressão é excrescente e tem uma gênese que, afinal, pode encontrar-se na sistemática que o autor de seu anteprojeto pretendia imprimir no Código Tributário, sob a inspiração do direito tributário alemão, que dá maior relevo ao aspecto econômico do que ao jurídico na conceituação da hipótese de aplicabilidade da norma tributária e do vínculo entre a hipótese e o sujeito passivo".
>
> XIX – No relatório da Comissão do Código Tributário Nacional, de autoria de RUBENS GOMES DE SOUSA, esclarece-se que a Comissão utilizou, na elaboração do texto, como

---

572. BARRETO, PAULO AYRES, Imposto sobre a renda e preços de transferência. Dialética, São Paulo, 2001, p. 74.
573. MACHADO, BRANDÃO, *in* "Breve Exame Crítico do Art. 43 do CTN". Imposto de Renda, coordenação de Ives Gandra da Silva Martins. Editora Atlas – São Paulo. 1996, p. 101.

subsídios, os códigos tributários existentes no mundo, principalmente o Código Tributário alemão de 1919, em seu texto anterior às reformas introduzidas depois de 1931, e o Código Fiscal da Província de Buenos Aires, elaborado por Dino Jarach e convertido em lei em 1948. Essas duas fontes – Enno Becker e Dino Jarach – são defensoras da prevalência do econômico sobre o jurídico no tratamento da matéria tributária, como é sabido. Foi Enno Becker que introduziu no direito tributário o critério econômico para a interpretação das normas de tributação".

A Lei complementar nº 104 de 10.01.2001 acrescentou dois novos parágrafos ao artigo 43[574]:

"§ 1º A incidência do imposto independe da denominação da receita ou do rendimento, da localização, condição jurídica ou nacionalidade da fonte, da origem e da forma de percepção." (AC)*

"§ 2º Na hipótese de receita ou de rendimento oriundos do exterior, a lei estabelecerá as condições e o momento em que se dará sua disponibilidade, para fins de incidência do imposto referido neste artigo." (AC)

A referência à receita e rendimento só pode ser entendida quanto aos fatores positivos que entrarão no cômputo do resultado, renda, após os descontos de custos e despesas de um determinado período. Há de ser afastada qualquer interpretação que não integre o "acréscimo patrimonial" e considere apenas o momento em que o rendimento é auferido.

Conclusão: Critério material

O verbo que se liga à renda e proventos de qualquer natureza, considerando-a como fluxo, acréscimo patrimonial,

---

574. Paulo Ayres noticia que o Projeto desta lei complementar, depois abandonado e que substitui inclusive o caput do art. 43, pretendia alargar o conceito de renda, pressuposto constitucional, quando fazia referência a aquisição de disponibilidade econômica ou jurídica de receita ou de rendimento proveniente, a qualquer título, do capital, do trabalho ou da combinação de ambos. O critério do "acréscimo patrimonial" não era aí exigido.

o caráter pessoal, geral, universal e progressivo, só pode ser: adquirir, auferir. Portanto o critério material é: AUFERIR RENDA[575]. Renda como acréscimo, renda como resultado, a diferença positiva entre as entradas e as saídas, ocorridas em um período, obtidas num determinado átimo.

8.1.1.2. Critério Temporal

Como a renda auferível é determinada no último momento de um período de tempo, um ano, seis meses, três meses, será o resultado dos ganhos, destes subtraídos os custos e despesas ocorridos no determinado período. Portanto o critério temporal, momento no qual se considera consumido o fato jurídico tributário é o último dia do período, determinado por lei, para apuração do lucro (pessoa jurídica) ou renda (pessoa física).

É importante ressaltar que a Lei que regula os atos formadores da base-de-cálculo do tributo deve ser publicada até o último dia do ano anterior ao início da formação da base de cálculo que é o dia 1º de janeiro, para que seja conhecida e informe o contribuinte. (C.F., art. 150, III, b – princípio da anterioridade).

O legislador ordinário tem liberdade para determinar o critério temporal, desde que o período seja suficiente e factível para apuração do resultado.

8.1.1.3. Critério Espacial

O critério espacial no imposto de renda tem a mesma amplitude do âmbito de validade da Lei Federal, compreensivo, pois, de toda e qualquer renda auferida em qualquer ponto do território nacional.

Adotado o princípio da universalidade (ou critério como preferem alguns) pela Lei 9.249, de 26 de dezembro de 1995, a

---

575. BARRETO, PAULO AYRES, *in* "Imposto sobre a renda e preços de transferência". Dialética, São Paulo, 2001, p. 67.

renda obtida no exterior por pessoas jurídicas domiciliadas no Brasil poderá ser tributada no Brasil.

8.1.1.4. Critério Pessoal

Sujeito Ativo da relação jurídica tributária do imposto sobre a renda é a União

Sujeito Passivo, contribuinte, é aquele que aufere a renda, aquele que realiza o fato jurídico tributário e, portanto, expressa capacidade contributiva. O responsável é quem garante o pagamento do tributo, com dinheiro próprio, após a realização de um fato novo (que não é o fato jurídico tributário), fato esse que faz desaparecer a possibilidade de pagamento pelo verdadeiro contribuinte. Exemplo: a morte, o desaparecimento de pessoa física; a liquidação, a fusão, a incorporação, a cisão de pessoa jurídica. Nestes casos, o responsável paga o tributo com dinheiro próprio. O substituto é aquele que retém e recolhe antecipadamente o tributo ao Estado, tributo devido pelo contribuinte[576]. Sua tarefa é obrigação acessória, imposta pelo Estado, União. É a *manus longa* do contribuinte, pagando ao Estado, antecipadamente, pela pessoa do retentor da renda, a quem o Estado cometeu a obrigação.

Conclusão: A pessoa que aufere renda é automaticamente o contribuinte do imposto de renda, é o seu destinatário constitucional tributário e destinatário legal tributário. Portanto o sujeito passivo da relação jurídica tributária é o adquirente da renda.

8.1.1.5. Critério quantitativo: base de cálculo e alíquota

Base de cálculo é aquela que mede, dá o valor, do critério material. Segundo Aires Fernandino Barreto, a base de cálculo

---

576. A propósito da pessoa do responsável e do substituto ver "Sanções Tributárias e Sanções Penais Tributárias", Angela Maria da Motta Pacheco, Max Limonad, São Paulo, 1997, p. 218 a 221 e p. 230 a 232

está no conseqüente da norma tributária geral e abstrata e a base calculada, no conseqüente da norma individual e concreta[577].

Complexa é a base de cálculo nos seus inúmeros componentes valorativos, positivos (ganhos, receitas) ou negativos (custos, despesas) que acontecem num determinado período de tempo.

A propósito, em trabalho apresentado nas Jornadas Latino Americanas da ALADT, realizadas no Peru, em 1993, expusemos[578]:

> "Renda é, pois, acréscimo que só pode ser medido considerando o lapso de tempo mediador entre dois momentos "x" e "y", distantes no tempo, que medem duas grandezas: a grandeza "x1" e a grandeza "y1".
>
> Se no momento "y" for apurada uma diferença positiva entre a grandeza "x1" e a grandeza "y1" esta será a base de cálculo para o IRPJ.
>
> O conceito de renda trás, pois, em si, o conceito de tempo.
>
> Uma sociedade em atividade está constantemente produzindo. É um moto contínuo. Para verificar-se o resultado de um período é necessário que a lei tributária faça, artificialmente, dois cortes no tempo a fim de que se determine, a final, o lucro ou prejuízo equivalente àquele interregno.
>
> A Lei das Sociedades Anônimas, Lei 6404/76 em seu art. 176, determina que ao final de cada ano civil – 31 de dezembro – seja levantado um balanço que deverá retratar o resultado do período, de 01 de janeiro a 31 de dezembro.
>
> A legislação tributária vem e prescreve, também, os ajustes que este balanço sofrerá a fim de determinar o resultado fiscal da empresa.
>
> Assim, é possível que a pessoa jurídica apresente prejuízo contábil apurado de acordo com a lei comercial e lucro fiscal apurado de acordo com a lei tributária. É possível ainda que apresente lucro contábil e prejuízo fiscal.

---

577. AIRES FERNANDINO BARRETO. Base de Cálculo e Alíquota e Princípios Constitucionais. 2 ed. São Paulo, Max Limonad, 1998, p. 50.
578. ANGELA MARIA DA MOTTA PACHECO, XVI Jornadas Latino Americanas de Derecho Tributario, del 5 a 10 de setiembre de 1993 – Tomo I – "El principio de Seguridad Juridica em la creacion y aplicacion del tributo".

Durante o período de um ano computam-se as receitas e despesas, parcelas que sucessivamente entram na composição do lucro real[579].

Considerando o aspecto peculiar do imposto de renda, a doutrina, apoiada em Sampaio Dória; deu-o como complexivo.

De fato, este autor conceitua os fatos geradores, sob o ângulo de sua ocorrência temporal, em instantâneos, continuados e complexivos.

"a) fatos geradores instantâneos são os que se verificam e esgotam numa específica unidade de tempo e, a cada ocorrência dão origem a uma obrigação tributária autônoma;

b) fatos geradores continuados são aqueles constituídos por uma situação permanente cuja continuidade dentro da unidade temporal definida em lei, não origina novas obrigações tributárias;

c) fatos geradores complexivos são aqueles cujo processo de formação se completa após o transcurso de unidades sucessivas de tempo."

Aplica-se ao fato complexivo a lei que está em vigor no momento em que o ciclo da formação se completa. No caso da data limite ser 31 de dezembro aplica-se a lei que está em vigor nesta data.

A esta corrente, conforme Ataliba, apôs-se a voz sempre ponderada de PAULO DE BARROS CARVALHO, que sustenta com vigor que só o que interessa é o aspecto temporal da hipótese de incidência, o átimo culminante do período considerado. Por isso afirma "que todos os fatos geradores ocorrem sempre em determinada unidade de tempo" e "que não se pode falar em fatos geradores pendentes como o fez o Código Tributário Nacional".

Na realidade demonstra-se que a lei tributária do imposto sobre a renda determina quais as receitas e despesas que

---

Segurança Jurídica e aplicação de tributo – Necessidade de aplicação da norma tributária no presente e no futuro. Tributo de periodicidade anual. Efeitos das Declarações de inconstitucionalidade.

579. A Lei nº 9430 de 27.12.1996 dispôs que, a partir de 1997, o imposto de renda de pessoa jurídica fosse determinado com base no lucro real, presumido ou arbitrado, por períodos de apuração trimestrais, encerrados em 31 de março, 30 de junho, 30 de setembro e 31 de dezembro de cada ano calendário.

> formam o lucro real, quais os ajustes: adições de despesas, exclusões de receitas que interessam na formação deste lucro. Trata inclusive de outras figuras, tais como: a compensação de prejuízos fiscais.
>
> ...
>
> Parece-nos que não há realmente fato gerador complexivo e sim, base de cálculo "complexiva" no sentido de ser esta obtida com inúmeras grandezas positivas e negativas, inclusive, com as adições e exclusões determinadas pela própria legislação tributária, para o cálculo do lucro real."

Da mesma forma como vimos anteriormente que, nem sempre o critério temporal coincide com o critério material, pode acontecer que a formação do critério dimensível vá ocorrendo a cada dia do período determinado na lei. O resultado dessa formação é que será coincidente com o critério temporal, este sim realizado num átimo.

Assim, antes da realização de cada fato que será juridicizado pela lei tributária e que integrará o resultado final do período, é indispensável que a lei esteja publicada e produzindo seus efeitos jurídicos.

Podemos, pois, concluir que o princípio da anterioridade diz respeito ao fato jurídico tributário no seu conteúdo integral. A lei tributária deve ser publicada antes do exercício em que deva ocorrer não o fato jurídico tributário na sua integralidade, mas devam ocorrer quaisquer dos fatos relevantes que o conformam[580].

---

580. Aliás, Luciano da Silva Amaro, *in* O imposto de renda e os Princípios da Irretroatividade e Anterioridade. Revista Direito Tributário, número 25/26, ao tratar dos princípios da irretroatividade e da anterioridade em face do imposto de renda, esclarece com incrível lucidez: "... deve reconhecer-se que o tributo incide sobre a soma algébrica de diversos dados pertinentes ao ano-base (ou ao exercício social no caso de despesas jurídicas) e, portanto, só se pode afirmar a consumação ou o aperfeiçoamento do fato gerador com o término do período de sua formação. Ou seja, é necessário que se esgote o ciclo de sua formação (previsto na lei) para que ele se repita perfeito como fato gerador. Os ganhos obtidos, por exemplo, no início do período podem ser absorvidos por deduções ou abatimentos que se realizem posteriormente,

É, pois, de magna importância na análise da constitucionalidade da lei tributária, verificar o momento de realização de cada um dos critérios que formam o fato jurídico tributário no seu todo.

Critério quantitativo – base de cálculo

A base de cálculo corresponde ao resultado do período: pela subtração, da soma dos ganhos, da soma dos custos e despesas; deve medir o critério material da hipótese, bem como confirmá-lo.

Em resumo:

8.1.1.6. Norma Matriz de Incidência Tributária do Imposto de Renda

Hipótese/Descritor

1) **Critério material:** adquirir renda

2) **Critério temporal:** último dia do ano: 31/12 (ou último dia do semestre: 30/06 e 31/12, ou último dia do trimestre: 31/03; 30/06; 30/09 e 31/12)

3) **Critério espacial:** qualquer local dentro do Território Nacional (coincidente com o âmbito de validade da Lei)

Conseqüente/Prescritor

4) **Critério quantitativo:**
   4.1.: base de cálculo: o lucro real, obtido no período.
   (anual, semestral ou trimestral)
   (lucro presumido por opção do contribuinte)
   4.2.: alíquota: 15% até R$ 20.000 por mês; 25% acima do limite de R$ 20.000

5) **Critério pessoal:**
   5.1.: sujeito ativo: União
   5.2.: sujeito passivo: contribuinte, pessoa jurídica que adquire o lucro

---

até o final do ciclo, por isso não se pode sustentar que desde o primeiro rendimento auferido no ano já se instaura a relação obrigacional tributária, se o fato gerador periódico ainda não se consumou, inexiste a obrigação".

Conclusão:

Esta é a norma matriz do imposto sobre a renda, tal como pressuposta na Constituição (critério material) e, especificada no Código Tributário Nacional, Art. 43, III e Leis Ordinárias.

8.1.2. Ficção quanto ao Critério Material da Hipótese, na tributação de lucros auferidos por controladas ou coligadas no exterior – Lei 9.532 de 10.12.1997 e Medida Provisória 2.158-34 de 27.07.2001

O Brasil adotou o princípio da universalidade da tributação das rendas para as pessoas jurídicas (world-wide income taxation). A lei 9.249 de 26.12.1995, art. 25, instituiu para fatos geradores ocorridos a partir de 1º.1.1996, a incidência do Imposto de Renda sobre os lucros, rendimentos e ganhos de capital auferidos no exterior, por pessoas jurídicas domiciliadas no Brasil.

A Lei nº 9.532 de 10 de dezembro de 1997, art. 1º, *caput* e parágrafos 1º e 2º assim dispôs:

> Art. 1º Os lucros auferidos no exterior, por intermédio de filiais, sucursais, controladas ou coligadas serão adicionados ao lucro líquido, para determinação do lucro real correspondente ao balanço levantado no dia 31 de dezembro do ano-calendário em que tiverem sido disponibilizados para a pessoa jurídica domiciliada no Brasil. (Vide Medida Provisória nº 2158-35, de 2001)
>
> § 1º Para efeito do disposto neste artigo, os lucros serão considerados disponibilizados para a empresa no Brasil:
>
> a) no caso de filial ou sucursal, na data do balanço no qual tiverem sido apurados;
>
> **b) no caso de controlada ou coligada, na data do pagamento ou do crédito em conta representativa de obrigação da empresa no exterior.**
>
> ...
>
> § 2º Para efeito do disposto na alínea "b" do parágrafo anterior, considera-se:

> a) creditado o lucro, quando ocorrer a transferência do registro de seu valor para qualquer conta representativa de passivo exigível da controlada ou coligada domiciliada no exterior;
>
> b) pago o lucro, quando ocorrer:
>
> 1. o crédito do valor em conta bancária, em favor da controladora ou coligada no Brasil;
>
> 2. a entrega, a qualquer título, a representante da beneficiária;
>
> 3. a remessa, em favor da beneficiária, para o Brasil ou para qualquer outra praça; ..."

Vê-se, de início que o artigo em seu *caput* abrange "filiais e sucursais", "coligadas e controladas". Na hora, porém, de conferir-lhes tratamento quanto à distribuição de lucros, e, adiantamos, corretamente, a Lei os coloca em "letras" separadas, porque irá lhes dar tratamento diferenciado.

Com efeito, diz o § 1º:

> Para efeito do disposto neste artigo, os lucros "serão considerados disponibilizados" para a empresa no Brasil:
>
> a) no caso de filial ou sucursal, na data do balanço no qual tiverem sido apurados;

Quando a Lei diz "serão considerados disponibilizados" é porque, na realidade ainda não o foram. Assim a Lei estará considerando como disponibilizado o lucro apurado, mesmo que o fato – disponibilização – ainda não tenha ocorrido. Alarga-se, pois, indevidamente o conceito de lucro disponibilizado.

Aparece, pois, por ficção, o momento de sua disponibilização: a data do balanço em que o lucro foi apurado no exterior. Não há entrega física.

Entretanto, como as filiais e sucursais não são pessoas jurídicas distintas da matriz brasileira, pelo contrário, formam com ela uma única pessoa jurídica, uma só entidade, o lucro lá obtido pela filial pode ser somado ao lucro da matriz, auferido no Brasil.

Neste caso, a ficção de disponibilidade não ofende o critério material de apuração do lucro na matriz, no país. É uma questão *"interna corporis"*, embora distanciadas as empresas, faticamente, no espaço.

Diverso, como não poderia deixar de ser, é o tratamento dirigido às controladas ou coligadas.

> **b) no caso de controlada ou coligada, na data do pagamento ou do crédito em conta representativa de obrigação de empresa no exterior.**

As coligadas e controladas são pessoas jurídicas distintas das pessoas jurídicas que participam, como sócias, de seu capital social, quer essas tenham ou não poder de controle.

Assim as coligadas e controladas no exterior, de empresas brasileiras, destas diferem e só quando efetivamente dispuserem seus lucros para essas empresas brasileiras é que estas poderão considerá-los em seu balanço.

Só após o ato jurídico da distribuição, a titularidade dos lucros se transfere para as coligadas e controladas brasileiras. Enquanto não distribuídos, permanecem na titularidade das empresas residentes no exterior.

Com efeito, os lucros ou estão lá, na pessoa jurídica estrangeira que os obteve, ou estão cá, na pessoa jurídica brasileira, não mais lá, após a efetiva distribuição. Enquanto não houver distribuição, não há como contar com esses lucros e acrescê-los aos lucros líquidos obtidos pelas empresas brasileiras para apuração do lucro real.

Vejam-se: os lucros, nas empresas residentes no exterior, podem ter vários destinos e lá ficarem retidos. A empresa pode ter prejuízos compensáveis, ou vir a tê-los, por exemplo.

A realidade é que, no Brasil, a coligada ou controlada não receberá esse lucro, senão após a sua real distribuição. Até então, para a empresa brasileira não se teria realizado o próprio critério material: auferir renda, consubstanciada em acréscimo patrimonial.

Eis o porquê de a Lei considerar a efetiva transferência, para somente daí exigir a sua contabilização no lucro da brasileira.

Tudo estaria dentro dos paradigmas criados no sistema constitucional tributário.

Eis quando surge a Medida Provisória n.º 2158 – 34 de 27.07.2001 e estende (Art. 74) às "coligadas e controladas", residentes no exterior, o mesmo tratamento dado às filiais e sucursais. Ficam todas, embora de natureza diversas, submetidas ao tratamento prescrito na letra "a" do § 1º, do Art. 1º, da Lei 9.532 de 10.12.97. Confira-se:

> Art. 74. Para fim de determinação da base de cálculo do imposto de renda e da CSLL, nos termos do <u>art. 25 da Lei no 9.249, de 26 de dezembro de 1995</u>, e do art. 21 desta Medida Provisória, os lucros auferidos por controlada ou coligada no exterior serão considerados disponibilizados para a controladora ou coligada no Brasil na data do balanço no qual tiverem sido apurados, na forma do regulamento.
>
> Parágrafo único. Os lucros apurados por controlada ou coligada no exterior até 31 de dezembro de 2001 serão considerados disponibilizados em 31 de dezembro de 2002, salvo se ocorrida, antes desta data, qualquer das hipóteses de disponibilização previstas na legislação em vigor.

Apurado o lucro nas coligadas ou controladas no exterior, estes se consideram <u>ficticiamente distribuídos</u> às empresas brasileiras, na data do balanço no qual tiverem sido apurados, que deverão contabilizá-los em 31.12, com a apuração de seu balanço.

Esta é uma ficção não permitida pelo sistema constitucional tributário brasileiro: a previsão legal de um critério material que não se realizou. Qualquer comando quanto ao imposto de renda deve se ater ao disposto no Art. 43 do CTN que só pode exigir a tributação da renda/lucro disponibilizados e significativos de acréscimo patrimonial. **A disponibilização é essencial pois, caso contrário, o lucro fica retido na investida e não pertencerá à investidora.** É cristalina a ofensa aos princípios da tipicidade e da capacidade contributiva.

Pode-se concluir:

1) Os lucros apurados em balanço da pessoa jurídica integram o patrimônio desta e não dos sócios. Estes, deles

não dispõem, quer sob o ângulo econômico, quer sob o jurídico;

2) A disponibilidade fictícia dos lucros constitui flagrante contrariedade à Constituição Federal e ao Código Tributário Nacional, em especial, aos princípios da estrita legalidade e da capacidade contributiva.

3) A Medida Provisória nº 2158-34 de 27.07.2001, alterou o § 1º do art. 1º da Lei 9532/97, **considerando distribuído o lucro apurado em balanço de empresa no exterior às empresas brasileiras, suas sócias, embora não tenha havido a sua real distribuição.** Esta é uma ficção jurídica que dá como realizado o critério material da hipótese de incidência da norma matriz tributária pelas coligadas ou controladoras no Brasil. Ofensa aos princípios da tipicidade e capacidade contributiva.

4) Inválida a norma contida no Art. 74 da MP 2.158-35/2001 por inconstitucional e ilegal ao contrariar o CTN.

A questão está *sub judice* no Supremo Tribunal Federal. Com efeito, a Confederação Nacional da Indústria – CNI – propôs Ação Direta de Inconstitucionalidade – nº 2588 – sobre a matéria. Coube a relatoria à Ministra Ellen Gracie. O julgamento do mérito iniciou-se em 05.02.2003. A Ministra, fazendo distinção entre empresas controladas e coligadas, entendeu não haver disponibilidade jurídica dos lucros auferidos pela coligada estrangeira antes da efetiva remessa de lucro para a coligada brasileira. Por assim entendê-lo, declarou a inconstitucionalidade apenas da expressão "ou coligadas". (Quanto ao lucro da controlada entendeu ser possível a sua disponibilidade").

O Ministro Marco Aurélio, em seu voto vista, além dos fundamentos trazidos para afastar o tratamento da matéria por Medida Provisória, entendeu que o simples resultado positivo no balanço da coligada no exterior não seria renda ou lucro tributável na coligada brasileira.

Foi claro em mostrar que a empresa estrangeira e nacional não se confundem, ainda que coligadas. O art. 43, § 2, do

CTN versa sobre o momento em que ocorre a disponibilidade da renda, ou lucro tributável para efeitos de tributação. A renda deve ser disponibilizada para a pessoa jurídica brasileira, investidora, gerando acréscimo em seu patrimônio. Não é possível haver tributação sobre renda sem que haja sua disponibilidade; sem que haja deslocamento efetivo da renda, no caso, para o território nacional.

Votou o Ministro MARCO AURÉLIO (28.09.2006) pela total procedência do pedido, interpretando o art. 43, § 2º do CTN, conforme a Constituição e declarando a inconstitucionalidade do Art. 74, da MP 2.158-35/2001.

O Ministro Sepúlveda Pertence antecipou seu voto, acompanhando o Ministro MARCO AURÉLIO, utilizando como precedentes os Recursos Extraordinários nº 117.866 e nº 172.058.

O julgamento foi suspenso em virtude de o Ministro RICARDO LEWANDOWSKI ter pedido vista.

8.1.3. Ficção quanto ao Critério Material da Hipótese, na tributação do Lucro Líquido – Lei 7713 de 22.12.1988 – Art. 35

(Recurso Ext. nº 172.058-1-SC. Plenário – 30.06.1995)

A Lei 7713 de 22 de dezembro de 1988 determinou em seu artigo 35, que fosse retido o imposto de renda na fonte, à alíquota de 8%, sobre o lucro líquido apurado pelas pessoas jurídicas, no encerramento do período, do sócio quotista, acionista ou titular da empresa individual[581].

Ao assim fazê-lo, esta norma afrontou o pressuposto constitucional do Art. 143, III, combinado com o Art. 146, III, alínea

---

581. Lei 7713 de 22.12.1988

...

Art. 35 – O sócio-quotista, o acionista ou o titular da empresa individual ficará sujeito ao Imposto sobre a Renda na fonte, à alíquota de 8% (oito por cento), calculado com base no lucro líquido apurado pelas pessoas jurídicas na data do encerramento do período-base.

"a", e ainda a Lei Complementar, intercalar entre a Constituição e a Lei ordinária. Com efeito, o Código Tributário Nacional (lei complementar) determina que o Imposto sobre a Renda incida sobre:

> – a aquisição da disponibilidade de renda, do produto do capital, do trabalho ou da combinação de ambos, consistente em acréscimo patrimonial. (CTN, Art. 43, incisos I e II)

O pressuposto constitucional do Imposto sobre a Renda e a Norma Matriz de Incidência Tributária prevêem a aquisição da renda, a sua "disponibilidade" para o contribuinte, pois sem ela, não se realiza o critério material do Imposto de Renda. Enquanto a futura renda (da pessoa física) ou o futuro lucro (da pessoa jurídica), respectivamente, permanecerem com o pagador do salário, ou na empresa, o "contribuinte" é apenas potencial e não real: não adquirirá a disponibilidade da renda.

Qualquer afirmação ou determinação em contrário excluirá o fato do mundo da realidade jurídica, transportando-o para o mundo da ficção jurídica.

Foi o que aconteceu neste caso: a Lei 7713/88 criou no Art. 35, ficção de disponibilidade quando o fato – disponibilidade – não ocorreu.

Se o lucro líquido permanece na empresa e, como tal, não chega a ser distribuído, lucro não haverá para o sócio quotista ou acionista.

A matéria foi julgada no Recurso Extraordinário nº 172.058-1, de Santa Catarina. Foi Relator o Ministro MARCO AURÉLIO DE MELLO.

A Corte de origem assentara a inconstitucionalidade do Art. 35 da Lei 7713, de 22 de dezembro de 1988. Asseverara-se que lei ordinária não poderia dispor a respeito. Envolvida a determinação de fato gerador do imposto de renda, este só poderia ser objeto de lei complementar.

Em seu voto, o Ministro MARCO AURÉLIO, logo de início, dirige-se ao Subprocurador-Geral da República, que subscrevera o

Parecer e dissera que em julgados procedidos na Corte Suprema não prevalecera o interesse social. Disse o Ministro o contrário: **o interesse social prevalecera, sim, pois que este "reside acima de tudo, na predominância da ordem constitucional, evitando, assim, verdadeira babel, em nenhuma hipótese justificável, nem mesmo em face a deficiências de caixa deste ou daquele órgão".**

Por outro lado, continua, a controvérsia não é de ilegalidade, em face do CTN, **mas de inobservância de regra do Art. 146 da Constituição que comete à Lei Complementar a definição de fato gerador do Imposto sobre a Renda, com fundamento constitucional.**

Há de se perquerir o alcance da expressão "aquisição de disponibilidade econômica ou jurídica de renda".

Disponibilidade é dispor dos bens, ao fato de se encontrarem desimpedidos, desembaraçados, passíveis de serem transferidos ao patrimônio de terceiros. O direito de dispor consiste no poder de consumir a coisa, de aliená-la, de gravá-la de ônus e de submetê-la a outrem, segundo WASHINGTON DE BARROS MONTEIRO[582].

A disponibilidade de lucros aos sócios não ocorre no momento de apuração do lucro, a data do encerramento do período base. A Lei das Sociedades Anônimas, Lei 6404 de 15 de dezembro de 1976 exige que a Assembléia Geral Ordinária delibere sobre o destino do lucro e a distribuição dos dividendos. Isto porque há a constituição da Reserva Legal, dividendos obrigatórios etc.

A possibilidade de entrega da coisa é imprescindível para configuração da disponibilidade econômica ou jurídica da renda, segundo o Ministro JUSTINO RIBEIRO, citado por CARLOS DA ROCHA GUIMARÃES, entre outros tributaristas que participaram do Caderno de Pesquisas Tributárias, vol. XI.

---

582. MONTEIRO, WASHINGTON DE BARROS, *in* Curso de Direito Civil, Editora Saraiva, São Paulo, 4ª edição, 1961, p. 90.

"A conclusão a que se chega é que, na verdade, o Art. 35 da Lei 7713/88, ao desprezar a aquisição da disponibilidade econômica ou jurídica como fato gerador do imposto sobre a renda, acabou por trazer à baila fato gerador diverso, ou seja, o consubstanciado na simples apuração do lucro líquido na data do encerramento do período-base.

O Ministro Marco Aurélio acaba por concluir:

a) o artigo 35 da Lei 7713/88 conflita com a Constituição, com o Art. 146, III, "a", em relação às sociedades anônimas;

b) o artigo 35 não conflita com a Constituição em relação ao titular de empresa individual;

c) o artigo 35 guarda sintonia com a Constituição, em relação ao sócio quotista, quando o Contrato Social, condiz com a disponibilidade imediata de lucro. Perquerir-se-á o alcance, caso a caso.

Reafirmando a existência de três normas diversas no Artigo 35, o Ministro provê parcialmente o extraordinário, dando como inconstitucional a expressão "o acionista" nele contida.

Por unanimidade de votos o Tribunal conheceu do recurso extraordinário. Declarou-se a inconstitucionalidade da expressão "acionista" e a constitucionalidade da expressão "o titular de empresa individual" e do "sócio quotista". Quanto ao último salvo quando a destinação do lucro não dependesse do assentimento dos sócios.

O Supremo Tribunal Federal reconhece a criação da ficção jurídica e a expulsa do Sistema Tributário. Para a Corte Suprema, o interesse social repousa na predominância da ordem constitucional e na manutenção da racionalidade e da coerência do ordenamento jurídico que tempera o poder do Estado opondo-lhe os princípios informadores do Sistema Jurídico, normas jurídicas impregnadas de valor, protetoras dos direitos dos cidadãos/contribuintes.

Conclusão

A Lei nº 7713 de 22 de dezembro de 1988, em seu artigo 35 considera distribuído ao sócio o lucro da pessoa jurídica apurado em balanço no final do período, embora não tenha havido a sua real distribuição. Esta é uma ficção jurídica que dá como realizado o critério material da hipótese de incidência da norma matriz tributária do imposto de renda da pessoa física. Ofensa aos princípios da tipicidade e da capacidade contributiva.

8.1.4. Ficção quanto ao critério pessoal, sujeito passivo, contribuinte Decreto-lei nº 1381/74

Equiparação de pessoa física à empresa individual (pessoa física que, em nome individual, realiza a comercialização de imóvel, com habitualidade) e, numa segunda equiparação, dessa empresa individual, à pessoa jurídica. Critérios utilizados na equiparação: a pessoa física aliena imóveis em determinadas circunstâncias, em período determinado na lei.

Trata-se de equiparação de empresa individual à pessoa jurídica, tendo por fim transladá-la do regime tributário dirigido à pessoa física para aquele da pessoa jurídica. Primeiramente foi necessária a equiparação da pessoa física à empresa individual.

Com efeito a Lei 4506/64, art. 29, § 1º (RIR – Decreto nº 76.186 de 02.09.75, Art. 100) equiparou à pessoa jurídica, para efeitos do imposto de renda, as empresas individuais. Em seguida determinou o que são as empresas individuais (mesma lei, art. 41, § 1º) entre elas colocando as pessoas físicas que praticam operações imobiliárias (Dec. Lei nº 1381/74, art. 1º) em nome individual, comercializando imóveis, com habitualidade.

A aferição do critério de habitualidade: comercializar, em cada ano, mais de três imóveis adquiridos no mesmo ano;

comercializar, no prazo de três calendários consecutivos mais de seis imóveis adquiridos nesse mesmo triênio. (Dec.-lei 1381/74, art. 5º).

Vê-se, pois, que houve uma série de criações e equiparações: pessoa física que comercializa imóveis com habitualidade (o que a lei entende por habitualidade); 1ª equiparação, da pessoa física à empresa individual e 2ª equiparação, da empresa individual à pessoa jurídica.

A Lei na realidade trabalha com um critério: o da habitualidade do comerciante para que este critério atraia uma pessoa física para o universo dos comerciantes e daí equipará-la a empresa individual e, conseqüentemente, à pessoa jurídica.

A criação desta equiparação é ficção jurídica. Investe contra a forma escolhida pelo contribuinte de exercer sua atividade em nome individual, despindo-o das vestes da pessoa física e vestindo-o com as vestes da pessoa jurídica.

Esta ficção foi revogada.

8.2. Ficções referidas ao Imposto sobre Operações de Crédito, Câmbio e Seguro, ou relativas a Títulos ou Valores Mobiliários

8.2.1. Desenho Constitucional do Imposto sobre Operações de Crédito, Câmbio e Seguro, ou relativas a títulos ou valores Mobiliários – Constituição Federal, artigo 153, V

>Art. 153. Compete à União instituir imposto sobre:
>
>...
>
>V – operações de crédito, câmbio e seguro, ou relativas a títulos ou valores mobiliários;
>
>...
>
>§ 1º – É facultado ao Poder Executivo atendidas as condições e os limites estabelecidos em lei, alterar as alíquotas dos impostos enumerados nos incisos I, II, IV e V.
>
>...

E, no Código Tributário Nacional.

> Art. 63. O imposto, de competência da União, sobre operações de crédito, câmbio e seguro, e sobre operações relativas a títulos e valores mobiliários tem como fato gerador:
>
> ...
>
> IV – quanto às operações relativas a títulos e valores mobiliários, a emissão, transmissão, pagamento ou resgate destes, na forma da lei aplicável.

Como se vê, o genericamente chamado imposto sobre operações financeiras é compreensivo de quatro espécies: a) sobre operações de crédito; b) sobre operações de câmbio; c) sobre operações de seguro e d) sobre operações relativas a títulos ou valores mobiliários.

"Pouco a pouco foram surgindo as leis criadoras destes impostos, determinando os critérios identificadores, estabelecendo base de cálculo e alíquotas.

A Lei nº 5.143/66 instituiu o IOF determinando a sua incidência nas operações de crédito e seguros. O Dec.-lei 914/69 e o Dec.-lei 1342/74 introduziram alterações. O Dec.-lei nº 1783/80 criou, anos mais tarde, o imposto sobre operações de câmbio e sobre operações relativas a títulos e valores mobiliários."[583]

Veja-se que o imposto incide sobre operações, sobre um ato, enfim sobre uma situação em transformação. Não é possível a sua incidência sobre o patrimônio em situação estática, em não-movimento.

Nesse passo é necessário se ater ao conceito de ação. Diz Tércio Sampaio Ferraz Júnior: "Esta concepção parte de um estado de coisas que muda para outro estado de coisas (a luz

---

583. PACHECO, ANGELA MARIA DA MOTTA, *in* "Imposto sobre Operações Financeiras", Caderno de Pesquisas Tributárias, vol. 16, Ed. Resenha Tributária e Centro de Extensão Universitária, São Paulo, 1991, p. 269.

FICÇÕES TRIBUTÁRIAS: IDENTIFICAÇÃO E CONTROLE

está apagada para a luz está acesa). Para que a ação ocorra é preciso uma condição (por exemplo que a luz esteja apagada para passar a estar acesa)".[584]

Ação é o comportamento humano que modifica a natureza ou as circunstâncias. A condição que propiciará a mudança do estado da coisa pode ser explícita ou implícita. "Matar alguém" tem como suposto necessário o fato de esse alguém, estar vivo.

> "Da mesma forma que a ação, a *operação* é um ato e, como tal, dinâmico, interferindo na natureza ou na sociedade de maneira positiva (a interferência negativa é *omissão*). É, pois, algo dinâmico a modificar a natureza das coisas.
>
> Ao tratarem da materialidade da hipótese de incidência do ICM, tal como prevista na Constituição de 1967 (art. 23 – II) cientistas do direito, do porte de GERALDO ATALIBA[585], PAULO DE BARROS CARVALHO[586], ALIOMAR BALEEIRO[587], PONTES DE MIRANDA[588], foram unânimes em concluir que o termo "operações" era o seu conceito nuclear.
>
> "Operações" entendidas como negócio jurídico, ato jurídico, aquele ato capaz de produzir efeitos jurídicos. Os termos "circulação" e "mercadoria" são qualificativos de "operação". O imposto não incide nem sobre "circulação" nem sobre "mercadoria" mas sobre a "operação" com sentido

---

584. FERRAZ JÚNIOR, TÉRCIO SAMPAIO, *in* "Introdução ao Estudo de Direito", Editora Atlas, São Paulo, 1990, p. 112.

585. ATALIBA, GERALDO e GIARDINO, CLEBER, *in* "Núcleo de Definição Constitucional do ICM", (Operações, circulação e saída), Revista de Direito Tributário, 25/26, p. 101.

586. CARVALHO, PAULO DE BARROS, *in* "Regra Matriz do ICMS", tese de livre docência em Direito Tributário, PUC, 1981, p. 120 e 185 (não publicada).

587. BALEEIRO, ALIOMAR, *in* "Direito Tributário Brasileiro", 2ª edição, Rio de Janeiro, Ed. Forense, 1970, p. 582.

588. PONTES DE MIRANDA, *in* "Comentário à Constituição de 1967, Emenda Constitucional/69, volume 2, p. 507.

exclusivamente jurídico que é a causa da *circulação* de um *bem*, "mercadoria".

Fazendo um paralelo entre este imposto, hoje ICMS, previsto na norma constitucional, art. 155, II, e o imposto sobre operações financeiras, IOF, art. 153, V, podemos concluir que este imposto recai também sobre "operações". Os outros termos relativos a "crédito, câmbio, seguro e valores mobiliários" são atributos do termo "operações" e como tal delimitativos do campo de incidência do IOF emoldurando o núcleo da materialidade de forma específica, tal como as palavras "circulação" e "mercadoria" delimitaram o ICM e delimitam o atual ICMS.

É o que conclui também Aires Ferdinando Barreto[589], "o imposto não onera os títulos mobiliários, o câmbio, o seguro, etc. *Ao contrário recai sobre as operações que têm esses bens ou valores por objeto*. Deveras, do texto constitucional ressalta evidente que o *IOF não é um imposto sobre seguros, câmbio, títulos ou valores mobiliários mas sobre operações a eles relativas*".[590] (o grifo é nosso).

Examinemos, dentre as quatro hipóteses de incidência, a relativa a títulos e valores mobiliários.

No Brasil até 1965, cabia ao Banco Central disciplinar, entre as demais tarefas, o mercado de capitais. Neste ano surge a Lei 4728 com a finalidade de desenvolver este mercado. Em 1976, a Lei 6404, disciplinadora das sociedades anônimas e a Comissão de Valores Mobiliários passaram a liderar o desenvolvimento do mercado de capitais. Tornou-se então necessário delimitar o campo de atuação da CVM e BACEN, e, para tanto, conceituar "valores mobiliários".

Entretanto a Lei 6385/76 não os definiu. Seguindo o modelo americano optou por relacionar aqueles valores que considerava mobiliários: ações, partes beneficiárias, debêntures,

---

589. " Natureza Jurídica do imposto criado pela M.P. nº 160/90 – Repertório de Jurisprudência, 2ª quinzena de maio de 1990 – nº 10/90, pág. 152.
590. PACHECO, ANGELA MARIA DA MOTTA, op. cit., pp. 274-275.

bem como o subproduto de tais valores que são os cupões de tais títulos, os bônus de subscrição e os certificados de depósito de valores mobiliários. Esta enumeração é instrumental, no sentido de que alguns títulos são considerados valores mobiliários para ficarem sujeitos à fiscalização da CVM.

Criou-se o divisor de águas. Todos os títulos emitidos pelas S/As e ofertados ao público sujeitavam-se à normatização e fiscalização da CVM; os demais eram da competência do BCB[591].

Nos Estados Unidos, após a crise de 1929, foi criado o "Securities Act of 1933", para registro de distribuição pública de valores mobiliários, a fim de que os investidores ficassem bem informados quanto aos valores mobiliários oferecidos em público bem como para impedir fraude e representação enganosa junto a esse público. Entretanto, o direito americano não conceitua "securities" optando por relacionar uma quantidade de valores mobiliários que podiam ser considerados como tal[592]. Pouco a pouco construiu-se doutrinariamente o conceito, baseando-se nos casos que foram surgindo e julgados nas cortes.

Todo valor mobiliário é um *investimento*, embora a recíproca não seja verdadeira. Pode-se considerar valor mobiliário o contrato de investimento que preencher as seguintes condições:

---

591. MATTOS FILHO, ARY OSWALDO, in "Conceito de Valor Mobiliário", Revista de Direito Mercantil, nº 59, p. 30 e BARROS LEÃES, LUIZ GASTÃO PAES, in "Conceito de Securities no Direito norte-americano e o conceito análogo do Direito Brasileiro, Revista de Direito Mercantil, nº 14, p. 41.

592. LECTION 2 (1) of the Securities Act – The term security is defined to include "any note, stock... bond debenture, evidence of indebted ness, certificate of interest or participation in any profit – sharing agreement, investment contracts,... in general, any interest or instrument commonly known as a security, op. cit., p. 1467.

"Um contrato de investimento para as finalidades do "Securities Act" significa um contrato, transação ou esquema pelo qual uma pessoa investe o seu dinheiro numa empresa comum, dele esperando lucro somente pelo esforço do promotor do empreendimento ou de terceiro."

"Caracteriza-se pois o contrato de investimento: a) pela entrega de dinheiro (do investidor); b) a um empreendimento comum; c) que será administrado e controlado por um terceiro; d) havendo a expectativa de lucro, e e) não sendo necessária a emissão de título para representar a relação jurídica neste investimento.

O valor mobiliário é o investimento oferecido ao público no qual o investidor não tem ingerência, cabendo o controle e administração ao terceiro especializado, do qual espera-se um lucro, não sendo necessária a emissão de título representativo da relação jurídica.

Caracteriza-o o risco.

No direito brasileiro, segundo lição de Ary Oswaldo o Banco Central jamais definiu o que sejam títulos ou valores mobiliários e na área de atuação da CVM o legislador optou por listar os valores emitidos pelas S.As.

Se este divisor de águas teve por finalidade possibilitar o controle e fiscalização dos títulos em geral pelo BCB, e o mercado de títulos e ações de S.As. para negociação pública pela CVM, o fato é que títulos ou valores mobiliários para efeito do artigo 153, V, da Constituição Federal, serão todos aqueles representativos de um investimento. Serão pois não só aqueles elencados pela Lei 6385/76, mas também todos aqueles sujeitos à fiscalização do BCB que não constituam um título de crédito.

"Operação" no contexto do art. 153, inciso V, da Constituição é um ato e, como tal, dinâmico, com sentido exclusivamente jurídico, apto a produzir efeitos jurídicos.

Pode-se, pois, concluir que "títulos ou valores mobiliários" são aqueles ofertados ao público representativos da relação jurídica que se estabelece entre investidor e tomador de recursos (sociedade ou não) quando o primeiro entrega dinheiro para o segundo que irá controlar e administrar o empreendimento, com a promessa de lucro (capital de risco) não sendo necessário que o valor mobiliário seja representado por um título."

Vejamos o que diz o Decreto-lei 1783, de 18.04.1980, art. 1º:

> Art. 1º – O imposto incidente, nos termos do art. 63 do Código Tributário Nacional, sobre operações de crédito, câmbio e seguro, e sobre operações relativas a títulos e valores mobiliários será cobrado às seguintes alíquotas:
>
> I – empréstimos sob qualquer modalidade, aberturas de crédito e descontos de títulos: 0,5% ao mês sobre o valor da operação ou percentual proporcionalmente equivalente quando for cobrado de uma só vez;
>
> II – seguros de vida e congêneres e de acidentes pessoais e do trabalho: 2% sobre o valor dos prêmios pagos;
>
> III – seguros de bens, valores, coisas e outros não especificados: 4% sobre o valor dos prêmios pagos;
>
> IV – operações de câmbio: 15% sobre o valor da operação;
>
> V – operações relativas a títulos e valores mobiliários: 10% sobre o valor da operação.

A base de cálculo, na sua função dimensionadora do critério material só pode ser o valor da operação.

É o que estabelece o Decreto-lei 1783, de 18 de abril de 1980, quando no Art. 1º e incisos determina que as alíquotas recairão sobre o **valor das operações** de crédito, câmbio e operações relativas a títulos e valores mobiliários.

O critério temporal da realização das operações relativas a títulos ou valores mobiliários coincide com o critério material, uma vez que nada foi disposto em contrário pela Norma Matriz de Incidência Tributária. Será, pois, o momento da emissão, transmissão, pagamento ou resgate desses.

Vejamos, pois, a Norma Matriz de Incidência do Imposto sobre operações relativas a títulos e valores mobiliários.

REGRA MATRIZ DO IMPOSTO SOBRE OPERAÇÕES RELATIVAS A TÍTULOS OU VALORES MOBILIÁRIOS – DEC. LEI 1783/80

Hipótese/Descritor	**Conseqüente/Prescritor**
1) **Critério material:** realizar operações relativas a títulos ou valores mobiliários	4) **Critério pessoal:** 4.1. sujeito ativo: União 4.2. sujeito passivo: adquirente de títulos e valores mobiliários
2) **Critério espacial:** território nacional	5) **Critério quantitativo:** 5.1. base de cálculo: valor da operação 5.2. alíquota: variável
3) **Critério temporal:** emissão, transmissão, pagamento ou resgate.	

Conclusão:

Esta é a norma matriz do imposto sobre operações relativas à títulos e valores mobiliários, tal como pressuposta na Constituição – Art. 153, V – (critério material) e, especificada no Código Tributário, artigo 63, IV e leis ordinárias.

8.2.2. Ficção quanto ao Critério Material da Hipótese – Lei nº 8033 de 12 de abril de 1990

Em 1990, a Lei 8033 de 12 de abril criou figura tributária submetendo-a à tributação pelo IOF.

Confira-se:

Art. 1º – São instituídas as seguintes incidências do imposto sobre operações de crédito, câmbio e seguro, ou relativas a títulos ou valores mobiliários:

...

Art. 2º – O imposto ora instituído terá as seguintes características:

I – somente incidirá sobre operações praticadas com ativos e aplicações, de cujo principal o contribuinte era titular em 16 de março de 1990;

II – incidirá uma só vez sobre as operações especificadas em cada um dos incisos do artigo anterior, praticadas a partir de 16 de março de 1990 com o título ou valor mobiliário, excluída sua incidência nas operações sucessivas que tenham por objeto o mesmo título ou valor mobiliário;

III – não prejudicará as incidências já estabelecidas na legislação, constituindo, quando ocorrer essa hipótese, um adicional para as operações já tributadas por essa legislação.

Nota-se que o imposto incide sobre o patrimônio existente em 16.03.1990. O artigo 2º refere-se a ativos e aplicações de cujo principal o contribuinte era titular em 16 de março de 1990 e ainda, determina que o tributo incidirá uma só vez, excluídas as incidências nas operações sucessivas do título.

Incidindo sobre a titularidade de ativos financeiros uma única vez não se subsume à materialidade da hipótese de incidência do IOF que expressa o aspecto dinâmico da operação. A incidência unifásica sobre o patrimônio estático em momento determinado, 16.03.1990, leva-nos a considerar ser este um imposto sobre o patrimônio. Configura, pois, um autêntico imposto sobre o patrimônio, dissociado de sua natureza tributária real, tal como pressuposta no artigo 153, V, da Constituição.

Veja-se a Regra Matriz do Imposto previsto na Lei 8033 de 12.04.90, art. 1º, I (chamado impropriamente de imposto sobre operações relativas a títulos e valores mobiliários).

Regra matriz do imposto previsto na Lei 8033 de 12.04.90, art. 1º – I – (chamado impropriamente de imposto sobre operações relativas a títulos e valores mobiliários)

NJT	**HIPÓTESE** (descritor)	1. critério material:	ser titular de ativos e aplicações financeiras em 16/03/1990(art. 2º-I)
		2. critério espacial:	território nacional
		3. critério temporal:	momento da transmissão ou resgate de títulos ou valores mobiliários públicos e privados, uma única vez a partir de 16.03.1990 sobre operações com ativos existentes nesta data.
	CONSEQÜENTE (prescritor)	1. critério pessoal:	a) suj. ativo: União b) suj. passivo: o titular dos títulos ou valores mobiliários em 16.03.1990.
		2. critério quantitativo	a) base de cálculo: o valor transmitido ou resgatado (art. 3º, I) b) alíquota: 8% (art. 5º, I).

Do cotejo entre ambas as Normas Matrizes ressalta a diferença de natureza de ambas.

Embora o tributo criado pela Lei 8033/90 pretenda abrigar-se sob o manto do IOF, isto se torna impossível em face da tipologia estrita determinada na Constituição que discriminou os fatos signo de riqueza, com a finalidade, também, de determinar o campo de competência tributária dos entes federativos, componentes do Estado Brasileiro. (Resta saber se o tributo fundametar-se-ia na competência residual da União como imposto novo, unifásico, sobre o patrimônio, obedecidos os requisitos do Art. 154, I. Caso contrário, seria norma inconstitucional, como introdutora de ficção jurídica tributária.)

Aqui se ressalta o ponto crítico das ficções jurídicas tributárias: o pretenso aumento do campo de incidência de um tributo, constitucional e legal, com a inserção de norma espúria e contaminadora da justeza, coerência e racionalidade que se enfeixam no sobreprincípio da segurança do Direito.

8.3. Ficções referidas ao Imposto sobre operações relativas à Circulação de Mercadorias e sobre Serviços de transporte interestadual e intermunicipal e de comunicação ainda que as operações e prestações se iniciem no exterior – ICMS

8.3.1. Desenho Constitucional do Imposto sobre operações relativas à Circulação de Mercadorias – ICMS – Constituição Federal, Art. 155; II

Constituição Federal, art. 155, II.

> Art. 155. Compete aos Estados e ao Distrito Federal instituir impostos sobre:
>
> ...
>
> II – operações relativas à circulação de mercadorias e sobre prestações de serviços de transporte interestadual e intermunicipal e de comunicação ainda que as operações e prestações se iniciem no exterior
>
> ...
>
> § 2º O imposto previsto no inciso II atenderá ao seguinte:
> I – será não-cumulativo...
>
> ...
>
> XII – cabe à Lei complementar:
> a) definir seus contribuintes
>
> ...
>
> b) disciplinar o regime de compensação do imposto;
>
> ...

E no Ato das Disposições Constitucionais Transitórias consta no Art. 34, referente ao Sistema Tributário Nacional, e especificamente no § 8º, relativo ao ICM, hoje ICMS, que:

> Art. 34 – O sistema tributário nacional entrará em vigor a partir do primeiro dia do quinto mês seguinte ao da

promulgação da Constituição, mantido, até então, o da Constituição de 1967, com a redação dada pela Emenda nº 1, de 1969, e pelas posteriores.

...

§ 8º – Se, no prazo de sessenta dias contados da promulgação da Constituição, não for editada a lei complementar necessária à instituição do imposto de que trata o art. 155, I, "b", os Estados e o Distrito Federal, mediante convênio celebrado nos termos da <u>Lei Complementar nº 24, de 7 de janeiro de 1975</u>, fixarão normas para regular provisoriamente a matéria.

E o § 5º do art. 34 da ADCT:

§ 5º – Vigente o novo sistema tributário nacional, fica assegurada a aplicação da legislação anterior, no que não seja incompatível com ele e com a legislação referida nos § 3º e § 4º.

Assim:

1ª) O § 8º do art. 34 prevê que uma Lei complementar seja editada em 60 dias para tratar e homogeneizar o ICM no país;

2ª) enquanto esta não for editada, Convênio entre os Estados, na forma da Lei complementar nº 24, poderá suprir esta ausência;

3ª) de qualquer forma, no § 5º, assegura-se a aplicação da lei anterior, no que não seja incompatível com o novo sistema tributário e com a nova legislação após a Constituição, ou seja, a aplicação do Dec. Lei nº 406/68, com efeito de lei complementar para o ICM da anterior Constituição. O STF decidiu que este Dec. Lei fora recepcionado pela nova ordem constitucional e estava em pleno vigor. Assim, o Convênio só poderia regular situação nova, não regulada por esse Dec. Lei. **Tratava-se de competência supletiva.**

O ICMS

O ICMS incide sobre a realização de operação de circulação de mercadorias. (Deixamos de considerar os serviços de transporte e comunicação, acrescidos pela Constituição de 1988).

Esta operação, conforme lúcida e fartamente demonstrado por Geraldo Ataliba e Cleber Giardino é o negócio jurídico de compra e venda[593]. Exige alteridade, como o exige qualquer relação jurídica. Há de haver um vendedor e um comprador. É justamente esse negócio jurídico que faz circular a mercadoria. Há aí um aspecto fundamental a se considerar: a capacidade contributiva, o signo de riqueza. Se não houver negócio jurídico, qual a justificativa para pagamento do imposto?

8.3.1.1. Critério Material

O critério material da hipótese ou descritor da Norma Matriz de Incidência Tributária é expresso por um verbo e seu complemento. No ICMS é:

– realizar operação (esta no sentido de negócio jurídico) que faz circular a mercadoria.

8.3.1.2. Critério Temporal

O critério temporal é o momento da saída das mercadorias do estabelecimento produtor, comercial ou industrial. Observe-se que a saída de mercadoria foi, por muito tempo, considerada o fato gerador de ICMS. O equívoco foi desfeito. Mesmo porque a saída, em si, não revela capacidade contributiva; só o revela o negócio jurídico que dá ao vendedor (com a saída), o valor da operação sobre o qual incidirá o tributo.

8.3.1.3. Critério Espacial

O critério espacial é o lugar do estabelecimento, dentro de uma unidade federada, o Estado.

---

593. ATALIBA, GERALDO E GIARDINO, CLEBER, in "Núcleo de Definição constitucional do ICM (Operações, circulação e saída), Revista de Direito tributário, 25/26, p. 101.

8.3.1.4. Critério Pessoal

De maneira correlata é contribuinte aquele que realizar a operação. No caso específico do ICMS, a própria lei complementar determina quais são os contribuintes, pois não é só o comerciante que faz circular a mercadoria. É também o produtor e o industrial. Assim diz a lei:

É contribuinte do ICMS:

– o produtor, o comerciante, o industrial.

8.3.1.5. Critério Quantitativo

O critério quantitativo determina a grandeza do importo devido: base de cálculo e alíquota. A base de cálculo do imposto é o valor de operação. A alíquota varia segundo o princípio da seletividade do produto, sendo a mais comum, a de 17%.

Em resumo:

NORMA MATRIZ DE INCIDÊNCIA TRIBUTÁRIA DO ICMS

Hipótese/Descritor	Conseqüente/Prescritor
1) **Critério material:** realizar operação de circulação de mercadorias	4) **Critério quantitativo:** 4.1. base de cálculo: o valor da operação 4.2. alíquota: variável
2) **Critério temporal:** o momento da saída da mercadoria do estabelecimento	5) **Critério pessoal:** 5.1. sujeito ativo: o Estado da Federação 5.2. sujeito passivo: o produtor, o comerciante, o industrial
3) **Critério espacial:** o estabelecimento no Estado da Federação	

8.3.2. Ficção quanto ao Critério Material do ICMS – Lei nº 6374 de 1º de março de 1989 do Estado de São Paulo "amparada" pelo Convênio nº 66 de 16 de dezembro de 1988, na função de substituir a Lei Complementar prevista para regular o ICMS no Brasil, que não foi expedida a tempo

Diz o Convênio ICMS nº 66/88, Art. 2º, § 1º, II

> Art. 2º – Ocorre o fato gerador do imposto:
>
> ...
>
> § 1º Para efeito destas normas, equipara-se à saída:
>
> ...
>
> II – o consumo ou a integração no ativo fixo, de mercadoria produzida pelo próprio estabelecimento ou adquirida para industrialização ou comercialização.

O mesmo diz a Lei Paulista nº 6.374 de 01.03.89 no Art. 2º, § 1º, item 2:

> Art. 2º – Ocorre o fato gerador do imposto:
>
> ...
>
> § 1º – Para os efeitos desta lei, equipara-se à saída:
>
> ...
>
> 2 – o uso, o consumo ou a integração no ativo fixo, de mercadoria adquirida para industrialização ou comercialização ou produzida pelo próprio estabelecimento.

Note-se em primeiro lugar que quando a lei usa o termo "Equipara-se" é porque ela sabe que o fato que pretende igualar ao critério material do imposto é dele diferente.

No caso a lei pretendeu criar um novo fato gerador, incompatível com o sistema.

Isto porque o critério material da Hipótese de Incidência da Norma do ICMS é a <u>realização da operação</u>. Por seu lado, o critério temporal, o momento em que se consuma o fato jurídico tributário, é o momento da <u>saída</u> da mercadoria do estabelecimento.

A saída (critério temporal) só pode ser conseqüência da realização prévia de um negócio jurídico, compra e venda (critério material).

Na previsão legal, acima transcrita, do Convênio e, após, a da lei paulista, nada disso ocorrerá.

Primeiramente elimina-se a alteridade: a presença de um vendedor e um comprador, figuras imprescindíveis à composição de uma relação jurídica, no caso, comercial. **Na previsão legal tudo se passa no universo do produtor**.

"Saída" igualmente não haverá, pois o produto restará na mesma empresa, imobilizado.

Portanto, quando a lei diz:

"Considera-se", está usando um termo típico de ficção jurídica, com a pretensão de dar uma natureza diversa àquela realidade que em nada se identifica com o fato jurídico tributário do ICMS. Quer dar o mesmo tratamento a uma situação dessemelhante, com o fim específico de ampliar o campo do ICMS.

Qual é essa situação dessemelhante? É a de que a mercadoria produzida pelo próprio estabelecimento, integrada ao ativo fixo ou destinada a consumo, consubstancia ato de integração ou ato de consumo. Não há "saída" do produto do estabelecimento. Pelo contrário, o produto restará integrado na empresa ou será nesta consumido.

Nesse passo é bom relembrar que não é "saída" o fato gerador do ICMS, como muitos interpretaram inicialmente. A saída é o critério temporal, o momento em que o "fato se consuma". E qual é o fato que consubstancia o critério material? É o negócio jurídico que, completado pelo critério temporal, realiza o "fato jurídico tributário".

Assim quando a norma de ficção se refere à "saída" do produto que ali resta, como se este tivesse saído da empresa, está na verdade se referindo ao fato jurídico tributário como um todo. E nem poderia ser de outra forma, pois saída, sem o antecedente do negócio jurídico, efeito nenhum teria em relação ao ICMS.

Inúmeros acórdãos do STF declararam a inconstitucionalidade de Leis dos Estados que definiam o fato gerador do ICM de modo a determinar a sua incidência em razão de simples deslocamentos físicos de insumos destinados à composição do produto, na mesma empresa[594].

A questão aqui descrita chegou ao Supremo Tribunal Federal pelo Recurso Extraordinário nº 158.834/SP, Relator o Ministro SEPÚLVEDA PERTENCE, Relator para o acórdão, Ministro MARCO AURÉLIO. Decisão de 23.10.2002.

"O leading case", pela sua especificidade: declarar o fato jurídico tributário do ICMS merece acurada atenção.

> E M E N TA
> RECURSO EXTRAORDINÁRIO 158.834-9 SÃO PAULO
> RELATOR: MIN. SEPÚLVEDA PERTENCE
> RELATOR PARA O ACÓRDÃO: MINISTRO PRESIDENTE
> RECORRENTE: ITAUTEC INFORMÁTICA S/A – GRUPO ITAUTEC
> RECORRIDO: ESTADO DE SÃO PAULO
> ICMS – CONVÊNIO – ARTIGO 34, § 8º, DO ADCT – BALIZAS. A autorização prevista no § 8º do artigo 34 do Ato das Disposições Transitórias da Carta de 1988 ficou restrita à tributação nova do então artigo 155, inciso I, alínea "b", hoje artigo 155, inciso II, da Constituição Federal.
> ICMS – PRODUÇÃO – ATIVO FIXO – SAÍDA – FICÇÃO JURÍDICA. Mostram-se inconstitucionais textos de convênio e de lei local – Convênio nº 66/88 e Lei nº 6.374/89 do Estado de São Paulo – reveladores, no campo da **ficção jurídica** (saída), da integração, ao ativo fixo, do que produzido pelo próprio estabelecimento, como fato gerador do ICMS.

---

594. Representação 1.181 – PA; Mayer RTJ 113/28; representação 1292 – MS, Rezek, RTJ 118/49; Representação 1.355 – PB, Oscar Corrêa RTJ 120/1001; Representação 1.394 – AL, Falcão, RTJ 122/932

ACÓRDÃO

Vistos, relatados e discutidos estes autos, acordam os Ministros do Supremo Tribunal Federal, em sessão plenária, na conformidade da ata do julgamento e das notas taquigráficas, por maioria, vencidos parcialmente os Senhores Ministros SEPÚLVEDA PERTENCE, relator, FRANCISCO REZEK, ILMAR GALVÃO, SYDNEY SANCHES e NÉRI DA SILVEIRA, em conhecer e prover o recurso extraordinário para declarar a inconstitucionalidade da expressão "... ou à integração no ativo fixo de mercadoria produzida pelo próprio estabelecimento ...", contida no inciso II do § 1º do artigo 2º do Convênio ICM nº 66/88, e da expressão "... ou a integração no ativo fixo, de mercadoria ... produzida pelo próprio estabelecimento.", contida no item 2 do § 1º do artigo 2º da Lei nº 6.374, de 1º de março de 1989, do Estado de São Paulo, e julgar procedente o pedido formulado, invertidos os ônus da sucumbência, no que observado o § 4º do artigo 20 do Código de Processo Civil.

Brasília, 23 de outubro de 2002."

O Ministro **SEPÚLVEDA PERTENCE**, Relator, examinou com mais profundidade a questão formal relativa à competência do Convênio, para dispor de matéria já veiculada pelo Dec.-Lei 406/68 e recepcionada pela novel Constituição. Este não veio preencher a lacuna decorrente da ampliação da competência tributária dos Estados, para instituição do ICMS. Não poderia, portanto, legislar sobre a matéria relativa ao ICM, já tratada no Decreto-lei. Sua **competência era apenas supletiva para as novas incidências criadas**. Assim sendo, declara a inconstitucionalidade formal do convênio. A Lei Estadual, na ausência de amparo, não poderia, por si só, definir hipótese de incidência do ICMS.

Quanto à parte material, afirma ter-se firmado na corte, sob a vigência do regime constitucional anterior, o entendimento de que não basta, para a incidência do ICMS, o simples deslocamento físico da mercadoria, sendo necessário que a saída decorra de negócio jurídico ou operação econômica.

Conheceu e deu provimento ao Recurso Extraordinário.

FICÇÕES TRIBUTÁRIAS: IDENTIFICAÇÃO E CONTROLE

O Ministro **Ilmar Galvão**, em longo voto, procura demonstrar que o pressuposto constitucional do fato gerador do ICMS – a operação de circulação de mercadorias – não é necessariamente o negócio jurídico bilateral. Entende, apoiado em vários doutrinadores, que a circulação é a econômica. **Basta que o produto passe para uma nova etapa de circulação**, para que sobre esta fase, incida o ICMS.

> "As situações descritas constituem exemplos que estão a demonstrar, de modo inequívoco, que, pela tese da recorrente de que a circulação de mercadorias, pressuposto material de incidência do ICMS, é de ser entendida como compreendendo tão-somente as operações de transferência de domínio ou de disponibilidade dos ditos bens – não apenas a eficácia de importante regra de repartição de receitas tributárias, de interesse dos municípios, mas também o direito do Estado ao tributo incidente sobre as etapas do ciclo econômico cumprido pela mercadoria em seu território, restariam seriamente comprometidos...".

A partir de então o Ministro Ilmar Galvão conclui que o fato gerador do ICMS não é a venda, nem a troca, nem a doação, nem a consignação, mas a saída de mercadoria de estabelecimento comercial, industrial ou produtor tal como estabelecido no Dec-Lei 406/68, art. 1º, I.

Concorda que a Constituição referiu-se à operação sobre circulação de mercadorias e não simplesmente a movimentação de mercadorias ou saída de mercadorias, mas, por outro lado, também não se referiu a atos jurídicos bilaterais. Assim conclui que o conceito de "operações relativas à circulação de mercadorias" abrange não apenas atos de alienação, mas, por igual, os configuradores de mudança de etapa do ciclo econômico dos ditos bens.

No caso, há a saída de mercadoria da fábrica com destino a departamento de locação de bens da própria empresa, o que dá início a uma nova etapa de seu ciclo econômico.

Conheceu do recurso, mas negou-lhe provimento.

O Ministro **Marco Aurélio**, em seu voto vista, referiu-se primeiramente ao resumo do voto do Ministro Relator Sepúlveda Pertence, feito pelo Ministro Ilmar Galvão. Aquele apontou que esta corte possui jurisprudência sedimentada no sentido de que não é suficiente, para a incidência desse imposto, o simples deslocamento físico de mercadorias, sendo necessário que a saída decorra de negócio jurídico ou operação econômica.

Ressaltou que sua Exa. fez ver a identidade substancial entre o Art. 23, inciso II, da Carta de 1969 e o art. 155, inciso I, alínea "b" da Constituição em vigor.

Conseqüentemente, o Convênio ICMS 66/88, por visar matéria velha, desbordou da competência outorgada pelo § 8º do Art. 34 da ADCT. Assim concluiu pela inconstitucionalidade dos arts. 2º, § 1º, mais inciso II do Convênio ICMS 66/88 e art. 2º, § 1º, inciso II da lei paulista 6374/89, quanto às expressões "ou a integração no ativo fixo de mercadoria produzida pelo próprio estabelecimento".

Quanto ao Ministro Ilmar Galvão, este entendeu que o fato gerador do ICMS está compreendido no art. 6º do Dec-lei 406/68[595].

Considerou constitucional a "integração de mercadorias ao ativo fixo do recorrente para posterior locação" e como tal compreendida no art. 6º acima citado.

Com isto conheceu do R.E. mas negou-lhe provimentos.

Em seu voto, o Ministro Marco Aurélio considerou:

1 – A competência dada aos convênios ficou restrita à lacuna legal.

2 – O convênio 66/88 veio dispor sobre toda a matéria do ICMS. Restava saber se a iniciativa é legítima e, o

---

595. Art. 6º - O contribuinte do imposto é o comerciante, industrial ou produtor que promove a saída de mercadorias ...

sendo, se teria revogado o velho ICM. Concluiu pela ilegitimidade, pois o Convênio tem, necessariamente, seu objeto demarcado pelas novas incidências do ICMS criadas na Nova Constituição.

3 – A Procuradoria Geral da República opinou, entendendo que os dispositivos do Convênio e da lei devem ser considerados inconstitucionais, não cabendo a incidência do imposto quando a recorrente imobilizar os bens que destinou à atividade de locação.

4 – A produção de bem móvel, integrado ao ativo permanente do produtor e que nesse permanece, nem espiritualmente é alvo de saída, muito menos de operação qualificada pela circulação de mercadorias.

5 – O artigo 6º do Dec-Lei 406/68 define o contribuinte. O fato gerador do ICMS está no art. 1º, inciso I.

6 – A corte nunca potencializou o vocábulo "<u>saída</u>". Sempre perquiriu a natureza do ato jurídico. Não caminhou no sentido de assentar o deslocamento físico como suficiente para atrair a incidência do tributo. A saída física de um "bem" não é de molde a motivar a cobrança do ICMS.

7 – Segundo BALEEIRO o sentido jurídico de operação direciona a negócio jurídico e a circulação deve referir-se à mercadoria, ou seja, bem móvel em comércio.

8 – O art. 1º, inciso I, não alberga o comodato, a locação e a integração de bem ao ativo fixo de quem a produziu.

9 – As duas ordens constitucionais, antes e após a Constituição de 1988 são reveladoras de disciplinas idênticas.

10 – Os preceitos do Convênio 66/88 e da Lei nº 6374/89 do Estado de São Paulo, tendo como fato gerador a produção do bem e sua integração ao ativo fixo, por equiparação, à saída de mercadorias, são inconstitucionais.

O Ministro MARCO AURÉLIO conheceu do recurso e deu-lhe provimento declarando a inconstitucionalidade da expressão "... ou a integração no ativo fixo de mercadoria produzida pelo próprio estabelecimento ..." contida no inciso II, do § 1º, do Art. 2º do Convênio ICMS 66/88 e no item 2, do § 1º, do artigo 2º da Lei 6374/89, julgando procedente o pedido formulado.

Os Ministros CELSO DE MELLO e OCTÁVIO GALLOTTI, em votos fundamentados, conheceram do Recurso e lhe deram provimento, acompanhando o voto do Ministro MARCO AURÉLIO.

O Ministro NERI DA SILVEIRA, em voto vista, acompanha ILMAR GALVÃO esclarecendo que não entendia sujeita ao ICMS mercadoria que se integrasse ao ativo fixo, sem finalidade de ser utilizada como operação econômica distinta, por terceiros. Aí haveria, como disse o Ministro SYDNEY SANCHES, incorporação ao patrimônio, para uso próprio. Aqui a empresa se dedica ao comércio do que produz na indústria. Há, sim, uma operação econômica, ainda que dentro de uma mesma empresa.

A lei paulista não cabe tê-la como inconstitucional. No caso concreto é assim de aplicá-la para regular a espécie.

Em voto esclarecedor o Ministro MAURÍCIO CORREA acompanha o Ministro MARCO AURÉLIO. O mesmo fazem os Ministros CARLOS VELLOSO e MOREIRA ALVES.

Este "leading case" assegura e confirma o respeito à norma matriz de incidência tributária e à sua rigidez, necessárias quanto à tipologia, expressa no critério material do pressuposto ou hipótese da norma. Considerar realizado o critério material, sem o negócio jurídico e, portanto, sem a alteridade necessária à configuração da relação jurídica tributária e considerar o critério temporal, momento de saída, o seu contrário, realizado pela integração do bem na empresa, por restar no seu ativo imobilizado, é contrariar o tipo caracterizador do ICMS. Conseqüentemente há de se invalidar a norma que pretende, por ficção jurídica, o seu elastério.

Neste sentido a decisão do caso pelo Supremo Tribunal Federal.

8.4. Ficções referidas ao Imposto sobre Serviços de qualquer natureza

8.4.1. Desenho constitucional do Imposto sobre Serviços de qualquer natureza – ISS – Constituição Federal, Art. 156

O imposto sobre serviços é de competência dos Municípios.

> Art. 156. Compete aos Municípios instituir impostos sobre:
>
> ...
>
> III – Serviços de qualquer natureza, não compreendidos no Art. 155, II, definidos em lei complementar.
>
> ...
>
> § 3º – Em relação ao imposto previsto no inciso III do caput deste artigo, cabe à lei complementar:
>
> I – fixar as suas alíquotas máximas e mínimas;
>
> II – excluir da sua incidência exportações de serviços para o exterior;
>
> III – regular a forma e as condições como isenções, incentivos e benefícios fiscais serão concedidos e revogados.

Segundo AIRES FERNANDINO BARRETO, a Constituição já traz, ela própria, a predefinição da hipótese de incidência dos impostos. Por conseguinte, cada um deles tem um arquétipo constitucional de sua hipótese de incidência, seguindo-se daí "*a fortiori*" que todo e qualquer estudo, envolvendo a investigação do âmbito de incidência de qualquer um deles, deve iniciar-se sob pena de equívocos e perplexidades insolúveis, pela análise sistemática dos respectivos arquétipos constitucionais dos impostos considerados à luz dos princípios constitucionais básicos[596]."

Os fatos descritos constitucionalmente como passíveis de comporem a hipótese das Normas Matrizes de Incidência

---

[596]. BARRETO, AIRES FERNANDINO, *in* "ISS – Atividade Meio e Serviço Fim", Revista Dialética de Direito tributário, nº 5, p. 74.

Tributária, a prática de uma ação, são expressos por um verbo e seu complemento. Este é o seu critério material[597].

De maneira naturalmente correlata é contribuinte aquele que realiza o fato que constitui o critério material do imposto. No imposto sobre serviços o critério material é: prestar serviços de qualquer natureza e o sujeito passivo: aquele que presta os serviços de qualquer natureza, ou seja: o prestador dos serviços.

O imposto sobre serviços incide sobre a prestação realizada pelo estabelecimento prestador, dentro do território do Município, coincidente com o âmbito de validade territorial da Lei. Este é o seu critério espacial. A incidência ocorre no momento da entrega dos serviços. Este é o seu critério temporal.

DA NORMA MATRIZ DE INCIDÊNCIA TRIBUTÁRIA DO ISS DECRETO LEI 406/68 E LEI COMPLEMENTAR Nº 116, DE 31.07.2003

Durante 35 anos o Decreto Lei 406, de 31 de dezembro de 1968, com efeito de Lei Complementar, estabeleceu as normas gerais aplicáveis ao imposto sobre serviços de qualquer natureza. Logicamente, sendo este imposto de competência dos Municípios introduziu também as normas sobre conflitos de competência, especificamente aquelas dirigidas ao **critério espacial do imposto**. Somente em 2003 a Lei Complementar nº 116, de 31.07.2003, revogou-o, introduzindo alterações, mas mantendo as linhas gerais anteriores.

É de suma relevância o entendimento dos critérios formadores do fato jurídico tributário para posterior cotejo com o prescrito em determinadas leis que pretenderam, e pretendem, alargar o campo de incidência do ISS, afrontando, com este fato, as normas constitucionais que tratam da competência dos Municípios para criação de tributos, especificamente, da espécie imposto.

---

597. CARVALHO, PAULO DE BARROS, in *"Curso de Direito Tributário"*, São Paulo, Editora Saraiva, 14ª edição, revista e atualizada, 2002, p. 251.

8.4.1.1. O Critério Material

O critério material da hipótese normativa refere-se sempre a um comportamento de pessoas. Expressa-se pelo verbo e seu complemento. Isto significa que só os verbos transitivos, que exigem complementação estão na condição de realizar o critério material. São os que encerram um fazer, um dar, ou, simplesmente, um ser (estado)[598].

Esta não é a única limitação na compostura do critério material: "Importa referir que existe outro óbice, e de maior relevância, que impede a eleição, pelo legislador, de qualquer materialidade. É a exigência insuperável de que o comportamento abstratamente descrito na hipótese como um todo, mas cujo núcleo é o critério material, seja revelador de riqueza, possua conteúdo econômico.[599]

Observe-se que o ISS não incide sobre os serviços, mas sobre a PRESTAÇÃO desses serviços, por alguém. O verbo "prestar" é naturalmente aquele que se conecta a "serviços", sendo o que denota a capacidade contributiva, consubstanciando o critério material do imposto.

Diz o Art. 1º da Lei Complementar nº 116:

> Art. 1º – O Imposto Sobre Serviços de Qualquer Natureza, de competência dos Municípios e do Distrito Federal, tem como fato gerador a prestação de serviços constantes da lista anexa, ainda que esses não se constituam como atividade preponderante do prestador.

AIRES FERNANDINO BARRETO[600] define a prestação de serviços: "a prestação de esforço humano a terceiros, com conteúdo

---

598. CARVALHO, PAULO DE BARROS, op. cit., p. 251.

599. BAPTISTA, MARCELO CARRON, in "ISS, do texto à norma. Doutrina e Jurisprudência da EC 18/65 à LC 116/03". Ed. Quartier Latin, São Paulo, 2005, pp.123.

600. BARRETO, AIRES FERNANDINO, Revista Dialética de Direito Tributário, nº 5, p. 78.

econômico em caráter negocial, sob regime de direito privado, tendente à obtenção de um bem, material ou imaterial".

Desse modo entende que no serviço tributável não se incluem:

- o serviço público, porque a) subsumível a regime de direito público; b) excluído por força do estatuído na alínea "a" do inciso IV, do art. 150 da Lei Maior (que estabeleceu a imunidade tributária dos serviços públicos).
- o trabalho realizado para si próprio, por ser desprovido de conteúdo econômico;
- o trabalho efetuado em relação de subordinação.

E conclui: "serviço tributável é o desempenho de atividade economicamente apreciável, produtiva de utilidade para outrem, porém sem subordinação, sob regime de direito privado, com o fito de remuneração."[601]

E acrescento: a relação jurídica, a alteridade é necessária, exigindo duas pessoas: o prestador e o tomador. O trabalho para si próprio é reflexivo. Não há a figura do tomador de serviços, imprescindível à configuração da relação jurídica, sempre irreflexiva.

A prestação de serviços consiste em obrigação "de fazer", a execução de algo que não existia. O devedor, prestador de serviços, deve realizar alguma coisa em favor do credor, tomador de serviços.

Difere da obrigação "de dar" que consiste na entrega de coisa determinada pelo devedor ao credor.

Assim, sempre na esteira do ensinamento do mestre, a prestação de serviços, conforme estipulada no objeto do contrato, deve refletir o esforço que alguém despenderá a favor de terceiro, esforço que tem um valor econômico, em regime de direito privado e sem vínculo de subordinação.

---

601. Ibidem, p. 79.

Na realização da prestação de serviços, objeto específico do contrato, haverá outras atividades realizadas para consecução desse objeto mas que não constituem prestação de serviços para terceiros, uma vez que se consomem na atividade-fim.

"O que é objeto de tributação é o serviço humano (fazer para terceiros) independentemente da utilidade que ele possa proporcionar. À guisa de exemplo, é irrelevante se o tomador do serviço de diversão pública a tem por útil ou inútil; se, diante de uma sessão de cinema, ri, chora ou dorme; se o desfecho da atuação médica conduz à cura ou à morte do paciente".[602]

GUILHERME CEZAROTTI, após citar Aires FERNANDINO BARRETO para demonstrar que o critério material do ISS é a prestação de serviços e não a sua fruição, conclui: "Desta forma, resta plenamente demonstrado que o legislador constitucional concedeu competência aos Municípios para tributar somente a PRESTAÇÃO de serviços. Não existe autorização constitucional para a tributação de fruição dos serviços[603]."

E nem poderia, pois apenas a prestação de serviços é reveladora de capacidade contributiva (fato signo presuntivo de capacidade contributiva como dizia ALFREDO AUGUSTO BECKER), valor expressivo e justificador da criação do imposto, cuja obrigação tributária, por ser "ex lege" incide desde logo[604].

O que interessa para a determinação do critério material é a real realização do objeto do contrato: a prestação de serviços, implementada pelo prestador (contratado) para o tomador dos serviços (contratante).

Assim, toda vez que o legislador manipula o núcleo do critério material, substituindo-o por um outro, estará violando o

---

602. BARRETO, AIRES FERNANDINO, *in* "ISS na Constituição e na Lei", São Paulo, Dialética 2003, 1ª Ed., p. 126.
603. CEZAROTTI, GUILHERME, *in* "A tributação dos serviços na Constituição Federal, o Novo Código Civil e a Lei Complementar nº 116/2003 no livro "ISS na Lei Complementar nº 116/2003 – IPT e Quartier Latin, SP, 2004.
604. BECKER, ALFREDO AUGUSTO, *in* "Teoria Geral do Direito Tributário", 1962.

tipo e criando uma ficção jurídica incompatível com o fato colhido constitucionalmente para nominar os impostos, inclusive com a finalidade de distribuição de renda entre os entes federativos.

8.4.1.2. O Critério Temporal

Para o direito tributário, o momento no qual se completa a prestação dos serviços é o da entrega destes pelo prestador ao tomador.

8.4.1.3. O Critério Espacial

Realiza-se no Município onde se localiza o estabelecimento prestador ou, na falta do estabelecimento, no local do domicílio do prestador.

Excetuam-se determinados serviços, cujo critério espacial é o local do Município onde o serviço for efetivamente realizado (Lei Complementar 116/2003, Art. 3º, inciso II a XXII).

A completude do fato jurídico tributário implica a relação jurídica tributária onde se encontram o critério pessoal e o critério quantitativo.

8.4.1.4. O Critério Pessoal

São as pessoas colocadas nos pólos ativo e passivo da relação jurídica tributária.

O Sujeito Ativo/Credor é o Município, onde se encontra o estabelecimento prestador ou o Município onde se efetiva o serviço (para alguns serviços itens II a XXII do art. 3º da L.C. nº 116/2003).

O Sujeito Passivo/Devedor é o contribuinte, aquele que realiza o serviço. É o prestador dos serviços[605].

---

605. Art. 5º - Contribuinte é o prestador do serviço.

8.4.1.5. O Critério Quantitativo

O critério quantitativo determina a grandeza do imposto devido: base de cálculo e alíquota. A base de cálculo do imposto é o preço do serviço (Art. 7º)[606]. A alíquota, de uma forma geral, é de 5%.

Em resumo:

8.4.1.6. Norma Matriz de Incidência Tributária do ISS

Hipótese/Descritor	Conseqüente/Prescritor
1) **Critério material:** prestar serviços de ...	4) **Critério quantitativo:** 4.1.: base de cálculo: o preço dos serviços (receita bruta sem dedução) 4.2.: alíquota: 5 % (geral)
2) **Critério temporal:** entrega dos serviços	5) **Critério pessoal:** 5.1.: sujeito ativo: Município 5.2.: sujeito passivo: o prestador de serviços
3) **Critério espacial:** local do estabelecimento prestador dentro do território do Município ou onde o serviço é realmente prestado (para alguns serviços)	

Conclusão: Esta é a norma matriz do imposto sobre serviços, tal como pressuposta na Constituição (critério material e, desse decorrente: critérios quantitativo e pessoal, sujeito passivo) e especificada na Lei Complementar nº 116/2003.

---

§ 1º -Quando se tratar de prestação de serviços sob a forma do trabalho pessoal do próprio contribuinte o imposto será calculado por meio de alíquota fixa ou variáveis, em função da natureza dos serviços ou de outros fatores pertinentes, nestes são compreendidos a importância paga a título de remuneração do próprio trabalho.

606. Art. 7º –A base de cálculo do imposto é o preço do serviço.

8.4.2. Ficção quanto ao Critério Material do ISS – "Locação de Bens Móveis" Colocado na Lista de Serviços Anexa ao Decreto Lei 406, hoje Lei Complementar 116/2003

Locação de bens móveis não se confunde com locação de serviços. São fenômenos distintos e, por isso mesmo, subsumidos a regimes jurídicos distintos no direito privado e no direito tributário.

Locação de bens configura obrigação de dar. O locador entrega o bem locado ao locatário. Já locação de serviço ou prestação de serviços é obrigação de fazer.

Na locação de bens, objeto do contrato é a coisa; na prestação de serviços, objeto é o fornecimento do trabalho, a venda de um bem imaterial. Segundo Orlando Gomes:

> "...
> O traço característico da locação é o regresso da coisa locada a seu dono, ao passo que o serviço prestado fica pertencendo a quem pagou..."[607].

As duas espécies são distintas.

Vejamos o que dizia o velho Código Civil – Lei 3.071 de 01 de janeiro de <u>1916</u>).

> **Capítulo IV**
> **Da locação**
> **Seção I**
> <u>**Da locação de coisas**</u>
>
> Art. 1188. Na locação de coisas, uma das partes se obriga a ceder à outra, por tempo determinado, ou não, o uso e gozo de coisa não fungível, mediante certa retribuição.

E quanto à Locação de Serviços.

---

607. GOMES, ORLANDO, in "Contratos". Forense – Rio de Janeiro, 1995, p.

Seção II
Da locação de serviços

Art. 1216. Toda a espécie de serviços ou trabalho lícito, material ou imaterial, pode ser contratada mediante retribuição.

E, agora, o que diz o Novo Código Civil, Lei 10.406 de 10 de janeiro de 2002:

Capítulo V
Da locação de coisas

Art. 565 (correspondente ao art. 1188 do Código Civil de 1916).

Art. 565. Na locação de coisas, uma das partes se obriga a ceder à outra, por tempo determinado ou não, o uso e gozo de coisa não fungível, mediante certa retribuição.

E, quanto à locação de serviços:

Capítulo VII
Da prestação de serviços

Art. 594 (correspondente ao art. 1216 do Código Civil de 1916).

Art. 594. Toda espécie de serviço ou trabalho lícito, material ou imaterial, pode ser contratada mediante retribuição.

Fica, pois, claro que os dois contratos são distintos. A mesma dicção do velho Código repetiu-se no Novo.

Locação de bens	**Locação de serviços/ Prestação de Serviços**
Obrigação de dar	Obrigação de fazer
Objeto do contrato: coisa	Objeto do contrato: fornecimento de trabalho
Regresso da coisa a seu dono	O serviço prestado fica pertencendo a quem pagou.

Sendo, portanto, distintos os contratos, esses deveriam receber tratamento distinto do direito tributário, em obediência ao comando dos arts. 109 e 110 do Código Tributário Nacional.[608]

Esclarecedor, para o caso, o dito por PONTES DE MIRANDA:

> "A respeito de conter, ou não, o Código Civil regras jurídicas de direito administrativo (portanto heterotópicas) e de poder alguma regra de direito civil ser invocada como subsidiária de direito público, especialmente administrativo, tem havido grandes confusões, provenientes de leituras apressadas de livros estrangeiros. No art. 1º, diz que o Código Civil regula 'os direitos e obrigações de ordem privada', de modo que é o fundo comum para o direito civil e o comercial, porém **não para o direito público: para esse a regra jurídica de direito privado somente pode ser invocada se é elemento do suporte fático de alguma regra publicística, ou se** – **o que é causa das maiores confusões nos expertos** – **a regra privatística revela, no plano do direito privado, a existência de princípio geral de direito que também se há de revelar no direito público**[609]. (grifos nossos).

Observe-se que no Direito Tributário, Publicístico, na hipótese (suposto ou descritor) da Norma Matriz de Incidência Tributária, está o fato jurídico privatístico – locação de bens móveis – como elemento do suporte fático.

Em obediência às determinações do art. 110 da CTN, deve-se levar em conta a definição, o conteúdo e o alcance,

---

608. Art. 109. Os princípios gerais de direito privado utilizam-se para pesquisa da definição, do conteúdo e do alcance de seus institutos, conceitos e formas, mas não para definição dos respectivos efeitos tributários.   Art. 110. A lei tributária não pode alterar a definição, o conteúdo e o alcance de institutos, conceitos e formas de direito privado, utilizados, expressa ou implicitamente, pela Constituição Federal, pelas Constituições dos Estados, ou pelas Leis Orgânicas do Distrito Federal ou dos Municípios, para definir ou limitar competências tributárias.

609. PONTES DE MIRANDA, *in* Tratado de Direito Privado, Parte Geral, Introdução, Pessoas Físicas e Jurídicas, atualizado por Vilson Rodrigues Alves, Tomo I, 2ª edição, 2000, Bookseller Editora, Campinas, Prefácio, p. 23.

conceitos e formas de direito privado, utilizados expressamente ou implicitamente pela Constituição Federal ou Municípios, para definir ou limitar competências tributárias.

Ora, acabamos de ver que a locação de bens distingue-se da locação de serviços. Como se admitir, pois, a inclusão da "locação de bens" na lista de serviços que acompanhou o Dec. Lei 406/68, como se "serviço" fosse?[610]

Impossível a admissão. Entretanto a "locação de bens" permaneceu no sistema por trinta e um anos, até a declaração de inconstitucionalidade da expressão pelo Supremo Tribunal Federal, no Recurso Extraordinário nº 116.121-3, São Paulo, em 11.10.2000.

Foi Relator o Ministro OCTÁVIO GALLOTTI.

Eis a Ementa.

> RECURSO EXTRAORDINÁRIO N. 116.121-3 SÃO PAULO
> RELATOR: MIN. OCTAVIO GALLOTTI
> RELATOR PARA ACÓRDÃO: MIN. MARCO AURÉLIO
> RECORRENTE: IDEAL TRANSPORTES E GUINDASTES LTDA
> RECORRIDO: PREFEITURA MUNICIPAL DE SANTOS
> TRIBUTO – FIGURINO CONSTITUCIONAL. A supremacia da Carta Federal é conducente a glosar-se a cobrança de tributo discrepante daqueles nela previstos.
> IMPOSTO SOBRE SERVIÇOS – CONTRATO DE LOCAÇÃO. A terminologia constitucional do Imposto sobre Serviços revela o objeto da tributação. Conflita com a Lei Maior dispositivo que imponha o tributo considerado contrato de locação de bem móvel. Em Direito, os institutos, as expressões e os vocábulos têm sentido próprio, descabendo confundir a locação de serviços com a de móveis, práticas diversas regidas pelo Código Civil, cujas definições são de observância inafastável – artigo 110 do Código Tributário Nacional.

---

610. Decreto Lei 834 de 08.09.1969, Lei Complementar nº 56 de 15.12.1987.

ACÓRDÃO

Vistos, relatados e discutidos estes autos, acordam os Ministros do Supremo Tribunal Federal, em sessão plenária, na conformidade da ata do julgamento e das notas taquigráficas, por unanimidade de votos, em conhecer do recurso extraordinário pela letra "c", e, por maioria, em dar-lhe provimento, declarando, incidentalmente, a inconstitucionalidade da expressão "locação de bens móveis", constante do item 79 da Lista de Serviços a que se refere o Decreto-Lei nº 406, de 31 de dezembro de 1968, na redação dada pela Lei Complementar nº 56, de 15 de dezembro de 1987, pronunciando, ainda, a inconstitucionalidade da mesma expressão "locação de bens móveis", contida no item 78 do § 3º do artigo 50 da Lista de Serviços da Lei nº 3.750, de 20 de dezembro de 1971, do Município de Santos/SP.

Brasília, 11 de outubro de 2000."

O Recurso Extraordinário insurgia-se contra cobrança de ISS sobre locação de guindastes, uma vez que a "locação de bens móveis" constava do item 79 da Lista de Serviços, que acompanhava o Dec. Lei nº 406, de 31.12.1968.

Observe-se que o Dec. Lei 406/68 veio dispor sobre o Imposto de Circulação de Mercadorias – ICM e o Imposto sobre Serviços de Qualquer Natureza – ISS tendo por finalidade determinar o campo de incidência de ambos, dispondo sobre conflito de competência existente em zona cinzenta entre ambos, pois toda mercadoria comporta serviços e todo serviço utiliza-se de alguma mercadoria.

Para o ISS criou-se uma lista de serviços, o que deixou frustrados os doutrinadores do Direito Tributário que, com fundamento na autonomia de que gozam os Municípios, não puderam aceitar a limitação imposta pelo Decreto-Lei, com efeito de lei complementar. Entretanto o que objetivou o Decreto-Lei, com a criação da lista, foi evitar conflito de competências entre os Estados e Municípios estabelecendo um divisor de águas para o ICM e o ISS, demarcando os limites da incidência do ISS e, com isso, apagando a zona cinzenta entre ambos.

Dispôs o Decreto-Lei 406:

> Art. 8º. O imposto de competência dos Municípios, sobre serviços de qualquer natureza, tem, como fato gerador, a prestação, por empresa ou profissional autônomo, com ou sem estabelecimento fixo, de serviços constantes da lista anexa.
>
> § 1º Os serviços incluídos na lista ficam sujeitos apenas ao imposto previsto neste artigo, ainda que sua prestação envolva o fornecimento de mercadorias.
>
> § 2º O fornecimento de mercadorias com prestação de serviços não especificados na lista fica sujeito ao imposto sobre circulação de mercadorias.

Naturalmente a lista de serviços só poderia abranger serviços. Nada mais! Mas não foi o que fez.

Confira-se o item 79:

> 79 – Locação de bens móveis, inclusive arrendamento mercantil.

O julgamento do Recurso Extraordinário nº 116.121-3, SP, relatado pelo Ministro OCTÁVIO GALLOTTI, enfrentou a jurisprudência da Corte, decisões em três Recursos Extraordinários, nas 1ª e 2ª Turmas, que mantiveram na Lista de Serviços, a locação de bens móveis.

A justificativa (no RE nº 112.947-6-SP 2ª T.) era econômica. Confira-se:

> TRIBUTÁRIO. ISS na locação de bens móveis. O que se destaca, <u>UTILITATIS causa</u>, na locação de bens móveis, não é apenas o gozo da coisa, mas sua utilização na prestação de um serviço. Leva-se em conta a realidade econômica, que é a **atividade que se presta** com o bem móvel, e não a mera obrigação de dar, que caracteriza o contrato de locação, segundo o art. 1.188 do Código Civil. Na locação de guindastes, o que tem relevo é a atividade com eles desenvolvida, que adquire consistência econômica, de modo a tornar-se um índice de capacidade contributiva do Imposto sobre Serviços.
>
> Recurso não conhecido.

O mesmo no RE nº 115.103-0-SP em 22.03.88, Relator, Ministro Oscar Correa, e o RE 113.383-0-SP, 1ª Turma.

No RE nº 115.103-0-SP o então Relator, Oscar Correa, assim dispôs:

> "Em voto no RE 113.383-0, assinalei que essa orientação tem sido aceita, em face de expressa menção no item 52 da Lista de Serviços aprovada pelo Decreto-Lei 834/69, ainda que se possa e deva estranhar, com Geraldo Ataliba, que texto constitucional receba a interpretação ampliativa que a lei lhe dá: o texto constitucional confere aos Municípios a competência para tributar serviços – prestação de serviços e não a locação de coisas, e esta não é serviço."

O Relatório do Ministro Octávio Gallotti cita ainda o célebre voto de seu pai, Luiz Gallotti, sobre a matéria:

"Tenho sempre presente a advertência de meu saudoso pai, Luiz Gallotti, em voto, aliás vencido, que proferiu no Recurso Extraordinário nº 71.758, sobre a impossibilidade de a Lei tributária mudar o conceito de institutos adotados, especialmente os de direito privado, para estabelecer a incidência dos tributos:

"Como sustentei muitas vezes, ainda no Rio, se a Lei pudesse chamar de compra o que não é compra, de importação o que não é importação, de exportação o que não é exportação, de renda o que não é renda, ruiria todo o sistema tributário inscrito na Constituição' (RTJ 66, p. 165)".

O ministro Octávio Gallotti conheceu do recurso, mas negou-lhe provimento. Acompanharam-no os Ministros Carlos Velloso, Nelson Jobin, Ilmar Galvão e Maurício Correa.

Foi o Ministro Marco Aurélio o primeiro a prover o Recurso Extraordinário, assim fundamentando seu voto.

> "Na espécie, o imposto, conforme a própria nomenclatura revela e, portanto, considerado o figurino constitucional, pressupõe a prestação de serviços e não o contrato de locação.
> ...

FICÇÕES TRIBUTÁRIAS: IDENTIFICAÇÃO E CONTROLE

Em face do texto da Constituição Federal e da legislação complementar de regência, não tenho como assentar a incidência do tributo, **porque falta o núcleo dessa incidência, que são os serviços**. Observem-se os institutos em vigor tal como se contêm na legislação de regência. **As definições de locação de serviços e locação de móveis vêm-nos do Código Civil e, aí, o legislador complementar, embora de forma desnecessária e que somente pode ser tomada como pedagógica, fez constar no Código Tributário o seguinte preceito**:

Art. 110. A lei tributária não pode alterar a definição, o conteúdo e o alcance de institutos, conceitos e formas de direito privado, utilizados, expressa ou implicitamente, pela Constituição Federal, pelas Constituições dos Estados, ou pelas Leis Orgânicas do Distrito Federal ou dos Municípios, para definir ou limitar competências tributárias.

O preceito veio ao mundo jurídico como um verdadeiro alerta ao legislador comum, sempre a defrontar-se com a premência do Estado na busca de acréscimo de receita.

Vê-se que o Ministro funda-se nos conceitos de direito privado e, logo depois em GILBERTO DE ULHÔA CANTO, citado por GABRIEL LACERDA TROIANELLI (Revista Dialética de Direito Tributário nº 28) onde se mostra a "irrelevância do aspecto econômico quando contrário ao modelo constitucional do tributo...".

"Entre nós, a interpretação econômica não tem sido acolhida, nem pelos autores nem pela jurisprudência. A própria Coordenação do Sistema de Tributação chegou até a afirmar a sua inaceitabilidade no Parecer CST nº 563 de 18.08.1971 (...)"

...

"Em síntese, há de prevalecer a definição de cada instituto, e somente a prestação de serviços, envolvido na via direta o esforço humano, é fato gerador do tributo em comento. **Prevalece a ordem natural das coisas cuja força, surge insuplantável; prevalecem as balizas constitucionais e legais, a conferirem a segurança às relações Estado–contribuinte; prevalece, alfim, a organicidade do próprio Direito**, sem a qual tudo será possível no agasalho de interesses do Estado, embora não enquadráveis como primários.

Pela alínea "c" conheço do recurso do contribuinte e dou-lhe provimento. **Declaro a inconstitucionalidade dos dispositivos que prevêem essa incidência."**

Acompanharam o Ministro MARCO AURÉLIO os Ministros: CELSO DE MELLO (excelente voto), SEPÚLVEDA PERTENCE, SYDNEY SANCHES, MOREIRA ALVES.

Esta é uma decisão do Pleno, de suma relevância e que enfrenta, com fundamento, a questão da ficção jurídica quando o critério material da norma deforma o perfil constitucional do tributo.

Observamos que outros itens da Lista de Serviços já foram objetos de ataque por não consistirem prestação de serviços.

8.4.3. Ficção Quanto aos Critérios Material, Espacial e Pessoal

Do campo de incidência do ISS alargado: serviços prestados no exterior – Lei Complementar nº 116 de 31/07/2003

Dentre as alterações introduzidas pela Lei Complementar nº 116, de 31.07.2003, ressalta a criação de norma **incidente sobre a prestação de serviços, realizada no exterior. Confira-se:**

> *Art. 1º – O Imposto Sobre Serviços de Qualquer Natureza, de competência dos Municípios e do Distrito Federal, tem como fato gerador a prestação de serviços constantes da lista anexa, ainda que esses não se constituam como atividade preponderante do prestador.*
>
> *§ 1º. O imposto incide também sobre o serviço proveniente do exterior do País ou cuja prestação se tenha iniciado no exterior do País.*
>
> *...*

Devidamente analisada, a aparente ampliação do campo de incidência do imposto sobre serviços demonstrará que de imposto de prestação de serviços não se trata.

Não haverá um único critério desta nova norma matriz, coincidente com a norma matriz de incidência do imposto sobre serviços, retro descrita, nos termos da mesma lei complementar nº 116/2003.

Com efeito, aqui não se está em face de um tributo federal como o é o imposto sobre a renda, este sim passível de atingir contribuintes que adquirem a renda em outros territórios, em face do princípio da universalidade que é aplicável exclusivamente ao imposto sobre a renda. "O Imposto de Renda alcança em linhas genéricas, não só os acontecimentos verificados no território nacional, mas até fatos explicitamente tipificados e que se compõem para além de nossas fronteiras".[611]

Como, indaga-se, poderia um Município da nação brasileira ter o poder de império de exigir este tributo de um cidadão de nação estrangeira? Como, indaga-se, poderia realizar-se proeza tão extravagante, se dentro da própria nação brasileira, um Município não pode cobrar para si o ISS, quanto a serviço realizado em outro Município?

A resposta é: o Município não tem este poder.

Veja-se, a propósito, HELENO TAVEIRA TORRES:

> "Demonstra-se, de modo contundente, que os sujeitos não-residentes não podem ser tributados, no Brasil, por fatos praticados no exterior, por absoluta falta de conexão entre suas atividades (conexão material) com o ordenamento local. Se um médico não-residente presta seus serviços a um brasileiro, no seu consultório, é dizer, no exterior, nenhum tributo deve ao Fisco de um Município brasileiro. Se um brasileiro vai ao exterior e ali solicita a confecção de um certo projeto de cozinha, sendo o serviço concluído integralmente no exterior, nenhuma relação se estabelece entre o arquiteto e o Fisco do Município de residência do tomador de serviços.
>
> *Toda tributação de atos de serviços deve **ser fundamentada** por um vínculo material entre o prestador do serviço e os*

---

611. CARVALHO, PAULO DE BARROS, op. cit., p. 256.

limites espaciais do território, porque a territorialidade *mais não é do que a eficácia que exsurge da existência de um ordenamento jurídico vigente. Ausente de alguma conexão (material ou subjetiva), não há como justificar aplicação de tributos a quaisquer sujeitos, mormente não-residentes".*[612]

Critério espacial

O STJ já declarou a inconstitucionalidade da extraterritorialidade, tendo por objeto o Art. 12 do Decreto-Lei 406/68. O artigo 12 não pode estabelecer como Município competente para cobrança do tributo aquele onde se encontra o estabelecimento prestador se os serviços foram prestados, efetivamente, em outro Município.[613]

Neste caso, a extraterritorialidade consistiria na cobrança do ISS por um Município, sobre o serviço realizado noutro.

"A lei municipal não pode ser dotada de extraterritorialidade, de modo a irradiar efeitos sobre um fato ocorrido no território de Município onde não pode ter voga".

Embora no nosso entender a norma do Art. 12 seja norma para evitar conflitos de competência entre Municípios, a decisão do STJ demonstra o rigor com que deve ser tratada a questão dos limites da territorialidade. Isto porque a indicação do estabelecimento prestador evidencia um local para cobrança do ISS. Deixar como critério espacial o local da prestação de serviços seria o mesmo que deixar de cobrar, uma vez que difícil seria detectar o prestador, considerando a existência de mais de 5.000 Municípios no país.

A Lei Complementar 116/2003, ora sob exame, interfere na própria concepção do Estado de Direito e sua soberania,

---

612. TORRES, HELENO TAVEIRA, *in* "ISS na Lei Complementar nº 116/03 e na Constituição": "Prestações de serviços provenientes do exterior ou cuja prestação se tenha iniciado no exterior", p. 285.
613. R. Especial nº 54.002/PE, relator o Min. Demócrito Reinaldo (DJ 08.05.1995, p. 12.309)

onde se destaca o poder de tributar. É questão de impossibilidade jurídica. Não pode um ente de direito público interno – no caso o Município – tributar um serviço ocorrido em território estrangeiro, de outro Estado Soberano. Naturalmente para que isto se torne "aparentemente" possível será necessário perverter os fatos e a ordem, vestindo o lobo com a pele do cordeiro.

Na verdade, trata-se de travestir um "imposto sobre despesas, no momento de sua remessa, na fonte" com a aparência de um imposto sobre serviços. E, a simulação não para aí, pois como a lei brasileira não pode tributar os serviços praticados além do território dos Municípios, conseqüentemente o prestador dos serviços no exterior, vem a mesma atingir a figura do contratante, o pagador dos serviços. Note-se: o pagador, no caso, não é mero substituto tributário "responsável", como o chama a lei. É, na verdade, o real contribuinte, pois o imposto será dele cobrado. Será ele e, apenas ele, aquele indicado pela lei para suportar o ônus do "novo imposto".

Com efeito, a lei desloca para o tomador dos serviços o ônus do pagamento do ISS. A conseqüência é desastrosa. O cidadão que contrata serviços no exterior, serviço que é executado no exterior, por prestador estabelecido em território estrangeiro transforma-se por um passe de mágica em contribuinte de um mal e travestido imposto cognominado de imposto sobre serviços.

Confiramos pois, agora, um a um os critérios da "nova" Norma Matriz de Incidência Tributária sobre a prestação de serviços realizada no exterior.

Diz a lei no § 1º do Art. 1º:

> § 1º – O imposto incide **também** sobre o serviço proveniente do exterior do país ou cuja prestação se tenha iniciado no exterior do País.

O advérbio "também" já demonstra que quer trazer para o universo do ISS uma situação até então não compreendida por ele.

391

Serviço proveniente do exterior é aquele realizado no exterior e que vem pronto para ser consumido no país, por seu contratante.

Primeiramente: não há autorização constitucional para esta determinação, como aliás, não o poderia, pela impossibilidade jurídica da previsão. Não se pode tributar pelo ISS um evento acontecido no interior de outro estado tributante.

Não se trata de serviços de prestação continuada no tempo e no espaço, como o são os de transporte e comunicação, integrados no campo de incidência do ICMS, que pela própria natureza podem, sim, iniciar-se em um território e continuar em outro.

Ora, se a prestação de serviços **é também realizada dentro do Estado brasileiro**, a norma ora sob análise seria totalmente dispensável. Os serviços realizados em municípios brasileiros necessariamente serão aqui tributados. Aqueles realizados fora não seriam tributados.

Mas justamente ela aí está, porque quer **também** tributar algo que a mão do Fisco brasileiro não pode alcançar.

Conseqüentemente a tributação tem de ser feita contra outro cidadão, que não tinha tido até então nenhuma relação jurídica com o Fisco, relativa à obrigação de pagar tributo, uma vez que não prestou nenhum serviço em território algum de Município brasileiro.

Trata o Art. 3º do elemento de conexão para determinação do critério espacial e conseqüentemente do sujeito ativo competente: o Município.

Diz o Art. 3º:

> O serviço **considera-se prestado** e o imposto devido no local do estabelecimento prestador ou, na falta de estabelecimento, no local do domicílio do prestador, exceto nas hipóteses previstas nos incisos I a XXII, quando o imposto será devido no local:
>
> I – **do estabelecimento do tomador ou intermediário do serviço ou, na falta do estabelecimento, onde ele estiver**

> **domiciliado, na hipótese do § 1º do Art. 1º desta Lei Complementar.**
> II – instalação de andaimes,
> ...

Há duas hipóteses básicas de determinação do local da prestação para identificação do Município competente para a cobrança:

a) **local do estabelecimento prestador** (ou na sua falta, no local do domicílio do prestador) e,

b) **local da efetiva prestação de serviços** e, nestes casos, serviços cujo local da prestação passou a ser facilmente identificado, tal como já era no passado o local das obras no caso de construção civil (Dec. Lei 406/68, Art. 12, letra "b"). São hoje os serviços relativos à instalação de andaimes, execução de obras, execução de estradas, pontes, limpeza, jardinagem, florestamento, armazenamento, lazer, feiras, porto, aeroporto, dentre outras.

Note-se e isto é de suma relevância que o critério espacial, na 2ª hipótese, é determinado pelo lugar onde o serviço é prestado.

E fora desse dois contextos está o do "prestador de serviços no exterior": fato isolado, solitário, por ser um corpo estranho no sistema: o do estabelecimento tomador no caso do inciso I, quando o serviço provém do exterior.

Ora, assim sendo, quem será realmente tributado não é, por impossibilidade jurídica, o prestador dos serviços que se encontra em território estrangeiro.

O critério pessoal

Quem irá suportar o imposto é o pagador dos serviços, numa total inversão de valores. Por que não dizer, perversão, pela Lei Complementar, dos fatos anunciados e determinados em nível constitucional?

Esta inversão repercute na pessoa do contribuinte.

Diz o § 2º, do art. 6º que trata da responsabilidade tributária, ou seja, da retenção na fonte, do ISS:

> § 2º – Sem prejuízo do disposto no caput e no § 1º deste artigo, são responsáveis:
>
> I – o tomador ou intermediário do serviço proveniente do exterior do País ou cuja prestação se tenha iniciado no exterior do País.

Ora, neste caso, **o tomador se torna peremptoriamente o contribuinte do ISS, prestado por outrem, além-fronteira**. Note-se, como já dito, que a figura não é a de um mero substituto. O tributo será suportado por ele e por mais ninguém.

Fica evidente que o inciso I do Art. 3º está isolado e não tem nenhuma relação lógica com o caput e com os demais incisos.

Pode-se, pois, detectar na lei um pretenso campo de incidência paralelo, que nada tem a ver com o restante do universo do ISS:

1º) o critério material do chamado ISS na importação é a despesa equivalente à obtenção do serviço;

2º) o critério temporal é o momento da remessa do pagamento;

3º) o local determinante da incidência do imposto é o local do estabelecimento do tomador. Não é, nem pode ser o local da prestação de serviços que ocorre no exterior.

4º) o sujeito ativo é o Município onde se encontra o tomador;

5º) o sujeito passivo é o tomador dos serviços no Brasil;

6º) a base de cálculo é o preço pago pelos serviços.

Toda a relação jurídica tributária está voltada para o pagador dos serviços, no Brasil, de serviços realizados por terceiros no exterior.

Conclusão

A norma que pretendeu introduzir a tributação da prestação de serviços no exterior é norma inconstitucional introduzida por ficção jurídica. A ficção, no caso, consiste na criação real de um imposto sobre despesas, alcunhado de ISS.

A natureza do tributo não se compagina com a natureza do ISS.

Poder-se-ia até aventar a hipótese de este ser um adicional do imposto sobre a renda na fonte, mas como a Constituição veda os adicionais dos impostos, mais uma vez este se torna impossível. Veja-se a propósito o Art. 154, I.

Art. 154. A União poderá instituir:

> I – mediante lei complementar, impostos não previstos no artigo anterior, desde que sejam não-cumulativos e não tenham fato gerador ou base de cálculo próprios dos discriminados nesta Constituição;
>
> ...

Mesmo que se pudesse aceitar o fato de que este é mais um imposto sobre remessas de dinheiro ao exterior, deparar-se-ia com mais uma e gravíssima inconstitucionalidade: a invasão de competência, pelo Município, do campo de competência da União.

8.4.4. Conclusão

1) A prestação de serviços é "a prestação de esforço humano a terceiro, com conteúdo econômico em caráter negocial, sob regime de direito privado, tendente à obtenção de um bem material ou imaterial".

2) Os Municípios receberam da Constituição competência para instituição do imposto sobre serviços de qualquer natureza, definidos em lei complementar – C.F. Art. 156 – III.

3) O critério material do imposto sobre serviços é a sua prestação.

4) O critério espacial do ISS é o território do Município.

5) O elemento de conexão determinante do sujeito ativo – Município – é o território do Município onde se localiza o estabelecimento prestador ou onde o serviço é prestado.

6) O Município brasileiro não pode tributar serviços prestados no exterior; (não pode nem mesmo tributar serviços realizados no território de outros Municípios)

7) Logicamente a tributação determinada pelo Art. 1º e § 1º da Lei Complementar nº 116 de 31.07.2003 só poderia se realizar por ficção jurídica, vedada em matéria tributária, tanto para o critério material quanto para o critério espacial e pessoal. Impossibilidade jurídica de considerar como critério material: a obtenção dos serviços e como critério pessoal, o tomador dos serviços.

Pode-se concluir que o pretenso alargamento dos critérios componentes do antecedente da Norma Matriz de Incidência Tributária do ISS para "tributar" serviços realizados além do território da nação ferem os princípios adotados pela Carta de 1988 e não podem prevalecer. São inconstitucionais.

Capítulo IX

CONCLUSÃO

I

1. O Direito é Universal. Existe como expressão da condição humana, do comportamento e da sociabilidade que resultam da convivência necessária que faz do homem o ser político;

II

2. A liberdade é o suposto do Direito. Não há Direito onde não houver responsabilidade. Esta, como verso de uma medalha chamada liberdade. O Estado prevê sanção justa à infração cometida e esta será eficaz pela certeza da resposta, pela proporcionalidade e pela imparcialidade, desde que considere o homem um ser livre e responsável.

A ação visa a um fim. O ser humano é um ser que age: para agir precisa discernir, sopesar e escolher a forma com que vai agir. O Direito como prescritor de condutas determina as ações que visa ordenar, obrigando, proibindo ou permitindo.

2.1. A conotação ética de liberdade é fazer o melhor. Isto supõe o conhecimento do melhor, no sentido de uma preferência e decisão como deliberação ética[1].

---

1. Sócrates (item 2).

2.2. O livre arbítrio é a liberdade interior do homem, cabendo a ele a escolha do caminho da prudência, da força, da temperança, da justiça ou do mal[2].

2.3. Liberdade significa liberdade de pensamento, de expressão, de discussão, necessária ao desenvolvimento da personalidade. A liberdade de ação poderá ser restringida pelo Estado quando o ato de um fere o direito de outrem, causando-lhe um dano[3].

2.4. Todos os conceitos morais têm sua sede e origem completamente a *priori* na razão e não podem ser abstraídos de nenhum conhecimento empírico. Nesta pureza de origem reside a sua dignidade para nos servir de princípios práticos supremos[4]. O mandamento (da razão) chama-se Imperativo – DEVER. O imperativo categórico representa uma ação objetivamente necessária por si mesma. "Age apenas segundo uma máxima tal que possas ao mesmo tempo querer que ela se torne universal"[5].

2.5. No Estado Constitucional de Direito, já em relação à matéria tributária:

2.5.1. Os cidadãos têm reconhecidos os seus direitos de liberdade: direito ao trabalho e à livre iniciativa; direito à livre associação, direito à propriedade e ao não confisco, direito à não surpresa de imposição (à irretroatividade e anterioridade) outros. (C.F. art. 5º, incisos e artigos 145 e 150, incisos).

2.5.2. Os Poderes Legislativo e Executivo devem cumprir a competência que lhes foi outorgada pela

---

2. Santo Agostinho (item 2.1.3.)
3. Stuart Mill (item 2.2.1.).
4. Kant "Fundamentação da metafísica dos costumes", págs. 49 a 59 (item 2.2.2).
5. Ibidem, p. 59.

Constituição, rigorosamente nos lindes impostos, sem invasão do campo de competência do outro. Em matéria tributária, em virtude do regime federativo, cabe à União, Estados, Distrito Federal e Municípios criarem tributos de acordo com os critérios materiais adotados já na Constituição (principalmente de impostos), que como pressupostos constitucionais devem ser integrados à Norma Matriz de Incidência Tributária, criadora do tributo. As normas de competência são parcelas de liberdade, materialmente dispostas, na construção do Estado de Direito.

III

3. O homem inclina-se para a verdade. Busca o conhecimento das coisas que leve à segurança e certeza. Busca a verdade pelo fato de não aceitar as crenças estabelecidas, no desejo de superá-las, procurando além dessas, o verdadeiro conhecimento.

   3.1. A verdade – *aletheia* – para os gregos é aquela que está posta para ser percebida pela razão. "A verdade é a manifestação daquilo que é ou existe tal como é"[6]. Contrapões-se ao falso, encoberto, dissimulado. Daí a lógica apofântica, cujos valores são o "verdadeiro" e o "falso".

   3.2. A ciência busca a verdade dos fenômenos. Cada descoberta mostra um novo ângulo que, ou acresce ao conhecimento anterior, ou o substitui. A Teoria Copernicana de que a Terra e outros planetas giram em torno do sol – Sistema Heliocêntrico – substituiu o Ptolomaico, o Geocêntrico, em que sol e planetas giravam em torno da Terra. Galileu Galilei difundiu a teoria de Copérnico. Newton concentrou-se em ótica e gravitação, movimento

---

6. Marilene Chauí, item 3.6.

planetário e teoria da luz e cor. Percebe que a lei de gravitação é universal o que afetava inclusive a órbita dos planetas. Einsten revolucionou as ciências ao revelar que o tempo e espaço são dinâmicos.

A verdade dos fenômenos existe; só não pode existir a certeza sobre o universo e a verdade.

3.3. Dentre os conceitos fundamentais da verdade (como correspondência, como revelação, como coerência, como utilidade, como consenso) este trabalho adotou o de "como correspondência": "verdadeiro é o discurso que diz as coisas como são", "descreve a realidade tal como é".

3.4. Não há verdade absoluta, mesmo nos fenômenos da natureza, sujeitos à lei da causalidade. Embora não absoluta, a verdade existe e pode permitir grande grau de certeza. Dizer o contrário é resvalar para o ceticismo e niilismo e negar o progresso do conhecimento humano e a sua aplicação para o progresso da humanidade.

3.5. A verdade do Direito, aqui Direito Posto, sistema de linguagem prescritiva de condutas, "o dever ser", construção lógica, racional, expressa-se por proposições normativas de estruturas deônticas, no tempo e no espaço, inseparável da sua temporalidade como é inseparável do espaço no qual é posto. Seus valores são a validade ou invalidade das normas.

3.6. A verdade do Direito Tributário se expressa:

3.6.1. na Constituição da República, como Sistema Constitucional Tributário que estabelece a competência das normas de estrutura e determina o critério material das normas ordinárias criadoras do tributo;

3.6.2. nas Hipóteses de Incidência da Norma Matriz que objetivam aspectos dos fatos de relevância para o Direito Tributário: signos de riqueza já desenhados na Constituição de forma tipificada;

3.6.3. na ocorrência do fato jurídico tributário, tal como descrito na hipótese de incidência da norma: perfeita conformação do fato do mundo com o suporte fático da norma.

IV

4. Direito é ordem criada. É linguagem prescritiva com destinatário exclusivo: o homem, ser que age. Pretende interferir na realidade, mantendo-a (normas de proibição) ou alterando-a (normas de obrigação) ao exigir que uma ação se realize no mundo dos fenômenos.

4.1. O Direito ao construir-se traz do mundo dos valores aqueles que quer juridicizar. São os princípios da igualdade, da legalidade, da propriedade, da segurança jurídica e da justiça, que não só informam como integram toda a estrutura normativa. O mesmo com os fatos que ao se realizarem desencadeiam relações jurídicas. O Direito não está trazendo a realidade que vê, na sua inteireza, mas apenas aquilo que especificamente lhe interessa.

4.2. O conceito de Direito é o conceito fundamental para a ciência jurídica e tem a função lógica de um *a priori*. Os demais conceitos relacionam-se formando uma unidade sistemática.

Conceitos lógico jurídicos, conceitos *aprioristicos*, são aqueles que apreendem a realidade jurídica genérica, revelando o modo de existir do Direito: norma jurídica, relação jurídica, sujeito de direito, objeto jurídico, sanção.

Conceitos jurídicos positivos, conceitos *a posteriori*, são aqueles construídos em um determinado sistema, sua validez restrita no tempo e no espaço. **O conceito de tributo é conceito jurídico positivo**.

4.3. O Direito é realidade, objeto cultural criado pelo homem, para ser utilizado por todos de forma universal.

4.3.1. O Direito Posto, ordenamento jurídico, é o conjunto de normas que consistem na ordem concreta imposta em determinado espaço e no tempo, aqui e agora. É necessário entender a norma jurídica em si mas também a sua perspectiva no ordenamento jurídico, sua eficácia e o papel da sanção que faz do Direito uma ordem de coerção e coação.

4.3.2. O Direito contém conceitos indeterminados. Daí a sua insegurança. O legislador cria normas gerais abstratas, não podendo descer à concretude. Só a norma individual e concreta elimina a insegurança subsumindo os fatos à lei que lhes deu guarida. Ao magistrado, a quem cabe **dizer o direito**, há uma única decisão para o caso *sub judice*.

4.4. No Direito Tributário:

4.4.1. A legalidade é estrita. A matéria tributária exige precisão, determinação, limites, pela própria natureza da obrigação tributária que se fundamenta na capacidade contributiva expressa por um signo de riqueza, pressuposto na Hipótese de Incidência da Regra Matriz Tributária.

4.4.2. A Tipologia Tributária é taxativa, exclusiva, exigindo que a conformação do fato à norma seja não só necessária como suficiente.

4.4.3. A Constituição Federal traz os fragmentos da Norma Matriz de Incidência Tributária: o critério material (o signo de riqueza objetivado) e seus correlatos: o critério quantitativo (base de cálculo) e sujeito passivo (aquele que realiza o critério material de hipótese) quando distribui as competências entre os entes que compõem a Federação: União, Estados, Distrito Federal e Municípios.

Aos tributos, impostos, se refere o art. 146, III, "a", da Carta, quando diz caber à Lei Complementar estabelecer normas gerais em matéria de legislação tributária, em relação aos impostos discriminados na Constituição, os respectivos fatos geradores, base de cálculo e contribuintes.

A concreção do tipo inicia-se na Constituição, completa-se na Lei Complementar e institui-se por lei ordinária com os exclusivos elementos delineados.

V

5.1. O Estado é fenômeno jurídico, estrutura de concentração e preeminência do poder. Os Estados da atualidade são Estados Constitucionais de Direito. A Constituição de um lado, cria o Estado de Direito, reparte-o nos três Poderes: Legislativo, Executivo e Judiciário e constrói as competências; de outro lado reconhece os direitos fundamentais do homem, verdadeiros limites ao Poder do Estado.

5.2. O Estado Liberal do século XIX reduzia-se ao mínimo de interferência na vida social. A economia tinha de ser privada.

O Estado agente aparece timidamente. A administração pública (resumida no início à atividade bancária) passa a tratar da segurança interna e externa, proteção alfandegária à produção nacional e manutenção da ordem.

5.3. Três são os elementos do Estado: território, povo e soberania.

    5.3.1. O Estado moderno é uma "corporação de base territorial".

    5.3.2. Povo é a totalidade de homens sob o mesmo poder estatal.

    5.3.3. Soberania é o poder do Estado para execução do Direito. Esta é a característica essencial do poder do Estado.

5.4. Há três formas básicas de Estado: Monocracia, Aristocracia e Democracia.

A democracia é o governo do povo em contraposição ao governo de um só ou do governo de vários. Mas sempre de acordo com a lei. O poder só se justifica se tiver como finalidade o bem comum.

5.5. Há dois tipos básicos de Estado: Liberal e Totalitário.

No primeiro destaca-se o conceito democrático de liberdade, a liberdade de participar da vontade comum. No segundo, a liberdade é suprimida incluindo as liberdades políticas de expressão e as de imprensa. A economia é estatizada e organizada de forma autoritária.

5.6. Estado Constitucional de Direito.

A Constituição forma e conforma o Estado. O Estado é súdito da lei. É um pacto fundador, documento escrito de ordenação sistemática e racional da comunidade política. O termo "político" está sempre ligado à "decisão" e "poder", pois "o político é toda relação de domínio de homens sobre homens, suportado por meio de violência legítima"[7].

Na Constituição estão os direitos fundamentais do homem, limite do poder estatal.

O Estado é o centro produtor de normas, centro de sua aplicação e centro de jurisdição.

A Constituição é sistema de harmonização das relações sociais entre os cidadãos e entre estes e o Estado.

5.7. Há três vertentes do Estado Constitucional: 1) Estado Constitucional da Separação dos Poderes (Estado Liberal – preocupação: liberdade); 2) Estado Constitucional dos Direitos Fundamentais (Estado Social – preocupação: justiça e direitos sociais); Estado Constitucional

---

7. Max Weber (item 5.1.7).

da Democracia Participativa (Estado Democrático Participante – preocupação: direito coletivo ao desenvolvimento, ao meio ambiente.)

5.8. Constituição Escrita é o documento fundante da Nação, ordenação sistemática e racional da comunidade política onde prevalecem as leis escritas e o direito codificado.

As Constituições podem ser: 1) do Estado Liberal onde a intervenção do Estado é mínima; 2) do Estado de Direito Social onde o Estado intervém para melhor assegurar as formas de existência social e 3) do Estado Socialista onde são exigidos o controle da propriedade e dos principais meios de produção pelos poderes públicos.

5.9. A Constituição Brasileira promulgada em 05.10.1988 deu preeminência aos princípios que passaram a integrar o próprio corpo da Carta, como alicerce do ordenamento jurídico.

1. adotou o princípio da livre iniciativa (art. 1º e 170). A exploração direta de atividade econômica pelo Estado só será permitida quando necessária à segurança nacional, ou relevante interesse coletivo, conforme a lei (art. 173);

2. tem como fundamento a dignidade da pessoa humana, os valores sociais do trabalho (art. 1º);

3. tem por finalidade assegurar a todos, existência digna, conforme os ditames da justiça social (art. 170, I a IX), observados os princípios, dentre os quais a propriedade privada (art. 5º, XXII) e a função social da propriedade (art. 5º, XXIII);

4. disciplina, com rigidez, enunciando os direitos fundamentais dos cidadãos (Art. 5º), sociais (Art. 7º) construindo com os primeiros o Estado de Direito, os Poderes da República e seus Órgãos;

5. considera a relevância de, adotados os princípios da Federação e da República, disciplinar exaustivamente

405

o sistema tributário em nível constitucional, uma vez que este representa, interferir na atividade, propriedade e patrimônio do cidadão;

6. Cabem ao Estado: União, Estados, Distrito Federal, uma série de tarefas conforme distribuição de competências exclusiva, privativa, comum e concorrente.

A Constituição Brasileira instituiu um Estado Democrático de Direito, com adoção do regime republicano, tendo por objeto o cidadão, o Estado e a Sociedade. Manteve as estruturas capitalistas. Aproxima-se da Constituição do Estado Social, descrita na classe II do mestre **CANOTILHO**.

5.10. Sendo o Sistema Tributário Constitucional, na própria Constituição é feita a discriminação de rendas, tomando-se os fatos signos de riqueza e atribuindo-os aos mesmos entes. Estes signos de riqueza são conceitos tipológicos, descrição cerrada de fatos que constituem o critério material da Hipótese da Norma Matriz de Incidência Tributária.

VI

6.1. O Direito Tributário é Constitucional.

A unidade do Direito Tributário como sistema é dada pelos princípios, normas constitucionais, carregadas de valor. São eles: Princípio da Livre Iniciativa, Republicano e Federativo; da Igualdade (Capacidade Contributiva); Estrita Legalidade; Propriedade e proibição de tributo com efeito de confisco; Irretroatividade das Leis, Anterioridade da Lei Tributária. Sobreprincípios: da Certeza do Direito; da Segurança Jurídica e da Justiça para onde convergem todos os demais.

6.2. O Princípio da Tipicidade é de extrema relevância para o tema: Ficções Jurídicas Tributárias. **Os tipos desenhados na Constituição**, identificação dos signos de riqueza que permitem fatiar o poder de tributar, ao deles se servir para determinação de competências tributárias, **constituem os pressupostos constitucionais** a que a lei ordinária deve respeito no momento de criar o tributo.

6.3. A competência é o campo de liberdade do Poder Legislativo e do Executivo. Estes terão a capacidade para agir dentro dos limites que lhe são outorgados pelas normas constitucionais e ordinárias.

Competências são deveres-poderes atribuídos ao Estado, seus órgãos e agentes, para que cumpram as finalidades públicas consagradas em lei, sempre no interesse alheio.

6.4. A competência para a criação de taxas e contribuição de melhoria é comum da União, dos Estados e Municípios (Art. 145, II e III). A competência para a criação de contribuições sociais, de intervenção no domínio econômico e de interesse das categorias profissionais é exclusiva da União (Art. 149). A competência para a criação de impostos é privativa, cabendo à União aqueles determinados no Art. 153, aos Estados, aqueles do Art. 155, e aos Municípios, aqueles do Art. 156.

6.5. A Norma Jurídica Tributária é um juízo hipotético-condicional como as demais. É formada de um antecedente ou descritor onde está descrito um fato e de um conseqüente ou prescritor onde está determinada a relação jurídica que surge como conseqüência da realização do fato, no mundo.

O fato aqui é expressão de riqueza: auferir renda, industrializar produto, prestar serviços.

Critérios identificadores do fato, compreendidos no descritor são: a) **critério material** que descreve uma ação ou um estado, formado de um verbo e seu complemento: **realizar operação** de circulação de mercadoria; b) critério temporal: momento no qual o fato jurídico se completa; c) critério espacial: local em que o fato se consuma.

Critérios da relação jurídica tributária compreendida no prescritor são: a) critério pessoal: sujeito ativo/credor/Estado; sujeito passivo/devedor/ contribuinte e b) critério quantitativo: base de cálculo e alíquota na determinação da prestação tributária devida pelo contribuinte ao Estado.

6.6. O critério material é pressuposto constitucional. A lei ordinária não pode criar critério material diverso do tipo pressuposto na Constituição e utilizado para discriminação de competências; criar base de cálculo incompatível com o tipo do critério material e criar contribuinte diverso daquele que realizou o critério material da hipótese.

VII

7.1. As ficções jurídicas são normas gerais e abstratas, de natureza substantiva, que equiparam situação que se sabe desigual a uma determinada realidade já juridicizada pelo Direito. Normalmente facilitam a tarefa de construção do Direito e são normas válidas (direito privado).

No Direito Público, especificamente no Direito Tributário, expressam-se de duas formas: a) remissão ou equiparação a situações já juridicizadas pelo Direito; b) normas jurídicas autônomas; em ambos os casos, quando distoantes dos pressupostos constitucionais, configuradores do critério material da hipótese das normas tributárias, são normas inválidas. Esses pressupostos, por tipológicos exclusivos, taxativos, cerrados, não admitem elastério. Configuram ofensa aos princípios da capacidade contributiva e segurança jurídica.

7.2. Fenomenologia das Ficções Jurídicas Tributárias.

FICÇÕES TRIBUTÁRIAS: IDENTIFICAÇÃO E CONTROLE

7.2.1. As ficções jurídicas tributárias ocorrem exclusivamente no Universo do Direito Positivo, já construído. Não se opõem à realidade do mundo fenomênico como muitos entenderam (Perez de Ayala). Opõem-se à realidade jurídica já construída (Chaim Perelman). É norma de 2ª geração em relação à norma que constrói o direito, de 1ª geração.

7.2.2. A norma de ficção jurídica, introduzindo-se como 2ª norma, é norma nova, com critério material novo; a subsunção do fato à norma tal como nela previsto far-se-á como se ela legítima fosse.

7.2.3. O legislador deverá agir nos estritos lindes demarcados pela competência que lhe é atribuída, constitucional e legalmente. A ficção jurídica encontra-se fora dos limites dessa competência. Isto significa que a produção de ficção jurídica é feita com exorbitância dessa competência, a parcela de liberdade expressa na função que cabe ao Poder Legislativo.

7.2.4. As ficções jurídicas diferem das presunções jurídicas. As normas de presunção – presunções legais – pertencem ao domínio das provas, já na determinação da norma individual e concreta. A presunção existe por um processo mental criado na lei: de um fato A, descrito na lei, conhecido, presume-se a existência do fato B, possível ou provável, mas desconhecido, também descrito na lei. As presunções *juris tantum* admitem prova em contrário. O mesmo não acontece com as presunções *juris et de jure* que não a admitem. São inexoráveis.

7.2.6. A finalidade das ficções jurídicas tributárias é alargar o campo de incidência das normas de 1ª geração válidas, tarefa impossível pois os pressupostos das normas válidas são constitucionais e não

409

admitem a extensão do campo de incidência, sob pena de agredir princípios fundantes do sistema, como aqueles da capacidade contributiva e tipicidade.

VIII

8.1. Prova-se a existência da norma de ficção jurídica tributária cotejando-a com a legítima norma criadora de tributos. Hão de se contrapor, um a um, os critérios da norma autêntica com a norma ficta.

8.2. Configurar-se-á a ficção jurídica tributária quando a deformação refere-se ao Critério Material da Hipótese na Norma de Incidência Tributária, ou a seus correlatos: critério pessoal, sujeito passivo ou critério quantitativo, base de cálculo. Configurar-se-á, igualmente, quanto aos critérios temporal e espacial, quando afrontar a natureza do tributo ou ainda quando romper os limites do âmbito de validade deste.

8.3. O capítulo VIII traz exemplos de ficções jurídicas tributárias.

Bibliografia

ABAGNANO, Nicola. *Dicionário de Filosofia*. 2. ed. São Paulo: Editora Mestre Jou, 1982.

ALMEIDA, Fernanda Dias Menezes de. *Competências na Constituição de 1988*. 2. ed. São Paulo: Editora Atlas, 2000.

ALVES, João Lopes. *Algumas Notas de Crítica à Validade Teórica do Conceito de Ficções no Direito Tributário*, 1968.

AQUINO, Thomás de. *Os Sete Pecados Capitais*. São Paulo: Martins Fontes, 2001.

———. *Sobre o Ensino (De Magistro)*, tradução e estudos introdutórios de Luiz Jean Lauand, São Paulo: Martins Fontes, 2001.

ARRUDA ALVIM, J. M.. *Manual de Direito Processual Civil*. 7. ed. Vol. II. São Paulo: Editora Revista dos Tribunais, 2000.

ARENDT, Hanna. *Entre o passado e o futuro*. 5. ed. São Paulo: Editora Perspectiva, 2002.

ARISTÓTELES. *Organon – V Les Topiques*, traduction par J. Tricot. Paris: Librairie Philosophique J. Vrin, 1997.

———. *Ética a Nicômacos*. 3. ed., tradução do grego por Mário da Gama Kury. São Paulo: UnB, 2001.

AMARO, Luciano da Silva. *O imposto de renda e os Princípios da Irretroatividade e Anterioridade*. Revista de Direito Tributário, nº 25/26.

BIBLIOGRAFIA

ASOREY, Rubén O. e NAVARRINE, Suzana Camila. *Presunciones y Ficciones en el Derecho Tributario*. 2. ed. Buenos Aires: Depalma, 2000.

ATALIBA, Geraldo e GIARDINO, Cleber. Núcleo de Definição Constitucional do ICM - (Operações, circulação e saída). *Revista de Direito Tributário* nº 25/26. São Paulo: Editora Revista dos Tribunais, 1983.

ATALIBA, Geraldo. *República e Constituição*. 2. ed. atualizada por Rosolea Miranda Folgosi. São Paulo: Malheiros Editores, 1998.

――――――. *Hipótese de incidência tributária*. São Paulo: Editora Revista dos Tribunais, 1973.

――――――. *Sistema Constitucional Tributário*. São Paulo: Revista dos Tribunais, 1968.

――――――. Fato Futuro e Tributação, art. 150, § 7º, Constituição Federal 1988, Redação da Emenda Constitucional nº 3/93. São Paulo: *Revista do Programa de Pós Graduação em Direito* – PUC-SP. vol. 1, 1994.

BALEEIRO, Aliomar. *Direito Tributário Brasileiro*. 2. ed. Rio de Janeiro: Editora Forense, 1970.

BANDEIRA DE MELLO, Celso Antonio. *O conteúdo jurídico do Princípio da Igualdade*. São Paulo: Editora Revista dos Tribunais, 1978.

――――――. *Curso de Direito Administrativo*. 14. ed. São Paulo: Malheiros Editores, 2002.

BANDEIRA DE MELLO, Osvaldo Aranha. *Natureza do Estado Federal*. Publicação da Prefeitura do Município de São Paulo, 1948.

BAPTISTA, Marcelo Carron. *ISS, do texto à norma. Doutrina e Jurisprudência da EC 18/65 à LC 116/03*. São Paulo: Editora Quartier Latin, 2005.

BARRETO, Aires Fernandino. Presunções no Direito Tributário. *Caderno de Pesquisas Tributárias*, n. 9, São Paulo: Co-Edição, CEEU e Resenha Tributária, 1984.

――――――. *Base de cálculo e alíquota e princípios constitucionais*. 2. ed. São Paulo: Max Limonad, 1998.

BIBLIOGRAFIA

———. *Natureza do imposto criado pela M. P. nº 160/90. Repertório de Jurisprudência*, 2ª quinzena de maio de 1990 – nº 10/90.

———. ISS – Atividade meio e serviços fim. *Revista Dialética de Direito Tributário*, São Paulo, n. 5, 1996.

BARRETO, Paulo Ayres. *Imposto sobre a renda e preços de transferência*. São Paulo: Dialética, 2001.

BARROS LEÃES, Luiz Gastão Paes de. Conceito de Securities no Direito norte-americano e o conceito análogo do Direito Brasileiro. *Revista de Direito Mercantil*, n. 14, pág. 41.

BECKER, Alfredo Augusto. *Teoria Geral do Direito Tributário*. São Paulo: Editora Saraiva, 1963.

BERGEL, Jean-Louis. *Teoria Geral do Direito*. São Paulo: Martins Fontes, 2001.

BOBBIO, Norberto. *Teoria do Ordenamento Jurídico*. 5. ed. Brasília: Editora UnB, 1994.

———. *Teoria General del Derecho*. 2. ed. Santa Fé de Bogotá, Colômbia: Editorial Temis, 1992.

———. *Contribuición a la teoria del Derecho*. Madrid: Editorial Debate, Edición a cargo de Alfonso Ruiz Miguel, 1990.

———. *El Analisis Funcional del Derecho: Tendencias y Problemas*. Madrid: Editorial Debate, 1990.

BONAVIDES, Paulo. *Teoria do Estado*. 5. ed. São Paulo: Malheiros Editores, 2004.

BONILHA, Paulo Celso Bergstron, *Da Prova no Processo Administrativo*. 2. ed. São Paulo: Dialética, 1997.

BORGES, José Souto Maior. O Direito como fenômeno lingüístico, o problema da demarcação da ciência jurídica, sua base empírica e o método hipotético, dedutivo. *Anuário de Mestrado em Direito*, n. 4. Universidade Federal de Pernambuco, 1988.

———. Da verdade semântica à verdade como desvelamento. Recife: *Anuário de Mestrado em Direito*, n. 5. Universidade Federal de Pernambuco, 1992.

BIBLIOGRAFIA

GARCIA, Eusebio González. *Relaciones entre los Princípios de Seguridad Jurídica y Legalidad*. Justiça Tributária. Max Limonad, Primeiro Congresso Internacional de Direito Tributário, 1998.

CAMPAGNOLO, Umberto. *Direito Internacional e Estado Soberano*. Organizador LOSANO, Mário G. (Org.). São Paulo: Martins Fontes, 2002.

CANOTILHO, J.J. Gomes. *Direito Constitucional*. 5. ed. Coimbra: Livraria Almedina, 1991.

CANTO, Gilberto de Ulhôa. Presunções no Direito Tributário. *Caderno de Pesquisas Tributárias*, n. 9, São Paulo: Co-Edição, CEEU e Resenha Tributária, 1984.

CARNELUTTI, Francesco. *Teoria Geral do Direito*. São Paulo: LEJUS, 1999.

CARVALHO, Cristiano Rosa. *Ficções e Sistema Jurídico Tributário – Uma aplicação da Teoria dos Atos de fala no Direito*. Tese de Doutorado não publicada, PUC, São Paulo, 2006.

CARVALHO, Paulo de Barros. A prova no Procedimento Administrativo Tributário. *Revista Dialética de Direito Tributário*, n 34, Jul/1998.

―――――. *Curso de Direito Tributário*. 14. ed. São Paulo: Editora Saraiva, 2002.

―――――. O Princípio da Segurança Jurídica em Matéria Tributária. Anais da XVI Jornadas Latino Americanas de Derecho Tributario (5 a 10 de setiembre de 1993), Peru, Tomo I, *El Princípio de Seguridad Juridica en la Creación y Aplicación del Tributo*.

―――――. *Teoria das Relações, Programa de Lógica Jurídica*. Filosofia do Direito I, p. 69.

CEZAROTTI, Guilherme. A tributação dos serviços na Constituição Federal, o Novo Código Civil e a Lei Complementar nº 116/2003. *In ISS na Lei Complementar nº 116/2003*, São Paulo: IPT e Quartier Latin, 2004.

CHAUI, Marilena de Souza. *Convite à Filosofia*. 12. ed. São Paulo: Editora Ática, 2002.

———. *Crítica à Razão Pura*. São Paulo: Editora Nova Cultural, 1999.

COELHO, Sacha Calmon Navarro. *Curso de Direito Tributário Brasileiro*. 6. ed. Rio de Janeiro: Editora Forense, 2001.

COSTA, Delphine. *Les Fictions Juridiques en Droit Administratif*. Preface de Etienne Picard. Paris: Librairie Générale de Droit et Jurisprudence, 2000.

DE SANTI, Eurico Marcos Diniz. *Lançamento Tributário*. Editora Max Limonad, 1996.

DE SANTI, Eurico Marcos Diniz. *As classificações no Sistema tributário Brasileiro*. Justiça Tributária. São Paulo: Max Limonad, 1998.

DEL VECCHIO, Giorgio. *Filosofía del Derecho*. 2. ed. Tomo I. Corrigida e aumentada y extensas adiciones por Luis Recaséns Siches. Barcelona: Bosch Casa Editorial. 1935.

DERZI, Mizabel Abreu Machado. *Legalidade Material, modo de pensar tipificante e praticidade no Direito Tributário*. Justiça Tributária. São Paulo: Max Limonad, 1998.

DONIAK JR., Jimir. *Presunções e Ficções no Direito Tributário*. Tese de Mestrado. PUC, 1998.

DÓRIA, Antonio Roberto Sampaio. *Direito Constitucional Tributário e due process of law*. Rio de Janeiro: Editora Forense, 1986.

ENGISCH, Karl. *La idea de concreción en el derecho y en la ciencia jurídica actuales*. Pamplona: Editora Universidad de Navarra, 1968.

ESTEVES, Maria do Rosário. *A prova do fato jurídico no processo administrativo tributário*. Tese de doutorado no prelo. São Paulo: 2005.

FABO, Diego Marín-Barnuevo. *Presunciones y Técnicas Presuntivas en Derecho Tributário*. Madrid: Editora McGraw-Hill, 1996.

FAGUNDES, M. Seabra. *O Controle dos Atos Administrativos pelo Poder Judiciário*. 4. ed. Rio de Janeiro: Editora Forense, 1967.

FERRAGUT, Maria Rita. *Presunções no Direito Tributário*. São Paulo: Dialética, 2001.

FERRAZ JR., Tércio Sampaio. *Interpretação e Estudos da Constituição de 1988*. São Paulo: Editora Atlas, 1990.

——————. *Introdução ao Estudo do Direito*. São Paulo: Editora Atlas, 1995.

——————. *Estudos da Filosofia do Direito, Reflexões sobre o Poder, a Liberdade, a Justiça e o Direito*. São Paulo: Editora Atlas, 2003.

GIARDINO, Cléber. Presunções no Direito Tributário. *Caderno de Pesquisas Tributárias*, n. 9, São Paulo: Co-Edição, CEEU e Resenha Tributária, 1984.

GOMES, Orlando. *Contratos*. Rio de Janeiro. Editora Forense, 1995.

GOMES DE SOUZA, Rubens. Um caso de ficção no Direito Tributário: a pauta de valores como base de cálculo do ICM. *Revista de Direito Público*, n. 11, 1969.

GONÇALVES, José Arthur Lima. *Imposto sobre a renda, Pressupostos Constitucionais*. São Paulo: Malheiros Editores, 1997.

GRAU, Eros Roberto. Nota sobre conceitos jurídicos. *Revista de Direito Público*, n. 74.

HATOUM, Milton. *Em vez de remédio um bom livro*. Jornal O Estado de São Paulo. 09.10.2005, p. A/28.

HAWKING, Stephen. *Os gênios da ciência*. Tradução de Marco Moriconi, Lis Moriconi, Rio de Janeiro: Editora Campos Elsevier, 2005.

ISMAEL, J.C. *Sócrates e a arte de viver, um guia para a filosofia do cotidiano*. São Paulo: Editora Ágora, 2004.

BIBLIOGRAFIA

IVO, Gabriel. A produção abstrata de Enunciados Prescritivos. Coordenador: DE SANTI, Eurico Marcos Diniz. *Curso de Especialização em Direito Tributário - Estudos analíticos em homenagem a Paulo de Barros Carvalho*. Rio de Janeiro, Editora Forense, 2005.

KANT, Immanuel. *Fundamentação da Metafísica dos Costumes*. Tradução de Paulo Quintela. Portugal: Porto Editora, 1995.

―――――. *Crítica da Razão Pura*. Tradução de Valério Rohder e Uldo Balder Moosburger. São Paulo: Nova Cultural, 1999.

―――――. *Crítica da Razão Prática*. Edição Bilíngüe. São Paulo: Martins Fontes, 2003.

KELSEN, Hans. *Teoria Geral do Direito e do Estado*. São Paulo: Martins Fontes, 2000.

KUHN, THOMAS S. *A estrutura das revoluções científicas*. São Paulo: Editora Perspectiva, 2005.

LAFER, Celso. *A Reconstrução dos Direitos Humanos*. São Paulo: Companhia das Letras, 2006.

LAPATZA, José Juan Ferreiro. *Curso de Derecho Financiero Español*. 14. ed. Madrid: Marcial Pons, 1992

LARENZ, Karl. *Metodologia da Ciência do Direito*. 2. ed. Lisboa: Editora Fundação Calouste Gulbenkian, 1983.

LISPECTOR, Clarice. *A paixão segundo GH*. Rio de Janeiro: Editora Sabiá, 1964.

LORENZ, Konrad. *O futuro está aberto*. Lisboa: Editorial Fragmentos, 1984.

MACHADO, Brandão. Breve Exame Crítico do Art. 43 do CTN. Coordenador: MARTINS, Ives Gandra da Silva (Coord.) *Imposto de Renda*. São Paulo: Editora Atlas, 1996.

MARTINS, Ives Gandra da Silva. Presunções no Direito Tributário. *Caderno de Pesquisas Tributárias*, n. 9, São Paulo: Co-Edição, CEEU e Resenha Tributária, 1984.

MATTOS FILHO, Ary Oswaldo. Conceito de Valor Mobiliário. *Revista de Direito Mercantil*, n. 59, pág. 30, jul/set/1995.

BIBLIOGRAFIA

MAYNEZ, Eduardo Garcia. *Filosofia del Derecho*. 6. edição revisada. México: Editorial Porrua, S.A., 1989.

MELO, José Eduardo Soares de. *Presunções no Direito Tributário*. Caderno de Pesquisas Tributárias, n. 9, São Paulo: Co-Edição, CEEU e Resenha Tributária, 1984.

MILL, John Stuart. Sobre a liberdade (1859). Petrópolis: Editora Vozes, 1991.

MIRANDA, Pontes de. *Tratado de Direito Privado - Parte Geral*. Atualizada por Vilson Rodrigues Alves. Campinas: Bookseller Editora e Distribuidora, 2001.

MONTEIRO, Washington de Barros. *Curso de Direito Civil*. 4. ed. São Paulo: Editora Saraiva, 1961.

MOREIRA FILHO, Aristóteles. *De um Direito Internacional a um Direito Global: De Kelsen a Luhmann*. Monografia não publicada. PUC. São Paulo: 2003.

MORESCO, Celso Luiz. Conceitos Jurídicos Indeterminados. *Revista Trimestral de Direito Público*, n. 14, 1996.

MOTTA PACHECO, Angela Maria da. *Sanções Tributárias e Sanções Penais Tributárias*. São Paulo: Max Limonad, 1997.

————. Imposto sobre Operações Financeiras. *Caderno de Pesquisas Tributárias*, vol. 16. São Paulo: Editora Resenha Tributária e Centro de Extensão Universitária, 1991.

————. XVI Jornadas Latino Americanas de Derecho Tributário, del 5 a 10 de setiembre de 1993 – Tomo I – "El principio de Seguridad Juridica em la creacion y aplicacion del tributo". Segurança Jurídica e aplicação de tributo – Necessidade de aplicação da norma tributária no presente e no futuro. Tributo de periodicidade anual. Efeitos das Declarações de inconstitucionalidade.

————. Compensação de prejuízos. Figura do imposto de renda da pessoa jurídica e o direito intertemporal. Direito Tributário Atual, vol. 5, Co-edição IBDT e Editora Resenha Tributária, SP, 1995.

BIBLIOGRAFIA

NAVARRO COELHO, Sacha Calmon. Geraldo Ataliba: cientista de Direito - Reflexões sobre a hipótese de incidência dos tributos - Substitutos e Responsáveis Tributários no Direito Brasileiro. *Revista Dialética de Direito Tributário*, n. 8, São Paulo, 1996.

NONATO, Orozimbo. *Repertório Enciclopédico do Direito Brasileiro*, por J. M. Carvalho Santos, coadjuvado por José de Aguiar Dias e Sady Cardoso de Gusmão, Editora Borssi, Rio de Janeiro.

OLIVEIRA, Júlio M. *O Princípio da Legalidade e sua Aplicabilidade ao IPI e ao ICMS*. São Paulo: Editora Quartier Latin, 2006.

OLIVEIRA, Ricardo Mariz de. Presunções no Direito Tributário. *Caderno de Pesquisas Tributárias*, n. 9, São Paulo: Co-Edição, CEEU e Resenha Tributária, 1984.

OLIVEIRA, Yonne Dolácio de. Presunções no Direito Tributário. *Caderno de Pesquisas Tributárias*, n. 9, São Paulo: Co-Edição, CEEU e Resenha Tributária, 1984.

PÂNTANO, Tânia. *Dissolução parcial de sociedade por ações*. Tese de Mestrado não publicada, sob orientação do Prof. Salvador Frontini. USP, 2005.

PAOLA, Leonardo Sperb. *Presunções e Ficções no Direito Tributário*. Belo Horizonte: Del Rey Editora, 1997.

PEDREIRA, José Luiz Bulhões. *Imposto de Renda*. Rio de Janeiro: APEC Editora, 1969.

PÉREZ DE AYALA, Jose Luis. *Las ficciones en el Derecho Tributario*. Madrid: Editorial de Derecho Financiero, 1970.

PLOTINO. *Traité sur la liberté et la volonté de l´Un*. Ennéade VI, 8 (39) Introduction, texte grec, traduction et commentaire par Georges Leroux. Paris: Librairie Philosophique J. Vrin, 1990.

PONTES DE MIRANDA. *Comentário à Constituição de 1967, Emenda Constitucional/69*. Volume 2.

———. *Tratado de Direito Privado*. Parte Geral. Tomo I. 1. ed. Campinas: Bookseller, 2000.

POPPER, Karl. *O futuro está aberto*. Lisboa: Editorial Fragmentos, 1984.

QUEIROZ, Luís Cesar Souza de. *Imposto sobre a renda*. Rio de Janeiro: Editora Forense, 2003.

RAO, Vicente. *O Direito e a vida dos direitos*. Vol. I, Tomo III. 2. ed. São Paulo: Editora Resenha Universitária, 1976.

REALE, Miguel. *Filosofia do Direito*. 12. ed. São Paulo: Editora Saraiva, 1987.

———. *Fundamentos do Direito*. 3. ed. São Paulo: Editora Revista dos Tribunais, 1998.

RILKER, Rainer Maria. *Elegias de Duíno*. Porto Alegre: Editora Globo, 1976.

SALEILLES, Raymond. *De la personalité juridique. Librairie Nouvelle du droit et de jurisprudence*. Arthur Rousseau Éditeur, 1910.

SANTIAGO, Silviano. Crítico literário em *Em vez de remédio um bom livro*. Artigo de Flávia Varela e Simone Iwasso no Jornal "O Estado de São Paulo". Data 9.10.2005, A/28.

SANTO AGOSTINHO. *O livre arbítrio*. São Paulo: Editora Paulus, 1995.

SANTO AGOSTINHO. *Confissões*. Coleção Patrística. São Paulo: Editora Paulus, 1997.

SCHOUERI, Luís Eduardo. *Distribuição disfarçada de lucros*. São Paulo: Dialética, 1996.

———. *Presunções simples e indícios no Procedimento Administrativo Fiscal, Processo Administrativo Fiscal*. São Paulo: Dialética.

SILVA, Mauro José. *Imposto de Renda: Possibilidade de lançamento com base em depósitos bancários. A natureza jurídi-*

ca do Art. 42, da Lei 9430/96 como Indício, Presunção ou Ficção. São Paulo: Direito Tributário Atual, IBDT, n. 17, Dialética, 2003.

TEMER, Michel. *Elementos de Direito Constitucional*. 13. ed. São Paulo, Malheiros Editores, 1997.

TOMÉ, Fabiana Del Padre. *A prova no Direito Tributário*. São Paulo: Editora Noeses, 2005.

TÔRRES, Heleno Taveira. *Direito Tributário e Direito Privado*. São Paulo: Editora Revista dos Tribunais, 2003.

——————. *ISS na Lei Complementar nº 116/03 e na Constituição: Prestações de serviços provenientes do exterior ou cuja prestação se tenha iniciado no exterior*. São Paulo: IPT e Quartier Latin, 2004.

TORRES, Ricardo Lobo. *Idéias de Liberdade no Estado Patrimonial e no Estado Fiscal*. Rio de Janeiro: Editora Renovar, 1991.

——————. *Tratado de Direito Constitucional Financeiro e Tributário*, Vol. III. Editora Renovar, Rio de Janeiro, 1999.

——————. *Liberdade, Segurança e Justiça no Direito Tributário – Justiça Tributária*. 1º Congresso Internacional de Direito Tributário, IBET. Max Limonad, 1998.

VIGO, Rodolfo Luis. *El Empirismo Jurídico de ALF ROSS in Perspectivas Jusfilosoficas Contemporáneas*. Abeledo Perrot, Buenos Aires, 1991.

VILANOVA, Lourival. *Sobre o Conceito de Direito*. Escritos Jurídicos e Filosóficos, Vol. I. IBET. Axis Mundi, 2003.

——————. *A Crise do Estado sob o ponto de vista da Teoria do Estado*. Escritos Jurídicos e Filosóficos. Vol. I. IBET. Axis Mundi, 2003.

——————. *As Estruturas Lógicas e o Sistema do Direito Positivo*. São Paulo: Editora Revista dos Tribunais, 1977.

VILLEGAS, Hector B. *Curso de Finanzas, Derecho Financiero y Tributario*. 3.ed. Buenos Aires, Depalma, 1979.

BIBLIOGRAFIA

———. Destinatário legal tributário. *Revista de Direito Público*. São Paulo: Revista dos Tribunais, 1974.

XAVIER, Alberto. *Tipicidade e Tributação, Simulação e Norma Antielitiva*. São Paulo: Dialética, 2001.

ZIPPELIUS, Reinhold. *Teoria Geral do Estado*. 3. ed. Lisboa: Fundação Calouste Gulbenkian, 1997.

RR Donnelley

IMPRESSÃO E ACABAMENTO
Av Tucunaré 299 - Tamboré
Cep. 06460.020 - Barueri - SP - Brasil
Tel.: (55-11) **2148 3500** (55-21) **2286 8644**
Fax: (55-11) **2148 3701** (55-21) **2286 8844**

IMPRESSO EM SISTEMA CTP